Buch

1945 – der totale Zusammenbruch Hitler-Deutschlands, die bedingungslose Kapitulation. Hans Hellmut Kirst, ein »Nichts in einer ehemaligen Offiziersuniform«, ein »Wrack mit der Aktentasche«, befindet sich im Warteraum der Entnazifizierung, der Dachkammer eines oberbayrischen Dorfes. Hier hämmert er in eine alte Schreibmaschine seine ersten schriftstellerischen Versuche. Und von hier aus bricht er auf, um sich in München bei der legendären »Neuen Zeitung« als Journalist zu verdingen. Er wird angestellt, zu seinem eigenen Erstaunen...

Einer der erfolgreichsten Autoren der Bundesrepublik Deutschland berichtet in diesem Buch erstmals über sich selbst und über die Jahre seines Aufstiegs. Er verbindet das mit fesselnden Schilderungen der wichtigsten Persönlichkeiten der aufsteigenden Kulturszene der Münchner Nachkriegszeit, porträtiert unter anderem Walter Kiaulehn, Bertolt Brecht, Erich Engel, Therese Giese, Fritz Kortner, Werner Friedmann, Erich Maria Remarque, Robert Neumann, Hans Habe und, als großen Anreger, Max Tau; dieser wurde für Kirst eine entscheidende Station auf dem Weg zum Weltruhm.

Autor

Hans Hellmut Kirst wurde am 5. Dezember 1914 in Osterode in Ostpreußen geboren. Seine Vorfahren waren Bauern, Beamte und Handwerker. Im zweiten Weltkrieg nahm er an den Feldzügen in Polen, Frankreich und Rußland teil. Später versuchte er sich in vielen Berufen, war landwirtschaftlicher Angestellter, Straßenarbeiter, Gärtner, Dramaturg und Kritiker. Sein erstes Buch veröffentlichte er 1950, jetzt sind es 35 mit einer Weltauflage von über 12 Millionen Exemplaren in 30 Sprachen.

Eine Übersicht über die als Goldmann-Taschenbücher erschienenen Werke von Hans Hellmut Kirst finden Sie am Schluß dieses Bandes.

Hans Hellmut

KIRST

Das Schaf im Wolfspelz

Ein deutsches Leben

Biographische Versuchungen
1945 bis 1957

GOLDMANN VERLAG

Ungekürzte Ausgabe

Made in Germany · 1. Auflage · 4/87

Umschlagentwurf: Design Team München
Farbige Umschlagzeichnung: Grafikbüro Schäfer, München
Druck: Elsnerdruck, Berlin
Verlagsnummer: 8658
MV · Herstellung: Gisela Ernst
ISBN 3-442-08658-2

Jener Mensch, von dem hier nun versucht werden soll, Teile seines Lebens zu beschreiben, will mir ungemein vertraut anmuten. Dessen Begleiter bin ich, soweit ich denken kann, gewesen; das sogar mit einiger Beharrlichkeit – wie von dessen Geburt an, bis nun hin zu der Nähe seines Todes. Den intensiv zu beobachten habe ich mich bemüht; manchmal auch wie getrieben belauert. Und so was gar nicht selten mit erheblicher Verwunderung, aber dann auch mit brennenden, fast quälerischem Erschrecken. Von dem glaubte ich so gut wie alles zu wissen.

Denn der war wie ich – und ich war wie er! Jeder von uns beiden sich da wohl vorkommen müssend als ein vielfach zerteiltes Wesen; dennoch als unvermeidliche Einheit anzunehmen. Doch wer vermag es sich denn anzumaßen, irgendeinen Menschen wirklich zu kennen, den voll und ganz und wie endgültig zu durchschauen zu vermögen – auch nicht sich selbst. Denn dieses sogenannte ureigene Dasein mutet voller Rätsel an. Selbst wenn sich hier und dort einige Auflösungen anzubieten scheinen – der erdrückende Rest bleibt dennoch wie randgefüllt von seltsamen, unerklärbaren Geheimnissen. Dabei drohen Gesichter ineinander zu verschmelzen, Gestalten sich aufzulösen, Zeiten und Räume verschieben sich, Jahre verrinnen wie Sand – letzten Endes in Einzelheiten unbestimmbar.

Deshalb muß es dann auch dem Verfasser dieser versuchten Erkenntnisse widerstreben, noch so bemühte Bekenntnisse – durchaus objektiv gedachte, wenn dabei auch wohl wie ewig verdammt zur Subjektivität – mit einer endlosen Kette von suggestiv selbstbewußten »Ich«-Formulierungen zu durchsetzen. Mithin wird hier vielmehr von einem gewiß allernächsten, wenn auch nicht völlig erklärbaren Wesen zu erzählen versucht, mit Begriffen, die in dessen dennoch wohl sehr deutschem Leben immer wieder zum Vorschein kamen.

Wie: »Der kleine Bruder« – gelegentlich durchaus zutreffend. Oder: »Der gute Mensch« – sicherlich wesentlich zu hoch, zu weit gegriffen. Dann auch: »Der prominente Erfolgsschriftsteller«, »Bestsellerautor« noch dazu – was nicht unbedingt schmeichelhaft war, das auch kaum jemals von diesem sich betroffen Fühlenden so empfunden wurde.

Hinzu kamen auch noch etliche weitere Formulierungen für ihn, die im Verlaufe der Zeiten, über Jahrzehnte hinweg, gar nicht so einfach wegzuwischen waren. Etwa: »Ein armes Schwein.« Mithin ein ausschlachtbereites Tier, also gut zu verkaufen, da eben vermutbar fest und prall im Fleisch. Oder: »Der gejagte Hase« – und etliche Jahre lang kam sich dieser bemühte Berichterstatter tatsächlich so vor. Auch wenn er von sich alsbald vermutete, inzwischen sehr wachsam geworden zu sein – doch als sonderlich mißtrauisch vermochte er sich kaum zu entwickeln. Er glaubte nun mal daran, ein kluger Hase zu sein. Schließlich geriet er dann sogar noch in den Verdacht, eine Art »Wolf« darzustellen. Doch die geballte Kraft und hingenommene Einsamkeit dieser Tiere, erkannte er schnell, war ihm nicht gegeben.

Doch mit derartigen Urteilen und Vorurteilen, Ansichten und Vermutungen, Selbsttäuschungen und Verleugnungen fertig zu werden – einigermaßen glaubhaft, hoffentlich; vielleicht sogar nicht ganz unüberzeugend – wird hier nun versucht. Auch wenn dabei so manches Mal unvermeidbar erscheint, wandeln zu müssen zwischen Erinnerungsschemen und Trugbildern, Wahrheiten und Wunschträumen. So was jedoch niemals wird erstrebt, mit total geschlossenen Augen.

Beginnen wir damit, um einiges zu erklären. 1945. In jenem Jahr verendete dieser Weltkrieg mit der Nummer zwei. Hitler hat Selbstmord begangen, ein Goebbels sich dazugesellt, mit seiner Familie; auch Himmler hatte Zyankali geschluckt – deren Göring sollte ihnen nachfolgen. Im Mai dieses Jahres 1945 war die totale Kapitulation in Kraft getreten. Nunmehr gab es dieses große Deutschland nicht mehr; deren sogenanntes »tausendjährige Reich« war vorüber – es hatte zwölf Jahre gedauert.

Dessen Bilanz, soweit überhaupt irgendwie nachweisbar, dürfte als grauenvoll bezeichnet werden. Doch wobei sollte man da anfangen? Etwa bei jenen 9,6 Millionen europäischen Juden, von denen so an die 5,7 Millionen ausgerottet worden sind? Schwer darüber zu sprechen – unmöglich das zu vergessen.

Dazu kamen dann so ungefähr 24,4 Millionen Soldaten, die als »gefallen« bezeichnet wurden. Und hinzu so an die 25 Millionen Zivilpersonen, zwischendurch ausradierte. Ziffern allerdings, die dann von den einen als weit untertrieben angezweifelt werden sollten; gelegentlich aber auch, eben von anderen, als maßlos überhöht bezeichnet wurden. Was war denn das? Sollten denn »einige« Millionen mehr oder weniger solcher Opfer irgendetwas ändern können – an der Entsetzlichkeit derartiger Endresultate?

Jedenfalls war inzwischen dieses Deutschland zu einem gigantischen Trümmerhaufen geworden – in so gut wie jeder irgendwie erdenkbaren Hinsicht. Ein Land, das nunmehr wie ein endloses Friedhofsgelände anmuten wollte. Doch durchwieselt von Menschen, die dabei nichts wie zu überleben gedachten; wie überschwemmt von Versprengten, Abgestoßenen, Ausgesetzten, von ratlos Heimatsuchenden und zerquälten Heimatvertriebenen. Und diese wurden dann zu bändigen versucht, von den sogenannten Siegern.

In jenem Jahr, 1945, fiel dann auch die erste Atombombe – auf Hiroshima. Und das war das Ende. Oder – ein weiterer Anfang?

1.

Kleiner Bruder Mensch

»Der«, sagten die Leute damals von ihm, »ist nun nichts mehr, wie ein gestrandetes Wrack; ein durchaus zeitgemäßes.« Mithin ein restgroßdeutsches. »Der kann nichts, der hat nichts, der weiß nichts. Der ist lediglich ein Soldat – gewesen. Und mit so was läßt sich nun hier nichts mehr anfangen. Der ist erledigt – endgültig.«

Das geschah – und damit beginnt diese Geschichte eines Nachkriegslebens – einige wenige Monate nach jener Stunde Null, die vermutlich als der einzige Fixpunkt im Ablauf damaliger Existenzen zu bezeichnen war. Null als Ende, das war sicher. Null als Anfang, das war allenfalls zu hoffen. Worüber sich auch die Sieger nicht klar zu sein schienen. Die totale Kapitulation Deutschlands immerhin hatten sie erzwungen; mit allen ihnen gegebenen militärischen und politischen Mitteln – auch unter eigenen schweren Verlusten. Doch was – nun?

Worum es sich dabei, möglicherweise, gehandelt hatte, haben könnte, erfuhr so ein vorher falsch und nachher gar nicht informierter Nicht-Bürger eines Nicht-Staates – erst später. Vielleicht. Immerhin hatten ganze Legionen von ihnen hinter den Zäunen von Lagern gelauert. Jedoch – worauf? Etwa darauf, daß nun diese Weltgeschichte erhebliche Wellen schlagen würde – etwa dieses Deutschlands wegen? Aufkommende Latrinenparolen berichteten davon, daß es durchaus vorstellbar sei, daß nun die Amerikaner und Engländer einfach so weitermachen würden – mit den Deutschen gegen Stalin. Doch dem war nicht so – damals noch nicht. Derartig herumbrütende Erwartungen waren der sogenannten Geschichte vorausgegriffen; wenn auch nur um ein paar Jahre.

Damals jedenfalls, Ende 1945, mußte jener Mensch, von dem hier berichtet werden soll, ganz gewißlich zu den notorischen Mitverlierern des Zweiten Weltkrieges zugezählt werden. Dabei war er ungefähr so vorstellbar: Ein mittelgroßer Mann. Bereits Anfang dreißig, nahezu schlank wirkend, da wohl ziemlich ausgehungert. Eine tiefe Querfalte auf der Stirn, Andeutungen von Falten auch um den Mund, in einem noch nicht sehr alten Gesicht. Dazu strähnige, strohtrockene Blondhaare, diese jedoch wie stets, nahezu lebenslänglich, sorgfältig zurückgekämmt; darunter wässerige, gleichsam von Tränen ausgebleichte blaßblaugraue Augen.

»Ein ziemlich schäbiger Anblick!«, wurde dann auch versichert; vermutbar gar nicht unzutreffend. Ein Eindruck allerdings, der damals wohl kaum als irgendwie ungewöhnlich zu bezeichnen war. Denn irgendwie schäbig, zumindest rein äußerlich, muteten gar nicht wenige an; und etliche schienen das dann auch in mehrfacher Hinsicht zu sein; dazu geworden zu sein. Auch – dieser Mensch?

Dessen Anblick durfte, wahrlich berechtigt, als ungemein kläglich registriert werden. Den umschlotterte eine leicht abgewandelte, zivilistisch zubereitete, ehemalige Offiziersuniform der sogenannten Großdeutschen Wehrmacht, Unterabteilung Luftwaffe; dort hatte er sich bei der Flakartillerie betätigt. Nunmehr muteten die einstigen satten Blautöne seiner kasinogerechten Gewandung fahl ausgebleicht, stark strapaziert, mächtig verstaubt an.

Seine langen, zerbeulten Hosen besaßen nun nicht mehr die geringste Andeutung einer Bügelfalte. Diese schlauchartige Bekleidung hatte er über seine glanzlosen, brüchig gewordenen Stiefel gezogen. Und in seinen klammkalt gewordenen Händen trug er eine nur mäßig gefüllte Aktentasche mit sich.

In dieser schäbigen Umhüllung befand sich alles, was er nun noch besaß; außer dem, was er am Leib trug. Dort jedenfalls: eine Zahnbürste, ein zweites Paar Unterwäsche, vier verwaschene Socken in dunkleren Farben; ein faustgroßer Brotrest dazwischen. Aber dann noch ein Buch; und darin eingeklemmt zwei Fotos. Mehr jedenfalls hatte, und benötigte er nicht. Denn damals glaubte er noch wie zwingend erkannt zu haben: das war genug!

Eine »Erscheinung«, die als wahrhaft kläglich zu bezeichnen war, jedoch keinesfalls irgendwie zu bedauern, oder gar als mitleiderregend anzusehen. Denn Gestalten von dieser schäbigen Sorte drückten sich jetzt in jedem kleinsten Winkel Dutzende herum; in der Umgebung Hunderte; in noch nächster Nähe Tausende. Sie durchwimmelten diese deutsche Nachkriegslandschaft wie Heuschreckenschwärme. Kreuze wurden bei deren Auftauchen geschlagen – da möge Gott helfen!

So an die elf Millionen derartiger Wesen waren, durch die Kapitulation, zu Gefangene der Alliierten geworden. Im Westen ebenso wie im Osten – dort vermutbar in ungleich größeren Mengen. Doch sie alle wie begierig, entlassen zu werden. Und wenn auch in diese Nachkriegswüste hinein. Nichts wie »nach Hause« – aber was war das nun: dieses »zu Hause«?

Dieses nun alltägliche, gemeinhin übliche armselige Exemplar eines Restzeitmenschen war einem Fahrzeug der US-Army entstiegen – leicht taumelnd. Ein mithin Entlassener! Sein Bestimmungsort war ein zusammengeballtes, ziemlich weit von Hauptstraßen gelegenes, mithin ein abgelegenes oberbayerisches Dorf. Und hier begann dann – seine Freiheit. Zutreffender wohl: die begann er zu suchen.

Wobei er etwas zu suchen begann, was er noch niemals zuvor gekannt hatte. Doch immerhin war er bei seinen ersten Schritten, in diese mögliche neue Freiheit hinein, ein paarmal auf Anschläge mit Bekanntmachungen der Sieger gestoßen. Mithin wußte er nun wenigstens, was er *nicht* durfte; wenn auch noch nicht, was er durfte. Was, irgendwie, eine Art Fortschritt war. Wer jedoch mag wissen, in welche Richtung hinein?

Jedenfalls war er wahrlich nicht zufällig in diesem Dorf gelandet. Denn hier, in dessen Nähe, hatte er die dann so ungemein kläglich verendeten Wochen und Tage dieses Weltkrieges mit der Nummer zwei verbringen müssen. Die ihm dabei von der »Vorsehung« in Form eines Marschbefehls zugeteilte Endstation war eine in unmittelbarer Nähe gelegene Waffenschule gewesen. Von dort hatte er sich, gewissermaßen in allerletzter Minute, abgesetzt. Dann nur noch ein Nicken, den einstigen Kameraden gegenüber; worauf die große, oftmals als verschworen bezeichnete Gemeinschaft beendet war.

Wie für alle Zeiten – hatte es den Anschein. Sie flatterten auseinander wie ausgesetzte Tauben; in Hoffnung auf einen sie vielleicht bergen könnenden Stall. Dem entgegen. Denn sie wollten überleben – also leben! Zunächst nichts weiter sonst – und wie auch immer. Ohne Ansprüche.

Er jedenfalls, dieser armselige, reichlich heruntergekommen wirkende Mensch, »das Wrack mit der Aktentasche«, landete nun wieder in diesem oberbayerischen Dorf. Denn hier war er, noch knapp zehn Tage vor Kriegsschluß, standesamtlich getraut worden; was mithin hieß: hier existierte eine amtliche Registrierung seiner Person. Hierher also – er wüßte nicht, wohin denn wohl sonst? – gehörte er nun; sozusagen offiziell.

Denn seine eigentliche Heimat, das von ihm geliebte urtümliche Ostpreußen, durfte nun wohl als endgültig verloren bezeichnet werden. Das war, im Verlauf der unseligen Kriegsjahre – er hatte es in seinen Urlaubstagen gesehen, sehen müssen – dahingestorben; hatte allen strahlenden Glanz und seine geruhsame Kraft verloren.

Die »Sieger«, inspiriert von Stalin, hatten dort, bereits vor dem Ende des Krieges, vollendete Tatsachen geschaffen. Sie hatten dieses Land, mit anderen Gebieten östlich der Oder-Neiße, sozusagen »herausgeschnitten« und dann in Teilen dem sowjetischen, in anderen Teilen dem polnischen Territorium zugeschlagen. Seine Heimat war gewesen. Dennoch wollte er, der eben dem Chaos Entkommene, weder glauben noch wünschen, noch sich vorstellen, daß nunmehr deswegen ein neuer Krieg geführt werden würde – von den westlichen Siegern gegen die östlichen.

Doch seine in diesem Ostpreußen verbrachten ersten zwanzig Jahre seines Daseins sollten dann lebenslang ausreichen, seine Erinnerungen daran wie magisch zu umglänzen. Sie waren niemals auszulöschen. Nicht solange er zu leben hatte.

Nunmehr jedoch wollte, mußte er wohl, irgendwie, irgendwo, wieder »beheimatet« sein. Und dafür schien sich dieses geruhsam abseitige Dorf am Rande von Oberbayern anzubieten. Es könnte da wohl auch gesagt werden: eine andere Wahl hatte er gar nicht! Doch eine bessere – nachhinein betrachtet – hätte er gar nicht haben können.

Dieses wie verborgen wirkende dörfliche Gemeinwesen, in dem er kurz vor Kriegstoresschluß einige Tage untergekommen war, dort dann auch geheiratet hatte, erblickte er nun, knapp ein Dreivierteljahr später, wieder vor sich: Die einstmals wie urgemütlich einladend breit-stattlichen Bauernhäuser – mein Gott, damals noch wirkten sie so – muteten nun wie abgeschlossen, nahezu menschenfrei an; dazu fast wie schnell zerbröckelnd, zugleich festungsartig abweisend. Mitten darin die Kirche, selbstverständlich eine katholische. Diese allerdings schien voll zu funktionieren – in Besonderheit was Turmuhr, Glocken und Orgel anbetraf.

Unmittelbar neben diesem Herrgottgebäude, wie im beständigen Schatten davon, befand sich das Dorfverwaltungsamt: die »Bürgermeisterei«. Und dort meldet sich nun dieser zeitgemäße Abschaummensch – gewiß angebracht betont höflich-hoffnungsvoll, nahezu ergeben. Um dann warten zu müssen; stundenlang. Das mit nahezu geschlossenen Augen; er horchte um sich.

»Was«, wurde er dann endlich gefragt, »wollen Sie denn hier? Auch Sie noch! Von Ihrer Sorte kommen hier nun ganze Rudel auf uns zu, die wir kaum noch verkraften können – wir sind mehr als nur überfüllt, geradezu überlaufen. Das müssen Sie einsehen, sich damit abfinden. Wie war doch gleich Ihr Name? Na, wie auch immer – ist doch unwichtig! Versuchen Sie gefälligst keinerlei Ansprüche zu stellen, schon gar nicht Forderungen – so was läuft hier nicht.«

Bei jener Person, die solche wahrlich sehr zeitgemäß bedingte Ansichten von sich gab, handelte es sich um eine Schreib- und Verwaltungskraft dieser Bürgermeisterei; eine von wohl drei oder vier anderen. »Abwimmeln« gehörte vermutbar zu ihren Hauptaufgaben. Doch sich dieses Wesen nun ein wenig näher zu betrachten, wurde von diesem »Bittsteller« gewagt. Neugierig war der immer – wie lebenslänglich verurteilt dazu – oder eben: verdammt.

Wobei diesmal zum Vorschein kam: Eine Art Kind aus

dem bayerischen Volk – wie gesegnet mit fröhlicher Robustheit, ausgestattet mit praller Direktheit; erkennbar abgeneigt, sich mit lästig bedrängenden Zeitforderungen näher zu beschäftigen. Dennoch, immerhin: ein gar nicht unverlockend anmutendes weibliches Wesen.

So was zu erkennen, sogar verhalten interessiert anzuerkennen, war dieser Mensch durchaus bereit; wenn auch ein sich wohl ausgeliefert vorkommen müssender. Doch so was war ihm immer noch gegeben – und alsbald immer wieder. Wobei er diesmal registrierte: Diese allerneueste deutsche Welt schien wahrlich nicht unprächtige Geschöpfe hervorzubringen; und zwar solche, die sich wie befreit zu fühlen begehrten – von jeder schwergewichtigen Problematik der bereits sogenannten deutschen Vergangenheit. War ihnen zu gönnen. Gönnten die ihm so was, nur etwas Ähnliches, auch?

Und diese Person verkündete nun, wie betont desinteressiert seinen möglichen Beweggründen gegenüber: »Zunächst einmal ist hier eine Mittagspause angebracht – etwa eine von zwei Stunden.«

»Gibt es so was denn noch?«, erlaubte er sich zu fragen, vorsichtig verwundert. »Volle zwei Stunden, in denen mittäglich gespeist werden kann? Was gespeist?«

Sie wies seinen, von ihr wohl nicht ganz unberechtigt vermuteten Anbiederungsversuch zurück; betont sachlich. »Inzwischen werde ich mir überlegen, was Sie hier darstellen, wie auch so was wie Sie möglicherweise bei uns noch einzubringen ist. Schließlich sind wir dazu verpflichtet, behilflich zu sein – soweit wir das irgendwie können. Zumal Sie gar nicht ausgesprochen unsympathisch wirken – wovon Sie sich jedoch nichts versprechen sollten.«

»Nein – jawohl«, hörte er sich sagen. Er hatte den Kopf gesenkt, nahezu wie ein armer, herumstreunender Hund;

der nicht zu erkennen vermochte, was ihm da nun geboten worden war. Dabei könnte es sich um eine lässig gewährte Streicheleinheit gehandelt haben – oder eben um warnend-abweisende Patschhändchenschläge; jedoch gar nicht unwohlwollend ausgeteilte.

Jene Monate nach dieser Kapitulation hatte er mit Soldaten, Parteigenossen, Hoheitsträgern, Professoren, Reichsbeamten und Diplomaten verbracht; in Garmisch hinter Stacheldraht. Dort wartend auf das Ende ihres sogenannten »Automatischen Arrests«. Und das in der wuchernden Hoffnung: dieser Krieg war nun doch wohl endgültig zu Ende. Womit allerdings, wie zugleich, war ihnen jedoch erst wesentlich später bewußt werden sollte, das Atomzeitalter begonnen hatte.

Zunächst jedoch einmal, und das mutete einigermaßen logisch an, war diese Nazi-Partei zu vernichten, mithin also deren Nazi-Verwaltungsorganisationen auszuschalten. Radikal. Was jedoch blieb dann übrig?

Also was hatten dann diese Ersatzverwalter dabei überhaupt noch zu verwalten? Außer Not, Hunger und Denunziation? Tod und Totschlag. Mord noch dazu – wie als letzten Ausweg.

Damals jedenfalls wagte es dieser Abseitsmensch nicht, seine mögliche Betreuerin intensiv anzusehen. Doch immerhin glaubte er von der zu wissen: Das war ein noch sehr jugendliches Wesen; was einiges erklärte. Doch deren Namen sollte er niemals erfahren. War ja auch nicht unbedingt notwendig.

Es reichte da wohl voll aus, festzustellen: diese Person war von munter überlegenem Tüchtigkeitsgefühl; wie völlig nebenbei ganz lässig, mit Zeitbereinigungen beschäftigt. Verglichen mit ihr hatte er, der Dreißigjährige, sich vorzukommen wie ein nahezu alter Mann: verhungert, verdreckt, müde – ein Bettler, gelandet – oder bereits schon gestrandet – am Straßenrand der Geschichte.

Ein Nichts in ehemaliger Offiziersuniform. Ein zur Verwesung bestimmtes Produkt – eines unter Legionen anderer. Ausgespuckt – irgendwohin.

Die nächsten zwei Stunden verbrachte dann dieses frühe, auch sich so fühlende, Nachkriegswrack auf den Treppenstufen vor der Kirche. Dort eine längere Zeit – wie in sich versunken. Dabei öffnete er seine Aktentasche, um der das dort verborgene Buch zu entnehmen. Und in dem befanden sich zwei Fotoreproduktionen – abgegriffene, ohne Glanz, gleichsam zerknittert wie er selbst.

Doch diese Bilder begann er nun, wieder einmal mehr, mit webender Nachdenklichkeit zu betrachten. Wobei es sich, zunächst, um die Ablichtung eines völlig zerstörten, dem Erdboden brutal gleichgemachten Geländes handelte – und zwar um die Wirkung der allerersten Atombombe, welche eine Stadt in Japan gleichsam in Vollkommenheit ausradiert hatte. Ein Vorgang, vermochte er zu erkennen, der alsbald vielfach, nahezu vieltausendfach vorstellbar sein könnte; sich das vorstellen zu müssen, dazu zwang ihn seine sich aufdrängende Fantasie.

Die zweite dieser Abbildungen ließ Hunderte von Leichen erkennen; herbeigekarrte, in eine Großgrube gezerrte, dort übereinandergeworfen – so wie man stinkenden Abfall beseitigte. Mithin nur noch Knochen, von fahlblasser Haut umspannt; gelbbleiche, wässerige Eiterungen schienen aus denen, anstelle von Blut, hervorzusickern. Das waren KZ-Opfer; nur einige wenige hundert, von etlichen Millionen anderen.

Diese beiden Fotos hatte ihm ein Captain Singer vorgelegt, einer der Vernehmungsoffiziere in jenem amerikanischen Internierungslager bei Garmisch-Partenkirchen, von dem er kam. Was dann ein Anblick gewesen war, der bei diesem Betrachter Sprachlosigkeit zu erzeugen vermocht hatte. Um dann jedoch zu seiner Bitte zu führen, man möge ihm diese Fotos überlassen. »Das, so was, will ich nun immer vor Augen haben!« Ein Verlangen, das ihm ohne weiteres auch ohne jeden Kommentar gewährt wurde; vermutbar existierten dort Hunderte Kopien davon.

Nunmehr jedoch, als dieser mögliche Restzeitmensch auf den Treppenstufen jener Kirche hockte, die zu »seinem Dorf« gehörte, fiel ein schwerer Schatten auf ihn. Und damit zugleich auf seine Abbildungen. Denn jetzt gesellte sich zu ihm der Verwalter dieses Gotteshauses.

Der konnte, vermutbar, als ein Mensch von wahrlich bemüht jesusartigem Wesen bezeichnet werden. Wobei jedoch nichts darauf zwingend hinwies, daß der sich dessen bewußt gewesen wäre – zumindest begehrte der nicht einen derartigen Eindruck erwecken zu wollen. Doch eben der kam nicht nur auf den zu – der setzte sich neben ihn hin.

Was keinesfalls selbstverständlich war. Denn bereits jetzt schon kündigte sich ein kalter, fahler, nasser Winter an; er sollte der erbarmungslos strengste seit zahlreichen Jahren werden. Mithin hatten sich die Treppensteine, auf denen sie nun nebeneinander saßen, von der müden, milden Tagessonne kaum noch erwärmen lassen. Damals jedoch waren diese Menschen, so gut wie ohne jede Ausnahme, geübt in

Entbehrungen, mithin als einigermaßen immun zu bezeichnen, gegen mindere krankhafte Anwandlungen, wie etwa Schnupfen, Husten, Heiserkeit. Eine Voraussetzung mehr, um existieren zu können.

»Kommen Sie getrost zu mir herein, wenn Sie wollen.« Dieser Geistliche sagte das einladend, mit freundlich festem Betreuerblick; wo er sich auch immer befand, er schien auf einer Kanzel zu stehen. »Ich könnte Ihnen einen einigermaßen erwärmten Raum in meinem Pfarrhaus anbieten; dazu eine Scheibe Brot und eine Tasse Tee – trockenes Brot und Kräutertee selbstverständlich nur.«

»Danke, Hochwürden.« Dieser sich wie ausgesetzt fühlenmüssende Mensch vermochte erst jetzt zu erspüren, daß Kälte auf ihn zugekrochen war; es schien, als beginne er zu zittern. Dieses Angebot erfreute ihn, gleich einer ihm entgegengestreckten Hand. Eine Geste, die in jener Zeit – nur in jener Zeit? – einen gewissen Seltenheitswert besaß. Dennoch – er lehnte ab.

»Ich will Sie nicht belasten, Hochwürden – oder gar irgendwie belästigen; also weder Sie oder Ihr Amt irgendwie in Schwierigkeiten bringen! Denn es ist da wohl nicht ganz auszuschließen, daß es sich bei mir möglicherweise um eine höchst fragwürdige Person handeln könnte – die zumindest jederzeit dazu erklärt werden kann.«

»Mein Sohn!« sagte der nun würdig, ganz geistliches Vaterwesen; obgleich doch wohl kaum sonderlich älter als diese nun neben ihm dahockende ausgemergelte Endkriegsperson. »Wir, wir alle, begegnen uns neuerdings mit heftigstem Mißtrauen. Dazu glauben wir berechtigt zu sein; aus den verschiedenartigsten Beweggründen. Aber das sind doch nichts wie Irrungen und Verwirrungen, die endlich aufzuhören haben.«

»Das, Hochwürden, hört sich gar nicht schlecht an. Und

falls es mir erlaubt werden sollte, mich in diesem Dorf aufzuhalten, werde ich Sie gerne aufsuchen. Um Sie danach zu befragen, wie man mit derartigen Fürchterlichkeiten fertig werden kann, die da auf uns zugekommen sind.«

»Sie sind mir jederzeit willkommen, lieber Herr – kommen Sie möglichst bald.«

»So was, Hochwürden, könnte ich Ihnen tatsächlich antun – falls mir das ermöglicht wird. Doch zunächst einmal muß ich wieder zurück, in dieses Bürgermeisteramt. Um dort dann wohl eine Art Urteil entgegennehmen zu müssen – noch dazu ein im guten Glauben erfolgendes. Aber – vielleicht ist es gerade das, was ich zu befürchten habe.«

Und irgendetwas zu befürchten war immer.

Mithin begab sich dieses ausgemergelte Restkriegswrack wieder zurück in das Bürgermeistergebäude, in der Nähe der Kirche: Ein im Verlaufe dieser Zeiten vielstrapazierter Behördenstall. Doch immer noch versehen mit stattlicher oberbayerischer Bauernhausfassade – dickes Balkengefüge, barocke gedachte Verkleidungen, noch als weiß getüncht erkennbares Mauerwerk; ein schwersolides Dach darüber. Die Fenster darin waren klein, eng quadratisch – sie ermöglichten kaum irgendwelche Einblicke; wohl aber wie weit spähenkönnende Ausblicke.

Dort trat er ein – exakt zu der ihm angewiesenen Uhrzeit. Um abermals festzustellen, daß er nicht erwartet wurde. Also hatte er sich, wieder einmal mehr, zu gedulden – jedoch nicht, sich in Geduld zu üben. Denn so was war für ihn kein Problem, vielmehr inzwischen nichts wie Alltag geworden; seit Monaten bereits.

Sich daran gewöhnen zu müssen, gleichsam wie ein Ochse an das ihm aufgelegte Joch, war keinerlei Besonderheit in diesem Dasein mehr.

Also hockte er sich dort hin, in einer Art Warteraum – in eine Ecke, auf den Fußboden. Denn die wenigen Stühle in dieser wie nacktkalten Behördenhöhle waren besetzt. Wie vereinnahmt von mindestens einem Dutzend Gestalten, die ihm nicht unähnlich waren.

Diverse klageweiberartige Wesen darunter, welche zugleich, wahrlich nicht unwirksam, etliche Kleinkinder mit angeschleppt hatten – verdreckte, großäugige Sabberwesen, mit unruhigen Bewegungen und flehenden Hungerblicken. Und einige dieser wohl erst neulich Geborenen brüllten, husteten, kotzten vor sich hin; koteten in ihre »Windeln«. Oder eben in das, was nun deren Endverdauungsorgane umhüllte: Handtücher, Sackleinwände, Zeitungsmakulatur.

Ein wie uralter, gelbbleichgesichtiger Mann schleppte sich zu einem der Schießschartenfenster, riß das auf, begehrte dort frische Luft zu schnappen. Möglicherweise war er einem Herzanfall sehr nahe – er sackte schweratmend abwärts; blieb dann keuchend liegen. Sonderlich beachtet jedenfalls wurde er nicht; und wenn beachtet, dann offenbar als peinliche Störung empfunden.

Zwei dicht nebeneinandersitzende Frauen wollten ihm, dem Betrachter, einem sehr widerwilligen, anmuten wie vollgefüllte Kartoffelsäcke. Die beschnupperten sich naßspeichelnd, zischten sich wie zugleich schlangenhaft bedrohlich an; kaum gedämpft. Beherrscht von Erregungen, soweit sich herausfinden ließ, irgendeinen »Kerls« wegen, eines »Saukerls«; den sie aber haben wollten. Jede allein für sich.

Auf diese Ansammlung von in seinen Augen gewiß niederen Lebewesen blickte ungemein verächtlich ein breitbeinig dasitzender Menschmann, wohl ein ehemaliger Soldat; inzwischen bereits wieder voll oberbayerisch gewandet. Dabei ließ er, was wohl als praller Protest gedacht war, ein paar kräftig knarrende Winde wehen. Womit er die Skala der hier erzeugten, penetrant betäubenden Gerüche noch erheblich zu erweitern vermochte. Doch sich selbst dabei noch keinerlei Erstickungsgefühlen auszuliefern, befahl sich dieser Betrachter – er hielt seine Hände vor Mund und Nase und atmete in sie hinein.

Doch nur noch etwa zwei Wartestunden mußte dieser sich vielfach gebeutelt vorkommende Wrackmensch in diesem Treibhaus letzter menschenmöglicher Ausdünstungen verbringen. Dann jedoch wurde er erneut konfrontiert, mit seiner derzeitigen Befragerin. Und wenn die auch gewiß von recht stattlichem Wesen war, eben ein rein weibliches, so begehrte er immer noch nicht, vorsichtig geworden wie er war, sich diese Person ein wenig intensiver anzusehen.

Anwandelungen, die da vermutlich als eine in ihm lebenslänglich gewachsene Scheu zu bezeichnen waren – wenn nicht gar als eine Art wuchernder Furcht, einer gewissen Sorte Daseinswesen gegenüber. Denn hatten die nicht immer und immer wieder versucht, in seinen Lebensverlauf einzugreifen, den zu bestimmen, ihn zu ihren Ansichten zu zwingen? Und so was in treusorgender Beharrlichkeit; eine Behauptung überdies, welche denen zugestanden werden müßte.

Das waren, zumindest, drei.

Dabei hatte es sich einmal, und wohl erstens, allererstens, um seine Mutter gehandelt – eine von ihm überaus geliebte, auch gewißlich hoch zu verehrende Person. Die hatte, völlig unbezweifelbar, stets nur das denkbar Beste, für ihn, gewollt; das er dann auch zu erreichen versucht hatte. »Du bist mein Sohn«, pflegte sie überzeugt und auch überzeugend zu sagen. »Ich bin deine Mutter.« Und dann: »Wir beide sind eins.«

Hinzugekommen war dann noch, neuerdings, wenn auch jetzt nicht mehr anwesend, seine sogenannte Frau, jene, die er erst vor wenigen Monaten geheiratet hatte. Ein ganz und gar als ungewöhnlich herrlich zu bezeichnendes Geschöpf, von einzigartiger Prächtigkeit, nicht nur in körperlicher Hinsicht. Die jedoch hatte dann zu ihm gesagt: »Du bist mein Mann – ich bin deine Frau. Jetzt gehören wir einander!« Wie – in alle Ewigkeit!

Unmittelbar danach geriet er in Kriegsgefangenschaft. Und sie verschwand; wer weiß, wohin. Doch nun war es, als wünschte sie nicht für ihn zu existieren – wohl nicht für so was wie ihn.

Aber – dann! Dann aber gab es da noch seine Schwester Barbara. Die Erinnerung an sie überflutete ihn mächtig. Doch er wagte es nicht, sich die Frage zu leisten: gab es die noch, selbst jetzt noch? Hatte sie überlebt, existierte sie also dennoch – vermutlich ja. Denn die, da mußte er ziemlich sicher sein, war ungleich daseinsentschlossener als er.

Er liebte seine Schwester Barbara; wie sich das wohl auch so gehörte. Auch wenn deren wie unnachsichtig entschlossene Betreuungsbereitschaft, ihm gegenüber, immer wieder zum Vorschein gekommen war – und dann sogar als irgendwie bedrückend bezeichnet werden mußte. Wenn nicht – als erdrückend.

»Du bist mein Bruder! Somit fühle ich mich für dich verantwortlich – genauso wie unsere Mutter!« Eine Behauptung, welche von dieser Schwester Barbara nicht nur so dahingesagt worden war – davon war sie überzeugt; dazu auch mit konsequenter Entschlossenheit gewillt. Eine höchst innige Zuneigung, bei der dann allerdings sogar ihre Bereitschaft erkenntlich wurde, ihm Daumenschrauben anzulegen. Aus lauter Liebe.

»Ich«, sollte dann später, wesentlich später, jener damals kläglich in einem Verwaltungsstall dahockende Mensch bekennen – und zwar mehrmals, »liebe weibliche Wesen – ungemein. Deren Schönheit, Zartheit, Zärtlichkeit vermag mich zu entzücken. Deren Bereitschaft dazu Sich-anschmiegen-Wollen, ihre Fröhlichkeit, mit der sie uns entgegenkommen, diese wundersame Nachsicht gegenüber unseren Schwächen, welche vielleicht auch als beständige Hilflosigkeit zu bezeichnen sind – ungemein beglückendste Erlebnisse vermögen sich daraus zu ergeben.«

Dabei sprach er allein von sich selbst, von seinen eigenen möglichen Erkenntnissen. Jedoch noch viele Jahre danach, als sich dann dieses hier wie elendiglich gestrandete Elendsgeschöpf in einen Landhausbesitzer mit erlesen ersammelten Kunstschätzen zu verwandeln vermocht hatte, bekannte er ungetrübt: »Frauen sind unsagbar herrliche Geschöpfe! Wenn ich etwa als weibliches Wesen zur Welt gekommen wäre, könnte ich allein nur sie lieben.«

Dabei jedoch kam dann, gleichfalls mehrmals, ob nun einstmals oder eben später, immer wieder dieser Nachsatz zum Vorschein: »Doch warum vermögen die uns nicht so hinzunehmen, wie wir nun mal sind? Warum gehen sie nicht, mit freudig erwarteter Großzügigkeit, auf uns ein? Warum versuchen die, immer wieder, uns ihren Lebensstil aufzudrängen; ihre Daseinserwartungen, ihre Berechnungen? Muß denn das sein? Unbedingt?«

Was aber vermutlich noch lange nicht alles an erbrüteten Erkenntnissen war – über Jahrzehnte hinweg. Mit zunehmendem Alter begann ihn lächelnde Nachsicht zu beherrschen; selbstverständlich auch sich gegenüber. Die ihn dann sogar zu jener Feststellung verführte:

»Da muß ich nun wohl eingestehen, daß ich mit Frauen, rein literarisch gesehen, nicht sonderlich viel anfangen konnte. Meine Versuche, deren Wesen innerhalb von etwa dreißig Büchern einzufangen, sind mir zumeist mißlungen. Die werden dann bei mir entweder zu Madonnen oder Straßenmädchen, Schwäne oder Hühner; in alle Himmel gehoben, oder in den Straßenstaub geworfen.«

Sodann aber weiter: »Mit Männern jedoch, abermals rein literarisch gesehen, kenne ich mich aus! Mit diesen Typen, mit wohl allen irgendwie erdenklichen Spielarten davon, habe ich zwölf großdeutsche Jahre verbracht, sozusagen auf engstem Raum mit ihnen verbringen müssen. Die immerhin vermag ich zu durchschauen, in so gut wie allen Einzelheiten.«

Aber dann wieder: »Weibliche Wesen haben mir immer wieder Rätsel aufgegeben. Zumeist solche, deren Lösung mir nicht gegeben ist.«

Das also, könnte man nun sagen, war ein wie ewiges Trauma – dazu war er verurteilt. Doch eben das war nur eins – von etlichen anderen. So was jedenfalls glaubte er bereits damals erkannt zu haben. Wenn auch nur wie schemenhaft.

Doch das, genau das, kam immer wieder auf ihn zu. Damals in Gestalt dieses nicht unprächtigen weiblichen Verwaltungswesens. Dieses jedoch einzuschätzen, oder gar zu beurteilen, wagte er nicht. Sonderliche Wagnisse waren ihm eigentlich kaum jemals gegeben.

Was er diesmal vermutbar lediglich zu denken gewagt

hatte, könnte möglicherweise so ausgesehen haben: Sonderlich freundlich war diese Person nicht. Vielmehr schien die nur allzu bereit, eine gewisse lässige Verächtlichkeit demonstrieren zu wollen; sicherlich basierend auf einem bei ihr aufgeblühten Überlegenheitsgefühl. Was wahrlich nicht ganz unberechtigt war. Schließlich hatten sich inzwischen sogenannte Kriegsheldenmenschen, und das geradezu in Mengen, in schäbige Abwaschlappen verwandelt.

Damals jedenfalls war dem wohl so. Doch immerhin – nur einige wenige Jahre danach – drohte so ein Zerrbild dann bereits wesentlich anders auszusehen. Und zwar als diesen Kriegsteilnehmern, sozusagen im großen und ganzen, bestätigt wurde: Sie hätten wahrlich nichts getan wie ihre, wenn auch verdammte, Pflicht und Schuldigkeit. Der einstige »Feind« begann sich als ehemaliger »Gegner« zu verstehen – und so »tapferer« die von ihnen auf dem »Felde der Ehre« Gegenüberstehenden gewesen waren, um so glorreicher dann ihr »Sieg«.

Kriegermemoiren, beherrscht von einer solchen stets wirksamen Erkenntnis, sollte es alsbald wie Sand am Meer geben – doch nichts dergleichen ist hier zu befürchten. Zu erhoffen schon gar nicht.

Doch immerhin, damals war er wohl bereit dazu, so gut wie alles über sich ergehen zu lassen, was da auch immer auf ihn zukommen sollte. Gleichsam wie ausgesetzt einem beständigen Regen, der vermutlich kaum abzuschirmen war. Mithin mußte der überstanden werden.

Da saß er nun also, diesem beamteten weiblichen Wesen gegenüber. Dessen Name sollte ihm niemals bekannt werden – durchaus anzunehmen, daß er den auch gar nicht registrieren wollte. Diese Person mit vermutbarer Entscheidungsbefugnis betrachtete ihn längere Zeit schweigend, ohne ihn unruhig werden zu sehen. Dann begann sie dieses wohl als offiziell zu bezeichnende Gespräch mit einer Feststellung.

»Nach den mir vorliegenden Unterlagen trifft zu, daß Sie hier, in unserem Dorf, und zwar in diesem Frühjahr, registriert worden sind.«

Er war bemüht, seine freudige Erleichterung über diese Eröffnung zu verbergen. Daß ihm so was jedoch nicht gegeben war, wußte er. Denn sein Gesicht war – und das sollte es auch bleiben – gleichsam ein offenes Buch mit großer Schrift.

Wenn er nicht darin lesen lassen wollte, mußte er sich abwenden. »Das heißt also, daß ich hier, zu diesem Dorf gehöre – sozusagen amtlich gesehen.«

»Und zwar bedingt durch Ihren damaligen wenn auch nur kurzen Aufenthalt im Bereich unserer Gemeinde, sowie Ihrer standesamtlichen Trauung, in dieser Bürgermeisterei. Diese ist übrigens, unserem Register nach, am 20. April dieses Jahres erfolgt.«

»Ein ganz zufälliges Datum!« versicherte er unverzüglich, was sich nahezu bieder anhörte. Dabei empfand er jedoch ein nicht nur leichtes Erschrecken über eine sich daraus ergebende, sich nun geradezu aufdrängende Bezüglichkeit; auf diese damals zu achten, hatte er versäumt, für nicht notwendig gehalten. Doch immerhin – dieser 20. April war nicht nur sein Hochzeitstag gewesen, vielmehr auch der Geburtstag dieses Führers; dessen letzter. Und diese fatale Übereinstimmung drohte nun anzumuten, wie ein gefährlich werden könnender Blitzschlag aus einem allerdings kaum noch heiteren Himmel. »Jedenfalls habe ich dabei auf einen nunmehr fragwürdig erscheinen mögenden Zusammenhang nicht geachtet.«

Was wohl nicht ganz stimmte. Er war Zeit seines Lebens – und was konnte man denn in Ostpreußen schon anders sein

– ein nationaler sozialistischer deutscher Mensch gewesen; nicht nur ein Soldat. Voll guten Glaubens an die feierlich tönend verkündete »gerechte Sache«! Er pflegte sich dann auch stets, wenn auch nicht gleich damals in diesem Dorf, was nahezu selbstmörderisch gewesen wäre, mit erheblicher Offenheit zu dieser seiner »deutschen Vergangenheit« zu bekennen – in letzten Jahren allerdings erst dann, wenn er ausdrücklich danach befragt wurde. Schließlich hatte er inzwischen lernen müssen, daß er, ein einstmals ganz kleines Licht, sich ausgerechnet damit dem Gelächter ehemaliger ganz großer Armleuchter aussetzte – die nicht im geringsten zögerten, über ihn zu richten. Entsprechende Stellungen besaßen die nun wieder.

Er also damals. »Jedenfalls habe ich mit der Partei, ihren Gliederungen und Organisationen, nichts zu tun gehabt – das bitte ich mir zu glauben.« Behauptungen, die tatsächlich zutrafen – was ihn nun selbst gar nicht wenig wunderte.

Derartige Versicherungen jedenfalls schien seine damalige Befragerin hinnehmen zu wollen; da sie vermutlich gut gespeist hatte, mutete sie recht nachsichtig gestimmt an. Wobei dann wohl hinzukam, daß sie ihn, wie schon gesagt, möglicherweise als nicht ganz unsympathisch empfand. Vermutbar so, als wäre er ein kleiner, räudiger, Zuflucht suchender Straßenköter, der hier nun mit erfreulicher Artigkeit einen schmalen Happen zu erschnappen versuchte. Mit so was mußte man wohl Mitleid haben.

»Doch fast unmittelbar danach haben Sie dann unser Dorf wieder verlassen – und zwar ohne sich amtlich abzumelden.«

»Dazu kam ich nicht mehr – und nun bin ich versucht zu sagen: glücklicherweise nicht. Ich wurde einkassiert, von den Amerikanern; mit sachverständig gegebener deutscher Beihilfe. Ich geriet in das Internierungslager Camp 7, bei

Garmisch-Partenkirchen, einer ehemaligen Gebirgsjägerkaserne.«

»Und von dort wurden Sie entlassen – offiziell?«

»Diesbezügliche Papiere kann ich vorlegen. In denen ist als mein Bestimmungsort dieses Dorf eingetragen. Zwei Amerikaner persönlich haben mich hier abgeladen. Und da bin ich nun.«

»Jedoch – warum? Was gedenken Sie hier zu tun? Etwa warten – auf Ihre Frau? Die ist inzwischen fortgezogen; kurz nachdem Sie von den Amerikanern einkassiert worden sind, wie Sie das bezeichnen.« Das wurde ziemlich sachlich gesagt; worauf dann jedoch einige verhalten amüsiert klingende Untertöne aufkamen. Schließlich vermochten, eben in dieser Zeit, sogenannte »Schicksale« gewiß auch als Belustigungsmöglichkeiten angesehen werden. »Da könnte man aber auch wohl sagen: Ihre Frau hat Sie, ganz einfach, verlassen.«

»Gewiß nur vorübergehend«, versicherte er ihr; aber in wohl allererster Linie sich selbst – in unentwegt bemühter Hoffnungsträchtigkeit. »Sie könnte jederzeit wieder hierher zurückkehren.« Zu ihm, sollte das wohl heißen.

»Was jedoch kaum anzunehmen ist.« Wohl gönnte sie diesem armseligen Köter einen guten Happen, doch sie wollte den »schön«machen sehen – mit ausgestreckten Bettelpfoten und ergebenen Flehaugen. »Denn Ihre Frau hat sich inzwischen, bei uns, mehrmals nach Ihrem Aufenthalt erkundigt – beziehungsweise erkundigen lassen; durch eine Anwaltskanzlei.«

»Hat sie das?«

»Hat sie! Um Ihnen zur Kenntnis zu geben, daß sie geschieden zu werden wünscht. Von Ihnen. Na – was sagen Sie nun?«

Der vermochte, längere Zeit, nichts zu sagen; schon gar

nicht dazu. Wie mit letzter Kraft zwang er sich, dennoch gelassen zu erscheinen. Sein schmales Windhundgesicht mutete nun jedoch nahezu kreidebleich an; er faltete die Hände ineinander, preßte sie zusammen, um nicht deutlich werden zu lassen, daß sie zu zittern begannen. Denn das war wohl, in seinem Dasein, ein weiterer Tiefpunkt mehr. Doch eben nur einer unter zahlreichen, wie zahllosen anderen – wie viele würden, müßten, noch kommen?

Doch was ihn jetzt erneut wie vordringlich zu beherrschen begann – und was dann auch später, wieder und immer wieder, wie lebenslänglich, bei ihm zum Vorschein kommen sollte – war sein Verlangen nach einer möglichen, wenn auch noch so bescheidenen Sicherheit, Geborgenheit. Auch wenn das nichts wie eine Hundehütte sein sollte; aber dann eben – seine! »Könnte ich dennoch hier bleiben, unterkommen? Für ein paar Tage?«

»Nun, das ließe sich ermöglichen – falls Sie unbedingt Wert darauf legen.«

»Ich – bitte darum.«

»Also gut. Da existieren zwei Zimmer im Dachgeschoß jenes Hauses, das unserem Dorfarzt gehört – vorläufig noch. Der wird, wohl nicht ganz unberechtigt, für einen Nazi gehalten; was seine Konsequenzen haben muß, meint auch der Herr Bürgermeister. In diesen Dachräumen hält sich derzeit ein Flüchtlingsehepaar aus Schlesien auf – was jedoch, für diese beiden Leute, zeitgemäßen Zuständen entsprechend, zuviel an Quadratmetern ist. Einer dieser Räume könnte Ihnen zugewiesen werden.«

»Damit aber«, erkannte er, der stets bestrebt bemüht war, möglichst niemals ein störendes, im Endeffekt vielleicht sogar zerstörendes Wesen sein zu wollen, »müssen die sich einengen, sich also von mir verdrängt fühlen. Das darf ich denen nicht zumuten.«

»Ach was!« Dieses prächtige Verwaltungswesen reagierte mit robuster Belustigung – einer durchaus verständlichen: Da hatte der nun seine Hundehütte; und die anderen benötigten auch nur eine! Nur keine falsche Scham, alter Mann!

»Ob Ihnen so was gefällt, oder eben nicht, spielt dabei keine Rolle. Wenn Sie bei uns unterkommen wollen«, »unterkriechen« sagte sie nicht, obgleich sich diese Formulierung dabei wohl anbot, »dann müssen Sie annehmen, was Ihnen geboten wird. Einverstanden?«

Das mußte er wohl sein.

Dr. Ganzfleisch, der sogenannte Nazimensch, war von der Bürgermeisterei aus telefonisch von der Ankunft seines neuesten Hausgenossen verständigt worden. Und zwar, was sich doch wohl von selbst verstand, mit unmißverständlichem Befehlston: »Der ist dort unterzubringen.« Und »der« wurde dann auch bereits erwartet.

Der Arzt dieses Landes, speziell dieses Dorfes und dessen näherer bis weiterer Umgebung, stand am Vorgartentor seines kleinen Hauses. Er blickte diesem auf ihn zuwandelnden Endwesen entgegen – und das geradezu irritierend freundlich. Und dann sagte der sogar: »Willkommen!«

Was eine völlig ungewöhnliche, unvermutete Vokabel war; in diesen Zeiten durchaus – zumal sie überraschend herzlich klang. Dabei war er vor diesem Menschen gewarnt worden, noch dazu nahezu wohlwollend besorgt – vom Gemeindediener, der ihm den Weg hierher gewiesen hatte.

»Dieser Doktor ist ein Schlitzohr; und zwar ein ganz hinterfotziges.« Bei dieser letzteren Formulierung jedoch, und das wußte dieser zerknitterte Mann mit der schäbigen Aktentasche bereits, handelte es sich um eine urbayerische Bezeichnung, welche gewissermaßen Warnung und Anerkennung zugleich bedeutete. Bei seinen bisherigen Sprachgebräuchen hieß das etwa: der hat es faustdick hinter seinen Ohren!

Dieses sogenannte »hinterfotzige Schlitzohr« wurde nun mit einiger vorsichtiger Behutsamkeit betrachtet; keinesfalls gemustert. Dabei zu erblicken war ein mittelgroßer Mensch in dunkelgrünem Lodenanzug – nicht mehr Jäger, noch nicht Bauer. Fast so anmutend, als beabsichtige er einen städtischen Beamten auf Urlaub darzustellen; jedoch einen auf »Winterfrische«, mithin dem Sommer sehr fern.

Dr. Ganzfleisch erwies sich als eine Art leicht rundliches, doch ungemein gelassenes Vaterwesen; auch wenn wohl kaum viel mehr als vierzig Jahre alt. Und seine blaßblaugrauen Augen schienen jenen des ihm nunmehr zugeteilten neuesten Hausgenossen, Wohngefährten, zu gleichen. Und zu vermuten war da nun, möglicherweise: in dessen Augen könnte er sich selbst erblickt haben; hineinschauend wie in einen Spiegel.

Die alsbald weit ausgestreckt anmutende Ganzfleischhand wurde bereitwillig ergriffen; so als wäre sie ein Rettungsring.

Sie begannen, sich anzulächeln. Doch dann sagte der Arzt des Landes mit nahezu munterer Warnung, wie bereitwillig aufklärungsbereit auch:

»Ich nehme an, daß bereits versucht worden ist, Sie über mich zu informieren. Und zwar dahingehend, daß es sich bei meiner Person um einen überführten Nazi handelt. Was nicht ganz unzutreffend ist. Denn deren Partei habe ich tatsächlich angehört, womit ich mir enorme Vorteile verschafft haben soll. Einen allerdings, offen zugegeben, durchaus: Fortan konnte ich hier einigermaßen ungestört praktizieren. Nun jedoch muß ich zunächst einmal entnazifiziert werden.«

Mit dieser sogenannten Entnazifizierung hatte dieser Heimsucher bereits schon im Garmischer Camp Bekanntschaft gemacht. Genau genommen war seine Verbringung dorthin ein Teil, wenn auch nur ein ganz winziger, derartiger versuchter Unternehmungen gewesen. Auch er hatte den berühmten Fragebogen ausfüllen müssen, mit dem sodann der Grad seiner Mitschuld festgestellt werden sollte.

Diese fleißig betriebene Entnazifizierung war damals zweifellos eines der Hauptthemen der täglichen Abläufe; neben den beständigen Sorgen um die Sicherung einer möglichen Existenz; welcher auch immer. Jedenfalls war »das Reich«, »der Staat«, oder wie man dieses betonte Großgebilde auch immer bezeichnen wollte, total zusammengebrochen, hatte sich aufgelöst; dessen Institutionen existierten nicht mehr – deren einstige Träger allerdings gab es immer noch. Mithin nun unbedingt notwendig: die Säuberung – eine möglichst gleichfalls totale.

Wer jedoch würde dran glauben müssen, und wie? Die Nürnberger Prozesse bahnten sich an. Und so mancher in diesem Restdeutschland vermutete nun: jetzt werde eine Abrechnung mit den »Großen« erfolgen; welche dann dazu führen würde, daß die »Kleineren« ungeschoren blieben.

Diese aber ließen sich am leichtesten fangen, waren bereits aus ihren Ämtern geworfen worden, saßen zum Großteil schon hinter Stacheldraht. Einkassiert aufgrund ihrer Funktion, oft auch lediglich einer mühelos wirksamen

Denunziation wegen. Im Lager Garmisch-Partenkirchen war dieser hier nun Herbeistreunende auf einen Querschnitt jenes damaligen Sittengemäldes gestoßen. Randgefüllt mit angeblichen, vermeintlichen, zu vermutenden Nazis – einige Volltreffer waren durchaus darunter. Sie alle jedenfalls unter dem Kennzeichen AA – Automatischer Arrest.

Der hier nun Aufkreuzende jedenfalls gehörte zu einer der ersten Gruppen, die von dort wieder ausgespuckt worden war – mithin also: entlassen!

Sie sollen«, fühlte sich nun dieser unentwegte Heimsucher – der Sucher nach einem Heim – zu seinem Beherbergungsvater veranlaßt zu sagen, »so was wie ein hinterfotziges Schlitzohr sein.«

»So – hat man das gesagt?« Auf diese Eröffnung reagierte Dr. Ganzfleisch mit völlig ungetrübter Munterkeit, welche jedoch als frei bezeichnet werden konnte, von jeder aufdringlich tönenden Direktheit. Der war da wohl ein mehr leiser Mensch; doch möglicherweise einer mit Katerpfoten, die ganz scharfe Krallen haben konnten. »Eine derartige Behauptung mutet jetzt bei uns nahezu als ein Kompliment an, das ich gar nicht ungerne vernehme.«

»Und was, meinen Sie, Herr Doktor, könnte der Beweggrund dafür sein?«

»Nun – wohl etwa, ganz einfach, eine von mir immer wieder geäußerte, doch derzeit offenbar nicht sonderlich gerne gehörte Behauptung. Wohl gebe ich stets bereitwillig zu, daß ich Parteimitglied gewesen bin. Zugleich jedoch versichere ich, daß nicht der geringste Anlaß besteht, mich als Nazi zu bezeichnen.«

»Was sich allerdings, derzeit, ziemlich irritierend anhört.«

»Zumindest bei gar nicht wenigen, die immer noch nicht zu begreifen vermögen, daß es im Grunde gar keine Unterschiede gibt – etwa zwischen einer großdeutschen und einer oberbayerischen Blinddarmentzündung, zwischen den Blähungen des Führers oder einer Bäuerin. Doch darüber später mehr – falls Sie so was interessiert. Doch zunächst einmal, mein Lieber, würde ich gerne wissen wollen: Um welche Sorte von Verbrechen hat es sich bei Ihnen gehandelt?«

»Nun – schließlich habe ich mitgeholfen, diesen unglückseligen Krieg zu führen. Aber so was dann noch im guten Glauben – an einen Hitler und seine Horden, wie nun gesagt wird; verdammt nicht unberechtigt, muß ich zugeben. Ich gestehe sogar ein, daß es in diesem Krieg für mich Augenblicke gegeben hat, in denen ich bereit gewesen war, einen sogenannten Heldentod zu sterben – eben in diesem guten Glauben; oder dafür ein Auge zu opfern, einen Arm, ein Bein. So unsinnig war das.« War – auch er! Gewesen?

»Das, mein Lieber«, stellte nunmehr dieser Arzt fest, so als versuche er eine Diagnose, »hört sich reichlich schlimm an. So was sollten Sie möglichst bald vergessen. Und vielleicht, nicht ganz ausgeschlossen, daß ich Ihnen ein wenig dabei behilflich sein könnte. Doch zunächst einmal – kommen Sie herein.«

Dr. Ganzfleisch öffnete nunmehr seine Haustür dem ihm zugeteilten Mitbewohner; einladend weit. Sodann wünschte er dem seine Familie vorzustellen. Seine Frau zuallererst. Die war ein mütterliches, mondgesichtiges, kluckenhaftes

Wesen; ausgestattet noch dazu mit wundersam tiefgründigen Kuhaugen.

Eine Feststellung allerdings, welche bei diesem Heimatsuchenden ein starkes Kompliment bedeutete. Denn Kühe waren, für ihn, urwelthaft beeindruckende Geschöpfe. Deren Augen konnten wie tiefe Brunnen sein, in denen sich unendliches Leid und eine wie ewige Ergebenheit widerzuspiegeln vermochte. Solche Wesen hatte er in seinem Ostpreußen, dem unvergeßlichen, oftmals vor sich gesehen – und sie nicht selten mit Ergriffenheit betrachtet.

»Willkommen« sagte nun auch des Doktors Frau.

Hinzu kamen deren Kinder, die ihm gleichfalls vorgestellt wurden. Es waren deren zwei; beides Mädchen, so an die zehn und dreizehn Jahre alt. Die Jüngere von ihnen war nicht ganz frei von behäbiger Vollfleischigkeit; doch eben, vielleicht gerade deshalb, von ungemein herzlichem Wesen. Die ältere dieser beiden wollte ihm seltsam graziös anmuten, nahezu gazellengleich – mit sanftwachen Augen, einem frühlingshaften Botticelli-Gesicht, in dem Dutzende von Sommersprossen aufleuchteten.

Und dieses ihn ungemein bemerkenswert erscheinen wollende Gesicht dann noch umfunkelt von einer Fülle feuerroter Haare. Sie zu bändigen war wohl kaum möglich, aber vermutlich auch nicht angebracht. Dieses Sommersonnenwesen war Christine.

Sodann erschien die Mutter des Doktors, mithin die Großmutter dieser bemerkenswerten Kinder. Sie tauchte wie aus fernem Hintergrund auf, war tiefschwarzsamtseidig bekleidet, besaß ein maskenhaft weißes Gesicht. Sie schritt, mit entrückter Würdigkeit herbei, diesem von ihr zu begrüßenden neuesten Hausgenossen entgegen.

Bei dem angekommen, machte sie keinerlei Anstalten, ihn näher zu betrachten; sie schien ihn sogar zu übersehen, als sie nunmehr ihren rechten Arm ausstreckte, weit und kraftvoll. Um dann auszurufen »Heil!«. Worauf sie entschwand – gleich einer Fantasiegestalt im aufwallenden Nebel.

»Lassen Sie sich von dieser lieben, guten, alten Frau nicht irritieren«, wurde ihm von Ganzfleisch empfohlen. »Die weiß nämlich noch gar nicht, wie wir, daß nun dieser Führer, ihr Führer, tatsächlich tot ist. Den hält sie für unsterblich. Mithin ruft sie also unentwegt weiter ihr ›Heil!‹ aus. Und wenn ich mich, wohl als Arzt, bei einem solchen Ausruf dennoch versucht fühle, an ›Heilung‹ zu denken – so weiß ich doch nicht, wie sich so was ermöglichen lassen könnte.«

Nunmehr wurde dieser ihr neuester Hausgenosse, so als wäre der tatsächlich ein willkommener Gast, zu dem für ihn freigemachten Dachbodenraum geleitet. In nahezu trauter Gemeinsamkeit umgeben ihn der Doktor, dessen Frau und deren beiden Mädchenkinder. Die Tür zu einem Mansardenzimmer wurde ihm aufgetan. Und das sollte er fortan bewohnen – und keinesfalls nur vorübergehend.

Wobei sich diese Räumlichkeit, zur Beglückung dieses zerbeutelten heimatsuchenden Heimkehrers, als wahrhaft komfortabel erwies; verglichen mit sonstigen zeitgemäßen Unterkünften. Hier befand sich sogar ein bequem anmutendes Bettgestell; und auf dem lag nicht nur eine Wolldecke, dort waren vielmehr gleich zwei von dieser Sorte zu erblicken.

Von kriegsbedingter Qualität; wie bei der Wehrmacht üblich; dementsprechend gezeichnet mit roten und blauen Querstreifen – wobei »rot« Kopfende bedeutete, »blau« Fußregion.

Weiterhin existierten in diesem Raum auch zwei Holzstühle; die gar nicht unstabil wirkten. Zu registrieren war auch ein klobiger Kanonenofen, dessen obere Abdeckung, erfahrungsgemäß, sehr gut zum Kochen geeignet war. Dann aber – aber dann! Dort stand auch ein Tisch, der diesem staunenden Betrachter gleichsam wie ein Schreibtisch anmuten wollte. Was konnte verlockender sein?

»Wie schön.« Der hier nun angelangte Nachkriegswanderer sagte das in gerührter Dankbarkeit. »Das grenzt ja geradezu an Luxus.«

»Fein, wenn Sie das so sehen.« Dr. Ganzfleisch wirkte nicht unvergnügt. »Ein Komfort, den wir Ihnen gerne bieten, auch wenn der leider nicht vollkommen ist. Denn hier oben gibt es kein fließendes Wasser – das ist im Keller bei der Treppe vorzufinden; eine Kanne dafür steht bereit, beim Ofen. Außerdem befindet sich unter dem Bett ein sogenanntes Nachtgeschirr; eins mit einem Deckel – das kann dann bei Bedarf, also nach Benutzung, in die Toilette entleert werden, die sich im Zwischenstock befindet. Umstände, auf die Sie sich einrichten müssen.«

»Ich werde mich da schon zurechtfinden«, versicherte dieser sich nun nahezu glücklich vorkommen dürfende Endsiegüberleber. Jetzt versuchte er sogar eine Verbeugung zu produzieren, bevor er abermals ein sich artig anhörendes »Danke« sagte.

»Schlafen Sie zunächst einmal«, empfahl ihm sein dazu befohlener Quartiergeber; nunmehr wohl in seiner Eigenschaft als Arzt.

Er, seine Frau und seine beiden Mädchenkinder zeigten sich nicht unzufrieden mit ihrem neuen Mitmenschen. Der bemühte sich offenbar, den Eindruck zu erwecken, er sei sanft wie ein Lamm und wohlerzogen wie ein Haushund. Und vermutlich sogar auch stubenrein; einigermaßen.

»Morgen werden wir weitersehen. Wobei ich Ihnen Ihre Zimmernachbarn nicht erst groß vorstellen brauche, das werden die gewiß selbst besorgen, bei nächster sich ihnen bietender Gelegenheit. Wobei Sie sich auf einiges gefaßt machen sollten. Ich hoffe, Sie haben Humor.«

»Gehabt – fürchte ich.«

»Nun – dann werden Sie den eben wieder aufleben lassen müssen. Denn ohne den werden Sie hier kaum auskommen. Doch zunächst einmal: Gute Nacht.«

»Danke. Ich glaube, ich werde schlafen – wie ein Murmeltier. Am liebsten gleich einmal rund um die Uhr.«

Und das – endlich, endlich, endlich – allein! Er ganz allein! Das war ihm seit zwölf Jahren, mithin in weit mehr als viertausend Nächten, kaum jemals vergönnt gewesen. Denn zumeist, fast immer, hatten ihn dabei Menschen umgeben, mit ihrem Geschrei, ihrem Geschwätz und ihren Gerüchen – Kasernenhofkameraden, Kriegssoldaten, Mitgefangene. Nun fühlte er sich endlich erlöst – zumindest davon. Für wie lange wohl? Das war eine Frage, an deren Beantwortung er nicht zu denken wagte.

Nun jedenfalls konnte er schlafen! Und dann schlief er auch, wie wohlig betäubt; sogar ohne träumen zu müssen. Auch wenn es ihm dabei vorkommen wollte, als vernehme er auf ihn zuschwebende, ungemein gemüthafte Klänge einer Zither. Was tatsächlich zutraf. Doch als eine schöne, ihm wohlgefällige kleine Nachttraummusik sollte sich dann dieser Vorgang kaum erweisen.

Denn gleich in den Vormittagsstunden des nächsten Tages wurde er mit seinen nächsten Nachbarn konfrontiert. Mit jenen also, welche den zweiten Dachbodenraum dieses Hauses bewohnten; das jedoch, nachdem sie dieses Mansardenzimmer hatten räumen müssen, das nunmehr von ihm bezogen worden war. Nachdem er sein Nachtgeschirr in der Zwischenstocktoilette geleert und sich eine Kanne Wasser aus dem Keller geholt hatte, sollte er sie kennenlernen.

Diese beiden Mitdachbodenbewohner, vermutlich ähnlich alt wie er, rein geburtsgemäß, stellten sich vor ihm auf, schienen ihn blockieren zu wollen. Der männliche Teil davon war als eine Art lauernder Habicht zu bezeichnen, der weibliche mehr als schnatternde Ente. Und bei denen, was ihm alsbald in etlichen Einzelheiten bekannt gemacht werden sollte, handelte es sich um »wahre« Heimatvertriebene, »echte« Flüchtlinge; kommend aus dem polnisch gewordenen Schlesien: Herr Hermann Meier und Frau Hermine Meier. Und beide wirkten nahezu fordernd, wenn nicht gar ein wenig herausfordernd; zumindest waren sie ausgestattet mit einem kernig gewachsenen Selbstbewußtsein.

Wozu sie dann allerdings auch wohl eine mögliche Berechtigung zu haben schienen. »Denn wir«, und so lautete eine ihrer allerersten Erklärungen, »sind da gewissermaßen politisch Verfolgte – Opfer des Naziregimes.«

Eine Behauptung, die mit erheblicher Überzeugung vorgebracht wurde, ihn also keinesfalls gleichgültig lassen durfte. »Sollte mir sehr leid tun«, versicherte nun dieser sich wie permanent heimgesucht Fühlende, »wenn ich Sie hier nun belästigen muß, Sie möglicherweise sogar verdrängt haben könnte. So was habe ich wirklich nicht beabsichtigt.«

Was zutraf. Zumal er sich als beharrlich ausweichwillig erwiesen hatte, allen sich möglicherweise ergeben könnenden Schwierigkeiten gegenüber. Ein Verlangen, das sich bereits damals schon, reichlich deutlich, abzuzeichnen begann. Der scheute Komplikationen wie die Pest! Den beherrschte ein geradezu sehnsuchtsvolles Verlangen, möglichst allein zu sein; mit sich und seinen Gedanken. Und wenn diese dann oftmals zu wuchernden, ihn geradezu zu überwuchernden Fantasievorstellungen auszuarten drohten – nur dann, wenn ihn niemand dabei störte, gelang es ihm, sie einzudämmen; manchmal sogar zu beherrschen.

»Ob das nun beabsichtigt ist oder nicht, von Ihnen oder anderen, werter Herr – Tatsache jedenfalls ist, daß Sie uns hier eingeengt haben!« Daran wurde ihm kein Zweifel gelassen. »Wissen Sie, wie wir uns vorkommen müssen – wie erneut vertrieben; wieder einmal mehr! So was jedoch lediglich vorübergehend – wird gehofft!«

»Ich will kein sich irgendwo dazwischendrängendes Hindernis sein, Frau und Herr Meier.«

»Vernehmen wir gerne – erwarten wir auch. Denn schließlich handelt es sich bei uns nicht nur um so was wie eindeutig politisch Verfolgte – vielmehr auch, noch dazu, um hochkünstlerisch veranlagte Menschen.«

Jetzt aber horchte dieser immerhin einigermaßen ausgeschlafen habende Wrackmensch auf – das entleerte Nachtgeschirr in der linken, die vollgefüllte Wasserkanne in der rechten Hand. Diese Gefäße stellte er ab, neben sich hin, mitten in diesen geräumigen Dachbodenvorraum hinein, hinter dem sich ihre Wohnhöhlen befanden. Denn schließlich hatte er da soeben eine Bemerkung, wenn nicht gar eine Behauptung vernommen, die ihn ungemein zu interessieren vermochte – eben jene von den künstlerisch, wenn nicht hochkünstlerisch veranlagten Menschen.

»Darf ich Sie bitten, mir das, was Sie darunter verstehen, ein wenig näher zu erklären?«

Was prompt geschah. Nicht ohne schlichten Stolz, mit so gut wie untrübbarem Überlegenheitsgefühl gleichermaßen. Wobei dann recht Bemerkenswertes zum Vorschein kam. Denn diese beiden, Hermine ebenso wie Hermann Meier, hatten damals, noch bis 1944, dem Gleiwitzer Tanzclub Schwarz-Weiß angehört. Wobei es sich um eine Art elitäre

Vereinigung gehandelt habe – dahinschwebende Schönheit in Harmonie! Dabei seien sie beide einer oberschlesischen oder niederschlesischen Meisterschaft, im Gesellschaftstanz, sehr nahe gewesen. Doch derartige wie schwerelos harmonischen Bestrebungen wurden dann, von irgendwelchen borniert engstirnigen Parteifunktionären, als keinesfalls zeitgemäß, sogar als artfremd erklärt.

»Die haben uns verfolgt! Uns als total entartet bezeichnet! So wurden wir zu Verfehmten dieser Nazis. Doch wer kann denn schon so was von sich behaupten?«

»Na, wie scheußlich!« leistete sich nun dieser Restrandmensch zu bemerken. Das wohl eingedenk jener gestrigen Bemerkung von Dr. Ganzfleisch, daß er nun so was wie seinen Humor wiederzufinden habe. »Doch welche Forderungen, bitte, versuchen Sie mich aufzuklären, könnten sich dann daraus ergeben haben – Ihrer Ansicht nach.«

Inzwischen hatten sie sich zueinander gesetzt, auf einer Bretterbank, mitten in diesen breitflächigen Vorraum hinein: der Habicht, die Ente, das Schaf – oder eben der Schafsbock. Doch so ganz eindeutig bestimmbar war nichts davon. Eine Menge Fragwürdigkeiten drohte sich breitzumachen – nach wie vor, wieder einmal mehr; und so vermutlich auch weiter.

Diese Meiermenschen jedenfalls glaubten, ganz offensichtlich, ziemlich genau zu wissen, was »damals« tatsächlich geschehen war; mit ihnen. Sie hatten sich in einer Munitionsfabrik bei Gleiwitz kennen- und liebengelernt, um sodann ihre immer beschränkter werdende Freizeit gemeinsam zu verbringen – mit sportlich-künstlerischen Tanzübungen. Doch eben dabei hatten sie auch, und so was schien »der springende Punkt«, »das auslösende Element« gewesen zu sein, den sogenannten »Langsamen Walzer«, also den Englischen, geübt.

»Worauf uns diese Leute«, mithin wohl jene der Gestapo,

zu sich bestellt haben. Um uns dann auf gemeine, brutale Weise zu beschimpfen. Zuchthaus wurde uns angedroht – sogar KZ. Um unser Leben bangen – mußten wir.«

»Doch selbst so was noch zu überleben, ist Ihnen gelungen – wie man sieht.«

Und diese Äußerung war derartig behutsam, geradezu vorsichtig-sanft vorgebracht worden, daß sie für eine Art anerkennendes Kompliment gehalten werden konnte. Diese Meiermenschen fühlten sich mithin gewürdigt, nickten also Bestätigung. »Denn jetzt kommt hier endlich unsere Zeit!«

»Darf ich mir nun auch noch erlauben, zu fragen, was Sie darunter verstehen?«

Nun wirkte dieser schäbig gekleidete Exoffiziersmensch hellwach neugierig. Denn zu seinem wesentlichsten Merkmal gehörte auch, daß er sich bereitwillig abwartend aufklären ließ, über alles, was ihm begegnete. Dazu wie getrieben; was er jedoch, wohl listig gedacht, zu verbergen trachtete, allerdings recht selten mit Erfolg. Dennoch versuchte er alles, was sich ihm anbot, gleichsam wie ein Schwamm in sich aufzusaugen. Doch gleich zu erkennen, oder etwa gar zu durchschauen, was das alles zu bedeuten haben könnte, war ihm nicht gegeben. Doch so was staute sich bei ihm auf.

Diesmal jedoch erfolgte die von ihm erhoffte Aufklärung prompt. Denn dieser Mensch Meier, an den sich dessen Frau demonstrativ liebevoll anschmiegte, zögerte keinesfalls, nunmehr ein paar nicht unbemerkenswerte Kommentare von sich zu geben. Zur »derzeitigen Lage«; zu der ihren. Etwa dahingehend: Nun sei es ihm gegeben, zu wissen, was er wolle. Eben als künstlerisches Wesen; seine Frau mit ihm. Dabei sei allerdings, selbstverständlich in dieser Zeit, so gut wie unvermeidlich, ganz von vorne anzufangen. »Eine Erkenntnis, die auch Sie womöglich begreifen werden?«

Der so Angesprochene, ganz Ohr, versicherte das zu

begreifen. Und tatsächlich gab er sich einige Mühe, das auch zu tun. So was zumindest zu versuchen, wurde gar nicht selten einigermaßen deutlich bei ihm erkennbar – niemals überdeutlich.

Meier jedenfalls, dieser sich erklärt künstlerisch fühlende Mensch, zögerte damals nicht, die vor ihm dahockende schlaff-schlappe Trauerweidengestalt, eingehüllt in Uniformresten, auch weiterhin zu beeindrucken: Ein Anfang, versicherte er dem, wenn auch scheinbar ein kleiner, dennoch vielversprechender, ein gewißlich ausbaufähiger, wäre ihm bereits gelungen. Denn sie beide, seine liebe Frau und er, zielstrebig veranlagt, wie sie nun mal seien, hätten es geschafft, eine brauchbare, zugleich wohl auch vielfach verwendungsfähige Anstellung zu finden. Und zwar im weithin bekannten Gasthaus »Zum grünen Baum« – sie dort in der Küche, er als Bedienung.

Aber, aber – dann dies: »Zur fortgeschrittenen Stunde«, also kurz vor Mitternacht, »treten wir dort als Künstler auf. Dann singen wir ›volkstümliche Lieder‹; diese unter dem Motto: ›Aus guten alten Zeiten.‹« »Wobei es manchmal vorkommt, daß ich dann auch ›den Clown‹ mache – allerdings einen klassischen. Eine Darbietung jedenfalls, welche sich zunehmender Beliebtheit erfreut.«

»So was zu erleben, würde ich wünschen. Und das sogar sehr gerne.« Was eine Versicherung war, die ziemlich ehrlich klang. Vermutlich auch so gemeint war.

Doch eben damit, vermochte dieses offenbar »hochkünstlerisch getönte« Wesen zu berichten, war es »des Guten«, des »Erfolgversprechenden«, des garantiert »Wirksamen« noch nicht genug. Denn vorgeplant, von ihm, war da noch erheblich anderes! Denn inzwischen habe er, eben dieser Meier, diverse Vereine und Verbände aufgesucht; kirchliche Organisationen auch, dazu Gasthäuser und Gemeindeverwaltungen. Wie rundum in der sich hier anbietenden näheren und weiteren Umgebung.

»Da besitze ich nämlich ein Fahrrad, müssen Sie wissen. Somit komme ich viel herum. Wobei ich dann feststellen konnte: Bei diesen guten Leuten dieses gewiß nicht ungesegneten bayerischen Landes, handelt es sich um freudigerlebnisbereite Menschen; das schon immer gewesen und auch geblieben. Und wenn auch solch schöne Gefühle in dunklen Jahren wie verschüttet waren – nunmehr jedoch kommt deren Begehren ganz groß zum Vorschein; also deren erklärtes Verlangen, auf möglichst angenehme Weise betreut zu werden.«

»Durch – Sie?«

»Durch mich und meine liebe Frau! So was wird von uns erwartet, ist auch so gut wie beschlossene Sache. Mithin werden wir hier Gastspiele geben! Bereits in der kommenden Adventszeit beabsichtige ich aufzutreten – und zwar als Sankt Nikolaus. Und dabei meine liebe Frau, in gekonnter Maske, als Knecht Ruprecht. An einer solchen Vorstellung arbeiten wir.« Und so weiter und so fort – da sprudelte eine Quelle!

Und die sprudelte unentwegt weiter. »Überdies arbeiten wir auch bereits an dem, was danach kommt – die sogenannte Faschingszeit. Diesbezügliche Veranstaltungen gedenken wir enorm zu beleben. Dabei etwa ich als Tarzan, meine Frau als Venus; eine Schaumgeborene. Dann aber auch ich, als bepelzter Gorilla; springend über Tische und Bänke; sogar von einem Balkon herunter, falls sich so was durch rein räumliche Verhältnisse ermöglichen läßt. Dabei könnte jedoch auch meine liebe Frau als Dompteuse in Erscheinung treten, in knapper, glitzernder Gewandung. Da sind Sie wohl sprachlos – was?«

Das war der tatsächlich; und keinesfalls schnell vorübergehend. Dem gelang es nicht, aus seinem kläglich verwunderten Staunen herauszukommen. »Ich weiß wirklich nicht, was ich dazu sagen soll.«

Was gleichfalls hingenommen wurde, als eine Art Kompliment – diese Meier-Menschen hatten da auch wohl kaum etwas anderes erwartet. »Hermine«, sagte nunmehr deren Hermann, höchst wohlgefällig, mit blinzelnden Augen, sich reibenden Händen, »kredenze uns nun ein Glas Schnaps. Damit wir auf unser Wohl trinken können. Dabei will ich nicht annehmen, daß Sie etwa ein solches Angebot verschmähen könnten, Herr Offizier. Eine Ablehnung, die uns sehr kränken würde.«

Auch darauf noch ließ der sich ein. Frau Meier füllte drei wie bereitstehende Gläser; was nahezu zeremoniell erfolgte – fast schon so, als habe sie ein Abendmahl, ein hochkirchliches, zu veranstalten. Wobei dann Herr Meier, wahrlich nicht unhoffnungsfreudig gestimmt, sagte:

»Da habe ich nun den Eindruck, mein Lieber, daß Sie gar nicht sonderlich wild darauf sind, hier nun wie unentwegt nazihaft in Erscheinung zu treten. Uns also verdrängen zu wollen. Mithin werden wir uns vertragen. Wobei ich annehme, daß Sie diesen Vorraum uns allein überlassen.«

»Aber gerne!« Ganz großes Entgegenkommen! So was jedoch erfolgte nicht, ohne eine angebracht erscheinende Zusatzfrage: »Was, bitte, gedenken Sie denn dort zu veranstalten?«

»Zunächst einmal muß uns erlaubt sein, hier unser Gepäck abzustellen. Schließlich sind wir als sehr beengt zu bezeichnen. Das zumindest nachdem Sie unser zweites Zimmer bezogen haben. Hinzu kommt dann noch, daß wir eine möglichst große Fläche benötigen – für unser Tanztraining. Was Sie doch wohl nicht behindern wollen, Sie auch kaum stören wird.«

»Und wie, bitte, sieht das aus?«

»Dabei arbeiten wir mit einem Grammophon, spielen also Schallplatten ab. Diese kaum sonderlich laut, wenn auch vielleicht recht ausgedehnt. Wobei wir uns möglichst uneingeschränkt zu bewegen wünschen. Derzeit ist Tango eine unserer Spezialitäten.«

»Das geht in Ordnung – von mir aus. Ich werde gerne weghören. Eine Fähigkeit, in der ich einigermaßen geübt bin.«

»Darüber hinaus aber, müssen Sie nun wohl wissen, ich bin da sehr offen, beschäftige ich mich neuerdings mit einem Instrument, das Zither genannt wird. Ein hierzulande sehr gefragtes, das ich nunmehr in den Griff zu bekommen wünsche. Was mir auch gelingen wird, hochmusikalisch veranlagt wie ich bin.«

»Sollten Sie etwa auch bereits in der vergangenen Nacht ein solches Instrument beklimpert haben?«

»Na klar – und zwar stundenlang! Wobei ich aber doch wohl nicht annehmen muß, Sie irgendwie gestört zu haben? Oder sollten Sie etwa unmusikalisch sein? Na – und wenn schon! Ich jedenfalls muß da nun mal an mein künstlerisches Fortkommen denken.«

»Denken Sie daran – von mir aus gerne.« Wobei der vermutlich nicht nur an deren sogenanntes »künstlerisches« Fortkommen dachte – aber durchaus anzunehmen, daß so ähnlich vermutlich auch Meier dachte, gemeinsam mit Frau. »Also mein Lieber«, durchaus gönnerhaft gesagt, »dann wollen wir mal einen Schnaps miteinander trinken – nur einen kleinen, aber von der besten hiesigen Sorte.« Worauf er dann augenzwinkernd hinzufügte: »Mindestens die doppelte Menge davon werde ich Ihnen anbieten, und zwar sehr gerne, sobald Sie hier wieder ausziehen. Also – dann Prost! Und nichts für ungut, Herr Nachbar.«

Der hier nunmehr sogar als Nachbar bezeichnete, sich nach wie vor sehr armselig fühlende Mensch, wagte es nicht, das ihm angebotene Getränk zu verweigern. Was er für Höflichkeit hielt; wobei es sich aber vermutbar um etwas wesentlich anderes handelte – und zwar um sein nahezu traumatisch ausgeprägtes Bemühen, Entgegenkommen zu zeigen, um Schwierigkeiten ausweichen zu können. Wenn er sehr oft bemüht war, selbst noch eigenwilligste Daseinsäußerungen anderer hinzunehmen; dann eben in der Hoffnung, daß auch sie sein Eigenleben respektieren würden. Zugeständnisse also, erwarteter Zugeständnisse wegen. Nichts wie Wunschträume – die ihn noch oftmals heimsuchen sollten. Es dauerte so seine Zeit, bis er dann einsehen mußte, wie vergeblich solche gefälligen Bemühungen waren.

Nun nahm er also, einigermaßen ergeben, das Glas mit dem Schnaps entgegen; er sagte nicht »prost!«, wohl aber »danke!«. Das leerte er dann, ohne seinen würgenden Widerwillen zu zeigen. Um alsbald danach in sein Mansardenzimmer hineinzueilen, dort hineinzuflüchten. Wie von ihm vorausgesehen, überwältigte ihn das Verlangen, sich heftig übergeben zu müssen.

Danach lag er schwer atmend auf seinem Bett. Er starrte hoch zur brüchigen, wie verschmiert wirkenden Decke, versuchte seine Gedanken zu ordnen. Was war er?

Eine labile, höchst geschwächte, langsam zu verenden drohende Person, die kaum noch irgendeine Existenzberechtigung zu haben schien, der niemand mehr irgendetwas zutraute! Denn keiner, nicht ein einziger Mensch, hatte ihn danach gefragt, wie er sich seine Zukunft vorstellte. Niemand begehrte von ihm zu wissen, was er möglicherweise erstrebte, sein wollte; sein zu werden versuchte.

Wußte er das? Glaubte er es zu wissen? Er wußte es nicht.

Er war abgeschieden von der Umwelt, stark eingeschränkt in seinem Bewegungsradius, über die nächste Umgebung kam er nicht hinaus. Dennoch erfuhr er einiges von dem, wie es draußen war. Der Menschenstrom von Flüchtlingen, Ausgebombten, Entlassenen hatte sich ein wenig beruhigt; so an die 10 Millionen Unbehauste hatten sich in die kläglichen Reste der Städte hineinbegeben, oder sich über das unversehrt gebliebene flache Land ergossen; und umgekehrt. Vergleichbar einer riesigen, in Panik geratenen Herde.

Beherrschend waren Hunger und Wohnungsnot, ein strenger Winter stand vor der Tür und Kohle schien nirgendwo vorhanden zu sein. Wer noch über Realwerte verfügen konnte, trug sie auf den Schwarzmarkt, um damit Lebensmittel einzutauschen; wobei er dann riskierte, in eine Razzia zu geraten und eingebuchtet zu werden. Das in deutschen Restlanden gültige Geld war kaum mehr als schäbig verdrecktes Papier – besaß jedoch praktisch dennoch eine Verwendbarkeit: damit konnten die spärlichen offiziellen Lebensmittelzuteilungen erworben werden; welche pro Tag, rein theoretisch, ganze tausend Kalorien ausmachten.

Inoffizielle Währung waren die »Camel« oder »Lucky Strike«, amerikanische Zigaretten aus Armeebeständen. Armbanduhren, Goldringe, Schmuckgegenstände stellten höchst verwertbare Spekulationsobjekte dar. Auch Teppiche, erhofft echte, vermochten so manchen Sack voller Lebensmittel zu erzeugen.

Der öffentliche Verkehr jedenfalls war weitgehendst unterbrochen. Zahlreiche Betriebe lagen still. Eine ganze Restnation war nur noch damit beschäftigt, das nackte Leben zu retten – von einem Tag in den nächsten hinein. Ein Jahrmarkt des Elends.

Für diesen Restmenschen jedenfalls verliefen die nächsten Tage und Wochen in nichtssagender Kläglichkeit. An jedem Vormittag hatte er sich vor der Bürgermeisterei einzufinden. Um acht Uhr – pünktlich!

Die Bürgermeisterei! Und das war derzeit nicht nur hier einer der wichtigsten Bezugspunkte. Die Verwaltung der Nazizeit hatte, im allgemeinen, bis zum Ende funktioniert; also bis zum Einzug der Sieger. Dann schien sie sich in nichts aufgelöst zu haben.

Doch gleich in den ersten Nachkriegsmonaten entstand dann, unter der Aufsicht der einzelnen Besatzungskommandeure, eine sogenannte neue deutsche Verwaltung. Diese jedoch lediglich nur in Form von Gemeinden und Landkreisen; wozu auch selbständig gemachte Mini-Wirtschaftsräume gehörten, welche jedoch, nicht selten, nahezu hermetisch voneinander abgeschlossen waren.

Jedenfalls wurden diese »neuen« Landräte und Bürgermeister von der Besatzungsarmee ernannt. Das geschah, zum Teil, anhand von sogenannten »Weißen Listen«, welche bereits vor dem Einmarsch erstellt worden waren. In der Praxis erwiesen sich dann freilich solche Aufstellungen recht oft als überholt. Etwa weil die so Erwählten das Kriegsende nicht erlebt hatten, nicht auffindbar waren oder schlichtweg nicht wollten.

Worauf dann personelle Alternativen gefunden werden mußten. Doch eben diese erwiesen sich als recht pragmatisch, um nicht zu sagen abenteuerlich. Doch wie dem auch immer gewesen sein mag – solchen Erscheinungen gegenüber wie er, besaßen nunmehr Bürgermeister und Landräte, bis hinein in Fragen der persönlichen Existenz, ziemlich absolute Entscheidungsmöglichkeiten. So gut wie unumschränkte Herrscher darzustellen, war denen gegeben – etliche Monate lang.

Vor einem solchen Zentrum derzeit örtlicher Macht eines Bürgermeisters stand dieser Mensch da. Zunächst einmal etliche Viertelstunden lang – inmitten von einem kleineren Rudel ähnlicher Verlustgestalten; zumeist gewesene Soldaten wie er, diverser Dienstgrade. Nun waren sie wahrhaft Gleiche unter Gleichen geworden.

Sie standen herum und vermieden es, sich dabei anzusehen. Denn zu sagen hatten sie sich nichts mehr, zu befehlen auch nicht – so was veranstalteten jetzt andere, der Gemeindediener etwa. Der teilte sie ein; je nach Bedarf, auch wie nach Lust und Laune. Schließlich war jetzt er es, der da Anordnungen treffen, Kommandotöne von sich geben konnte – sogar ehemaligen Offizieren gegenüber, die hier nun nicht einmal Tagelöhner waren; noch dazu von ihm abhängig. Zustände, die er sichtlich genoß; ohne dabei sonderlich zu übertreiben.

Dabei wurde dieser Mansardenmensch, zunächst einmal, »bevorzugt« für Straßenbauarbeiten eingeteilt. Er hatte dann Kieshaufen zu bewegen, Schlaglöcher zuzuschütten; um dann stundenlang monoton mit einer Handwalze darüberzukarren. Wenn er jedoch besonderes »Glück« hatte, mithin »Wohlwollen« auf ihn zukam, durfte er sich in der Gärtnerei betätigen, was eine ungleich angenehmere Beschäftigung war. Denn dazu gehörten Umschichtungen von Komposthaufen, Instandsetzen von Geräten, Arbeiten im Gewächshaus, Vorbereitungen der neuen Aussaat. Der nächste Frühling würde kommen!

»Dieser Mensch«, wurde von ihm gesagt, nicht ohne Anerkennung, »macht einfach alles, was von ihm verlangt wird – ohne zu murren.« Worauf dann jedoch ein wie unvermeidlicher Zusatz erfolgte: »Doch sonderlich gerne macht der das alles nicht; auch kaum jemals wirklich gut.« Was also hieß: Viel anzufangen war mit dem nicht.

Nun ja – wahrlich nicht; nicht in dieser Hinsicht. Der war offenbar alles andere als ein manuell veranlagter Mensch; schon gar nicht ausgestattet mit sonderlicher körperlicher Robustheit. Der durfte da vielmehr wohl als reichlich unterentwickelt bezeichnet werden; zumindest was das Funktionsvermögen seiner Muskulatur anbetraf. Bei dem drohten selbst leichteste Arbeiten in schweißtreibende Strapazen auszuarten. So etwa die Zuschüttung einer Scheißgrube und die Verlagerung, nur wenige Meter weiter, der darüber gebauten Bretterbude mit »Donnerbalken«. Wurde dem so was zugemutet, dann schnaufte der wie eine Lokomotive, kurz vor dem Zerbersten.

Nun ja, doch immerhin – der war erkennbar bemüht, sich durchzuschlagen; nicht gerade überzeugend tüchtig, so doch einigermaßen wacker. Was ausreichte – etwa für ein paar Essensmarken, für eine gelegentliche Sonderration an Verpflegung, um ein paar müde Mark zu ergattern. Und wenn sich auch mit denen hier so gut wie nichts kaufen ließ, so vermochte er doch, zumindest, damit seine »Miete« zu bezahlen: monatlich fündundzwanzig »deutsche Mäuse«, wie sein Dr. Ganzfleisch zu scherzen pflegte. »Extras einbegriffen!«

Zu denen gehörte Wasser aus dem Keller, die Mitbenutzung der Zwischentoilette, elektrisches Licht aber auch. Jedoch nicht: Holz für den Ofen – so was war eine Selbstversorgungsangelegenheit. Woraus sich dann, wie rundherum, einige reichlich fragwürdige Beschäftigungen ergaben – so etwa abendliche Holzsammlungen im nahen Wald, wie dann auch die Demontage etlicher Zäune in der Umgebung. Dazu gehörten aber auch sonstige kleinere »Eigentumsdelikte«, ganz gewöhnliche, welche jedoch durchaus als »vollzogener Diebstahl« bezeichnet werden konnten.

So etwa sah sich dieses armselige Mansardenwesen

nahezu beständig verführt – zu einer ihm besonders schäbig vorkommenden Handlung. Diese ereignete sich immer dann, wenn er, zumeist am frühen Morgen, im Keller begann, seine Kanne mit Wasser zu füllen. Dabei fühlte er sich wie magisch angezogen – von dem dort in der Nähe aufgestapelten Brennholz: knorrig-klobige Scheite aus Buchenholz! Und von denen versenkte er dann zwei, manchmal sogar drei, in seiner Kanne.

Vorgänge, die einem Dr. Ganzfleisch nicht entgingen. »So sollten wir es aber nicht machen, mein Freund«, sagte er dann. »Ich weiß, Sie benötigen Brennmaterial – um sich die Flossen zu wärmen, auch mal ein Süppchen zu kochen. Aber was halten Sie von diesem Vorschlag: Sie bekommen fortan, den ganzen Winter hindurch, wöchentlich fünfzehn Scheite von meinem Brennholz, welche Sie dann ganz offen abschleppen können. Dadurch allerdings würde sich dann Ihre Monatsmiete erhöhen – und zwar um fünf dieser derzeit ungemein müden Mäuse. Halten Sie das für angemessen?«

»Nicht nur für angemessen, Herr Doktor – vielmehr für äußerst großzügig. Danke!« Also wieder und immer wieder dieses Wort: Danke! Eine Vokabel, die sein Dasein zu beherrschen drohte.

Doch so kläglich und eintönig seine Stunden damals verliefen, Tage und Wochen, Monate alsbald – so existierten dennoch dabei etliche Augenblicke, die ihn mit glücklicher Zufriedenheit zu erfüllen vermochten. Denn nun – und dies war das wichtigste – war er endlich frei, wie befreit von jenen Kasernen- und Kriegskameraden, von Gefangenschaftsgenossen und sonstigen Daseinsgefährten. Jetzt beherrschte ihn nicht mehr das Gefühl, sich wie permanent ausgeliefert und gefordert vorzukommen. Nun ja – er hatte Hunger, sehr oft sogar; und manchmal, aber eben nur manchmal, kam er sich ein wenig einsam vor. Was aber weiter so schlimm gar nicht war – er lebte recht gern mit sich allein. Eigentlich – sein Leben lang.

Damals jedenfalls konnte sich dieser Mansardeneremit gelegentlich eine Suppe kochen, die oftmals für drei und mehr Tage ausreichen mußte. Sie wurde zusammengebraut aus Kartoffeln, nicht selten geklauten, vermischt mit Kohl oder Rüben, fast immer ohne Fleisch. Wenig war das nicht.

Und dann diese beiden vorhandenen Decken! Die bedeuteten für ihn nicht nur nächtlichen Schutz bei seinen beharrlich von Zitherklängen beklimperten Schlafversuchen – in diese pflegte er sich auch einzuhüllen, wenn er an seinem Tisch, seinem Schreibtisch, Platz genommen hatte. Dann hatte er die eine davon um seine Schultern drapiert, die andere rockartig um die Hüften geschlungen; möglichst so tief, so daß die dann auch noch seine kalten Füße bedeckte.

Und fast so etwas wie ein ganz besonderer Festtag pflegte sich immer dann einzustellen, wenn ihm seine monatlichen Brotmarken ausgehändigt wurden. Mit denen eilte er zum Bäcker des Dorfes, um sich ein ofenwarmes, betörend duftendes Zweipfundgebilde zu kaufen. Mit diesem in seinen Armen ließ er sich dann oftmals gleich am nächsten Straßenrand nieder – um es zu beriechen, auseinanderzureißen, in sich hineinzuschlingen. Mit aufstöhnender Wonne! Ihm völlig gleichgültig dabei – noch so quälende Magenschmerzen danach; auch jene sich zwangsläufig daraus ergebende weitere Hungertage, ohne Brot.

An einem dieser vermutlich als reichlich enthemmt zu bezeichnenden Freßtage waren seine Brotmarken verschwunden – einfach nicht mehr da; ihm also vermutlich geklaut worden. Seine Klage darüber war groß, anhaltend und heftig! Denn da fühlte er sich wohl um sein damals einziges, wahrhaft wonnig genossenes Erlebnis gebracht. »Ich bin – bestohlen worden!« Und so was, drohte sich dann herauszustellen, war ausgerechnet im Hause eines Dr. Ganzfleisch geschehen.

Wobei sich dann ergab: Dieses feuerrot behaarte Christinewesen, jenes seltsame Sommersonnensprossenkind, hatte es tatsächlich zu unternehmen gewagt, diese seine Brotmarken sozusagen in Sicherheit zu bringen – vor seiner Freßfreudigkeit. Und das mit der Bemerkung: »Frisches Brot tut Ihnen nicht gut! Sie sollten also warten, nur ein paar Tage – dann wird das viel nahrhafter.«

Da aber staunte nun der Doktor mächtig, über seine gewiß höchst eigenwillige Tochter. Dabei wartete er auf irgendeinen Vorwurf, von diesem Frischbrotfresser, seiner seltsamen Christine gegenüber. Doch so was konnte nicht vernommen werden. Worauf dann Vater Ganzfleisch, nicht ganz unbelustigt, meinte:

»Da können Sie nun mal sehen, wie weit Wohlwollen gehen kann. Da macht sich nun also jemand Ihretwegen Gedanken. Doch nun scheuen Sie nicht gleich zurück – vor solchen gut gemeinten Anwandelungen – wie ein Pferd vor dem Feuer.«

»Ich bin dankbar – für alles, was sich um mich bemüht.« Ungemein glaubhaft gesagt.

Im Kreise dieser Familie Ganzfleisch durfte dann auch deren sich vielfach geplagt fühlender Hausgenosse seinen ersten Weihnachtstag neuester Zeitrechnung erleben. Dazu waren selbstverständlich auch Herr und Frau Meier geladen worden, doch die begehrten sich zu entschuldigen. Sie hätten da noch, ließen sie wissen, einige ihrer groß geplanten Gastspiele zu erledigen; vier allein an diesem Tag, in zwei Dörfern. Dabei er als Nikolaus, sie als dessen Reh, beide mit klingendem Schlitten.

Wobei dann allerdings der intensiv geäußerte Wunsch deren Mitbewohner nicht in Erfüllung ging – also jener, Herr und Frau Meier in geplanter Verkleidung und in der dazugehörenden Funktion zu erblicken. So was, wurde erklärt, wäre ein »Betriebsgeheimnis«.

Unmittelbar vor diesem Weihnachtsereignis hatte dieser Mansardenmensch zwei Kannen mit Wasser verbraucht. Dabei auch seinen Anzug stundenlang gebürstet; sogar seine Stiefel nahezu auf Hochglanz gebracht; mit Hilfe von vier, wenn nicht gar fünf Gramm Fett. Das sodann stattfindende Familienfest, an dem er, wieder einmal mehr ungemein dankbar gestimmt, teilnehmen durfte, war zeitgemäß glanzvoll.

Sechs Kerzen waren an einem kleinen Tannenbaum angebracht worden. Und die wurden dann entzündet. Wie für jeden der hier anwesenden Menschen eine.

Der Arzt und seine Frau blinzelten vor sich hin. Dessen Mutter murmelte Grimmig-Verächtliches; schien kurz davor zu sein, das Deutschland-Lied anzustimmen; dessen tausendjährigen Wurmfortsatz womöglich noch dazu, jenen eines Horst Wessel. Der Doktor versuchte sie, nicht unwirksam, mit einem goldgelben Likör zu besänftigen, der nach Honig duftete. Dessen Kinder waren nahe beieinandergerückt und hatten große Augen bekommen. Der Mansardenmensch betrachtete sie gerührt. Christine in Besonderheit – nun jedoch wie wortlos geworden; gleichsam wie hier alle anderen auch.

Dann erfolgte ein Verschenken von Gaben, eine »Bescherung« mithin, welche geradezu als großartig, einmalig, von verschwenderischer Fülle bezeichnet werden konnte. Großmutter Ganzfleisch erhielt eine ganze Literflasche von dem ihr bereits probeweise offerierten Likör; die zog sie an sich, barg sie an ihrer schmalen Brust, als wäre das ein weiteres Enkelkind mehr. Seiner Frau überreichte der Doktor einen Pelzkragen, echt Rotfuchs; worauf sie ihm einen wohl in langen Wochen gestrickten Pullover übergab. Beide Kinder, diese Mädchen, durften sich an Lodenmänteln erfreuen, aus alten Stoffen neu geschneidert; wohl von gleicher Farbe, jägergrün, doch in verschiedenen Größen. Beglückung war erkennbar.

Doch auch deren Hausgenosse sollte nicht leer ausgehen. Auch er wurde beschenkt; gleichfalls auf eine als verschwenderisch zu bezeichnende Weise. Das eine dieser Mädchen, das kleinere, bärenbabyhaft anmutende, hielt ihm ein Paar prächtig kompakte Wollhandschuhe hin; in denen waren seine oft blaugefrorenen Hände gewiß gut geborgen. Und Christine legte ihm, geradezu liebevoll, ein langes, breites und auch dickes Strickwerk um den Hals, wobei sie sich zutraulich an ihn schmiegte. Worauf dann im Glanz aller sechs Kerzen ihre flirrende Haarflut zu leuchten begann, als wäre sie aus dunkelrotem Gold.

Dieser Mensch war nun den Tränen nahe, hatte erhebliche Mühe, sie zurückzuhalten. Derartig beschenkt und beschämt zugleich, war er sich in seinem bisherigen Dasein kaum jemals vorgekommen. Und in solch einem beglückenden Ausmaß sollte das dann auch in seinem späteren Leben nie mehr der Fall sein. Jedenfalls, schwor er sich damals, diesen Abend nicht zu vergessen.

Dabei zog sodann Herr Ganzfleisch ein wie griffbereit daliegendes, schmales, erheblich zerlesen wirkendes Büchlein an sich. Dieses schlug er auf und bat um die Erlaubnis, daraus lesen zu dürfen – soweit er das, diesem Text angemessen, vermöge. Was dann dabei zum Vorschein kam, war diesem Fremdling gar nicht mehr sonderlich unbekannt.

Denn mit einer solchen Lektüre hatte ihn der Geistliche dieses Dorfes vertraut gemacht – ihn eingeweiht, könnte man sagen.

Denn einmal wöchentlich, jeweils an einem Montag, hatte dieser Endmensch, sogar einige Stunden lang, Gast im Pfarrhaus sein dürfen. Dort gab es eine kräftige, rahmige Suppe; dazu ein Glas Frankenwein, manchmal auch zwei – dann auch noch lange, höchst intensive Gespräche. Auch solche, wohl unvermeidlich, über Gott; doch zumeist über diese, nunmehr auch seine Welt; über dieses Land und deren Menschen.

»Das, was da nun auf mich zugekommen ist«, mußte dann dieser Wanderer ohne sicheren Rastplatz, ohne erkennbares Ziel, eingestehen, »ist gar nicht leicht zu begreifen – nicht für einen Menschen wie mich. Wohl komme auch ich aus einem bäuerlichen Land; woraus sich Übereinstimmungen ergeben, die zu erkennen ich vermag. Dennoch ist hier vieles anders – als einstmals bei uns –, und zwar farbiger, lebhafter, auch lauter; wie durchwebt von Musik.«

»Sie wollen also wissen, möglichst genau, wie diese unsere Menschenwelt beschaffen ist, in die Sie da nun hineingeraten sind – zu der Sie jetzt gehören; das wohl auch müssen, wenn nicht sogar wollen. Nun – dafür existiert tatsächlich eine Art Schlüssel, lieber Freund.« Worauf nun dieser Geistliche – man bedenke: ein katholischer Priester! – diesem »heimatvertriebenen«, »heimatsuchenden« Fremdling einen Ratschlag gab, welchen der noch in wesentlich späteren Jahren als völlig ungewöhnlich ansehen mußte. »Lesen Sie Ludwig Thoma – und dann werden Sie eine ganze Menge wissen, von uns.«

Diese Anregung wurde dann auch befolgt, was jedoch zunächst äußerst mühsam anmuten wollte. Doch nach dreißig, vierzig Seiten einer ersten intensiven Lektüre, hatte er tatsächlich das Gefühl, wie »mittendrin in dieser Welt zu sein«. Er begann deren fragende, zum Mitdenken zwingende Wortgebilde zu verstehen; deren plastische, oft farbenprächtige, vielfach verzierten Gedankengänge zu begreifen. Fortan kam er einer ihn beglückenden Erkenntnis immer näher: Seine Abgeschlossenheit begann sich aufzulösen.

Das war auch jenen kraftvoll-urwüchsigen Versen zu verdanken, welche damals Doktor Ganzfleisch in seinem bescheidenen Dorfarzthaus rezitierte – jene von der Stillen, Heiligen Nacht, angesiedelt im bayerischen Land. Und diese Verse sollte er dann Jahrzehnte später, der dann wohl zu einem »Dazuhörenden« geworden war, noch oftmals vernehmen dürfen – mehrmals sogar im Ludwig-Thoma-Haus, »Auf den Tuften«, am Tegernsee. Zumeist war es dann Hans-Reinhard Müller, der Intendant der »Kammerspiele«, dem alljährlich neue beglückende Ausdeutungen dieser herzbewegenden Beschreibung einer Heimstattsuche gelangen.

Bis es jedoch soweit kommen konnte – welch ein mühsamer, umständlicher, hindernisreicher Weg mußte da noch zurückgelegt werden? Doch dann wurde es diesem einstigen hierher verschlagenen Kleindorfmitbewohner sogar vergönnt, anläßlich des 100. Geburtstages dieses urbayerischen Dichters, die sogenannte »Ludwig-Thoma-Medaille der Landeshauptstadt München« stiften zu dürfen. In Gold! Deren Träger besaßen gute, große Namen, fühlten sich geehrt – fragten jedoch immer wieder danach: Warum denn ausgerechnet er, ein Ostpreuße – zum Stifter dieser Auszeichnung geworden war? Eben – deshalb! Dazu hatten ihn ein Dorfgeistlicher und ein Landarzt inspiriert. Kleiner, bescheidener Akt der Dankbarkeit mithin.

Damals jedoch, nach der Thoma-Lesung von Dr. Ganzfleisch, wurde »zu Tisch« gebeten. Eine stattliche, goldbraun gebratene Weihnachtsgans stand bereit; dazu geballte Kartoffelknödel, schwerduftendes Rotkraut, eine fettglänzende Soße. Die Aufforderung des Hausherrn, der Bierflaschen dazwischenstellte – »Nur keine Hemmungen, lieber Freund!« – war völlig überflüssig. Der stürzte sich darauf! Als wäre es nun dringend notwendig, würgend sentimentale Anwandlungen durch fleißiges Fressen zu betäuben.

Die doch wohl unvermeidlichen Folgen von diesem Festmahl hätten eigentlich vorausgesehen werden müssen – nicht nur von diesem Vollpraktiker von einem Arzt, in Besonderheit wohl auch von seinem sich stets dünne, nahezu fettfreie Suppen kochen müssenden Mansardenmenschen. Der verbrachte dann auch prompt die danach folgenden Tage, gleichsam wie betäubt, auf seinem Primitivbett; beständig dem Erbrechen nahe, heimgesucht von krampfartigen Beschwerden – dennoch aber nicht unglücklich; wahrlich nicht. Er hatte genossen! Ungemeine Köstlichkeiten, jahrelang entbehrte. Der Preis dafür war vielleicht nicht gering, doch durchaus angemessen. Jedenfalls war er nun auch noch bereit, seine erwürgenden Krankheitsanwandlungen zu genießen.

Was ihn jedenfalls nicht daran hinderte, sich alsbald wieder an seinen Tisch, seinen Schreibtisch, zu setzen. An dem gedachte er fortan nahezu alle seine Abende und einen nicht geringen Teil seiner Nächte zu verbringen. Für diese Tätigkeit begann er, nahezu gierig, alle irgendwie, irgendwo erreichbaren Papiere an sich zu ziehen – alte Akten, neuere Verfügungen, in Umlauf gebrachte Handzettel. Deren Rückseiten bedeckte er sodann mit seinen Schriftzeichen – in sparsamster Kleinheit, oft nur durch ein Vergrößerungsglas erkennbar. Offensichtlich war er bemüht darum, möglichst viele Worte auf möglichst kleinstem Raum unterzubringen.

Ein Bemühen, bei dem er, könnte man sagen, alsbald einiges an Virtuosität zu entwickeln vermochte. Woraus sich eine Eigenheit ergab, die er da dann auch lebenslang beibehielt. Jedes seiner Bücher, jedes Jahr eines, wurde zunächst einmal handschriftlich niedergeschrieben; mit feinster Feder, dann mit dünnster Mine.

Vielleicht nur noch einer, dem er dann später begegnen sollte, vermochte seine Schriftzüge fast noch konzentrierter darzubieten – Hans Habe. Nur wohl eben, daß der es niemals notwendig gehabt hatte, aus möglicher Not eine Art Tugend zu entwickeln. Bei einem Habe signalisierte dessen gepflegte Miniaturschrift pure Konzentration; gelegentlich noch dazu sowas wie gediegene Zauberei.

Doch bis zu einer solchen Begegnung, zu der dann auch noch etliche andere, nicht minder überraschende, hinzukommen sollten, mußte noch eine Menge Zeit vergehen. Bei diesem wie aus dem hintersten Hintergrund herauszukriechen begehrenden Schreiberling allemal. Der war von bäuerlichem Wesen – der legte da wohl seine Mistbeete an – um dann düngen zu können – damit sich eine gute Ernte ergab.

Was dabei zunächst einmal dieser hierher verschlagene Dachbodenmensch versuchte – und so was auch an jenem Silvesterabend 1945 und dem ersten Tag des Januar 1946 –, war ein ihn maßlos anstrengendes, doch im Grunde wohl völlig vergebliches Bemühen: Er hatte sich befohlen, ein ihm verlorengegangenes Tagebuch zu rekonstruieren: Kriegsbeginn 1939; die Tage vor Polen und dann in Polen.

Diese Niederschrift war in einem Schulheft erfolgt, drängte sich ihm nun als eine Art Dokument der Erinnerung auf – eins voller Hilflosigkeit, Angst, einer ersten erahnbaren Verlorenheit. Doch jene Worte, die ihn damals gewiß beherrscht hatten, fand er nicht mehr wieder. Sie waren wie versunken.

Dann jedoch, vielleicht um Ablenkung bemüht, möglicherweise auch wie fluchtbereit aus jenen dunkelsten Stunden voll würgender Vorausahnungen, begann er dann etliche Aufzeichnungen, Entwürfe, Handlungsskizzen zu erstellen.

Wobei eine Serie mehr erheiternder Erinnerungen zum Vorschein kam, zum Durchbruch gelang: kuriose, komödiantische; wahrlich nicht gleich auch bitterböse getönte. Denn von hämischer Bosheit wollte er frei sein – was ihm dann auch wohl, einigermaßen, gelang.

Was ihn jedoch bereits damals beschäftigte, worauf er sich instinktiv vorsichtig herantastete, war jener permanente Zirkus, welcher da offenbar weltweit, auch wie zu allen Zeiten, veranstaltet wurde. Dabei anzutreffen: sich selbstherrlich fühlende Vorgesetztenmenschen jeder erdenklichen Spielart, dazu aber auch – erst die machten das möglich – sich neutralisiert habende Emporherumkriecher. So was jedenfalls war nur wirksam denkbar, sobald ein solcher Vorgang auf einer Art Gegenseitigkeit beruhte. Mithin also, nun mal ganz grob gesagt, unvermeidbar wohl auch: Die einen öffneten ihre Ärche, die anderen krochen dort hinein. Nun ja – so war das wohl der Lauf dieser Welt! Jedoch: mußte der das, nur das sein?

Denn diese Letzteren, die da irgendwo hinkriechen wollten – diese waren es nun wohl, die ihn immer intensiver beschäftigten. Weil er das zwingende Gefühl hatte, zu denen zu gehören. Aber! Aber könnten die nicht endlich einmal versuchen, sich gegen solche Ansinnen zu wehren!

So was jedoch nicht gleichsam mit entblößter Heldenbrust, einem jederzeit zusammenstellbaren Hinrichtungskommando gegenüber. Nicht mit Stolz an irgendeinem Galgen hängend. Nicht mit kühn verwegen tönender Rede; als befinde sich da sozusagen ein zweiter Pfeil im Köcher;

bestimmt für den verhaßten Tyrannen. Doch so – ging es nicht! Konnte, durfte es nicht gehen.

Was ihm dabei als ungleich weit wirksamer erscheinen wollte, war gelassene, doch möglichst zu verbergende Klugheit; ein stets wachsamer Witz und dazu noch ein gewisser Einfallsreichtum, wie ihn gelernte Fallensteller besitzen sollen. Es war völlig vergeblich, ganz direkt gegen Windmühlen anreiten zu wollen – vielmehr kam es wohl darauf an, diese geschickt außer Funktion zu bringen. Oder eben den Versuch zu wagen, diese gegen den Wind der Zeit zu drehen.

War das ein Thema? Sein Thema? Das schien es zu sein. Etliche Jahre später sollte dann die New York Times jenem damals beharrlich vor sich hinbrütenden Dachbodenmenschen sagen: »Er ist der Entdecker des grauen Helden.«

Nunmehr war 1946. Ein neugedachtes Leben schien »aus den Ruinen« zu erblühen; wenn auch recht zaghaft, so doch wohl nicht immer mit der gebotenen Vorsicht – nach alldem, was da so geschehen war. Jedenfalls wurde in diesem Deutschland Konrad Adenauer Vorsitzender der CDU, Kurt Schumacher jener der SPD. Und bereits schon in jener Zeit begannen sich gar nicht wenige, zumindest im bayerischen Raum, einen Namen zu merken: Franz Josef Strauß.

Was damals von den sogenannten »Siegermächten« bemüht veranstaltet wurde, waren so was wie »Unkrautbeseitigungen«. In Nürnberg wurde Kriegsverbrechern der Prozeß gemacht; einige von denen zum Tode verurteilt. An sogenannten »Entnazifizierungsgesetzen« wurde fleißig herumgebastelt, diese dann auch zu praktizieren versucht.

Doch solche Netze besaßen breite Maschen. Denn bei gar nicht wenigen von denen, die hier nun auf »Nazibereinigung« machten, handelte es sich um Böcke von gestern, die sich heute als Gärtner zu betätigen begehrten. Reichlich schamlose Exemplare darunter; ziemlich unfähige auch.

In jenem Jahr des langsam abklingenden Chaos erhielt Hesse den Literaturnobelpreis – ein deutscher Weltmann, im freiwillig-frühzeitig gesuchten Schweizer Exil. Gerhart Hauptmann starb – seine Ehrungen schien er, wie über seinen Tod hinaus, gerettet zu haben. Doch endlich begannen sich auch wieder Menschen eines »anderen Deutschland« zu regen; auf nicht unüberzeugende Weise. Plivier schrieb an seinem »Stalingrad«, Kogon hatte den »SS-Staat« veröffentlicht; und Weisenborn bereits seine »Illegalen« vorgelegt. Wohl gehörten auch sie zu den vielfach heimgesuchten Überlebenden jenes »Dritten Reiches«; dennoch erwiesen sie sich weder als irgendwie rachsüchtig, noch schrien sie etwa gar nach Vergeltung.

Dennoch wollte, nicht nur gelegentlich, dieses restliche Deutschland immer noch wie eine ausgetrocknete Wüste anmuten. Und in der drohten Überlebensschakale beutegierig herumzuwimmeln. Einige hielten rüde Angriffe vermutbar für vorbeugende Verteidigung. Als es etwa dem Filmemacher Staudte gelang, sein gedachtes Bereinigungswerk, »Die Mörder sind unter uns«, zum Vorschein zu bringen – wurde prompt peinlich gefragt: Habe denn nicht auch er, möglicherweise, zu jenen »Mördern« gehört?

Was sich da anbahnten waren »Belastungsspiele«. Die sollten sich als ungemein verwendungsfähig erweisen – sobald Bedarf dafür vorhanden. Und der schien groß. An so was sollte dann auch so mancher glauben müssen. Nahezu jahrzehntelang. Auch dieser Autor gelegentlich.

Bei dem jedoch, damals tatsächlich: kein Höhenfluggefühl, nicht der geringste diesbezügliche Ansatz. Seine Tage blieben grau, waren trist. Wie geprägt von lastender Einförmigkeit.

Dazu gehörte seine tägliche Arbeit auf den Straßen, in den Gärten, auch im Wald. Doch zugleich auch jene allabendlichen, nächtlichen Schreibversuche im nahezu trüben Licht einer sparsam Strom verbrauchenden Lampe. Bis ihm die Augen zu schmerzen, zu tränen begannen.

»Wie geht es Ihnen denn so?« begehrte der Geistliche immer wieder von ihm zu wissen; mit ganz direkter, doch unaufdringlicher Teilnahme. Die Antwort darauf kannte er. »Hoffen Sie dennoch!«, vergaß er dann niemals zu sagen.

»Na, worauf denn wohl, Hochwürden? Auf ein Wunder?«

»So was ist zwar keinesfalls die Regel, mein Sohn – doch das kann es tatsächlich geben. Allerdings nur im Rahmen unserer katholischen Kirche.« Worauf er sanft werbend hinzufügte: »Doch eben um diese sollten Sie sich vielleicht ein wenig intensiver bemühen. Ich jedenfalls würde das sehr gerne sehen.«

»Gedenken Sie mich etwa umzutaufen, Hochwürden?«

»So was, mein Lieber, muß ja nicht gleich sein. Doch irgendwie beginnen Sie uns hier zu gefallen. Merken Sie das nicht?«

Nun ja, nun ja. Selbst so was vermochte er zu erkennen. Was da gewiß wohl einiges an abermaliger Dankbarkeit von ihm forderte – und das wahrlich nicht unberechtigt. Denn der Arzt, bei dem er hausen durfte, war ein guter Mann. Dessen Familie, besonders die Kinder, mochten ihn, sehr. Und dieser Geistliche ließ ihn an seiner Suppe, wöchentlich einmal, teilnehmen; und dessen Ludwig-Thoma-Gespräche waren reinster Balsam.

Alsbald zögerte dann sogar der Wirt des Dorfgasthauses nicht, ihm gelegentlich ein Bier zu spendieren. Und selbst der Bürgermeister schien ihn gar nicht unfreundlich zu betrachten. Und dessen Gemeindediener begann, ihm gelegentlich vertraulich auf die Schultern zu klopfen.

Wohl nicht sonderlich wichtig, daß ihn einige übersahen, etwa die Meiermenschen. Seine sie beengende Anwesenheit, die sich auszudehnen begann, mußte ihnen mißfallen. Ansonsten jedoch wurde sein höfliches »Grüß Gott« zunehmend freundlich beantwortet. Jedenfalls glaubte er alsbald einige Veranlassung zu haben, sich als ein Teil, wenn nicht gar als ein Mitmensch, dieses abgelegenen Dorfes fühlen zu dürfen – zumindest am Rande davon.

Dann jedoch ereignete sich hier etwas völlig Ungewöhnliches, was vieles für ihn verändern sollte. Und das konnte dann sogar, selbst für ihn, als »eine Art Wunder« bezeichnet werden – wenn auch eins mit höchst profanen, reichlich robusten Einzelheiten. So was ereignete sich an einem der frühen Frühlingstage jenes Jahres 1946.

Und veranstaltet wurde das von seiner Schwester Barbara, seiner »großen« Schwester – eben deshalb, weil die ihn als ihren »kleinen Bruder« zu bezeichnen beliebte. Wie unentwegt dazu bereit.

Diese Barbara – eben seine Schwester, die da nun kam, auf ihn zu – erwies sich, keinesfalls unerwartet, als ein ungemein bereitwillig präsentes Wesen. Hier, in dieses Dorf hinein, gelegen »wie hinter dem Mond«, hatte sie sich in einem amerikanischen Jeep herbeikarren lassen. Und dem entstieg sie nun – wahrlich nicht ungewichtig proportioniert, dennoch mit tänzelnder Beweglichkeit. Nach wie vor hatte sie ihre blonden Haare straff zurückgekämmt. Ihre blaßblau blickenden Forderungsaugen, auch die waren ihr unverändert erhalten geblieben, signalisierten nunmehr allerdings lächelnde Nachsichtigkeit.

Dabei betrachtete sie das Haus des Arztes Dr. Ganzfleisch mit einiger Genauigkeit; doch ohne Anstalten zu machen, es betreten zu wollen. »Komm heraus zu mir, mein kleiner Bruder!« Ihre Stimme ließ freudigste Energie vermuten. »Deine Schwester wartet auf dich.«

Und der machte nun Anstalten, ihr entgegenzutraben. Dabei blickte er sie staunend an, äußerst ungläubig auch; so als habe er nun vor sich eine Erscheinung aus einer anderen Welt; darstellend ein seltsames Familienfabeltier. War das tatsächlich seine Schwester Barbara? Sie war es – rein äußerlich betrachtet. Aber – sie war es auch nicht; jedenfalls nicht so, wie er sie in Erinnerung hatte.

Sie reichten sich die Hände. Barbara ergriff die seinen nicht ohne bereitwillige Festigkeit. Nichts weiter sonst geschah zunächst zwischen ihnen. Sie betrachteten einander intensiv, lange anhaltend. Wobei dann wohl, beide, feststellen zu müssen glaubten: sie schienen sich, inzwischen, wieder einmal, verändert zu haben. Diesmal etwa möglicherweise sogar bis hin in die Nähe einer gewissen Entfremdung. Wenn nicht gar Fremdheit?

»Da bist du nun also, Barbara, meine Schwester. Wie hast du mich gefunden?«

»Das war gar nicht sonderlich schwer, mein lieber Bruder. Das Letzte, was wir von dir gehört haben, über Verwandte in Berlin, war deine uns ungemein überraschende Ankündigung einer Heirat – in diesem köstlichen Kaff! Irgendeinmal, mußte ich annehmen, würdest du nun hier wieder aufkreuzen. Und da bist du, tatsächlich, mein lieber Kleiner. Jedoch allein – also ohne deine Frau. Sollte es dir etwa gelungen sein, die loszuwerden? Ist sie abgehauen?«

Diese sich oftmals ganz direkt äußernde Robustheit war eine ihrer, ihr gebliebenen, Besonderheiten, welche da wohl als bereits frühzeitig ausgeprägt bezeichnet werden durfte. Im Verlauf der Jahre jedoch schien sich dann ihre erklärte Vorliebe für Deutlichkeiten, in Besonderheit, sozusagen mit Vorliebe ihm gegenüber, erheblich ausgewachsen zu haben. Sobald sie sich mit ihm konfrontiert gesehen hatte, bei jeder ihr gebotenen Gelegenheit, war sie offensichtlich bestrebt gewesen, ihm irgendwie zu imponieren – vermutbar beherrscht von dem Verlangen, diesem ihrem Bruder, ihrem einzigen, deutlich zu machen, daß sie sich ihm keinesfalls unterlegen fühlte. Das war einmal gewesen – einstmals, möglicherweise, als sie noch als ein kleines Kind zu bezeichnen war.

Nun sah sie ihn nicken. Mithin bejahte er also ihre Frage, ob seine Frau »abgehauen« war. »Na – ist doch gut so!« stellte Barbara prompt fest. »Kriegsehen sind sowieso nicht selten als fragwürdig zu bezeichnen – besonders wohl solche, die noch kurz vor Toresschluß veranstaltet worden sind. Du kannst also froh sein, daß sie dich verlassen hat – denn sonst hättest du auch noch sie miternähren müssen. Und so was«, nahezu streng prüfender Blick, »scheinst du kaum allein für dich zu schaffen.«

Ein Thema, das ihm keinesfalls zu gefallen vermochte – also wich er ihm aus. Schließlich gab es ja auch noch wesentlich andere Dinge, die ihn ungleich weit mehr zu bewegen vermochten. »Wie geht es unseren Eltern?«

»Zeitgemäß. Dabei jedoch einigermaßen gut. Vater ist es gelungen, sich bis in die Nähe von Dortmund durchzuschlagen; Mutter allerdings hält sich im Raum Brandenburg auf.« Also in der sogenannten sowjetisch besetzten Zone. »Ich habe jedoch bereits veranlaßt, daß sie zu ihm zieht. Dann werden wir weiter sehen.«

»Und wie geht es deinem kleinen Sohn?«

»Der allerdings hat leider diesen endlich verendeten Saukrieg nicht sonderlich gut überstanden. Doch immerhin – jetzt ist er in guten Händen; den hat Mutter in ihre Obhut genommen.«

Mehr dazu sagte sie nicht, wollte sie offensichtlich auch nicht sagen. Später sollte dann der Bruder dieser sich so selbstbewußt robust gebenden Schwester einige Einzelheiten über jene »Saukriegsverendungen« erfahren, welche zu ihrer Bemerkung »nicht sonderlich gut überstanden« geführt hatten. Und die erklärten dann wohl einiges.

Barbara hatte damals, im eiskalten Januar 1945, mit ihrem kleinen Jungen in den Armen, einen jener letzten Züge besteigen können, von dem gehofft wurde, daß er von Ostpreußen aus Berlin erreichen würde. Dabei jedoch war sie über ein Trittbrett nicht hinausgekommen – dort hing sie dann, mit ihrem Kind, zwei Tage und zwei Nächte lang; angeschnallt mit Hilfe von Riemen. Beide erlitten starke Erfrierungen, mit alsbald eiternden Ausbrüchen an Händen, Füßen und Ohren – zumindest das!

»Und – wie geht es dir selbst, Barbara? Gar nicht sonderlich schlecht, habe ich da so den Eindruck – und den habe ich gerne. Betätigst du dich nun wieder als Ärztin?«

»Nein!« Entschiedene, ganz schroff hervorgestoßene Ablehnung. Das war sie – gewesen!

Doch einstmals, und das möglicherweise nur um ihm zu beweisen, welche Fähigkeiten sie besaß, war sie zu einer Ärztin geworden. Während er, für zwölf Jahre als Berufssoldat, wie kreuz und quer, dann sogar von einem Kriegsschauplatz zum anderen, durch diese großdeutsche Zeit geisterte – und so was tatsächlich, nahezu auf den Tag genau, zwölf

Jahre lang; vom 1. April 1933 bis zum 1. April 1945. Barbara jedenfalls hatte inzwischen die Möglichkeit erhalten, Medizin zu studieren. Und die ergriff sie dann auch; mit der ihr eigen gewordenen, ganz erheblichen ehrgeizigen Kraftentfaltung.

Wobei sich dann er, der Bruder, hatte eingestehen müssen – mehr heimlich, also ohne ihr so was jemals auch nur anzudeuten – daß sie, seine Schwester, ganz offenbar von beiden die weitaus intelligentere war. Die entschieden lebenstüchtigere wohl auch – ihm in dieser Hinsicht vielfach überlegen. Und das vermochte sie zu erkennen – und sie zögerte dann auch kaum jemals, ihm das deutlich zu machen. Warum?

1939 war ihr der Doktorgrad zugesprochen worden. Bereits 1942 betätigte sie sich als Internistin an der Universitätsklinik in Königsberg; 1944 wurde sie dort Chefarzt. Wie zwischendurch zeugte sie 1943, mit einem Kollegen von der Chirurgie, dieses ihr Kind, einen Sohn – ohne mit dessen Vater verheiratet gewesen zu sein. Der hatte dann ein Kriegslazarett bei Warschau zu übernehmen; wurde »überrollt«, galt als »verschollen«. Keine weitere Nachricht von ihm, über ihn. Niemals mehr.

»Ärztin – ich!« sagte nun Barbara wie mit starrer Erheiterung. »Warum sollte ich denn das immer noch sein, sein wollen! Diese Welt ist wie randgefüllt mit Krankheiten, denen gegenüber Mediziner völlig machtlos geworden sind. In lebensentscheidenden Augenblicken habe ich nicht einmal meinem kleinen Kind helfen können; mir selbst auch nicht. Also – was soll's! Worauf es hier nun wohl nur noch ankommt, ist gar nicht mehr das sogenannte wertvolle Leben, nur noch ein gerade noch so Weiterleben, Überleben. Man braucht da doch nur dich ein wenig näher anzusehen, mein kleiner Bruder!«

Und da war sie nun wieder, wie fast jede Sekunde lang erwartet, diese Formulierung: kleiner Bruder! Von ihr mit wuchernder Vorliebe verwendet. Dabei war Barbara nahezu sechs Jahre jünger als er – ein vermutbar bemühtes, dazu noch gelungenes, doch eben leicht verspätetes Produkt ihrer Elternehe. Möglicherweise auch daraus konnte sich dann das Verlangen dieser Schwester ergeben haben, ihrem Bruder mindestens gleichwertig zu sein; wenn nicht mehr. Doch auch das erklärte da wohl noch nicht gleich alles.

Diese Barbara jedenfalls schien wie lebenslänglich versessen darauf zu sein, als die dominierende Person im Dasein ihres Bruders in Erscheinung treten zu wollen. Den beharrlich zu betreuen, war ihr beständiges Bedürfnis – und so was begehrte sie offenbar möglichst noch ungleich gewichtiger zu erreichen, als das ihrer Mutter stets gelungen war. Wenn es auch wahrlich nicht leicht sein konnte, selbst noch deren Fürsorge zu überbieten – ihr jedoch, wollte sie, mußte das gelingen? Warum?

So was jedenfalls ihrem »kleinen Bruder« klarzumachen, zögerte sie auch diesmal nicht. Mithin dem wohl absolut entsprechend, stellte sie ihm nun ihren Begleiter vor. Der hockte lässig-lächelnd in seinem Jeep; ein nahezu gemütlicher, ungemein mit sich zufrieden anmutender Amerikaner. Ein Siegermensch! Doch immerhin ohne erkennbaren Größenwahn; also nicht wie einer von denen, die es nunmehr geschafft hatten – und so was schien den geradezu nachsichtig zu stimmen. Vermutbar eine Art Cowboywesen, also wie daran gewöhnt, mit noch so störrischem Herdenvieh umgehen zu können; auf welchen Weiden auch immer.

»Das ist John. John Carter. Ein recht netter Junge. Immer vorausgesetzt, daß man auch nett zu ihm ist – was der gewiß verdient.«

Der hob nun, als sei es ihm gegeben, so gut wie jedes

Wort zu verstehen, eine Hand; was einer geradezu absegnungsbereiten Geste gleichkam. Und dann sagte dieser John auch noch, mit freundlichem Winken: »Grüß Gott, Mister.«

Eine reichlich verblüffende Formulierung. Da diese jedoch geradezu herzlich klang, gebot sie mithin eine gewisse Höflichkeit. »Begrüße Sie, Mister, werter Herr!« Wobei dann sogar noch eine angedeutete Verbeugung produziert wurde.

Worauf sich dann dieser jetzt wohl mehr kleinschäbig vorkommen müssende Bruder wieder seiner wahrhaft stattlichen Schwester zuwendete. »Was ist denn das für eine Erscheinung? Gehörst du zu ihm, oder gehört der zu dir?«

»Wir leben miteinander, mein Kleiner!« Bei einer solchen Feststellung mutete Barbara nicht im geringsten verlegen an; vielmehr schien es ihr Freude zu bereiten, ihren Bruder, zumindest ein wenig, schockieren zu können. Was ihr erkennbar allein schon durch die Anrede »mein Kleiner« gelungen war. »Wir jedenfalls, wenn du das unbedingt wissen willst, leben und schlafen nicht nur gemeinsam. Darüber hinaus sind wir auch noch Geschäftspartner.«

Was darunter zu verstehen war, diesen Bruder, den »Kleinen« ganz sichtlich zu interessieren schien, darüber wurde er nun aufgeklärt; ziemlich exakt. Und zwar dahingehend: Barbara war es gelungen, bereits vor vier Monaten, am Rande von Rosenheim einen Schuppen preisgünstig erwerben zu können. Den hatte sie dann in eine Kraftfahrzeugwerkstatt umgebaut – eine alsbald gut florierende; mit schnell steigenden Umsätzen. Dort zunächst beschäftigt zwei Mitarbeiter; nunmehr bereits fünf. Doch sehr bald schon werde sie dieses Unternehmen wesentlich ausbauen können.

»Und so was, nehme ich an, läßt sich ermöglichen – mit Hilfe von deinem Mister John.«

»Na – wie denn wohl sonst, mein lieber Kleiner! Wobei es sich bei John nicht nur um meinen sogenannten derzeitigen Lebensgefährten handelt – der ist auch mein Teilhaber; ein gewissermaßen stiller. Doch in Wirklichkeit stellt der, auch wenn er das nicht genau weiß, so was wie die treibende Kraft dieses Unternehmens dar. Nicht etwa nur rein finanziell – der schafft auch ansonsten ganz kräftig mit an; besorgt Fahrzeuge, Ersatzteile und Benzin. Interessenten dafür finden sich wie von selbst ein; die stehen da geradezu Schlange. Den dabei anfallenden stattlichen Rest erledige ich. Also in erster Linie Kundenbetreuung, Verwaltung und Organisation. Da läuft alles, könnte man sagen, wie am Schnürchen.«

Über derartige Eröffnungen kaum noch sonderliche Verwunderung zu empfinden, mußte er sich eingestehen. Und so was nun nicht einmal mehr bei dieser wohl irgendwie phänomenalen Verwandlung einer feinfühligen Ärztin in eine kraßclevere Geschäftsfrau. Was denn eigentlich war der, ihrer stets präsenten Tüchtigkeit, nicht zuzutrauen?

»Du kannst nun, wenn du willst, ganz einfach mit mir kommen. Irgendeine Arbeit für dich, etwa im Büro, wird sich mühelos finden lassen. Womit du dann auch wieder in meiner Nähe bist – ich dich also betreuen kann. Was du gewiß nötig hast.«

»Danke!« zögerte der nun nicht, prompt abzuwehren. Was ein derartiges Angebot zu bedeuten hatte, vermochte er sich vorzustellen; selbst wenn sie nicht gleich wieder »kleiner Bruder« zu ihm gesagt hatte. »Doch zunächst einmal würde ich sehr gerne wünschen, hier bleiben zu dürfen.«

»Na – warum denn das?« schnappte sie sofort zu. »Doch nicht etwa irgendeines weiblichen Wesens wegen?« So was zu fragen, fühlte sie sich versucht. »Reicht es dir denn nicht, daß dich deine Frau verlassen hat? Solltest du etwa gleich wieder dich mit einem weiteren Exemplar von dieser Sorte beschäftigen? Davon solltest du lieber die Finger lassen! Bei uns jedenfalls«, was hieß: bei mir, »bist du wesentlich besser aufgehoben.«

»Zunächst einmal«, wich er aus, »habe ich das Gefühl, man könnte auch Verlangen sagen, mit mir selbst fertig zu werden – also irgendwie ins reine kommen. Das will mir ungemein wichtig erscheinen.«

Und dann sagte er: »Bitte – ermögliche mir das.«

Nun gut – ich will dich nicht drängen.« Barbara zeigte sich überraschend nachgiebig. »Jedenfalls haben wir nun Verbindung miteinander aufgenommen – und fortan wird die nicht mehr abreißen.« Dafür, ganz unmißverständlich, würde sie sorgen.

Worauf sie sich erneut ihrem John zuwendete. Der hatte diesem geschwisterlichen Gespräch mit nachsichtiger Gelassenheit zugehört. Seine Kenntnisse der deutschen Sprache waren offenbar gar nicht gering; zumindest reichten die für gängige Alltäglichkeiten einigermaßen aus. Und auch in dieser Hinsicht war da vermutbar die prägende Intensität einer Barbara am intensiv belehrenden Werk gewesen.

»Doch nun zeige mal, mein John, meinem Bruder, was du für ihn mitgebracht hast.«

Woraufhin sich dieser ihr John nun mit schwergewichtiger Lässigkeit hochschraubte. Er griff hinter sich, langte nach etlichen mitgebrachten Utensilien, welche er auf dem Rücksitz seines Jeeps verstaut hatte. Diese stammten gewiß aus jenen wahrhaft unerschöpflichen US-Army-Beständen. Und einen Teil davon übergab er nun diesem »Kleinen-Bruder-Menschen«.

So was geschah jedoch keinesfalls mit einem irgendwie gönnerhaften Überlegenheitsgefühl. Was dabei vielmehr zum Vorschein kam, war eine seltsam höflich anmutende Einleitungsformulierung. Diese war vermutlich von Barbara diesem sattbehaglichen Mannskerl beigebracht worden: »Ich hoffe, Sie erlauben mir, lieber Mister, Ihnen ein paar Kleinigkeiten zu überreichen.«

Ein Angebot, das wohl kaum abgelehnt werden durfte, schon gar nicht mit schroffer Zurückweisung. Zumal Barbara fordernde Zustimmung nickte. Womit er nunmehr erhielt, entgegennehmen konnte, durfte:

Einmal, erstens, einen höchst strapazierfähig anmutenden Arbeitsanzug in Tarnfarben, dazu eine entsprechende Mütze mit breitem ab- und aufklappbarem Schirm; beide wasserdicht und federleicht gefüttert. Weiterhin wurden ihm ausgehändigt: drei Paar dicke Wollsocken, zwei Paar Unterwäsche in Olivgrün; auch höchst robust anmutende halbhohe Schuhe aus dickstem Leder, die dennoch nahezu schwerelos wirkten.

Sodann kam aber noch auf ihn zu, vermutlich als Höhepunkt dieser Beschenkungsaktion gedacht: eine Armbanduhr!

Eine von offenbar allerbester schweizerischer Qualität. Noch dazu mit Etui.

»Danke«, mußte da wohl dieser großbeschenkte kleine Brudermensch sagen. »Doch eine Armbanduhr benötige ich nicht. Ich besitze immer noch eine.«

Eine Versicherung, die einiges, wenn nicht gar erhebliches an Heiterkeit zu erregen vermochte – eine wahrlich nicht unberechtigte.

Dabei war der gute John erspürbar kurz davor, seinen ausgeprägten Cowboyschädel verwundert zu schütteln; was er aber unterließ, geradezu taktvoll. Die liebe Barbara jedoch zögerte nicht, ihren »kleinen Bruder« bereitwillig darüber aufzuklären, wie er auf ein solches, ein absolut zeitgemäßes Geschenk zu reagieren habe:

»So eine Armbanduhr – weißt du das denn nicht? – stellt derzeit ein Tauschobjekt allerersten Ranges dar! Dafür kannst du dir etwa drei Hühner einhandeln, zwei Kilo Butter, zehn Fleischkonserven zu fünfhundert Gramm. Ober eben drei Stangen Zigaretten und bis zu fünfzehn Weißbrote, original amerikanische. Was dir hier ermöglicht, so gut wie wochenlang davon zu leben – und gar nicht schlecht. Für Nachschub werde ich sorgen.« Bedeutete also – wieder einmal mehr: du gehörst zu uns – wir sind für dich da.

»Danke«, sagte er, was sich nahezu artig anhörte. »Damit werde ich hier weiterkommen.«

»Was jedoch die Hauptsache zu sein scheint, ist dies: wenn du unbedingt hier bleiben willst, dann mußt du in möglichst geregelte Verhältnisse hineinkommen. So was verlangt allein schon dein Anblick, der wahrlich alles andere als prächtig zu bezeichnen ist. Aber laß mich das nur machen.«

»Mische dich«, verlangte er ahnungsvoll, »nicht immer wieder in meine Angelegenheiten.«

»Aber so was ist doch gar keine Einmischung, mein lieber kleiner Bruder, ich bitte dich – das solltest du besser als bereitwillige Fürsorge sehen, eine ganz selbstverständliche. Da schließlich unsere Mutter jetzt nichts tun kann, fühle ich mich für deine Betreuung verantwortlich. Übrigens findest du in der linken Brusttasche des Anzuges, den dir John mitgebracht hat, unsere genauen Adressen – aber auch sonst noch einiges Brauchbares. Und vergiß das niemals: Du bist uns jederzeit willkommen. Also dann – bis bald. Hoffentlich.«

Sie reichten sich die Hände, mit einigem Abstand voneinander. Wobei Barbara nahezu beschwörend fest zupackte. Dann lösten sich diese Geschwister schnell wieder.

Diese Begegnung mit John war für ihn erkenntnisreich. In jenen Zeiten der Internierungslager hatten sich auch die kleinen »Besatzer« als allmächtige Funktionäre der Siegermacht betätigt; manchmal nicht unwohlwollend, zumeist sachlich, ganz selten gemein. Nunmehr jedoch war er einem Sieger als menschliches Wesen begegnet. Für viele seiner Zeitgenossen waren solche Begegnungen lebenswichtig. Wenn nicht gar auch überlebenswichtig. Nunmehr jedoch war er, in seiner ländlichen Abgeschiedenheit, auf einen »Ami« getroffen, der als wahrlich nicht frei von Herzlichkeit bezeichnet werden konnte, dem aber dennoch eine gewisse Befangenheit zu eigen sein schien.

Sowas kam vermutlich von den sogenannten »Direktiven« der Besatzungspolitik – und die waren für diese Amis eine Seite ihres Lebens. Derartige Anordnungen jedoch – die von »no fraternisation« bis »Vorsicht geboten« reichten – schien auch dieser John auf sehr persönliche Art auszulegen, um nicht zu sagen, zu umgehen, wie viele andere ja auch. Das zum eigenen, aber schließlich auch zum Wohle der »Besetzten«.

Das vermutbar auch deshalb, weil auch John einfach aufgehört hatte, das zu durchschauen zu vermögen, was da so eigentlich der Tenor dieser Besatzungspolitik war. Waren nun diese von ihm »Besetzten« als Feinde oder künftige Freunde anzusehen, als Besiegte oder kommende Partner, als unentwegte Faschisten oder werdende Demokraten?

Denn immerhin – seitdem sich der »Konsens« der Sieger in einen »Dissens« der Verwalter verwandelt zu haben schien, waren sich auch selbst höchste Befehlshaber nicht mehr völlig klar – über Folgerungen und Folgen.

Somit wohl weiter nicht verwunderlich, wenn nun etliche dieser Menschwesen, aus denen die Besatzungsmacht bestand, ihre eigenen Wege zu gehen begannen. Halb eingehüllt in Autorität und halb beherrscht von Befangenheit, auf Distanz gedrillt und doch, da fern der Heimat, von menschlicher Zuwendung abhängig, dazu stolz auf die eigenen materiellen Vorteile. Aber eben gar nicht selten, wenn zumeist auch unbewußt, wie unentwegt bemüht, in dieser trostlosen, ihnen jedoch inzwischen irgendwie vertrauten Elendswüstenei, bescheidene Oasen des Daseins zu schaffen – für sich und irgend jemanden, der dazugehörte.

Und so kam es dann, wahrlich nicht zu Unrecht, daß gar nicht wenig feststellten: Wohl noch niemals vorher in dieser fatalen Weltgeschichte durften wie endgültig besiegt Erscheinende derartig großmütigen, zumindest großzügigen Siegern begegnen.

Schnell geschehen – und fast noch schneller wieder vergessen. Dankbarkeit, anhaltende, besaß schon immer Seltenheitswert. Zumal auch einige meinten: die dabei zum Vorschein gekommene »Güte« sei nichts wie Schwäche gewesen – wenn auch eine sehr menschliche.

Damals jedenfalls stieg Barbara zu ihrem John, in dessen Jeep. Dem nickte sie zu, als wäre der lediglich ein Chauffeur. Der Bruder blieb zurück; beladen mit Geschenken wie ein Weihnachtsmannesel. Mit dunklem, leicht geröteten Gesicht sah er ihnen nach. Bis deren Fahrzeug seinen Blicken entschwand.

Dann jedoch fühlte er sich versucht, jenen ihm angekündigten Inhalt in Augenschein zu nehmen, welcher sich in der linken Brusttasche des ihm ausgehändigten Tarnanzuges befand. Dort erblickte er zunächst zwei Adressen auf zwei Notizzetteln, mit genauesten Angaben, sogar Lagebeschreibungen; dazu Telefonnummern, gleichfalls zwei. Bei der einen handelte es sich um jene einer Kraftfahrzeugwerkstatt bei Rosenheim. Die andere gehörte offenbar zu einer amerikanischen Dienststelle. Letztere war – von Barbaras kraftvoll geschwungenen Schriftzügen mit dem Zusatz versehen worden: Bei Anrufen wird gebeten, möglichst die englische zu benutzen. Deren Beherrschung jedoch, in einer gewissen Vollkommenheit, sei jedoch nicht unbedingt notwendig.

Aber – was er dann noch erblicken konnte, war ein kleines Bündel bläulich bedruckter Papiere – fünf Geldscheine; jeweils im Wert von zehn US-Dollars. Was, wußte selbst er, ein kleines Vermögen darstellte; hier nicht nur für ihn! Worauf er dann beschloß, diese einzigartigen Druckerzeugnisse beiseite zu legen – diese ihm lediglich als anvertraut zu betrachten. Denn diese gedachte er tatsächlich irgendwann einmal wieder zurückzureichen. Und so was sollte ihm dann auch gelingen. So veranlagt war er.

Nunmehr jedoch sagte er, wie vor sich hin: »Diese Barbara – sie ist so permanent.«

Womit er, ihm unbewußt, einen ersten »Slogan« amerikanischer Herkunft übernahm, welcher den Deutschen in jener Zeit von allen Straßenecken entgegenprangte: »Death is so permanent«.

Und ausgerechnet dieser Slogan hatte sich kurioserweise in den Hirnen dieser Besetzten geradezu festgekrallt. Und zwar kurioserweise deshalb, weil es sich dabei um eine

Mahnung an Kraftfahrer handelte; zur Vorsicht. Doch eben deutsche Kraftfahrer gab es, in dieser Zeit, wahrlich nicht allzu viele.

Aber die frappierende Bündigkeit einer solchen Mahnung war es gegeben, gerade noch Überlebenden, wie ihm, einzugehen wie Oel. Worauf es dann kam, daß sich dieser Ohrwurm, manchmal auch abgewandelt, hier zu einer Spruchweisheit für so gut wie alle Lebenslagen entwickelte.

Wobei jedoch die Feststellung, seine Barbara sei »so permanent«, weder eine Anerkennung beinhaltete, noch könnte diese kaum als ein Anzeichen von Widerwillen bezeichnet werden. So was war, bereits damals schon, nichts wie eine Art Jargon – vielfach benutzbar, ausdeutungsfähig, oder nur so dahingesagt.

Dabei jedoch schien eine Art Bereitschaft bei diesem hierher verschlagenen Kleindorfbewohner immer erkennbarer zu werden, ein Hang zur prüfenden Distanz. Der wollte »sein Leben« haben. Jedoch welches – wußte er noch immer nicht.

Zumindest glaubte er dies zu wissen: er mußte sich befreien! Hatte er sich denn da nicht wie lebenslänglich umsorgt, betreut und damit vereinnahmt fühlen müssen? Das von einer unentwegt hilfsbereiten Mutter – was die stets tatsächlich gewesen war. Das von einem überaus selbstbewußten Vater auch, der so gut wie jederzeit zu wissen glaubte, was er wollte. Von seiner Schwester, der großen, erst gar nicht zu reden.

Hinzugekommen waren streng-bornierte Lehrer – außer einem! Sodann jede Menge bedenkenlos befehlsweitergebende Vorgesetzte, Vollzugsmenschen jeder irgendwie vorstellbaren Spielart; Internierungslagerwesen, Gemeindebedienstete, sogenannte Künstler im Gasthausformat. Dann auch ein sich wohl nicht ganz unberechnet nachsichtig gebender Geistlicher. Aber dann noch eine weitere Vatergestalt mehr, eine sich wohl so fühlende: dieser Dr. Ganzfleisch. Ein Arzt – und als solcher wahrlich kein schlechter.

Doch so schlicht und einfach war das alles ganz gewiß nicht. Schon gar nicht jenes Ausmaß, mit dem sich hier seine Barbara für ihn zu engagieren bereit zeigte. Denn die begab sich nunmehr, von ihrem John ergeben kutschiert, zur Bürgermeisterei dieses Dorfes. Und dort begehrte sie, für sie ganz selbstverständlich, gleich den dort amtierenden Bürgermeister zu sprechen – persönlich.

Worauf Barbara dann mit dem eine zwar gar nicht sonderlich ausgedehnte, jedoch aber wohl höchst intensive Unterredung hatte; eine folgenreiche noch dazu, wie von ihr erhofft.

Dabei durften ganz gewiß ausreichend überzeugende Argumente vorgebracht worden sein; auch wohl recht massiv praktische Fundamentierungen derselben. Derartig zwingend Überzeugendes geschah, darf durchaus vermutet werden, mit dem schönen Kennwort: Für die notleidende Bevölkerung – in Form von unverzüglich zur Verfügung gestellten Kisten, Kartons und Beuteln. Beinhaltend Fleischkonserven, Butterpakete, Cognac- und Whiskyflaschen, Kaffee- und Teesortimente. Argumente jedenfalls, denen sich damals wohl kaum jemand entziehen konnte.

Und so kam es dann dazu, daß dieser Bürgermeister, nahezu unmittelbar nach diesem von ihm gewiß als ungemein angenehm empfundenen Besuch, etliche seiner nächsten, seine wohl wichtigsten Mitarbeiter um sich versammelte. Und wenn diese dann sicherlich ungemein willig zu ihm hochsahen; so gehörte sich das auch wohl so – schließlich war er hier ihr Leithirsch.

Und der verkündete sodann anregend: »Jener Mensch, der bei Dr. Ganzfleisch eingewiesen worden ist, sollte nunmehr im Rahmen unserer Gemeinde beschäftigt werden. Irgendein Widerspruch?« Keiner. »Mithin könnte ich mir vorstellen, daß der sich hier, zum Beispiel, als eine Art Verwaltungs- und Schreibkraft betätigt; so was benötigen wir ständig. Was dagegen?« Hatte niemand. »Na bestens – dann hat der sich also bei uns zu melden – bei mir persönlich.«

Was der auch tat. Sofort neugierig, wenn auch nicht gerade sonderlich bereitwillig, so doch mit einer zumindest wohl angebracht anzudeutenden Ergebenheit. Wobei jedoch dieser Mansardenmensch zu erkennen vermochte, daß dabei eines keinesfalls gefragt war – seine mögliche, diesbezügliche Ansicht, vielleicht also sogar so etwas wie eine Art Stellungnahme, einem derartigen Angebot gegenüber. Was da nun vielmehr auf ihn zukam, war da wohl mehr eine Art Befehlsakt der Gnade – eine ihm großzügig gewährte.

»Sie können nun also, ganz direkt, bei uns mitarbeiten – wenn Sie wollen. Na, da staunen Sie nun wohl, was? Oder etwa nicht? Menschenskind! Soll ich nun etwa den Eindruck haben, daß Sie sich nicht einmal darüber freuen!«

»Ich überlege. Erlauben Sie mir das, bitte.«

Was eine völlig unerwartete Reaktion war. Und über die zeigte sich dieser Bürgermeister prompt erstaunt. Unwillig-ungläubig auch. Mithin verriet seine Rede, unmittelbar danach, ziemlich heftigen Unwillen.

»Na – was soll denn das! Da bieten wir hier Ihnen einen prima Posten an – einen der sich lohnt, also sich auch auszahlt. Und noch dazu einen, der verdammt sinnvoll ist –

denn Sie sind dafür vorgesehen, sich in unserem Bereich mit den sogenannten Heimatvertriebenen zu beschäftigen; wofür Sie doch fast schon so was wie ein Fachmann sind!«

»Worunter ich mir kaum etwas vorzustellen vermag, Herr Bürgermeister. Eben weil mein Vorstellungsvermögen, wohl zeitgemäß bedingt, von erheblichen Zweifeln heimgesucht worden ist.«

»Womit wollen Sie mir denn kommen? Was ist mit Ihnen los, Menschenskind? Wollen oder können Sie so was nicht? Schließlich hat man«, und »man« war gewiß Barbara, »mir versichert, daß Sie, was eigentlich genügt, mit einer Schreibmaschine umgehen können; sogar ganz ausgezeichnet.«

Doch eben das, das zuletzt dabei geäußerte, war für diesen lauernden Beschreibungswilligen gewissermaßen der springende Punkt; für ihn eine ganz große Verlockung. Ein solcher Hinweis, eben eine Schreibmaschine betreffend, vermochte ihn wie magisch anzuziehen. Denn genau an ein solches Instrument begehrte er heranzugelangen; das wünschte er zu haben – unbedingt. Möglichst noch dazugehörendes dementsprechendes Papier in Stapeln – um dann seine schnell und heftig skizzierten Wortgebilde, einigermaßen geprägt deutlich, »ins Reine« bringen zu können.

Mithin also hielt es dieser Mensch, wieder einmal mehr für angebracht, ein permanent höfliches »Danke« von sich zu geben. Also zeigte er sich bereit, in dieser Gemeinde fortan als fleißiges Verwaltungswesen in Erscheinung zu treten. So was jedoch, meinte er vermutlich, zu seinen Bedingungen. Wie jedoch wohl könnten die aussehen?

Jedenfalls versuchte dieser Mensch, immer noch ein Restmensch, zunächst – mit einiger Präsenz, mit bereitwilligem Fleiß auch – das zu erledigen, zu tun, was als die ihm hier zugewiesene Arbeit bezeichnet wurde. Wobei er dann alsbald erkennen mußte, daß er dadurch keinesfalls, wie er das wohl gerne erhofft hatte, zu einem notwendigen, einem die Not wendenden Helfer und Fürsprecher dieser Heimatvertriebenen werden konnte. Was er dabei lediglich zu tun vermochte, waren ganz kläglich lapidare Dinge: Fragebogen ausfüllen, An- und Abmeldungen registrieren, Listen zu erstellen. Dadurch, danach, notwendig sein zu scheinende Entscheidungen trafen dann jedoch andere. Hier zumeist der Bürgermeister. Und der schien zu wissen, wohin er sein jeweiliges Wohlwollen zu lenken hatte; um das dort dann wie mit Gießkannen zu versprengen.

Wobei der jedoch nicht zu zögern schien, diese auch von ihm erkennbare Arbeitsentschlossenheit seines neuesten Mitarbeiters zur Kenntnis zu nehmen – so was sogar mit einer gewissen Zufriedenheit. Da war ihm wohl gar kein schlechter Griff gelungen! Worauf dann alsbald auch sein vollmondiges, zumeist rosig strahlendes Gesicht, Zeichen von großzügig gestimmten Wohlwollen erkennen ließ.

Das selbst dann noch – mein Gott, er war nun mal ein geborener Gönner, sobald auch ihm so gut wie alles gegönnt war – als ihm von seiner neuesten Schreibmaschinenkreatur ein ihm reichlich merkwürdig vorkommen müssender Wunsch vorgetragen wurde: Er möge ihm gestatten, eines dieser Instrumente mit »nach Hause« zu nehmen. Aber so was dann eben vorgebracht mit der sinnigen Bemerkung: zwecks Aufarbeitung diverser zu erledigender Vorgänge. Was dann prompt für unentwegten Fleiß und permanenten Bereitschaftswillen zu halten angebracht zu sein schien. So wurde dem eine solche Bitte mithin gewährt, also erlaubt – vermutbar reichlich ahnungslos.

Worauf denn nun dieser Mansardenmensch, allabendlich, dieses wie vorsintflutlich anmutende Monstrum von einer Schreibmaschine, das vermutlich ehemaligen Wehrmachtsbeständen entstammte, abschleppte. In seine Dachhöhle hinein. Um das dann, am Morgen danach, wieder, in einem Rucksack, zurückzutransportieren – hin zur Bürgermeisterei.

So was geschah oftmals schwer keuchend, doch wie stets unbeirrbar entschlossen. Bis dann die ihn stets aufmerksam beobachtende sommersonnenrote Christine auf die Idee kam, ihm für derartige Transporte ihren einstigen Kinderwagen zur Verfügung zu stellen. Womit dann derartig höchst mühsame Vorgänge ganz erheblich erleichtert wurden.

In jenen späten Abend- und ersten Nachtstunden jedenfalls trat dann dieses wohl halbzentnerschwere Instrument voll in Funktion. Wurde nahezu verschwenderisch gespeist – mit graubleichen, wundersam leeren, den Gemeindebeständen zweckentfremdeten Schreibmaschinenpapieren. Sodann wie pausenlos behämmert.

Damals hätte er den Versuch machen können, die Geschichte dieser Monate von der Stunde Null festzuhalten. Spannend und ereignisreich genug waren die dazugehörenden Vorgänge durchaus gewesen. Indessen gehörte auch er zu jenen Zahllosen, denen es, mangels Information, nicht gegeben war, alles das in seinen Zusammenhängen übersehen zu können, was geschah.

Wohl bahnte sich bereits so was wie ein politisches Leben an. Das freilich in den von den Mächten gezogenen Grenzen und unter den von ihnen gesetzten Bedingungen. Der erste größere, gerade noch überschaubare Lebensraum war die »Zone«. Parteien wurden gegründet, Namen tauchten auf, die in den folgenden Jahren Bedeutung bekommen sollten: Außer Adenauer und Schumacher auch Pieck und Ulbricht,

Reinhold Maier, Josef Müller, der »Ochsensepp«, mit ihm Strauß; und unter etlichen anderen auch Dehler, Carlo Schmid und Heuß. Anderswo schienen einst so mächtig strahlende Sterne unterzugehen, von denen jedoch manche mit neuem Glanz wieder auftauchen sollten: Churchill, Eisenhower, de Gaulle.

Hätte es damals Landkarten gegeben, so wäre vermutbar bereits möglich gewesen, wenn auch mehr schemenhaft, darin die Grundlinien des restlichen Deutschland einzeichnen zu können – sogar jene des Werdens eines künftigen Deutschlands.

Erkennbar wurde, daß die sogenannten »Siegernationen« – mit Ausnahme der USA – selbst mit zu den Verlierern dieses weltweiten Krieges geworden waren. Und so zögerten sie dann kaum sonderlich, in einem völlig zerschundenen Deutschland noch spärliche Früchte des »Sieges« zu ernten; das zu versuchen. Die Sowjetunion räumte die von ihr besetzten Teile Deutschlands ziemlich gründlich aus; um dann dort ihr System zu etablieren. Am deutlichsten gingen dabei die Franzosen an ihr Bereinigungswerk; sie nannten das Kind exakt mit Namen: Annexion. Allein die Amerikaner, nach anfänglichen Morgentauplananwandlungen, konnten es sich leisten, auf jeden Schlußverkauf von Ramschwaren, genannt »materielle Kriegsbeute«, zu verzichten.

Doch eben in deren Bereich war dieser Mensch gelandet; wie rein zufällig. Und ohne wissen zu können, wie und wodurch sich das Leben im zertrümmerten Deutschland wieder strukturierte. Er und seine Leidensgenossen begriffen kaum was davon. Erkennbar, für sie, war nur das tagtägliche Elend.

Mithin war die dominierende Frage damals nicht gleich: was wird nun werden – das lag in Gottes Hand, meinte der

Geistliche. Wesentlich bohrender, wohl auch angebrachter war die Frage: Wie hatte es dazu kommen können? Womit dann auch hier eine versuchte erste Aufarbeitung von Vorgängen begann – jener wohl niemals zu überwindenden Vergangenheit.

Eine zwingend als sehr deutsch vermutbare Vergangenheit – an der er, auf seine Weise, unvermeidlich erheblichen Anteil genommen hatte. Man könnte nun vielleicht auch erklärerisch sagen: in diese Zeit war er, ganz einfach, hineingeboren worden. Doch eben damit gehörte er zu ihr – und bestürzend gleichgültig, ob er nun dazu hatte gehören wollen oder nicht. Er jedenfalls vermochte es niemals, sich den dabei in Erscheinung getretenen Ereignissen zu entziehen.

Noch unendlich viele Jahre danach, eigentlich wie lebenslänglich dazu verdammt, unternahm dieser Mensch dann auch nicht den geringsten Versuch, diese von ihm erkannte »Mitverantwortung« zu verleugnen. Selbstverständlich auch nicht, als dann ehemalige Parteigenossen, Nazidiplomaten und Kriegsrichter, zu höchst ehrenwert erscheinenden Mitgliedern eines angeblich ganz neuen demokratischen Deutschlands geworden waren – als Bundeskanzler, Minister in den Ländern, dann sogar als Bundespräsident.

In diesem schnell neuartig funktionierenden Gesinnungszirkus wollte er sich oftmals vorkommen wie ein Schaf. Noch dazu als eines, das wie unentwegt dazu bereit war, möglichst viel Bekenntniswolle von sich zu geben. Das sich dann, womöglich auch noch, etliche Male erhofft, gut dressieren ließ. Zumindest als sich anbietender Sündenbock konnte der gelegentlich recht gut gebraucht werden.

Derartige Heimsuchungen einer versucht ergebener Anständigkeit, muteten bei diesen beharrlich in Versuchung geführten Bekenntnismenschen wie voll vorprogrammiert an. Dieses Neben-, Abseits- oder eben Außenwesen wurde beherrscht von dem Verlangen, das zum Vorschein zu bringen, was er für seine Wahrheit hielt; überzeugt davon, die erkannt zu haben. Und so was sollte dann tatsächlich auch in Erscheinung treten – auf vielfach höchst unangenehme Weise; wurde behauptet.

Er begann sich zu einem störenden Element zu entwikkeln; dabei drohte er sogar erhoffte, geplante, erstrebte neue Kreise zu stören, wenn nicht gar zu zerstören. Und zu diesem niederen Zweck habe er, wurde auch von ihm gesagt, mit geradezu hektisch hervorgebrochenen Wortgebilden operiert; mit ungemein herausfordernd-verletzenden Formulierungen, sogar maßlos beschmutzenden. Doch eben damit habe er wesentliche Teile der sogenannten ehrenwertesten deutschen Wesen geradezu angespiehen; wenn nicht bekotzt.

Ausgerechnet er – dieser vor sich hingrübelnde Dachbodenmensch, dieses sich mühsam durchfressende armselige Dorfschwein, dieser schäbige, erklärt kleine armselige Bruder! Ausgerechnet er war dann wie bestimmt dazu, ein höchst umstrittener Autor werden zu müssen. Alsbald gleichermaßen vielfach verachtet wie auch gelegentlich verehrt; gehaßt und geliebt; mißverstanden, mißbilligt, mißbraucht und ausgebeutet. Doch jetzt nur noch knappe zehn Jahre – und dann war es soweit.

Eine solche Person allerdings hatte er wahrlich niemals sein wollen. Wohl hatte ihn, von seiner Kindheit an, das Wunschverlangen angewandelt, irgendwann einmal als Schriftsteller in Erscheinung zu treten – dann allerdings als ein anerkannter, möglichst sogar bewunderter, wenn nicht geliebter. Dabei umgeben von einem erlesenen Kreis ihm gemäßer, ihm wohlgesinnter Freunde; nicht frei von anerkennendem Beifall von einigen, möglichst vielen Seiten.

Dabei etwa vorstellbar: denken könnende Parteiwesen, um Aufklärung bestrebte Verbände, einfühlsame Journalisten. Aber dann auch, wie verschworen zu ihm gehörende Leser, Leser und Leser!

Freundschaftlich webende Anerkennung jedoch schien ihm nicht vergönnt, die zu erringen ihm nicht gegeben zu sein. Er wünschte wenigstens doch ein augenzwinkender Aufklärer zu werden, doch er wurde prompt für einen berechnenden Herausforderer gehalten. Wie verdammt dazu, so was wie eine einsame, eigenwillige »Ein-Mann-Literatur« produzieren zu müssen – was eine wohl voll zutreffende Klassifizierung war, die sich ein Kasimir Edschmidt für ihn hatte einfallen lassen. Mußte er so was tun? Er mußte! Doch dieses Ausrufezeichen – Vorschlag für eine Korrektur – könnte getrost wegfallen.

Bei derartigen reichlich ahnungslosen Anfangsversuchen, denen sich dieser Endmensch zugetrieben fühlte, umzirpten ihn wie endlos einanderverwobene, wohl ungemein gemüthaft gedachte Klänge einer Zither. Sie kamen aus dem Nebenraum dieser Dachbodengemeinschaft, wurden erzeugt von seinem Mitbewohner Meier. Nach wie vor trachtete der hier allnächtlich intensiv danach, seine künstlerischen Fähigkeiten zu vervollkommnen. Und das alsbald, wie es schien, mit nahezu orchestraler Lautstärke.

Doch dagegen wurde nun angehämmert; wie dazu herausgefordert. Wobei sich das in diese Mansarde verschleppte Schreibinstrument als ungemein strapazierfähig erwies. Die dort abgeklopften Tasten schnellten prasselnd Buchstabengebilde, gleichsam fabrikmaschinenlärmartig, auf das Farbband; ratterten Wort für Wort hervor. Mit übertönendem Getöse.

Womit sich da wohl eine Art nächtlicher Zweikampf angebahnt hatte. Wobei es war, als versuchten beide, und das mit geradezu verbissener Beharrlichkeit, einander an Intensität zu überbieten. Bis sie dann, wohl glücklicherweise, alsbald nur noch sich selbst zu hören schienen.

Doch zumindest eine Besonderheit sollte sich aus derartigen wochen- und monatelangen Strapazierungen der Ohren ergeben – wie gültig für alle noch kommenden Zeiten. Denn dadurch wurde der alltägliche Arbeitsrhythmus dieses zu schreiben versuchenden Menschen geprägt. Wie zwingend verbindlich vorgeprägt.

Fortan waren es ausschließlich nächtliche, oft bis zum Morgengrauen ausgedehnte Stunden, in denen er sich mit seinen Manuskripten beschäftigte. Die er sodann auch tatsächlich, im wahrsten Sinne jenes Wortes, mit der Hand schrieb. Denn nach jenem ausgedehnten, ihn tosend umzitterten Dachbodengedonner, sperrte er sich fortan dagegen, eine Schreibmaschine auch nur anzurühren.

Wobei es ihm dann vergönnt war, Menschen zu finden, die sich als einfühlsam bereit erwiesen, ihm eine solche »nervenstrapazierende Sklavenarbeit« abzunehmen. Und ein wohl weiterer großer Glücksfall dabei mehr: in nahezu drei bis vier Jahrzehnten, waren es lediglich zwei weibliche Wesen, die ihm »dieses betäubende Getöse« ersparen sollten.

Ohne diese beiden Menschen wäre er vermutbar nicht das geworden, als was er dann in Erscheinung treten sollte: Ein Schriftsteller von zumindest doch wohl erheblicher Produktionsfähigkeit; auch wenn er dann unentwegt beharrlich seine immer stiller werdenden Nächte durchbrütend zu verbringen pflegte. Die eine, die ihm das ermöglichte, war Anneliese Lehmann, München; die andere Margret Girschick, Starnberg. Beiden war es gegeben, mitzudenken, ohne jemals den Versuch zu machen, sich einmischen zu wollen. Wenn da also jemals so was wie ein Lorbeerkranz fällig sein sollte – für Fleiß, Energie und Ausdauer – dann für sie. Wobei – erneute Korrektur – diesmal ein Ausrufungszeichen gewiß angebracht erscheint.

Doch was sich damals auch immer in jener nächtlichen Schreibmaschinenfabrik tatsächlich ereignet haben könnte – im Grunde ist das kaum eindeutig erklärbar, scheint auch wahrlich nicht frei von Rätseln zu sein. Jedenfalls wird dabei die Behauptung niemals gewagt: so was ließe sich als klar durchschaubar ausmachen. Reichlich verwegen so was, wenn nicht gar pure Vermessenheit. Denn wer weiß denn schon, was wann mit ihm geschieht – wer will denn gleich so was wissen?

Irrtum vorbehalten.

2.

Schaf sucht Herde

In diesen ihn umdröhnenden Nächten geschah dann allerdings auch dies: jener in dicken Decken eingehüllte, armselig dahockende Mansardenmensch auf dem Lande, der »Kleine«, hämmerte da, wie nebenbei, irgend etwas zusammen, was sich dann als sein allererster umfangreicher Artikel herausstellen sollte.

Den gedachte er an eine Zeitung zu senden – an eine jener ganz wenigen, die damals bereits existierten. In diesem Fall handelte es sich um den »Münchner Mittag«, der von großzügigen amerikanischen Siegern »lizensiert« worden war, vermutbar zwecks Förderung demokratischer Bestrebungen. Ein paar Jahre danach sollte sich dann dieses Publikumsorgan, wohl traditionsbewußt gedacht, als »Münchner Merkur« bezeichnen.

Ein Zeitungsmensch, oder eben Journalist, hatte dieser zum Schreiben entschlossene Mensch schon immer sein wollen – wohl ohne genau zu wissen, was er sich eigentlich darunter vorzustellen hatte. Wie weit eine solche Ahnungslosigkeit tatsächlich reichte, davon zeugte gewiß auch die Wahl jenes Themas, das hier nun zum Vorschein kam – im Grunde wohl eine recht merkwürdige, wie aber auch gewiß bemerkenswerte Verkennung jedweder journalistischer Möglichkeiten.

Denn dieser, sein allererster Artikel – der dann niemals gedruckt werden sollte, glücklicherweise nicht – besaß eine ebenso schlichte, wie auch vermutbar reichlich großspurige Überschrift: »Goethe und das Theater«.

Eine »Themenwahl« jedoch, bei der es sich keinesfalls um puren Zufall gehandelt hatte. Denn dieser neuerdings oftmals nahezu nichtssagend ahnungslos anmutende Mensch hatte tatsächlich zu denen gehört, die es für notwendig hielten, den »Faust« mit sich zu schleppen – durch den Krieg hindurch. So was jedoch nicht gleich »im Tournister«; denn ein solches Utensil gab es in jenem zweiten Weltvernichtungsanlauf kaum noch. Wohl aber ein »Handgepäck«. Und dort befand sich sein »Faust« – gelagert zwischen Zahnbürste, Socken und Unterwäsche.

Wobei es ihm gelungen war, in einstigen Tagen der Unruhe, in deren langen Nächten, zwischen 1943 und 1944, zwei gleichgesinnte, zumindest ihm gleichgestimmte Kameraden zu finden; die er auch später dann noch durchaus als Freunde bezeichnen durfte. Womit diese dann zu jenem knappen halben Dutzend Menschen gehören sollten, denen gegenüber selbst er ziemlich uneingeschränkt zutrauliche Gefühle zu entwickeln vermochte. Gemeinsam hatten sie einstmals »ihren Faust« zitiert, fast allabendlich bis allnächtlich; tönend und freudig, mit jeweils neu verteilten Rollen.

Bei diesen beiden Freundkameraden hatte es sich um sogenannte »Aufsichtsoffiziere« gehandelt. So was waren sie, wie er, gewesen – in der gleichen Inspektion der Luftkriegsschule Kitzingen am Main. Wolf Dieter Bahr der eine davon – ein hochintelligentes, ungemein weltoffenes Wesen; zugleich jedoch, was für ihn eng zusammenzugehören schien, ein betont praktizierender katholischer Christ: keine Sonntagsmesse ohne ihn. Der andere dabei: Günther Kettermann, gleichfalls ein Oberleutnant, wünschte stets als streng philologisch veranlagter Nachdenker in Erscheinung zu treten; der scheute nicht einmal davor zurück, derzeit gebräuchliche Worte auf seine Goldwaage zu legen.

Doch noch weit hinaus über solche gemeinsam veranstalteten nächtlichen Faust-Festspiele, versuchten sie dann sogar, jeder für sich, höchst intensive Einzelstudien über »ihren Goethe« zu betreiben. Deren mögliche Ergebnisse trugen sie einander vor – wie dozierend. Was dann eine Art interne Hochschule zur Folge hatte – eine für drei Personen.

Den einen von ihnen, und zwar Bahr, vermochte jener wissenschaftliche Deuter und Ausdeuter von Weimar in Besonderheit zu bewegen. Während der andere, Kettermann, beharrlich versuchte, dessen Wortgewichtigkeiten in möglichst allen Einzelheiten zu bestimmen. Wobei dann der Dritte in diesem Bunde begonnen hatte, sich für das Verhältnis ihres Idols dem Theater gegenüber zu interessieren; mithin also wohl für jene latente Verwebung von realpraktischen Gegebenheiten und zu fordernden dramatischen Gestaltungsbemühungen.

Mithin also durfte da nun wohl dieser hier produzierte Aufsatz, der da jetzt einer Tageszeitung zugemutet wurde, gewiß als eine späte, aber auch einigermaßen ausgereifte Frucht derartiger Bestrebungen bezeichnet werden. Wobei dann wohl zu registrieren war: dieses als »Artikel« bezeichnete Vorlesungskonzept erreichte tatsächlich seinen Bestimmungsort. War dort sogar gelesen worden. Um dann allerdings, so gut wie prompt, wieder zurückgeschickt zu werden.

So was geschah mit einigen, recht höflich klingenden Bemerkungen: »Haben wir Ihren Artikel mit großer Aufmerksamkeit gelesen ... müssen wir aber, nicht ohne Bedauern, feststellen, daß er für eine Tageszeitung, wie die unsere, leider nicht brauchbar ist.« Also: nicht verwendungsfähig! So was war ja wohl vorauszusehen gewesen, mußte also hingenommen werden, was dieser Vorsichhinschreiber dann auch tat. Zumal er kaum jemals als sonderlich optimistisch veranlagt bezeichnet werden durfte.

Doch immerhin, immerhin: Da gehörte zu diesem Schreiben auch ein Zusatz, ein recht bemerkenswerter, der ungemein ermunternd zu wirken vermochte: »Wir würden gerne mit Ihnen eine Art Informationsgespräch führen. Falls auch Sie darauf Wert legen sollten, würden wir Sie bitten, uns bei nächster Gelegenheit aufzusuchen.«

Das aber war eine Aufforderung, der nachzukommen dieser ländlich-abseitige Mansardenmensch unverzüglich begehrte. Um für dieses Unternehmen, damals eine kleine Expedition, das Fahrgeld zusammenzubekommen, einschließlich Rückfahrt, setzte er die schwesterliche Armbanduhr ein. Er meldete sich bei der Bürgermeisterei ab, also diese Reise an – das gehörte sich so. Dann verbrachte er einen Abend damit, seine Bekleidung gründlich zu säubern, seine Schuhe zu putzen, sich mit den Resten seiner Seife intensiv zu waschen.

Worauf er sich dann, in den frühen Morgenstunden am Tag danach, zur nächstgelegenen Bahnstation begab; Schongau am Lech. Das bedeutete zunächst einmal einen Fußmarsch von sechs Kilometern, der jedoch in einer Stunde zu schaffen war. Dort angekommen, bestieg er den Zug in Richtung München. Dessen Fahrzeit bis dorthin betrug damals lediglich drei Stunden; etliche Zwischenaufenthalte und Umsteigen in Weilheim mit einbegriffen.

In den dazugehörenden, völlig überfüllten Zügen hockte er dann da – zumeist in einer Ecke auf dem Fußboden; für ihn war kein Sitzplatz frei. Umstanden von Koffern, Kartons und Kisten; umgeben von verbeult und zerknittert anmutenden Restzeitgestalten; von denen er ja auch eine war. Sie atmeten sich an, mußten einander riechen, versuchten sich auszuweichen, wegzuriechen. Sanft-süßlicher Brechreiz drohte ihn zu überfluten.

Er erbrach sich dennoch nicht. Schließlich hatte er sich

inzwischen an einiges gewöhnt; gewöhnen müssen. Er grübelte vor sich hin. Und was ihm auch dabei einfiel, war ein Ausspruch – und wer weiß, woher stammend: »Dieses Leben übt – kolossal!« Vielfach auslegbar.

Es gelang ihm tatsächlich jene Teilruine, genannt Münchner Hauptbahnhof, einigermaßen unbeschadet zu erreichen. Als er dann dort diesem Viehtransport für Menschen enttaumelte, konnte er feststellen: Von hier aus hatte er nur noch wenige hundert Meter abzuschreiten, um dann jenes »Zeitungsgebäude«, vermutbar eine Art »Imperium« zu erreichen, in das er hineinbestellt worden war.

Doch zunächst einmal stellte er sich in irgendeine Ecke, um dann dort – völlig unbeachtet, niemand nahm damals von so was Notiz – den Staub aus seinem Anzug zu klopfen. Dann reinigte er auch, mit einem Taschentuch – er besaß deren zwei – seine Schuhe. Nachdem er sich dann noch sorgfältig gekämmt hatte, schritt er seinem Ziel entgegen; dem »Münchner Mittag«.

Das dazugehörende Gebäude wollte ihm vergleichsweise als ungemein eindrucksvoll vorkommen. Denn was er nunmehr erblickte, war ein hochbreites Haus mit einer einstmals gewiß prächtigen Fassade. Imponierend immer noch; zumindest für diesen angereisten Dorfmansardenmenschen. Aber wenn auch dieses Gebäude in der Bayerstraße, unmittelbar beim Bahnhofsgelände gelegen, von Bomben nahezu unbeschädigt geblieben war, so schien es dennoch zu zerbröckeln, abzuborken wie ein sterbender Häuserwald; ohne jeden Glanz zu sein. Für ihn jetzt jedoch: ein stattliches Haus – von magischer Anziehungskraft.

Und dort begab er sich nun hinein. Das geschah wahrlich nicht ohne Zögern, mit leicht verkrampftem Magen auch; und das nicht nur, weil der schwindelerregend leer war. Doch damit betrat er diese Zeitungsfestung zum ersten Mal.

Ohne auch nur im geringsten zu ahnen zu vermögen, daß er hier alsbald ein- und ausgehen sollte. So als wäre das sein Bienenkorb, er also ein Teil davon; ein durchaus dazugehörender, sogar bemüht fleißiger.

Die Dauer eines solchen Bienenkorbdaseins konnte dann für eine Zeitspanne von mehr als zwanzig Jahren registriert werden. Wobei sich dann dieser Zeitungsschreiber allerdings oft gewünscht hatte: Volle runde fünfundzwanzig Jahre sollten es werden! Ein gleichsam jubiläumshafter Lebensabschnitt, beinhaltend eine große, von ihm oft erhoffte, in sich geschlossene journalistische Daseinsleistung. Was sich dann jedoch als nichts wie ein schöner Traum mehr in seinem Leben erwies. Auch dieser durfte sich nicht für ihn erfüllen. Doch immerhin, diesmal hatten dafür lediglich zwei, drei Jahre gefehlt.

Damals jedenfalls meldete er sich – der Bedarf nach gefügter Ordnung war unverkennbar – beim dortigen Portier. Der war als eine gemüthafte, doch irgendwie neutralisiert gesichtslos wirkende Person zu bezeichnen; nicht frei von nicht ungnädiger Gutmütigkeit. Der sollte dann übrigens als die einzige Person in diesem Bereich erscheinen, der es dann in Jahrzehnten offenbar gelang, alle jene Legionen dieser hier hinein- und herausströmenden Zeitungsmenschen lässig zu überleben. Wobei allerdings auch nicht ganz ausgeschlossen werden kann, daß dem dessen mögliche Nachfolger verblüffend ähnlich waren – gleichsam Brüder mit gleichen Kappen, vereint im gleichen hausverwalterischen Geist.

Der jedenfalls verwies dieses auf ihn zugeschwemmte Dorfwesen zum ersten Stockwerk hoch – mit salopper Geste. So als habe er lediglich einen Brief in das richtige Fach zu befördern. Dort »oben« befanden sich die Redaktionen.

Worauf es nunmehr diesem wahrhaft blutigen Neuling

vorkommen wollte, als betrete er ein von fleißigen Ameisen beherrschtes Gebilde, in dem emsigste Geschäftigkeit zu herrschen schien. Dort wimmelten Menschen von offenbar williger Bedeutsamkeit herum – auch so blickend; sehr ernsthaft. Und fast niemals ohne fahnenartige Papiere in ihren geschäftig-nervösen Händen.

Dort durfte er dann auch jenem Menschen begegnen, der ihn hierherbestellt hatte. Zu dem, und zwei weiteren Räumen, die zu dessen Bereich gehörten, führte eine Tür. An der befand sich ein klippschülerschreibtafelgroßes Schild, mit der dickblockigen Aufschrift: Feuilleton-Redaktion. Eine solche Verkündung hatte er sich eigentlich ein wenig zierlicher vorgestellt; auch auf bemüht künstlerischere Weise gestaltet. Nichts dergleichen.

Diese drei Räume der Feuilleton-Redaktion muteten wie randvoll gefüllt an. Vollgestellt von offenbar lediglich nur drei Sorten von Möbeln: Tische, Regale, Stühle. Und so was in frappierender Unordnung.

Hier schien es zuzugehen wie auf einer zentralen Schaltstelle in einem betriebsamen Rangierbahnhof: aufdringlich geschäftigt, unbekümmert laut, jedoch nicht ohne eine gewisse Fröhlichkeit. Was dort allerdings im einzelnen geschah, war für einen solchen Frischling keinesfalls gleich erkennbar. Wer, bitte, redete da mit wem; wer gab wem Anregungen; wer machte Vorschläge, erteilte irgendwelche Aufträge?

Doch immerhin erkennbar, daß es sich dabei keinesfalls um pure Befehlsgebungen handelte. Das war erspürbar, wurde registriert, machte Mut. Und wenn er sich dabei auch reichlich nebensächlich vorkam – das mußte kein Dauerzustand sein.

Zumal sich dort, in diesem Gewimmel, wie mitten darin, ein gewisser Dr. Herbert Hohenemser befand – der offizielle

Leiter dieser hier sogenannten Feuilleton-Redaktion. Schmal, fast zierlich, wenn auch hochgewachsen; dazu dick bebrillt, was seine klugen, forschenden Augen nicht gleich erkennbar werden ließ; wohl nicht ganz auszuschließen auch, daß er sich dahinter zu verbergen trachtete. Ein vermutbar gar nicht sonderlich zugänglicher Mensch, der dann auch betont reserviert, ganz kühl blicken konnte – falls er das wollte. Diesmal jedoch schien das nicht der Fall zu sein. Nicht gleich.

Der also war nun hier – wie der das ja auch in seinem Ablehnungs- und zugleich Anerkennungsschreiben deutlich gemacht hatte – das »wir« und das »uns« dieser Institution. Und wohl nicht ganz auszuschließen, daß er sich diesem Besucher ungemein überlegen fühlte; wahrlich nicht unberechtigt. Da hatte der nun also einen Anfänger vor sich, wenn auch einen sich offenbar strebsam bemühenden. Doch wer war das nicht – bei diesem enormen Auftrieb! Doch eben so was vermochte, selbst ihn, nachsichtig zu stimmen.

Sie hockten dann, wie vertraulich eng beieinander, in einer Ecke hinter seinem Schreibtisch. »An sich«, stellte nun Hohenemser fest, »habe ich das als gar nicht uninteressant empfunden, was Sie da herausgefunden zu haben glauben; Ihren Goethe und sein Theater betreffend. So was jedoch, mein Lieber – erlauben Sie mir, das nun ganz deutlich zu sagen – ist für uns, für unsere alltägliche Praxis, leider nicht brauchbar.« Was schlicht und wohl leider auch überzeugt zu bedeuten hatte: absolut unbrauchbar!

»Verstehe«, glaubte der so Aufgeklärte erkennen zu müssen. Auch wenn es ihm jetzt ungemein schwerfiel, einigermaßen ergeben zu wirken. »Das heißt also, daß Sie mich für ungeeignet halten – für dieses Metier?«

»Keinesfalls gleich das«, erklärte nun Herbert Hohenemser. Dabei nahm er sogar seine Brille ab; wie um zeigen zu wollen: seine Augen vermochten durchaus gütig zu blicken – konnten das auch, sobald er das für angebracht hielt. »Sie sind gar nicht unbegabt für unser Metier. Lassen Sie mich versuchen, Ihnen zu erklären, warum nicht.«

Worauf dann eine Art erste, eine ziemlich zutreffende Analyse der möglichen Möglichkeiten dieses auf ihn zugekommenen, ihm zugewanderten Dachbodenschreibers erfolgte. Ein Vorgang, weit mehr als ein Versuch, der sich als einen Akt fachlich fundierter Kritik erweisen sollte; vorgebracht in exakten, wie vorgeplanten Worten. Wobei es war, als diktiere dieser Feuilletonredakteur seine Erkenntnisse einer Schreibkraft in deren Maschine hinein; sozusagen druckfertig. Und dieser Zeitungsmensch war der erste, dem es gegeben war, zu erkennen, wenn nicht gar zu durchschauen – und das lediglich anhand von ein paar aufsatzähnlichen Seiten – wie das vermutlich Wesentliche aussah, was sich über diesen Autor sagen ließ.

»Unverkennbar ist, daß Sie schreiben können. Und gar nicht auszuschließen, daß Sie möglicherweise sogar zu jenen gehören, von denen man sagt, daß sie wie geboren dazu sind. Offenbar ist Ihnen gegeben, selbst schwierige Gedankengänge überzeugend zu entwickeln, diese dann auch klar zu formulieren – in gut geprägter, sehr vereinfachter, doch eben deshalb wirkungsvoller Direktheit. Fähigkeiten jedenfalls, die durchaus, auch rein journalistisch betrachtet, einiges zu versprechen scheinen. Doch eben diese, würde ich nun gerne, sehr gerne sogar, bei uns nach Möglichkeit eingebracht sehen – nur um herauszufinden, ob meine Vermutungen zutreffen.«

Was das jedoch zu bedeuten hatte, zu bedeuten haben könnte, vermochte der gewiß wohl zutreffend Beurteilte nicht gleich zu erkennen. Mithin begannen nun seine Gefühle zu schwanken – wie Schilf im Wind. Was war das nun? Eine wohlwollend formulierte Ablehnung, eine freundlich gedachte Ermunterung, eine indirekte Aufforderung? Also – was?

Das war ungleich weit mehr! Dabei handelte es sich, wie sich dann herausstellen sollte, um ein ganz konkretes Angebot. Eine Aufforderung allerdings, die wohl gleichbedeutend mit einer Herausforderung war. Denn offenbar schien nun dieser Hohenemser zu beabsichtigen, dieses sich ihm willig anbietende journalistische Kleinkind unverzüglich ins strömende Wasser zu werfen. Mal sehen, ob es schwimmen konnte!

»Wären Sie bereit, für uns eine Theateraufführung in dieser Stadt zu besuchen? Wenn auch eine nicht gleich als erstrangig zu vermutende Darbietung, vielmehr eine wie serienmäßig angelegte Boulevardproduktion. In der allerdings, worauf Sie vielleicht achten sollten, treten auch einige sich jetzt noch, oder eben schon wieder, behaupten wollende Akteure auf – aus jener sogenannten Vergangenheit. Wollen Sie das erledigen, für uns?«

»Nun – ja«, hörte der sich sagen, nahezu verwegen tapfer gestimmt. »Warum denn nicht?« Er erkannte prompt, daß ein derartiges Angebot zu bestätigen war; und zwar unverzüglich. Dazu mußte er wohl bereit sein; war er auch. »Und wann, bitte?«

»Gleich heute abend!« Ganz lapidar gesagt. Journalismus hieß das, war schließlich Alltagsarbeit; keine Dachbodendichterei! »Dabei handelt es sich um eine in britischen Bereichen angesiedelte Komödie. Deren Autor heißt Maugham. Sie wissen, wer das ist?«

»Einigermaßen!« leistete er sich zu behaupten. »Eine Art indirekter Nachfolger von Wilde und Shaw; zugleich wohl eine nicht ganz auszuschließende Kreuzung aus Priestley und Coward – falls ich das so richtig sehe. Doch dessen bin ich mir nicht ganz sicher. Jedenfalls werde ich versuchen, mir diesbezüglich eine Art Übersicht zu verschaffen.«

»Machen Sie das.«

»Ich würde gerne die dazugehörende Literatur lesen, mich auch mit dem Text dieser Komödie bekannt machen. Darf ich annehmen, daß Sie mir derartige Unterlagen zur Verfügung stellen können?«

»Kann ich nicht«, sagte Dr. Hohenemser mit gelassener Freundlichkeit. »Wir besitzen hier keine Bibliothek. Was uns derzeit zur Verfügung steht, ist lediglich ein alter Duden, ein Lexikon von vorgestern und ein neues Telefonbuch – damit müssen wir zur Zeit auskommen; kommen wir auch aus. Im übrigen stehen Ihnen jetzt nur noch ein paar Stunden Zeit zur Verfügung.«

»Die werde ich vermutlich benötigen, um mir eine Unterkunft zu suchen.«

»Dabei können wir Ihnen behilflich sein. Ganz abgesehen davon, daß Sie sich einigermaßen instandsetzen sollten, sich etwa die Haare schneiden lassen. Denn schließlich«, und jetzt lachte Hohenemser erkennbar belustigt auf, »haben Sie hier nun als Repräsentant unserer Zeitung in Erscheinung zu treten.«

»Und Sie glauben, das kann man? Also mit der Aufführung eines Theaterstücks fertig werden, von dem man nicht sonderlich viel weiß; eigentlich so gut wie nichts?«

»Na – und ob man das kann!« Hohenemsers beharrliches Forderungsvermögen ließ sich nicht trüben. »Auch wenn Sie als Kritiker angesetzt werden, so sind und bleiben Sie ein erklärter Journalist. Sie berichten also über das, was Sie gesehen haben! Dabei kommt es auf ein noch so fleißig im Voraus zusammengetragenes Spezialwissen gar nicht an, sagen wir: nicht in erster Linie; so was vermag sogar zu ballastartigen Vorurteilen führen. Ungleich weit wichtiger in unserem Metier ist ein sicher zupacken könnender Instinkt – und den scheinen Sie zu besitzen. Überzeugen Sie uns davon.«

Worauf nun dieser aus weit abseitig gelegenen dörflichen Gefilden hierher verschlagene Schreiber wahrlich keine andere Wahl mehr hatte, als zu versuchen, in diesem Strom zu schwimmen, in den er hineingeworfen worden war. Mithin nickte er Bestätigung – bereits jetzt schon überschwemmt von ihn zu erwürgen drohenden Gefühlen seiner möglichen Unzulänglichkeiten.

Nur mit erheblicher Mühe gelang es ihm dann, nun noch zu fragen: »Und worauf, bitte, habe ich dabei zu achten – ich meine, im Rahmen dieser Zeitung?«

Diese Zeitung – was ihm jedoch reichlich gleichgültig zu erscheinen hatte, war eine Zeitung! Sie gehörte zu den Presseorganen gewissermaßen der dritten Stufe; nach den Quasi-Truppenzeitungen der ersten und der recht beachtlichen amerikanischen »Neuen Zeitung« der zweiten Phase.

Zumal bei dieser »Neuen Zeitung« handelte es sich um ein bemerkenswertes, vielseitiges Produkt – vielseitig auch allein schon im Umfang. Mithin von einer »Machart«, wie sie ein deutscher Normalverbraucher bis dahin kaum kennengelernt hatte. Ihm immerhin war es gelungen, in seiner Dorfheimat zerlesene Exemplare davon in die Hände zu bekommen. Und gar nicht wenige, die dann alsbald im neu entstandenen deutschen Zeitungswesen eine Rolle spielen sollten, kamen aus den Redaktionsstäben dieser »Neuen Zeitung«, waren dort in die Lehre gegangen oder Mitarbeiter gewesen.

Nunmehr jedenfalls begannen, neben den amerikanischen Publikationen, auch etliche von den Besatzungsbehörden »lizensierten« deutschen Blätter zu sprießen. Wobei der Begriff »sprießen« jedoch, etwa im Sinne von »hervorbringen«, freilich reichlich relativ zu verstehen war. Denn etwas sehr Wesentliches fehlte allen diesen Zeitungen, und zwar alliierten ebenso wie deutschen – nämlich Papier. Ganz zu schweigen davon, daß dieses Papier durch Druckmaschinen lesbar gemacht werden mußte – die aber waren zu einem großen Teil zerstört.

Aber dann, so was wie eine Kardinalfrage: Wer war denn eigentlich dazu berufen, nunmehr Zeitungen für Deutsche zu machen? Weiter dann: Wie ließ sich dabei gewissermaßen die Quadratur des demokratischen Zirkels erreichen – also so eine Zeitung als demokratische Lehranstalt vorzustellen, ohne ihr damit auch gleich das Recht auf Kritik an der Politik des Siegers zu gewähren?

Zumindest hatte jeder, dem eine Lizenz vergönnt worden war, eine rigorose Prüfung hinter sich bringen müssen; wenigstens eine ihres politischen Leumunds. Aber dann verwandelten sich Lizenzträger auch alsbald in Hoffnungsträger – sie als die ersten Aufsteiger in diesem Nachkriegsdeutschland zu bezeichnen, scheint nicht unberechtigt.

Jedenfalls hatte dieser Redaktionsbesucher aus dem fernen Dorf keinesfalls gleich das Gefühl, daß er dieses Produkt, an das er da herangeraten war, als »unsere, meine Zeitung« bezeichnen durfte. Doch etliche Wochen später sollte er das dürfen; wenn auch allerdings immer noch mit ganz erheblichen Vorbehalten. Denn etliche Hürden, geradezu halsbrecherisch angelegte, waren dabei nicht zu vermeiden. Und die schienen ausschließlich für ihn persönlich aufgestellt worden zu sein; mit raffiniertem Einfallsreichtum. Und das von einem einzigen Mann – der jedoch nicht Dr. Herbert Hohenemser war.

Dieser Feuilletonredakteur jedenfalls nahm damals die Frage seines Besuchers, worauf er »zu achten« habe, »im Rahmen« dieser Zeitung, ziemlich gelassen hin. Wobei ihn sogar eine gewisse aufklärungsbereite Heiterkeit anzuwandeln schien.

»Selbstverständlich sollten Sie bei dem, was Sie da so für uns schreiben, die Belange, sogenannten, mithin also jene unserer Zeitung, nicht völlig unberücksichtigt lassen. Aspekte, welche Sie vielleicht zunächst, zumindest einmal so zu sehen haben könnten: Bei unserem Unternehmen handelt es sich um ein betont demokratisches; und wohl nicht ganz unzutreffend auch ist dieses als ein westlich-amerikanisch orientiertes zu bezeichnen. Das jedoch nur so gesagt – wie nebenbei.«

»Und wie sehen Ihre persönlichen Ansichten oder Absichten aus; im Rahmen dieser Zeitung, Herr Dr. Hohenemser – falls ich danach fragen darf?«

»Sie sind von einer ziemlich gründlichen Neugier«, stellte der nicht unerfreut fest, »aber das habe ich auch von Ihnen erwartet. Nun gut, wenn Sie das unbedingt wissen wollen, dann könnten Sie etwa, von mir aus, meine Funktion bei dieser Zeitung, oder eben, ein wenig genauer gesagt, meine Position, in etwa so sehen: Ziemlich sozialistisch-liberal getönt, dabei wie gepaart mit einer nicht unbemühten Bereitschaft zur Toleranz – allerdings niemals den Untoleranten gegenüber. Doch wie denn auch immer sein mag – irgendwelche Rücksichten auf mich brauchen Sie nicht zu nehmen. Auf mich nicht.«

»Auf wen«, nahezu hellhörig gefragt, »aber dann?«

»Nun – sagen wir das in etwa so.« Und das, was nun folgte, wurde überaus gedehnt vorgebracht, wie nicht nur leicht schwankend zwischen Anerkennung, Ablehnung und auch einer gewissen Bewunderung. »Falls Sie hier tatsächlich auf jemanden zu achten haben, wenn nicht gar müssen – dann ist das Walter Kiaulehn.«

»Wer, bitte, ist denn das?« In dieser Hinsicht mußte sich

dieser journalistisch betätigen wollende, um Einsicht und Aufklärung bemühte Anfänger, seine völlige, absolut ahnungslose Unkenntnis eingestehen. Und so was vermutbar, was er instinktiv zu erspüren vermochte, ausgerechnet in einem Punkt, der ziemlich entscheidend zu sein schien. »Von einem Walter Kiaulehn habe ich noch niemals irgend etwas gehört.«

»Mein Gott, mein Lieber!« mußte nun der für dieses Feuilleton verantwortlich gemachte Redakteur reichlich verwundert feststellen. »Sollten Sie tatsächlich nicht wissen, wer Kiaulehn ist, was der bedeutet? Nein? Mann Gottes – Sie scheinen da wahrlich wie von einem anderen Stern bei uns eingeschwebt zu sein. Nun – wenn Sie den nicht kennen, dann werden Sie ihn eben kennenlernen müssen. Völlig unvermeidlich.«

»Darf ich bitten, mich über die mögliche Bedeutung von Herrn Kiaulehn aufzuklären?«

»Was der hier darstellt, ist gar nicht so einfach zu beschreiben. Von ihm könnte man sagen: der sieht sich hier zunächst einmal um – möglicherweise nicht abgeneigt, ein sogenannter fester Mitarbeiter zu werden. Eine Bezeichnung jedoch, die dessen besonderer Bedeutung keinesfalls entsprechen würde. Den hat sich unser Herausgeber und Chefredakteur offenbar persönlich herausgesucht – in der sicheren Überzeugung, daß ihm damit ein ganz großer Griff gelungen ist. Und das trifft offenbar zu. Denn bei diesem Kiaulehn handelt es sich, nach ziemlich übereinstimmender Ansicht, um einen journalistischen Großelefanten ohne Beispiel.«

»Also um einen, der herumtrampelt – womöglich alles zertrampelt, was ihm in den Weg gerät?«

»Die Versuchung, so was zu sagen, drängt sich auf – wozu ich aber niemanden raten würde; Ihnen schon gar nicht. So gut wie fest jedenfalls steht, daß es sich bei diesem Kiaulehn um einen journalistischen Perfektionisten sondersgleichen handelt. Nichts in unserem Metier, was der nicht kann, wenn nicht gar auf verblüffende Weise beherrscht. Der hat sich als Polizeireporter und Sonderberichterstatter betätigt, kann Leitartikel, Glossen und Reportagen schreiben.«

»Und ein Feuilletonist ist der auch noch?«

»Ein wahrhaft brillanter! Der war einstmalig in Berlin eine große, dominierende journalistische Person – die nun nicht abgeneigt ist, voll zu uns zu gehören. Wozu wir uns wohl zu beglückwünschen haben.«

»Der ist es also – auf den ich hier nun gefaßt sein zu habe!«

»Müssen Sie, mein Lieber! Denn zu umgehen ist der bereits jetzt schon hier von niemandem. Eine Klippe, an der schon etliche gestrandet sind. Selbst dessen erklärter Protektor, unser Mitherausgeber und Chefredakteur, scheint stets ganz große Lauscherohren zu bekommen, sobald sich Walter Kiaulehn herabläßt, mit ihm zu reden. Aber auch ich, sollten Sie da wohl wissen, zögere kaum jemals, ihm mit gebotener Aufmerksamkeit zuzuhören. Nicht zuletzt deshalb, weil sich tatsächlich von ihm eine ganze Menge lernen läßt. Und das in so gut wie jedem Sinne.«

Bei derartigen Erläuterungen war dieser journalistische Neuling bemüht gewesen, ziemlich genau zuzuhören; er hatte aber auch versucht, mitzudenken – ein waches Eichhörnchen lauschte einer nicht unklugen Eule. Feststellbar also, daß hier die permanente Präsens dieses großmächtigen Zeitungselefanten Kiaulehn gar nicht geringe Unruhe zu verbreiten schien. Zu registrieren aber auch, daß diese Warnung, vor dem, nicht ohne nahezu ermunterndes Wohlwollen erfolgt war. »Gut also – ich werde auf ihn achten.«

»Brauchen Sie erst gar nicht! Denn der hat bereits angefangen, sich mit Ihnen zu beschäftigen. Dem ist es nämlich schon gelungen, mit dem ihm gegebenen scharf-sicheren Blick für Möglichkeiten, Ihren Goethe-Artikel auf meinem Schreibtisch zu erspähen. Nachdem er den durchgelesen hatte, ziemlich gründlich sogar, hob er den hoch, wie mit spitzen Fingern – um ihn dann fallen zu lassen. Genau dorthin, wo er ihn aufgegriffen hatte.«

Eine Beschreibung, die erhebliche Unruhe auszulösen vermochte; vorsichtige Empörung aber auch. »Soll das etwa heißen, daß der mich abgelehnt hat – von Anfang an?«

»Nein. Der hat zu Ihrem Artikel, richtiger wohl Ihrem Aufsatz, keinen Kommentar abgegeben. Obgleich er so was ansonsten geradezu mit Wonne tut; mit vernichtungsfreudigen Deutlichkeiten dazu. Was gewiß auch Sie noch oftmals erleben werden – das jedoch, hoffentlich, niemals ganz direkt gegen Sie gerichtet. Jedenfalls vermag, in Ihrem speziellen Fall, zunächst durchaus festgestellt werden: seine Reaktion war weder ablehnend noch zustimmend.«

»Und was bitte, könnte das zu bedeuten haben?«

»Vielleicht nichts, aber möglicherweise auch so gut wie alles. Dieser Kiaulehn wird hier von gar nicht wenigen für einen Widerling sondersgleichen gehalten – andere halten ihn für einen großen Anreger. Jedenfalls liebt der es, Rätsel aufzugeben. Diese durchschauen, ober etwa gar lösen zu wollen, maßt sich hier keiner an; ich auch nicht. Denn gleich so verwegen bin ich nicht – sollten Sie auch nicht sein. Rate ich Ihnen, gut.«

Schwierigkeiten also – immer wieder dies: nichts wie Schwierigkeiten!

War er denn wie lebenslänglich verdammt dazu, von Pseudo- und Halbgöttern umwimmelt zu werden: Familiengrößen, Erziehungsvorarbeitern, Kasernenhoflöwen, Kriegszugpferden, Verwaltungshyänen. Doch dann kam da nun auch noch, wahrlich zu allem Überfluß, ein journalistischer Großelefant auf ihn zu!

Die Begegnung mit dem war unvermeidlich. Sie fand dann auch am nächsten Tag statt. Und darauf schien dieser Walter Kiaulehn geradezu gelauert zu haben.

Doch zumindest noch bis dahin, hatte es den Anschein, verlief hier alles, so gut wie alles, nahezu nicht unerfreulich. Wenn auch nicht gleich »normal«. Denn fortan sollte sich so gut wie nichts mehr von dem, was da nun auf diesen bisher seine Nächte durchschreibenden Dorfmenschen zukommen sollte, so bezeichnen lassen. Alsbald schien den das bedrückende Gefühl zu verfolgen: er werde von einer Überraschung in die andere gestürzt; wie in schneller Abwechslung glutheißen und eiskalten Wasserbädern ausgesetzt.

Dabei schien jedoch, zunächst einmal, eine bereits beginnende, sogenannte angebliche »Macht der Presse« irritierend verlockend zum Vorschein zu kommen. Denn eine Übernachtung, in diesem immer noch wie schwer zerstört anmutenden München, wurde ihm nahezu mühelos ermöglicht. Ein kurzer Anruf, »von der Zeitung«, hatte genügt. Worauf er sich dann in einem ehemaligen Hochbunker einfinden durfte; gelegen zwischen Hauptbahnhof und Alter Botanischer Garten.

Dieser breitmassive Zementsarg war inzwischen, überraschend geschäftstüchtig, zu einer Art Hotel umfunktioniert worden. Darin befanden sich nun enge, verließartige Räume; zumeist ausgestattet mit zwei übereinanderliegenden, schmalen bettartigen Drahtgestellen. Aber dort vorhanden war auch ein gerade noch fließendes Wasser; im spärlich beleuchteten Korridor. Unmittelbar daneben befand sich die Gemeinschaftstoilette. Zwecks deren Benutzung war »Papier«, laut Haushotelordnung, »mitzubringen«. Wofür so eine Zeitung, noch lange nicht die seine, durchaus geeignet zu sein schien.

Nachdem er nun wußte, wo er seine nächste Nacht verbringen konnte, suchte er, weisungsgemäß, nach einem Friseur. Der ließ sich finden, in einer nahegelegenen Baracke. Und dort wurde ihm dann ein radikal absäbelnder Haarschnitt verpaßt; wie einer in seiner Rekrutenzeit, oder eben Kriegsgefangenenlagern. Auch hierbei kam er sich vor wie gerupft, für eine Entlausung vorpräpariert. Auch das noch nahm er hin. Na – was denn jetzt nicht?

Danach bearbeitete er intensiv seinen Anzug mit Wasser und Spucke; eine Bürste dafür hatte er vorsorglich mitgebracht. Gleichermaßen sorgfältig versuchte er seine Schuhe zu reinigen. Wobei er diesmal keines seiner zwei Taschentücher benutzen mußte. Denn Lappen dafür hatte ihm der »Portier« dieses Etablissement großzügig zur Verfügung gestellt.

Doch ein so bemüht erzeugter »Glanz« sollte sich dann jedoch, im Endergebnis, als völlig vergeblich erweisen. Denn bei seinem, danach zu erfolgen habenden etwa halbstündigen Fußmarsch, vom »Hotel« zum »Theater«, wurden seine Tretwerkzeuge wieder staubgrau. Wie allerdings auch jene aller anderen, die sich dort herandrängten.

Diese »Komödie« befand sich in einem Restgebäude beim Maximiliansplatz, war dort provisorisch installiert worden – ein unsagbar schäbiger, doch zugleich wundersam schön anmutender Musenschuppen. Dort lagen für ihn, den »Kritiker« der ihn beauftragt habenden Zeitung, an der Kasse zwei Theaterkarten bereit. Eine davon, denn der Andrang war groß, verschenkte er.

Das jedoch nicht gleich, was er vielleicht gerne gewollt hätte, an ein jüngeres, sich herandrängendes weibliches Wesen. Denn dieses vermochte ihn, bei näherem Hinsehen, an seine Schwester zu erinnern. Mithin wählte er für seine Verschenkung eine ältere Dame aus. Wobei es ihm dann vorkommen wollte, als habe er an diesem Abend, einem der wohl bedeutsamsten seines Lebens, seine Mutter gebeten, an seiner Seite zu sitzen.

Ansonsten umgaben ihn Menschen traubengleich. Sie alle schienen nach Erleichterung zu lechzen, versuchten offenbar, ihrem bleich verstaubt gewordenen Trümmeralltag zu entfliehen. Dabei wohl erhoffend, daß zwei schön gedachte Theaterstunden ein ihnen hochwillkommenes Geschenk sein würden. Wobei deren heftig ausgeprägte Sehnsüchte geradezu erriechbar anmuten wollten. Diese sich aneinanderdrängenden Körper schwitzten möglichen Erlebnissen entgegen; damals noch durch kein Deodorant betäubt.

Dieses von Schausehnsüchtigen bedrängte Theater durfte wohl als gerade noch so davongekommen bezeichnet werden. Auch dessen Innenraum besaß nun keinerlei leuchtende Farben mehr – Goldtöne waren abgebröckelt, wie von Milben zerfressen; einstmals gewiß leuchtendes Rot mutete wie verklebt-verdrecktes Blut an; noch dazu so, als wäre versucht worden, völlig vergeblich, derartige Tönungen mit Hilfe von Wasserschläuchen abzuwaschen. Die Stühle darin ächzten und knarrten, sobald sich jemand in ihnen heftig bewegte; was jedoch während der Vorstellungen kaum jemals geschah. Und die Bühne vor ihnen mutete an wie ein grell beleuchtetes Loch – ein Blendwerk, das schmerzte.

Dort jedoch agierten dann alsbald stark verschminkt anmutende Schauspieler – erkennbar beharrlich behauptungswillig. Die zogen da also, wie man im Jargon so sagt, alle ihnen gegebenen komödiantischen Register. Schienen mithin demonstrieren zu wollen: Da bin ich – wieder! Seht her! Achtet – auf mich!

Die dort zu erblickenden Personen jedoch, glaubte der Betrachter dieser komödiantisch willigen theatralischen Darbietungen erkennen zu vermögen, agierten völlig hemmungslos. Die setzten sich also nichts wie in Szene; ohne jede erkennbare überlegte Gründlichkeit; ohne jedes durchdacht anmutende Deutungsvermögen, nahezu wie weltenfern einer möglichst weiterzeugenden Gestaltungskraft. Mein Gott – diese sich da aufspielende Typen waren, nach wie vor, nichts wie Schemen von gestern! Vorgestern.

Was die da zwei Stunden lang abzogen, war doch im Grunde nichts anderes, als jener ihnen einstmals beigebrachte Nummernzirkus. Nun ja – nicht ohne Präzision; doch nun kaum mehr erzeugend, als hilflos tönende Leere. Irgendwie zugelernt also hatten die nichts, schon gar nicht irgend etwas von dem erkannt, was da inzwischen geschehen war. Nichts wie Karrengäule eines irrtümlich angenommenen Komödiantismus, denen nichts anderes gegeben war, als im bewährten Trott dahinzutraben.

Derartig angeblichen Erkenntnissen sollte dann auch jene allererste »Kritik« dieses entschlossenen Schreibers beinhalten. Diese entstand, in der danach folgenden Nacht, in jenem Massiv-Hochbunker-Hotel. Bei spärlichem Licht; das noch dazu oftmals wie ersterbend flatterte, sogar etliche Male zu verlöschen drohte. Doch seine Augen waren, damals noch, ungemein belastbar.

Doch immerhin wurde diese seine erste Kritik nicht gleich, wie das möglicherweise fantasievoll vorstellbar gewesen sein könnte, auf abgerolltem Klo-Papier geschrieben. Welch ein Effekt wäre das gewesen! Doch solche Gebilde gab es damals gar nicht; keinesfalls für diese restgroßdeutschen Normalverbraucher. Kam erst wesentlich später zum Vorschein. Dann aber gleich in dick kompakten, wie endlos abzuspulenden Rollen.

Bei jenem Papier jedenfalls, das der entschlossene abklärungsbereite »Kritiker« in diesen ausgedehnten Nachtstunden beschrieb, handelte es sich um Seiten aus einem Schulheft. Dieses hatte ihm die feuerrote Christine, die wundersame Tochter seiner ländlich ärztlichen Ganzfleischfamilie, fürsorglich zur Verfügung gestellt – mit der herzlichen Bemerkung: das möge ihm Glück bringen. Wobei es sich dann allerdings bei den dabei verwendeten drei sorgfältig gespitzten Bleistiften sozusagen um »Leihgaben« handelte; aus der Bürgermeisterkanzlei.

Damals jedenfalls schlief dieser Mensch, nach einer intensiven, wahrlich nicht ungenossenen Nachtarbeit von nahezu fünf Stunden, ein. Wie erlöst. Fast völlig traumlos. Nahezu glücklich erschöpft.

Worauf er sich dann abermals sorgfältig herrichtete; sogar auf blankgeputzte Schuhe achtete und sich dann erneut zu jener Zeitung hinbegab, für die er nun erstmals gearbeitet hatte. Doch jetzt begann er zu wünschen, zu einer solchen Institution gehören zu dürfen.

Dort angekommen, im Bereich der Feuilleton-Redaktion, stand er zunächst da. Höflich in Türnähe wartend. In den Händen Blätter aus einem Schulheft: seine Kritik. Doch niemand schien ihn zu beachten.

Kleinherdenhafte Auftriebe schienen stattzufinden. Denn er, ahnungslos unbedenklich wie oft, hatte nicht auf den richtigen Zeitpunkt geachtet – bei diesem Gewimmel, in das er da hineingeraten war, handelte es sich um die letzte geschäftige Stunde vor Redaktionsschluß. In der waren diverse Mitarbeiter, wie gleich im Dutzend, mit betonter Bedeutungsentschlossenheit angetrabt. Sie hatten Konzerten gelauscht, Atelierausstellungen besucht, Kulturpolitiker befragt, Filme registriert, Dichterlesungen besucht. In diesen Ruinen war da offenbar ein fast schon als verschwenderisch zu bezeichnendes künstlerisches Leben ausgebrochen.

Derartige Vorgänge in allen Details einzufangen, sie möglichst kritisch beschreibend zu deuten, war offenbar das emsige Bemühen dieser Mitarbeiterbienen gewesen. Und das vermutlich nicht nur wegen der unvermeidbar ausgebrochenen Konkurrenzkämpfe, im scharfen Hinblick auf jene zweite in dieser Stadt existierenden Tageszeitung – möglicherweise auch gegeneinander. Und jetzt war Auswahlzeit, die Stunde der Einschrumpfungen oder Ausdehnungen der angelieferten Artikel der tagtäglichen Bewährungsprobenversuchungen. Existenzen schienen davon abzuhängen.

Denn für jede veröffentlichte Zeile wurden den zumeist namentlich genannten Verfassern zwanzig bis dreißig Pfennige angewiesen. Und das waren schwindelerregend hohe Beträge – zumindest wollte das diesem Versuchsneuling so vorkommen. Wobei er noch gar nicht wußte, daß einem Kiaulehn, wohl als einzigem in diesem Verein, ein Zeilenhonorar von fünfzig Pfennigen zugestanden worden war. Das ganz offiziell, in der Praxis vermutbar weit mehr.

Inmitten dieser nun druckbereiten und auch entschlossenen Zeitungsmeute, die sich jedoch erlebniswillig heiter zu geben schien, hielt sich nun dieser Schreiber aus dem ferneren Lande auf. Und hier nun, wie weit an den Rand dieses feuilletonistischen Taubenschlages verbannt, glaubte er abermals, sich ungemein verloren fühlen zu müssen – wahrlich nicht zum ersten Mal in seinem Dasein; und ein diesbezügliches letztes Mal sollte es für ihn auch nicht geben dürfen.

Bis es dann geschah, durch welchen Zufall auch immer, daß hier nun die Sekretärin dieser Redaktion auf ihn aufmerksam wurde. Sie wurde von den meisten dieser Feuilletonmenschen, durchaus respektvoll, »Frau Lehmann« genannt; aber auch von einigen, vertraulich-verbindlich, mit »Anneliese« angeredet. Die saß hinter ihrer Schreibmaschine, der einzigen in diesem Bereich. Und von dort aus winkte sie ihm zu – zu sich hin. Er schob sich ihr entgegen.

Diese Anneliese Lehmann durfte da wohl, nicht nur rein äußerlich betrachtet, als ein überaus zierliches Geschöpf bezeichnet werden; mit großen, klugen und ungemein verständnisvollen Frageaugen. Ihre Stimme klang verhalten, fast leise – war jedoch stets sehr deutlich vernehmbar. Und es schien sogar, daß diese melodische Stimme dazu befähigt war, allerfeinste Mozarttöne zu erzeugen – eine übrigens sich keinesfalls zufällig anbietende Vermutung, wie sich später herausstellen sollte.

Denn in den letzten Jahren, noch unmittelbar vor Kriegsschluß, war sie Opernsängerin an einem bayerischen Landestheater gewesen. Ein lyrischer Sopran, wurde mehrfach bezeugt, von innig-verhaltener Ausdruckskraft. Ihre Gestaltung von Liedern – Schubert, Brahms und Richard Strauß – wurde für einzigartig einfühlsam erklärt.

Nur wohl eben, daß diese Anneliese Lehmann für dieses Metier nicht als robust und vollfleischig genug zu bezeichnen gewesen war. Und hinzu kamen vermutlich dann noch, um solche Befähigungen zu ersticken, ein denkbar falscher Mann und ein frühes Kind. Doch eben dieses Kind, das dann ungemein prächtig geraten sollte, begehrte sie ganz alleine großzuziehen, ohne jede fremde Hilfe, mit hingebungsvoller Liebe. Wobei sie offenbar dann der katastrophale, existenzvernichtende Endsieg, wie endgültig aus ihrer künstlerischen, vielversprechenden Laufbahn geworfen hatte.

Doch eben diese Anneliese Lehmann war nun hier gelandet. Dabei erkennbar respektiert, wenn nicht gar mit herzlicher Freundlichkeit verehrt; das auch vom Chef dieses Feuilletons; was der zu bekunden niemals zögerte. Wobei dann allerdings auch noch eine unübersehbare Besonderheit hinzu kam: der journalistische Großelefant, oder eben entschlossene Leitlöwe dieser Zeitung, Walter Kiaulehn also, war stets darum bemüht, sie – und vielleicht nur sie hier allein – mit ausgesuchter Höflichkeit zu behandeln. Ihr gegenüber leistete sich dieser oftmals entsetzlich rücksichtslose Herumtrampler vielbestaunte Anwandlungen allerbester Kavaliersmentalität.

Nunmehr jedoch wendete sich Anneliese Lehmann dem von ihr herbeigewinkten Neuling zu; und zu dem sagte sie, mit verblüffender Selbstverständlichkeit: »Da haben Sie ein Manuskript mitgebracht – wie von uns erwartet. Das können Sie mir übergeben. Ich werde es in Maschinenschrift umsetzen.«

Ein derartiges Angebot hatte er hier niemals zu erhoffen gewagt – nicht in diesem Betriebsstall zur Hauptmelkzeit. Mithin war seine Dankbarkeit groß. Wobei er jedoch, sehr vorsichtig, ein ihm notwendig erscheinendes Bedenken vorbrachte. »Meine Schrift, Frau Lehmann, ist sehr klein – ich fürchte, die werden Sie nicht lesen können.«

Sie streckte ihre Hand aus, die ebenso fest wie zierlich anmuten wollte. Sie griff nach seinem Manuskript und sah sich das an. »Kein Problem«, erklärte sie dann. »Damit komme ich zurecht.«

»Herr Dr. Hohenemser«, sagte er dann weiter, schnell Vertrauen zu ihr gewinnend – mein Gott, die war so ganz anders als seine Schwester! – »erwartet von mir etwa vierzig

Zeilen über diese Aufführung. Glauben Sie, daß das, was ich da geschrieben habe, ausreichen wird?«

»Das«, erkannte sie, absolut sachverständig, »dürfte sogar an die sechzig Druckzeilen ergeben. Doch erfahrungsgemäß ist ein Zuviel immer noch besser als ein Zuwenig. Zumal Dr. Hohenemser gerne dazu bereit sein wird, alles was ihm irgendwie als überflüssig erscheinen sollte, aus Ihrem Manuskript herauszustreichen. Das, müssen Sie wohl wissen, ist eine seiner Spezialitäten, die er sehr pflegt; auch durchaus gekonnt zu handhaben versteht. Bei ihm sind Sie in guten Händen.«

Doch zunächst einmal war er bei dieser Anneliese Lehmann gelandet. Eine Begegnung, die sich dann als eine der wenigen, wirklich wesentlichsten seines Daseins erweisen sollte.

Da hatte er nun wohl abermals eine sehr weibliche Person vor sich, welche jedoch wie frei zu sein schien, von jedem forschen Forderungsbewußtsein, vielmehr eindeutig hilfsbereit. Und das sogar noch mit sanft lächelnder Selbstverständlichkeit.

Sie schrieb dann das, was er da so in fünf mühsamen Nachtstunden konzipiert hatte, in kaum mehr als fünf Minuten ins Reine – mit einem Durchschlag. Und nun machte seine Schreiberei einen geradezu verblüffend geordneten Eindruck. Konnte sich sehen lassen.

Doch dann erschien hier dieser Walter Kiaulehn.

Als hier nun dieser Walter Kiaulehn erschien, wurden etliche bisher unbekümmert lautstark geführte Gespräche unterbrochen. Dann jedoch ein wenig gedämpfter fortgesetzt. So was nicht gleich aus purem Respekt – sie wollten sich da wohl nur nicht von ihm hineinreden lassen.

Dabei liebte es dieser Kiaulehn, von sich zu behaupten, ein mehr leiser, feinfühlig getönter Mensch zu sein; was jedoch kaum jemals zutraf, also einfach nicht stimmte. Wenn den, was gar nicht selten vorkam, heftiger Unwillen packte, so was zumeist in seiner Eigenschaft als journalistische Institution, zu der er sich vermutbar selbst ernannt hatte, dann konnte er tatsächlich aufbrüllen wie ein Löwe; oder eben trompeten wie ein Elefant.

Doch gleich derartig machtgewaltsam wollte der keinesfalls anmuten – nicht beim ersten Anblick. Auch wenn der sich nun, eindeutig beherrschungsentschlossen, in diese dreiräumige Zeitungshöhle hineinschob. Den betrachtete dieser Eckensteher-Neuling prüfend, woraufhin er sich dann, zunächst einmal, veranlaßt fühlte, vorsichtig festzustellen: inmitten dieser leicht legeren, wenn nicht verwahrlost wirkenden Umwelt stellte der etwas ziemlich Ungewöhnliches dar – vermutlich sogar so was wie eine Art Herr!

Vielleicht wohl richtiger: eine betont gepflegte Erscheinung! Darauf Wert legend – inmitten von diesen Restbekleidungsgebräuchen. Herr Kiaulehn jedenfalls bevorzugte dunkle Anzüge, zumeist blaue. Wobei seine nahezu ausschließlich weißen Oberhemden kaum jemals von einer Krawatte abgeschlossen wurden; vielmals trug er sogenannte »Fliegen«, in ausgesucht dezenten Tönungen.

Seinen blaßbleichblauen Wassermannaugen schien offenbar nichts zu entgehen, nicht das geringste. Einen solchen Eindruck zu erwecken, darauf legte er beharrlich Wert.

Mithin nickte er nun, nicht ohne eine gewisse Gönnerhaftigkeit, diesen seinen hier versammelten möglichen Kollegen zu – wahrlich nicht gleich allen; einige von denen wünschte er offenbar zu übersehen, was ihm durchaus gekonnt gelang.

Sodann hob er, in Richtung Dr. Hohenemser, eine Hand; und zwar die linke – wohl um nicht die rechte zu heben, so was niemals mehr wieder! Mithin grüßte, begrüßte er diesen Feuilletonredakteur; leicht lässig, doch nicht ohne Wohlwollen. Doch vor Anneliese Lehmann verbeugte er sich – mit geradezu althöflicher pfauenartiger Gespreiztheit. So was gehörte mit zu dem dekorativen Bild, das er gerne darzustellen begehrte – ein Lenbach könnte es gemalt haben.

Und wie völlig selbstverständlich, eben bei ihm, drohte er dabei auch diesen sich nun erneut kläglich abseitig vorkommenden Neuling vom kleindörflichen Lande zu übersehen. Doch eben dessentwegen, machte sodann Walter Kiaulehn alsbald fordernd deutlich, wäre er hier erschienen. Denn nun wünschte er, jene von diesem Menschen erstellte Kritik zu erblicken; »sogenannte Kritik«, sagte er wie vorsorglich.

Diese wurde ihm ausgehändigt. Die nahm er entgegen und las sie durch; mit schneller, doch erspürbar intensiver Gründlichkeit. Worauf dann auch die restlichen Gespräche in diesen drei Räumen verstummten. Was sich da anzukündigen schien, war so was wie eine Hinrichtung; in echter Kiaulehn-Manier.

Und das, so ziemlich genau das, drohte dann auch tatsächlich der Fall zu sein. Was wohl von gar nicht wenigen der Anwesenden vorausgesehen worden war – von einigen vermutbar sogar erhofft wurde. Denn Kiaulehns stets gekonnte, gar nicht selten zu Tage tretenden totalen Abschmetterungen eines möglichen, sich hier aufdrängenden, eindringenden Konkurrenzkollegen, waren ihnen gar nicht unwillkommen. So was erweiterte ihren Spielraum. Und ihnen einen solchen Gefallen zu tun, schien Kiaulehn bereit zu sein.

»Na – wen oder was haben wir denn da!« rief er freudig provozierend aus. Was sich, noch dazu, geradezu theatralisch effektvoll anhörte – was jedoch eben bei dem keinesfalls als Zufälligkeit abzutun war. Denn schließlich hatte er, der Vielfältige, sich gelegentlich auch als Schauspieler betätigt; speziell als einer für Komödien. Und selbst als solcher nicht ohne Anerkennung.

»Was ist denn da auf uns zugekommen, wie zu allem Überfluß! Ein offenbar ganz entschlossener, zu einfach allem entschlossener Schreiber! Den will ich sehen!«

Was sich ohne weiteres ermöglichen ließ. Denn der stand da; wie bereit – zu einfach allem. Er verließ seine Hintergrundposition und bewegte sich, einigermaßen tapfer, nicht ganz unneugierig auch, doch mit gewiß angebrachter Vorsichtigkeit, diesem Walter Kiaulehn entgegen. »Da bin ich!«

»Das also sind Sie!« Dieser angebliche Großlöwe und vermeintliche Leitelefant seines Journalismus schien bei dessen Anblick lächeln zu müssen. Das kaum irgendwie verächtlich. Vielmehr sogar mit einigem wie von ganz Ferne aufflackerndem Wohlwollen. Denn eben diese erkennbar äußerliche Schäbigkeit jenes allerneuesten Zeilenschinders in seinem Bereich, war es vermutlich, die ihn nicht unnachsichtig zu stimmen vermochte.

Später, wesentlich später, sollte dann dieser Walter Kiaulehn sagen, oder eben eingestehen: »Der kam mir damals so vor, wie ich einstmals gewesen bin. In jenen zwanziger Jahren in Berlin, als ich versucht habe, mich als Journalist zu betätigen.

Damals war wohl auch ich ein ähnlich kleines armseliges, doch immerhin gleichermaßen leicht freches Schwein; mit blank flehenden Blauaugen; wobei inzwischen meine Augen fahlwasserbleich grau geworden sind. Doch immerhin mußte ich erkennen, daß es sich bei solchen sogenannten armen Schweinen auch um höchst intelligente und ungemein sensible Geschöpfe handeln kann.«

Über seine Anfänge, dieser dann gewiß einzigartigen journalistischen Laufbahn, pflegte Walter Kiaulehn, später, und das auch nur im vertrauten Kreis, einige Einzelheiten zu eröffnen. Der war Elektriker gewesen. Und als solcher hatte er eines Tages den Auftrag erhalten, bei einer Ullstein-Zeitung zu erscheinen, um dort unterbrochene Lichtleitungen zu reparieren; was er dann auch fachlich gekonnt erledigt haben dürfte.

Dabei jedoch hatte sich dieser Elektriker Kiaulehn in ein »leicht saufreches« Gespräch eingelassen – mit dem dortigen Lokalredakteur. Mit dem Tenor: Die in dessen Zeitung großspurig aufgezogene Selbstmordberichterstattung, einen Iwar Kreuger betreffend, wäre als ziemlicher Mist zu bezeichnen; die dabei ausgeschlachteten Details als nahezu lächerlicher Unsinn.

»Wissen Sie das etwa besser?« war er damals aufmerksam gefragt worden. Na klar, der wußte es – eben besser. Denn auch im Bereich dieses dubiosen Streichholzkönigs hatte er elektrische Leitungen repariert. Worauf prompt eine zweite Frage erfolgt sein soll: »Und glauben Sie, darüber schreiben zu können?« Aber ja – das konnte der! Und eben damit begannen dann wohl jene sich teilweise als wahrlich unvergleichlich erweisen sollende journalistischen Veranstaltungen eines Walter Kiaulehn.

Nunmehr jedoch, in dieser wie verstummten, in nahezu bannende Lautlosigkeit gefallene Redaktion, verlangte dieser Kiaulehn von jenem fernen Provinzmenschen zu wissen: »Was haben Sie sich denn dabei eigentlich gedacht? Sollten Sie sich sonderlich wohlfühlen bei dem, was Sie da so von sich gegeben haben?«

»Ich habe«, verteidigte sich der, ziemlich entschlossen,

»lediglich versucht, eine Kritik zu schreiben – so objektiv, wie nur irgend möglich. Und überzeugt davon, daß meine Erkenntnisse, meine Schlußfolgerungen stimmen – von meiner Sicht aus.«

»Ach was, junger Mann, kommen Sie doch ausgerechnet mir nicht gleich mit solchem typischen Erstlingsseich! Von wegen bemühte Objektivität! Menschenskind – wir sind zur Subjektivität verurteilt, wie verdammt dazu; was man wissen muß. Doch eben eine solche Erkenntnis gebietet höchste Vorsichtigkeit, Behutsamkeit. Doch was haben Sie hier nun von sich gegeben?«

»Wohl ziemlich genau das, Herr Kiaulehn«, ganz tapfer, nahezu herausfordernd, eben »leicht saufrech«, festgestellt, »was Sie vermutlich auch getan hätten – nach Lage der Dinge.«

»Ach was, Mensch! Was glauben Sie denn schon von mir zu wissen? Sie jedenfalls, das ist klar zu erkennen, haben da eine alte, wie in Ehren ergraute Dame des Theaters, anzusauen versucht, und zwar reichlich stark. Möglicherweise nur, weil diese schöne, dumme Kuh, einstmals, einem Führer ihre Hand entgegengestreckt hatte; dabei vermutbar sogar hold errötend. Aber – sollten denn derartige Vermutungen bereits ausreichen, für Sie, um diese Person durch ihren angeblich kritisch installierten Fleischwolf zu drehen?«

»Von dem, Herr Kiaulehn, was diese Theaterdame damals dargestellt hat«, sagte der nun, bemüht fest dastehend, »habe ich nicht das geringste gewußt.«

Da versuchte nun wohl ein kleiner, wenn auch sich knorrig vorkommender Baum, einem ihn heimsuchen wollenden Sturmwind zu trotzen. »Doch selbst wenn mir das bekannt gewesen wäre – es hätte mich nicht beeinflussen können. Schließlich habe ich lediglich versucht, allein das zu beschreiben, was sich mir angeboten hat. Und dabei war nun mal, von mir erkennbar, eine Art Salondamenfossil in Erscheinung getreten – eines wie von gestern; wenn gar von vorgestern.«

»Hört, hört!« rief nun Walter Kiaulehn aus. Er schien einigermaßen amüsiert, zumindest gab er sich so. »Da haben wir hier nun also vor uns, wie das ja bei Anfängern gar nicht unüblich ist, vielmehr sehr oft die Regel zu sein scheint: einen Journalisten als Weltverbesserer! Einen Kritiker als Richter; wenn nicht gar Scharfrichter! Gefallen Sie sich in einer solchen Rolle?«

»Nichts derartiges ist mir bewußt.«

»So was jedenfalls kommt hier aber zum Vorschein! Wenn auch nicht gleich bei Ihrer Beschreibung und Deutung dieser Komödie – ein solcher Versuch ist Ihnen sogar einigermaßen brauchbar gelungen. Aber eben, noch darüber hinaus, sind Sie mit Menschen konfrontiert worden. In Besonderheit einer, nach jahrzehntelangem Einsatz, wohl nur noch als ehrwürdig zu bezeichnenden Salondame. Vermögen Sie denn nicht zu erkennen, daß es auch bei dieser Person um die Existenz gehen könnte – die muß spielen, um sich zu behaupten. Und eben deshalb stürzt die sich also, hochbetagt, noch einmal in diese Arena; vielleicht sogar um nicht verhungern zu müssen.«

»Nein – das habe ich nicht erkannt.« Wobei er vermied, das zu sagen, was sich ihm aufdrängte: Schließlich wäre er in dieses Theater nicht als fürsorgender Sozialbetrachter hineinbeordert worden, sondern eben als kritisch bewußter Berichterstatter. Auch verkniff er sich eine weitere sich ihm anzubieten erscheinende Frage: Sollten Sie etwa, Herr Kiaulehn, diese Dame näher kennen? Die Antwort darauf glaubte er zu wissen – die würde, falls sie überhaupt erfolgte, »ja« lauten.

Derartige Gedankengänge schien ein Walter Kiaulehn

prompt zu wittern – mithin schnaufte er nun höchst unwillig. Worauf sich dann Dr. Hohenemser nicht unbesorgt einmischte.

Denn immerhin kannte er bereits diese alles überrennende Angriffswütigkeit seines Matadors: Sobald der sich herausgefordert fühlte, sah der rot; und dann war ihm kein noch so entschlossener Kampfstier gewachsen.

Mithin bemühte sich nun der Feuilletonredakteur besänftigend, abwiegelnd in Erscheinung zu treten: »Gewisse mögliche Härten in dieser Kritik werden sich, und das sogar ziemlich mühelos, bereinigen lassen. Entscheidend dabei jedoch dürfte wohl sein, daß diese Arbeit, in wesentlichen Teilen, als durchaus brauchbar, sogar als recht brauchbar, bezeichnet werden kann.«

Kiaulehn nickte vor sich hin, was nicht unzustimmend anmutete. Doch sein grimmiger Unwillen legte sich nicht, ließ sich von ihm nicht einfach abschalten. Abermals ging er ganz direkt diesen »Schreiber« an, der von ihm bereits als reichlich »entschlossen« charakterisiert worden war. »Menschenskind – woher kommen Sie denn? Besitzen Sie überhaupt ausreichende Erfahrungen – das Theater betreffend? Und wenn, dann wo gesammelt?«

»Meine Kenntnisse, in dieser Hinsicht, Herr Kiaulehn, dürfen da wohl kaum als sonderlich umfangreich bezeichnet werden. Ich habe, noch vor dem Krieg, eine große Anzahl Aufführungen im Schauspielhaus in Königsberg sehen dürfen. Später kamen dann noch etliche andere hinzu – etwa während des Krieges, in Berlin; dort zumeist im Preußischen Staatstheater. Weiter dann auch einige in der Burg, in Wien. Doch ansonsten, muß ich da wohl eingestehen, daß ich mich mit diesem Metier zwar intensiv, aber doch wohl in erster Linie vorwiegend theoretisch beschäftigt habe.«

»Mein Gott!« rief dann dieser Kiaulehn wie entzückt

grollend aus. »Ein Theoretiker aus Königsberg! Und so was nun bei uns!«

In solchen Augenblicken, die dann noch oftmals hervorbrechen sollten, wollte dieser Walter Kiaulehn anmuten – wie Faust und Mephisto in einer Person. Das wohl ganz im Sinne eines Goethe, den auch er zu verehren stets behauptete; aus dessen Werken vermochte er ausgedehnt zu zitieren. Durchaus vermutbar, daß er dem zu gleichen trachtete – also eine Art goethisches Wesen in journalistischen Bereichen darzustellen wünschte. Und so verwegen sich das auch anhören mag: so was, zumindest so etwas ähnliches, war dem tatsächlich zuzutrauen. Was der auch tat, wo immer er sich befand, nicht nur gelegentlich hatte es den Anschein, als schimmere dann ein wenig Weimar hervor.

»Sollte mir sehr leid tun«, wurde zu diesem Kiaulehn nun gesagt, »wenn Sie den Eindruck haben, daß ich Ihren Normen nicht entspreche.« Das allerdings hörte sich jedoch nun nicht mehr bedingungslos ergeben an, schien beinahe schon auf Konfrontation angelegt worden zu sein – einer hier nun wohl unvermeidbar gewordenen. Nun, sagen wir: Notwehr. »Wenn Sie glauben, mich, meine Arbeit, ablehnen zu müssen, dann werde ich eben mich von hier entfernen.«

»Das könnte Ihnen so passen – sich einfach zu verdrükken!« Kiaulehn lachte waldschrathaft auf. »Ich denke gar nicht daran, Ihnen einen derartigen billigen Gefallen zu tun. Zumal ich keinesfalls zu denen gehöre, die sich richterliche Befugnisse in journalistischen Bereichen anmaßen.« So was behauptete der völlig ungeniert, obgleich alle Anwesenden wußten, daß nahezu genau das Gegenteil der Fall war; und nicht nur diesmal. »Sie jedenfalls – will ich hier schmoren sehen!«

Sofort dann weiter: »Mithin habe ich also nicht das

geringste dagegen einzuwenden, wenn hier nun unser Doktor«, womit Hohenemser gemeint war, »sich dazu veranlaßt sehen sollte, diese Ihre Kritik zu veröffentlichen.« Was sich abermals prompt so anhörte wie: sogenannte Kritik. »Ich bin nämlich geradezu verwegen erlebnisfreudig veranlagt. Das dürfen Sie mir zutrauen, Sie lieber, guter, junger Mann vom Lande.«

Damit enfernte sich Walter Kiaulehn. Da hatte der nun, wohl wieder einmal mehr, sein spezielles Schauspiel gehabt; das auch genossen. Weitere von dieser erlesenen Sorte sollten folgen.

Die Anwesenden blickten ihm nach. Einige davon leisteten sich ein gelindes Schütteln ihrer Köpfe. Doch gar nicht wenige wirkten nach diesem Abgang angenehm erleichtert – und zu denen schien sogar Hohenemser zu gehören. Denn jetzt war er hier wieder, er ganz allein, der Chef dieses Feuilletons. Ein recht bemerkenswerter – sobald frei von Kiaulehn.

Nun wendete er sich diesem wohl von ihm als brauchbar empfundenen dörflichen Provinzschreiber zu: »Das, mein Lieber, war gar kein unguter Anfang. Vielmehr, könnte man sagen, ein geradezu abgesegneter – gleichsam mit höheren Weihen ausgestatteter.«

Eine Formulierung, die ihn zum Lächeln brachte; was bei ihm einigen Seltenheitswert besaß. Denn Herbert Hohenemser war da wohl mehr ein bohrend intelligenter Grübler; sehr tief zu nennenden philosophischen Gedanken niemals abgeneigt; aber auch befähigt, die analysieren zu können. Fähigkeiten, die er allerdings, in diesem Alltagsbetrieb, kaum jemals allzu deutlich auszuspielen wünschte.

Mithin stellte er nun lediglich, wie ganz praxisbezogen fest: »Ein Anfang, der durchaus seine Fortsetzung haben kann.«

Eine Andeutung, an welche dieser sich schwer geprüft fühlende Eintagsbesucher nicht gleich zu glauben vermochte. Denn gar zu gewaltig, geradezu vernichtungswillig, war hier dieser Walter Kiaulehn in Erscheinung getreten. Also auch der gehörte da wohl mit zu jenen, welche ihm immer wieder das Gefühl vermittelten: Wie ausgeliefert zu sein, endlosen Kolonnen von auf ihn zukommenden Dampfwalzen.

Dieser war er, vielleicht gerade noch so, entkommen. Dabei jedoch wie nahezu planvoll vorgesehen, für eine nächste, dann aber wohl endgültige Vernichtungsabschlachtung. Ob so was eine Art Trauma war, oder eine instinktive Abwehraktion, wußte er nicht. Und wieder einmal mehr beherrschte ihn das fatal bedrückende Gefühl, so gut wie gar nichts mehr richtig zu wissen.

Doch immerhin, immerhin – Dr. Herbert Hohenemser nickte ihm nahezu freundlich zu. Und das tat auch Anneliese Lehmann, die betont sachlich von ihm wissen wollte – als wäre das sehr wichtig, für diese Redaktion: Unter welcher Telefonnummer sei er zu erreichen, falls – falls? – er hier gebraucht werden sollte.

Dabei wurden drei Anrufmöglichkeiten registriert. Einmal jene des Arztes, bei dem er wohnte; dann die der Bürgermeisterei, wo er arbeitete – sodann aber auch die Nummer des Telefons der nächsten Polizeistation. Denn erfahrungsgemäß, wurde er aufgeklärt, seien diese neuerdings angenehm bemühten Ordnungshüter stets bereit, einen »Presseanruf« weiterzuleiten.

Dann entfernte er sich. Das jedoch nicht, ohne sich von dieser Redaktionssekretärin höflich, doch dabei wie abschiednehmend, verbeugt zu haben. So was allerdings sei, sollte er später erfahren, mit ungemein zeremonieller Gemessenheit erfolgt – gleichsam, was er nicht wissen konnte, wie das ansonsten nur ein Walter Kiaulehn zu veranstalten pflegte. Eben dieser Anneliese Lehmann gegenüber.

Danach begab er sich wieder – drei Stunden Bahnfahrt, eine Stunde Fußmarsch – zurück in sein Dorf.

Dort wurde er erwartet und herzlich willkommen geheißen.

Das sommersonnenglühende Mädchenfräulein, die feuerrot funkelnde Christine, eilte auf ihn zu. Begleitet von ihrer Mutter, nicht ganz unbesorgt, doch mit ungetrübt liebevoller Aufmerksamkeit.

Auch Dr. Ganzfleisch, der gute Landarzt, schien seine Arme für ihn auszubreiten. Weit.

»Na – wie war es denn da so in München?« wurde er anteilnehmend gefragt.

»Das weiß ich nicht«, mußte er bekennen. »Wohl so was wie ein Abenteuer. Doch möglicherweise eins, ist zu vermuten, mit recht ungewissem Ausgang. Falls dabei überhaupt irgendeine Vermutung angebracht zu sein scheint.«

Er erhielt eine warme, kompakte, ihm wohltuende Spätmahlzeit; dazu dann noch ein gut gekühltes Bier. Er speiste und trank dankbar. Dabei berichtete er von seinen Erlebnissen: über die allgemeinen recht verhalten – doch über jene im Theater einigermaßen ausführlich. Um sich danach in seinen Dachbodenraum zu begeben.

Hier schlief er dann recht gut; mithin also ohne aufgeregt bedrückend träumen zu müssen. Weder von einem wohlwollenden Dr. Hohenemser; nicht einmal von einer verständnisvoll anmutenden Anneliese Lehmann. Aber eben, glücklicherweise, auch nicht von diesem wie entschlossen machtgewaltig über ihn gekommenen Walter Kiaulehn.

Er dämmerte erschöpft dahin – und diesmal sogar ohne Zitherbegleitung. Denn inzwischen waren seine »lieben Nachbarn« ausgezogen, ihrem hochkünstlerisch zu gestaltendem Dasein entgegen; wozu gehörten: größere Räume, erweiterter Wirkungskreis, garantiert höhere Einnahmen! War denen vergönnt. Ihn jedenfalls schienen nun dichte Schleier des Vergessens einzuhüllen – ihn abzuschirmen; für wenige Stunden.

Doch gleich am nächsten Tag »gierte« er geradezu danach – und wohl kaum anders darf sein diesbezüglich heftiges Verlangen bezeichnet werden – diese Zeitung, den »Münchner Mittag«, in die Hände zu bekommen. Dabei gelang es ihm sogar, gleich drei Exemplare davon aufzukaufen. Um sich dann dort – mein Gott, welch ein verwirrend-wohltuendes Gefühl – gedruckt zu sehen. Zum allerersten Mal in seinem Leben.

Tiefschwarze Buchstaben, wohlgeordnete, auf graubleichem Papier. Eine Vierzigzeilenkritik über eine Theateraufführung. Seine!

Später sollten dann seine schreiberischen Bemühungen in etliche tausend Tonnen von Papier verwandelt werden; sogar in achtundzwanzig Sprachen erscheinen. Doch ein derartiges Glücksempfinden, vermischt mit nahezu erregter Gebanntheit, eben beim Anblick dieser seiner allerersten Zeitungszeilen, sollte sich niemals mehr wieder bei ihm einstellen.

Denn was da stand, war von ihm – der das geschrieben hatte, war er! Wohl hatte dieser Dr. Hohenemser von seinen sechzig Zeilen lediglich vierzig übrigbleiben lassen – diese also zusammengestrichen. Doch mit welch sicherem Feingefühl! Dem war es dabei gelungen, gleich einem kenntnisreichen Gärtner, jedwede Auswüchse abzuschneiden, zu stutzen; jede mögliche Aus- und Abschweifung geschickt zu entfernen. Was nun, danach, zum Vorschein gekommen war, mutete wie edelste Aufbereitung an. Und eben darunter: sein Name!

Es war da wohl, im Grund seines literarischen Wesens, als eine Art Wildwasser zu bezeichnen – das dahinströmte, sich verströmte, ohne Hindernisse zu erkennen oder gar anerkennen zu wollen. Doch hier war er nun, glücklicherweise gleich erstmals, einem Menschen begegnet, dem es gegeben war, derartige Fantasiefluten in die richtigen Bahnen zu lenken; der Kaskaden von Worten in ein feuerfestes Gefäß zu bringen vermochte. Doch eben das war da wohl, ein Leben lang, sein besonderes Problem.

Jedenfalls drohte ihn damals die quälende Vermutung zu beherrschen: So überzeugend präsent ihm jetzt auch seine erste gewissermaßen journalistische Arbeit vorkommen wollte – sie könnte auch zugleich seine letzte gewesen sein. Denn dabei hatte er diesem Menschen namens Kiaulehn begegnen müssen, dem er sich keinesfalls gewachsen fühlte. Gegen dessen massive Überlegenheit, wurde ihm bedrükkend deutlich, konnte er nicht an! Aber eben ohne den »lief« dort offenbar nichts – nicht für ihn.

In den vielen Stunden und einigen Tagen danach, bemühte sich dieser dennoch unbedingt schreiben wollende Mensch darum, eine Art Bilanz aus dessen Vorgängen zu ziehen – mit angenähert prüfender Ernsthaftigkeit. Wobei er sich dann versucht fühlte, zu einem Ergebnis zu kommen, das dann ungefähr so aussah: Nun ja, könnte ja sein, daß es ihm jetzt nicht gleich vergönnt war, wie wohl oftmals ersehnt, sich als Journalist zu betätigen. Er begehrte dennoch wie unentwegt danach, als Schriftsteller in Erscheinung zu treten.

Und so was hatte dann wohl, vermutbar rein praktisch, ungefähr so auszusehen: Hier in diesem Dorf durfte er sich aufhalten, einigermaßen versorgt, offenbar noch einige Jahre lang ohne sonderliche Schwierigkeiten. Wobei er dann ein Buch schreiben würde – ein möglichst bedeutsames.

So, tatsächlich so, stellte der sich das vor, was er als seine mögliche Zukunft in Erwägung zog. Ohne allerdings dabei an seine »große Schwester« zu denken. Und möglichst auch nicht an jene wie ihn schnell unendlich fern anmutende Feuilleton-Redaktion in München.

Doch eben diese meldete sich dann – bereits zwei Tage später. Über den Dr.-Ganzfleisch-Apparat wurde ihm bedeutet: eine Frau Anneliese Lehmann wünsche ihn zu sprechen. Und deren Anruf nahm er dann entgegen, nahezu ungläubig, auch nicht wenig bestürzt. Vermutlich kam er sich dabei vor, als wäre er irgendein dem Austrocknen nahes Wildgewächs in einer Wüste, das nun plötzlich ein warmer, zumindest lauwarmer Regen zu berieseln schien.

Denn diese Anneliese Lehmann sagte nun, ohne so was gleich, wie das wohl gar nicht unangebracht gewesen wäre, als eine Art Heilsbotschaft zu verkünden: »Herr Dr. Hohenemser beabsichtigt, Ihnen eine weitere Kritik anzubieten. Und zwar gleich für morgen abend. Eine Vorbesprechung dazu, in unserer Redaktion, sollte in den frühen Nachmittagsstunden erfolgen. Ihre Unterkunft, im üblichen Rahmen, ist bereits vorbestellt. Können Sie kommen?«

Na – und ob der das konnte! Der kam. Wobei ihm diesmal die unvermeidbaren Begleitumstände – eine Stunde Fußmarsch, Bahnfahrt deren drei – ungleich weit weniger mühsam erscheinen wollten. Zumal er nunmehr im Abteil seines Zuges, was gewiß ein weiterer wirklicher Zufall mehr war, nicht auf dem Fußboden zu hocken brauchte. Er behockte die äußerste Ecke einer Sitzbank, von der aus er dann, mit aufmerksamer Neugier, die Menschen um sich betrachtete.

Was übrigens eine Plazierung war, wie sich dann herausstellte, die er fortan bevorzugen sollte. Sobald es etwa für ihn unvermeidlich geworden war, an sogenannten Empfängen, Parties, »öffentlichen« Veranstaltungen teilzunehmen, versuchte er sich konsequent zu einem möglichst abgelegenen Eckplatz hinzuschrauben – um von dort aus beobachten zu können. Sobald es ihm jedoch zugemutet wurde, sich irgendwo als Mittelpunkt fühlen zu müssen, bekam er Krankheitsanwandlungen.

Damals jedenfalls war noch nichts dergleichen zu befürchten. Als er in München ankam, in seiner sogenannten »Hotelunterkunft«, im ehemaligen Hochbunker zwischen Hauptbahnhof und Altem Botanischen Garten, wurde er bereits wie ein alter Bekannter behandelt. Der dortige »Portier« schwenkte, wie zu seiner Begrüßung, diverse Lappen – höchst geeignet für die Reinigung von verschmutzten Schuhen.

Dann meldete er sich, wie angeordnet, in der Feuilletonredaktion. Dort zunächst, zu allererst, bei Frau Lehmann. »Da bin ich wieder«, sagte er. Er bemühte sich, fast fröhlich zu wirken – und so war er auch gestimmt.

Die nickte lediglich; doch wohltuend freundlich. Sie schien erfüllt von einer völlig unzerstörbaren Ausgeglichenheit. Und die sollte ihr dann auch, bei welchen Situationen auch immer, beständig erhalten bleiben. »Doktor Hohenemser erwartet Sie bereits.«

Der begrüßte ihn nicht ohne Wohlwollen. Wenn auch, schnell erkennbar, nicht ganz frei von einem gewissen lauernden Interesse. Warum dem so war, kam alsbald zum Vorschein.

»Was wir nunmehr von Ihnen erwarten, wohl auch erhoffen dürfen, ist eine Art kritische Beschreibung – und ich sage nicht gleich würdigende Kritik. Dabei handelt es sich um einen Vorgang, der bereits ganz erhebliche journalistische, aber auch literarische Beschreibungen erzeugt hat – selbst in dieser Stadt, wo dieses Objekt immer noch als ein wenig seltsam bezeichnet wird.«

Worauf nun dieser dennoch entschlossene Schreiber begann, reichlich Unangenehmes, wenn nicht sogar Bedrohliches zu wittern – für ihn. In dieser Hinsicht vermochte er eine Art Jagdhundinstinkt zu entwickeln. »Was bitte, habe ich darunter zu verstehen?«

»Sie haben sich diesmal mit einem kleinen Theater wie am Rande zu beschäftigen – eine Art übriggebliebener Resthöhle in Richtung Ostbahnhof; mit dem Namen »Bunter Würfel«. Und dort gedenkt nun, endlich wieder, könnte man sagen, ein gewisser Karl Valentin aufzutreten – zum ersten Mal nach dem Krieg. Gemeinsam mit seiner Partnerin, einer Liesl Karlstadt. Wissen Sie, wer das ist – wer die sind? Was die bedeuten?«

»So ungefähr«, erklärte der mit erheblicher Beunruhigung. Denn da hatte er sich nun wohl zu fragen: Was kam da auf ihn zu – auf ihn, einen Anfänger? Ein Ereignis von vermutbar erheblichem Rang und erspürbarer Besonderheit, und auch Bedeutsamkeit; wahrlich weit über diese Stadt hinaus.

»Über diesen Karl Valentin«, versuchte nun dieser hier abermals Angereiste zu referieren, »hat bereits Kurt Tucholsky geschrieben – mit höchster Anerkennung; und gewiß auch in bestaunenswert zutreffender Weise. Und so was hat dann sogar auch noch Alfred Polgar unternommen –

der Meister des Feuilletons; wahrlich nicht nur des wienerischen. Was allein diese beiden, nach Betrachtungen eines Valentin, festgestellt und geschrieben haben, dürfte wohl kaum zu überbieten sein.«

»Aber selbst das ließe sich womöglich durchaus noch ergänzen, ausbauen, vielleicht sogar vertiefen. Das auch nach Ansicht von Herrn Kiaulehn.« Womit zum Vorschein kam, was bei dieser Angelegenheit instinktiv zu befürchten gewesen war – ein ganz mächtiger, trittbereiter Pferdefuß.

»Ich selbst«, Hohenemser weiter, »war der Meinung, daß für ein solches Ereignis ein bewährter Kenner der bayerischen Szene eingesetzt werden sollte. Herr Kiaulehn jedoch äußerte dazu eine wesentlich andere Ansicht. Und zwar dahingehend: hierbei handele es sich doch wohl kaum um eine Art regionalen Vorgang. Vielmehr um eine künstlerische Darbietung von wohl erheblicher, weitzeugender Einzigartigkeit, deren Erkenntnismöglichkeiten noch lange nicht als ausgeschöpft anzusehen seien. Zu begrüßen wäre dabei eine vielleicht irgendwie neuartige Variante kritischer Betrachtungen, diesem Phänomen gegenüber. Was dann, meint auch Herr Kiaulehn, erfolgen sollte wie von einem Gegenpol aus. Eben etwa – durch einen Preußen. Doch von dieser Sorte existieren hier in unserem Feuilleton zunächst lediglich zwei – er und Sie.«

Worauf es nun wohl Dr. Hohenemser für angebracht hielt, sehr deutlich zu werden; und das geradezu bekennerisch. »Dabei gewiß ganz selbstverständlich, habe ich zunächst einmal Herrn Kiaulehn angeboten, eine diesbezügliche Kritik zu schreiben. Doch der hat dann gemeint: Dafür ganz gewiß geeignet ist ein Preuße; doch ein Ostpreuße vielleicht sogar noch geeigneter – falls der seinen Kant kennt, was ich ihm zutraue! Mithin also ist der es gewesen, welcher den Vorschlag gemacht hat, und zwar sozusagen ganz offizell, Sie mit dieser Aufgabe zu betreuen. Überrascht Sie das?«

Das allerdings, auch das noch, vermochte ihn zu überraschen; ungemein heftig sogar; mit schnell hervorwuchernder Besorgnis auch. Doch immerhin, hatte er bereits erkannt, daß er bei diesem journalistischen Großlöwen auf so gut wie alles gefaßt sein mußte. »Was gedenkt denn dieser Herr diesmal zu veranstalten? Vermutbar mit mir. Falls Ihnen das bekannt sein sollte, würde nun auch ich das gerne wissen wollen.«

»Wohl reichlich unergründbar«, wurde ihm bedeutet, »warum und mit welcher Zielsetzung ein Walter Kiaulehn in Aktion zu treten wünscht. Ich jedenfalls maße mir nicht an, den voll durchschauen zu können – und schon gar nicht beherrscht mich das Verlangen, den irgendwie verbindlich dirigieren zu wollen. Mit dessen oft unerklärlichen Einfällen muß man sich wohl abfinden – habe ich; sollten Sie auch. Nehmen Sie den hin, wie der nun mal ist. Wobei Sie aber auch daran denken sollen: der kann ein großer Gewinn sein! Unbequemlichkeiten gehören dazu.«

»Welche Sorte von Unbequemlichkeiten denn noch – diesmal?«

»Nun – diesmal hat Herr Kiaulehn den Wunsch geäußert, Sie bei dieser Vorstellung zu begleiten. Oder eben: sich von Ihnen dabei begleiten zu lassen. Die zweite Theaterkarte dafür hat er bereits vereinnahmt; die andere darf ich Ihnen nun übergeben.«

»Worauf will der dabei hinaus?« Die würgende, doch bemüht nicht gezeigte Besorgnis, dieses sich ausgeliefert fühlenden Anfängers, nahm erheblich zu – soweit das überhaupt noch möglich war. »Gedenkt der etwa mich, meine möglichen Leistungsfähigkeiten, wie an Ort und Stelle zu überprüfen? Mich dann darüber schreiben zu lassen, wie versuchsweise – um dann jedoch seinen Senf, einen gewiß sehr scharfen, beizumengen? Habe ich mich darauf einzulassen? Ist das eine Bedingung?«

Dr. Hohenemser gelang es nun, sich wirkungsvoll neutralisierend zu geben. Gleichsam darstellend einen Schafhirten, der sich, seine Herde, seine Wachhunde dazu, als eine unausweichbare, doch geradezu absolut normale Einheit zu erklären bemüht ist. »Mit einem Walter Kiaulehn, mein Lieber, muß man ganz einfach rechnen. Dabei aber sogar auch noch damit, daß der sich als überaus wohlgesonnen erweisen könnte. Auch Ihnen gegenüber. So fanatisch unberechenbar ist der tatsächlich!«

»Nun gut, dann muß ich mich nun wohl damit abfinden – werde ich auch!« Ziemlich entschlossen gesagt. Wenn das eine Herausforderung war, eine vermutbar sogar geplante, dann hatte er nun eben keine andere Wahl, als die anzunehmen.

Seine Beine bebten leicht; was jedoch nicht erkennbar wurde – denn er saß vor Hohenemser.

Und den zu verstehen, wurde willig versucht. Schließlich hatte der hier einen höchst geschäftigen journalistischen Bienenstall zu überwachen; mit zahlreichen Arbeitswesen, etlichen Drohnen und einer Königin im Mittelpunkt – diesmal: ein König. Damit mußte er fertig werden, würde der auch. Da eben, auch er, durchaus einiger konspirativer Einfälle fähig; doch ohne sich selbst jemals groß in Szene zu setzen. Der pflegte mit seinen Mitteln und Möglichkeiten vergleichsweise sehr verhalten zu operieren – diesmal mit so was wie Wohltätigkeitsbestreben.

»Da erreichen uns gelegentlich aus den verschiedenartigsten Richtungen, doch zumeist aus amerikanischen, diverse höchst wohlgemeinte Gaben: Fleischkonserven, Zigarettenpackungen, auch Bekleidungsstücke. Was gewiß dankbar entgegenzunehmen ist – denn wer will sich schon anmaßen, derartig wahrhaft großzügige Geber zu kränken?«

Wobei hier nun anfiel, für diesen erklärt fleißigen Dorfschreiber: Eine Tafel Schokolade mit Nüssen, eine große Büchse Kondensmilch, zwei Päckchen Zigaretten. Aber dann auch noch ein Oberhemd – ein absolut neuwertiges, ein anlockend blütenweißes. Diese Gaben nahm er entgegen; nicht nur mit gut eingelernter Dankbarkeit, diesmal auch bereitwillig bezeugt.

Diese Schokolade, beschloß er, sollten die beiden Mädchen »seines Hauses« haben – die sonnenhaftleuchtende Christine und deren kleinbärenhafte Schwester. Die Kondensmilch dürfte sicherlich Frau Ganzfleisch erfreuen. Und die Zigaretten würde er sich mit dem Doktor teilen. Diese waren übrigens von einer Marke, die »Camel« hieß.

Etliche Jahre danach sollte dieser Dorfschreiber in der Abendsonne vor einem Hotel bei den Pyramiden in Kairo sitzen dürfen. Neben ihm hielt sich ein amerikanischer Soldat in Urlaub auf. Und der stutzte ganz plötzlich – er griff nach seiner Zigarettenpackung, um dann das Bild darauf zu betrachten – sodann das, was vor ihm war. Und er nickte und sagte: »Stimmt!«

Dieser US-Soldat hatte Zigaretten genau jener Marke vor sich, die einstmals diesem zum zweiten Mal angereisten Versuchsjournalisten großzügig gespendet worden waren. Doch nun, vor den Pyramiden sitzend, vermochte er sich an jenen verloren geglaubten Augenblick wie zwingend zu erinnern.

Derartig seltsam anmutende Erinnerungen, wie über Räume und Zeiten hinweg, sollten immer wieder auf ihn zukommen.

Damals jedenfalls zog er das ihm übergebene Oberhemd an, bevor er sich in den »Bunten Würfel« begab. Und das bekleidete ihn blendend weiß, mutete ungemein dekorativ an, wirkte sogar irgendwie würdig – war zumindest eindeutig sauber. Der hohe, leicht gesteifte Kragen ließ sich schließen – einen Schlips besaß er nicht, benötigte er auch nicht; so was war derzeit nahezu purer Luxus.

Dieses Bekleidungsstück war für ihn um zwei, drei Nummern zu groß – er also dementsprechend zu klein, oder eben zu dürr; da ausgedehnt ausgehungert, nur noch wie bestehend aus Haut und Knochen. Doch eben dieses Oberhemd, was er jedoch erst wesentlich später erfahren sollte, kam aus den Beständen eines Walter Kiaulehn.

Das hatte der für diesen älteren Jüngling vom Lande abgezweigt. So was vermutbar wahrlich nicht gleich aus purer Fürsorge – möglicherweise nur, damit der nicht allzu schäbig in Erscheinung treten mußte. Das schon gar nicht, bitte, in seiner Gegenwart!

Dieser wohl ebenso denkwürdige, wie auch gewiß bemerkenswerte Abend im »Bunten Würfel« schien drei Stationen besessen zu haben.

Die erste davon:

Als dieses sich immer noch als Restmensch fühlendes Randwesen, in dem schmalen, schlauchartigen Vorraum dieses schön-schäbigen Musenschuppens ankam, befand sich dort bereits Walter Kiaulehn. Der stand leicht breitbeinig da, blickte forschend um sich; mit trägen, klugen Haifischaugen. Wie absolut dominierend.

Schließlich war er eine bekannte, offensichtlich auch respektierte Person, wenn nicht gar Persönlichkeit, inzwischen auch hierorts geworden. Kollegen der zwei anderen Zeitungen in München, der »Neuen« und der »Süddeutschen«, umgaben ihn; schienen den geradezu zu umringen.

Wie vereint mit Theaterleuten, Kulturverwaltern und allerersten Gesellschaftshyänen.

Wobei dann Kiaulehn nicht zögerte, den auf ihn zugekommenen Neuling zu begrüßen. Den ermunterte er dann sogar, sich unmittelbar neben ihn zu stellen. Um den dann, geradezu betreuungsentschlossen, mit seiner Umgebung bekannt zu machen. Was von diesem sich beständig heimgesucht Fühlenden mit erheblicher Verwunderung zur Kenntnis genommen wurde. Doch immerhin: Hier durfte er sich da nun wohl mit einbezogen fühlen: was ihn nicht daran hinderte, sich reichlich deplaziert vorzukommen. Hier nicht nur erstmals – aber dann auch oftmals wieder.

Die zweite Station dabei:

Diese wurde jedoch erst im zweiten Teil jener seltsamen Veranstaltung einigermaßen erkennbar. Sie erfolgte mithin nach etlichen lockeren, gefällig gedachten Unterhaltungsdarbietungen, auch als Vorspiele zu bezeichnen: Jongleur, Spaßmacher traten da zunächst in den Vordergrund – so was von dieser Sorte. Dann war Pause. Und erst danach erschien hier der wundersame, eigenwillige, hintergründige Karl Valentin.

Ein genial-grantiger Kreuz- und Querdenker; verblüffend vielfach ausdeutungsfähig; wie gesegnet mit sanft nervendem Einfallsreichtum des Real-Absurden. Die heftigen Beifallskundgebungen, welche er mit nahezu lässigen, wie wegwerfenden Gesten zu provozieren schien, muteten alsbald wie Begeisterungsgewitter an. Was diesen Valentin jedoch offensichtlich, nicht im geringsten, zu beeindrucken vermochte – sein listiges Gesicht konnte von bannender Leere sein.

Wobei dann diesen als »Kritiker« auf eine solche verwirrende Szene angesetzten Berichterstatter alsbald bannende Ungläubigkeit überfiel. Augenblicke völliger Ratlosigkeit drohten ihn zu überfluten, in denen er sich vorkommen mußte, als vermöge er das, was er da gesehen hatte, weder zu begreifen, noch gar zu beschreiben.

Doch immerhin, vielleicht: Das wohl einzige, gerade noch erkennbar Deutungsfähige bei diesen frappierend vielschichtigen Darbietungen schien Liesl Karlstadt zu sein. Und sie war es dann, die ihm wie ein brauchbarer Schlüssel zu diesen Vorgängen vorkommen wollte. Eine sich anbietende Möglichkeit, die aber auch zu einer Art Rettungsanker für seine Hilflosigkeit werden sollte.

Sodann die dritte dieser Stationen:

Nach diesen Darbietungen, gleichsam wie aus einer anderen, bisher noch nicht bekannten Dimension, zeigte sich Walter Kiaulehn grimmig-genießerisch vergnügt. »Ein völlig ungewöhnlicher Mensch, dieser Valentin – wie gemeinsam ausgebrütet von Shakespeare und Molière. Doch eben damit ein ganz dicker journalistischer Brocken – was, mein Lieber! Und den müssen Sie nun verdauen, oder eben daran ersticken. Wollen Sie zuvor noch ein Glas Weinbrand mit mir trinken?«

Ein Angebot, das als wahrhaft großartig zu bezeichnen war. Denn wer, nicht wahr, besaß damals noch Weinbrand, den er dann sogar noch mit anderen zu teilen bereit war? Eine mächtige Verlockung mithin, welche dann jedoch abgelehnt wurde; ebenso höflich wie entschieden. Jetzt müsse er arbeiten, also schreiben.

Eine Behauptung, die dieser Großmeister der Zeitungsmacher gar nicht unerfreut registrierte. »Na, wenigstens, immerhin, glauben Sie es nicht nötig zu haben, sich Mut anzusaufen. Doch so was wie Mut werden Sie nun brauchen – haben Sie offensichtlich auch. Also, mein Lieber, dann zeigen Sie nun mal, wozu Sie fähig sind.«

Mut hatte der, tatsächlich; nach wie vor. Der basierte vermutbar auf versessenem Behauptungswillen; doch irgendwie frei von hinunterzuwürgenden Angstzuständen war der nicht. Angestrengte Nachtstunden in seinem Bunkerhotel folgten; diesmal sogar nahezu sechs. Worauf er dann glaubte, eine Art Kritik geschrieben zu haben – wenn auch eine wohl ungemein mühsam erstellte – von der er nun anzunehmen bereit war, daß die sich sehen lassen konnte.

Mit dieser Erarbeitung in den Händen – erneut in eins der Schulhefte der wundersam ungewöhnlichen Ganzfleischtochter Christine geschrieben – schlief er dann ein. Wenn auch wie schwer betäubt, so jedoch auf eine ihm ungemein angenehm erscheinen wollende Weise. Und dann begab er sich, mit diesen Zetteln, am nächsten Vormittag, in die Feuilleton-Redaktion »seiner« Zeitung.

Dort schien bereits Anneliese Lehmann – doch eben nicht nur sie – auf ihn gewartet zu haben. Sie nahm sein Manuskript entgegen; leicht lächelnd, doch wortlos. Um das dann, in kaum mehr als zehn Minuten, in Schreibmaschinenschrift zu übertragen. Diesmal allerdings mit gleich zwei Durchschlägen.

Dieses Bündel Papier – das nahezu siebzig Druckzeilen, und zwar gleich dreimal, beinhaltete – übergab sie ihm dann. Mit der nachsichtigen, leicht warnenden, doch nicht unwohlwollenden Bemerkung: »Darauf scheint man bereits sehr neugierig zu sein.« Wobei sie auf jene Tür wies, die zum Zimmer des Feuilleton-Redakteurs führte.

Dort begab er sich hinein. Um dann nicht nur Dr. Hohenemser vorzufinden, sondern auch gleich noch dazu diesen Walter Kiaulehn; was ihn jedoch nicht sonderlich zu überraschen vermochte. Und diese beiden thronten, wie regierungsgleich, hinter dem Schreibtisch. Vor dem war ein Stuhl bereitgestellt worden. Und auf dem durfte sich dieser wahrlich wie lauernd betrachtet fühlen müssende Neuling Platz nehmen.

Sodann lasen diese beiden, scheinbar wie vertraulich vereint, die ihnen ausgehändigte »Kritik« durch. Das Original davon war, wie selbstverständlich, Walter Kiaulehn ausgehändigt worden; Dr. Hohenemser hatte den ersten Durchschlag davon erhalten. Den zweiten betrachtete dieser Erzeuger.

Wobei er bereitwillig einer Suggestion erlag, die immer wieder auf ihn zukommen sollte: Seine kleinkrause Handschrift war nunmehr klar und deutlich geworden. Sobald sein Wortgemenge wie wohlgeordnet, etwa durch Anneliese Lehmanns Schreibmaschine, in Erscheinung trat, konnte sich das sehen lassen. Wenn aber so was auch noch gedruckt zu erblicken war, wollte ihm das ungemein bedeutsam anmuten. Wie durchtränkt von Ewigkeitswerten.

Damals jedoch vergingen bannende Minuten, von peinigenden Fragwürdigkeiten durchpulste. Worauf dann, nach denen, dieser journalistische Großlöwe Kiaulehn zu einer Bemerkung ansetzte, die wahrlich nicht ohne lässig provozierende Vernichtungsbereitschaft war.

»Da scheinen nun also wir beide – unser vergleichsweise sehr junger Mensch aus Ostpreußen; und ich, ein nahezu alter Berliner Bär – zwei völlig verschiedenartige Darbietungen besichtigt zu haben! Um dann jedoch dabei, auf reichlich merkwürdige Weise, zu nicht ganz unähnlichen Schlußfolgerungen gelangt zu sein.«

»Mit welchen möglichen übereinstimmenden Schwerpunkten?« verlangte Dr. Hohenemser unverzüglich zu wissen. Erkennbar bereit, sich neutralisierend zu betätigen.

Worauf dann Walter Kiaulehn erklärte, mit der ihm eigenen frappierenden Deutlichkeit, einer von ihm stets gepflegten: »Da war ich nun sicher, einen Karl Valentin in großer, bedrückender, verwirrender Aktion gesehen zu haben. Doch was hier nun, als ein vermutbar erhoffter Abglanz davon, zum Vorschein kommt, ist gar nicht dieser verwunderliche Wundermensch, wie das doch wohl zwingend zu erwarten gewesen war. Dabei vielmehr wie in den Vordergrund gespielt – dessen Partnerin. Warum denn das, Mann?«

»Weil über einen Valentin selbst, inzwischen, da doch so gut wie alles irgendwie Erkennbare gesagt worden ist – ungemein überzeugend, außerordentlich eindringlich, weithin ausdeutbar. Derartigen Erkenntnissen aber nun noch irgendeine Zusätzlichkeit hinzuzufügen – das wäre mir als banal-besserwisserlich vorgekommen.«

»Na, welch ein geradezu glänzender Einfall!« rief Kiaulehn entzückt vernichtungsfreudig aus. »Eine absolut einzigartige journalistische Leistung! Erzeugt in dem höchst fragwürdigen guten Glauben: Über einen Valentin wisse man schließlich bereits schon alles. Doch so gut wie nichts über dessen Karlstadt.«

»Ein Aspekt, wie mir scheinen will, der gar nicht uninteressant anmutet«, glaubte Dr. Hohenemser bemerken zu müssen.

Doch um dessen Ansichten ging es gar nicht. Hier gedachte offenbar ein Kiaulehn abermals eine seiner großen, zumindest so gedachten Lektionen auszuteilen. Und diese hatten nun mal, war erwiesen, journalistische Füße und Hände; durch jahrzehntelange praktische Erfahrungen kraftvoll gewachsen.

»Dabei, mein lieber, mein wohl noch lange nicht ausgereifter Ostpreuße, kommt es doch gar nicht auf das an, was Sie wissen, zu wissen glauben, was Sie sich angelesen haben. Das womöglich noch dazu mit dem ausgeprägten Vorurteil: so was sei auch allen anderen bekannt. Doch eben dabei übersehen Sie ganz einfach, auch reichlich leichtfertig, mein Guter, für wen Sie hier zu schreiben haben. Also weder für Literaturkenner, noch für Schöngeistlinge, und schon gar nicht für Theaterwissenschaftler. Hier vielmehr haben Sie zu schreiben – und zwar allein in allererster Linie: für Ihre Leser! Na, und wie macht man das? Indem man bei denen nicht das geringste, nicht das allergeringste voraussetzt. Kapiert?«

»Bei meiner Besprechung«, verteidigte sich der, »habe ich keinesfalls einen Karl Valentin vernachlässigt! Doch über den werden alle anderen Zeitungen schreiben – ziemlich ausführlich.«

»Mein lieber Mann Gottes aus Ostpreußen! Ich muß da wohl nicht gleich befürchten, daß Sie sich vorkommen könnten, wie eine Art Miniaturausgabe von Ihrem Kant – der da nun dessen mögliche Weisheiten unter das Volk zu streuen gedenkt. Hier jedoch haben sie es mit den Lesern unseres Blättchens zu tun. Und die wollen handfest bespeist, doch ums Verrecken nicht elitär abgespeist werden. Was die erwarten, von uns, sind ganz klare, ganz direkte Informationen – keinesfalls irgendein hochgestochenes theoretisches Brimborium!«

»Aber derartiges, Herr Kiaulehn, da bin ich sicher, habe ich nicht getan! Vielmehr bin ich versucht gewesen, dabei auf einen ganz besonderen, mir höchst interessant erscheinenden Komplex aufmerksam zu machen.«

Kiaulehn schnappte unverzüglich zu: »Was sagten Sie da soeben – Komplex? Welchen oder wessen meinen Sie?«

»Ich habe lediglich darauf hinzuweisen versucht, daß diese Liesl Karlstadt ungleich weit mehr darstellt, als eine gefällig-bemühte Stichwortbringerin – eben für diesen höchst eigenwilligen und eigensinnigen Menschen. Sie will mir vielmehr vorkommen wie ein unabtrennbarer, sogar unlösbarer Teil von ihrem Valentin. Denn ihr, und wohl allein nur ihr, ist es gegeben, so denken zu können wie er. Mithin ist sie befähigt dazu, genau das sagen zu können, was er zu hören begehrt – und sie weiß das. Diese beiden gehören zusammen, stellen eine Einheit dar – vielleicht wäre er, ohne sie, gar nicht das, was er ist.«

Walter Kiaulehn schnaufte auf, nicht ganz unanerkennend. Dennoch gab er sich unentwegt so, als sehe er hier wesentliche journalistische Regeln, seine Regeln, mißachtet. Mithin grollte er weiter; nach wie vor genußbereit. »Das gefällt mir aber ganz und gar nicht, was da so alles bei Ihnen zum Vorschein kommt. Erst neulich haben Sie sich nicht gescheut, eine liebe alte Dame des Theaters zur Schnecke zu machen. Und nun scheinen Sie sogar den Versuch zu unternehmen, an der Fassade eines hintergründigen Genies herumzukratzen. Sollte Ihnen so was Vergnügen bereiten? Mir nicht!«

Worauf dann Dr. Hohenemser immer noch nicht seine letzte und wohl auch stattlichste Katze aus dem Sack ließ. Denn wie er später erzählte, sozusagen dezent zum Besten gab, hatte er – Schlimmes ahnend, vorsichtshalber – noch einen dritten Mitarbeiter auf die Valentinveranstaltung angesetzt.

Doch bevor er, wie er sagte, auch noch diesen Pfeil aus seinem Köcher ziehen mußte, leistete er sich einen internen bemerkenswerten Einfall – einen von einiger »hinterfotzigkeit«, würden Bayern, echte, dazu sagen.

»Falls ich Sie richtig verstehe, Herr Kiaulehn, dann sind Sie nicht gewillt, diese Kritik zu akzeptieren? Was dann jedoch wohl praktisch zu bedeuten haben dürfte: Sie selbst wünschen nunmehr eine von Ihnen für angemessen gehaltene Besprechung zu schreiben?«

Was der prompt als Ansinnen empfand. Noch dazu

schien er sich instinktsicher zu fragen: Sollte das etwa eine Art versuchte Fallenstellerei sein, ausgerechnet ihm gegenüber? Mithin also lehnte er einen solchen Vorschlag ab; mit leicht verwundertem Blick, doch lässig gekonnt. Denn so was, wußte er, hätte etliche Stunden intensiver Arbeit bedeutet – sogar für ihn. Denn wohl war es ihm gegeben, was auch nahezu stimmte, jedes ihm gestellte Thema zu beherrschen; und zwar gekonnt – vorausgesetzt: eine gewisse, wenn auch nur geringe Vorbereitungszeit! Doch die war hier nun nicht mehr vorhanden.

Somit traf er dann eine Feststellung, über die er selbst ein wenig verwundert zu sein schien. So was überspielte er unverzüglich mit gut getönter Großzügigkeit. Schwierigkeiten machen war schließlich eine Sache – die sich einhandeln, eine ganz andere.

»Veröffentlichen wir also, von mir aus, in unserem Blättchen, oder eben am besten gleich in einem Kulturmagazin, was da unser junger Mann von sich gegeben hat. Schließlich kann ja keiner von uns behaupten, eine mögliche journalistische Weisheit oder gar Wahrheit gepachtet zu haben. Und wenn auch die Erkenntnisse, sogenannten, unseres neuesten Kulturbearbeiters zwar reichlich eigenwillig anmuten – aber so wie er die formuliert hat, liest sich das gar nicht schlecht. Wobei ich allerdings nicht gleich sagen will, daß mir so was gefällt. Doch immerhin, ich gebe zu – geeignet zu einer Veröffentlichung ist das; allemal.«

Worauf sodann Walter Kiaulehn dieser Redaktion entrauschte – sichtlich überzeugt davon, daß ihm da ein besonders gut gelungenes Werk geglückt sei; noch dazu eins, das ihm höchst wohl getan haben dürfte. Zurück blieben der klug verhaltene Redakteur und sein neuester Feuilletonist. Der eine schüttelte, ganz leicht, seinen intelligenten Kopf; der andere blickte blaßbleich vor sich hin.

Doch dann sagte Dr. Hohenemser, nicht ganz unamüsiert: »Haben Sie erkannt – der mag Sie!«

»Meinen Sie etwa Herrn Kiaulehn?« Ungemein ungläubig gefragt. »Der – und mich mögen! So, wie der mich behandelt hat?«

»Da Sie ihn nicht kennen, wissen Sie auch nicht, wie der sich hier ansonsten aufzuführen beliebt. Der scheut sich nicht, ganze Kübel seines Unwillens auszuleeren – auf alles und alle, die so was, seiner für ihn allein maßgeblichen Ansicht nach, verdient haben. Mithin weiter kein Wunder, daß er von den meisten Kollegen keinesfalls so was wie geliebt wird. Doch immerhin: Verglichen mit derartigen, nicht nur gelegentlichen Eskapaden, hat er Sie nahezu nobel behandelt. Da Sie ihm eben, wie gesagt, offenbar gefallen. Dabei durchaus zu vermuten, daß ihm nicht gleich das gefällt, was Sie schreiben – jedoch das, wie Sie es schreiben.«

Etliche Jahre danach sollte dann dieser damals nahezu mutwillig angereiste Anfangsschreiber vom Lande einer Liesl Karlstadt begegnen.

Inzwischen dürfte er, als Journalist, bereits schon als einigermaßen »bekannt« gelten; das zumindest in München und näherer Umgebung – ohne jedoch, glücklicherweise, noch nicht als »prominent« bezeichnet zu werden. Er erblickte Liesl Karlstadt auf dem Bahnhof in Wiesbaden, wo sie einen Zug bestieg, mit dem sie sich, nach einer Filmarbeit, wieder in ihre geliebte Münchner Stadt zurückzubegeben begehrte.

Inzwischen war die sagenhafte Währungsreform erfolgt. Einen Karl Valentin gab es nicht mehr – der war, an einem

Rosenmontag, bereits 1947, in seinem Planegg gestorben. Ohne ihn schien Liesl Karlstadt auf ein wenig hilflose Weise vereinsamt zu sein – sie war dennoch ein wie unsterblicher Abglanz von ihm geblieben, fast schon zu Lebzeiten zu einer Legende geworden. Als sie sich zu einem Tisch im Speisewagen begab, bat er sie, sich zu ihr setzen zu dürfen. Was ihm erlaubt wurde. Dann stellte er sich vor.

Das erwies sich als überflüssig. Denn Liesl Karlstadt wußte, einigermaßen genau, wer jener Mensch war, der sich ihr da zuzugesellen trachtete. Wobei dieses kleine, rundliche ungemein gutmütig anmutende Wesen, mit sanftem Entgegenkommen reagierte; mit entwaffnender Bescheidenheit noch dazu.

»Ich habe einiges von Ihnen gelesen. Und ich erinnere mich noch, sehr gerne, an das, was Sie damals, kurz nach dem Krieg war das wohl, über mich geschrieben haben. Dabei hatten Sie mich, und das sogar ziemlich vorbehaltlos, zu einem wesentlichen Teil eines Karl Valentin erklärt.«

»Absolut berechtigt«, versicherte er ihr, ungemein ernsthaft. »Und ich hoffe, sehr, Sie damit erfreut zu haben – irgendwie.«

»Das kann ich nur bestätigen.« Dieses wie von sanftem Kerzenlicht angestrahlte sonntagskuchenartige Wesen blinzelte ihn an. Ihr bedeutsames Entgegenkommen war von wundersamer Einfühlungsbereitschaft – auch ihm gegenüber; vielleicht sogar nicht frei von urmütterlichem Wohlwollen. »Diese Ihre damalige Kritik – oder habe ich nun Würdigung zu sagen? – hat mit sehr berührt. Ich habe mich sogar versucht gefühlt, Karl damit bekannt zu machen.« Also Valentin.

»Tatsächlich? Wobei der aber so was wohl kaum zur Kenntnis genommen haben wird.«

»Sie wissen einiges von ihm. Also auch, daß sich Karl

stets geweigert hat, haben soll, irgend etwas von dem zur Kenntnis zu nehmen, was da so über ihn veröffentlicht wurde. Das wurde dann ebenso als erklärte Scheu bezeichnet, wie aber auch als gewachsenen Abscheu; doch weder das eine noch das andere stimmte, nicht ganz. Denn gelegentlich warf der durchaus einen Blick, und dann sogar einen ganz scharfen auf das, was über ihn, seinetwegen, geschrieben worden war. Jedenfalls habe ich ihm das vorgelegt, was Sie damals über mich, im Zusammenhang mit ihm, veröffentlicht hatten. Man könnte auch sagen: Das habe ich ihm, vorsichtig, aufgedrängt. Das jedenfalls hat er gelesen.«

»Und dann was, dazu gesagt? Vermutlich nichts.«

Doch, dazu hatte der was gesagt – sogar einiges. Und falls sich nun Valentins Kommentar daraufhin, einigermaßen richtig erkennen und auch glaubhaft wiedergeben läßt, kamen dabei Feststellungen von wohl frappierender wie auch exakt zutreffender Deutlichkeit zum Vorschein. Und im Grunde wohl nur diesem beharrlich bohrenden Grübler gegeben.

Denn Karl Valentin soll dazu – der genaue Wortlaut ließ sich nicht rekonstruieren – zunächst einmal etwa dies gesagt haben: »Wer so was schreibt, muß ein ziemlich raffinierter Hund sein.« Wobei bekannt war, daß er Hunde, bevorzugt Mischlinge, sehr liebte; beschützungsbereit.

Weiter so ungefähr noch dies: »Der ist nicht gleich so dumm, einfach alles nachzuplappern, was da bisher so über mich verbreitet worden ist – der weicht sich anbietenden Gemeinplätzen wie Kuhfladen aus; ziemlich geschickt sogar.«

Aber dann noch das, was nun, möglichst wortwörtlich, zu zitieren versucht werden soll: »Ist der etwa versessen darauf, sich als eine Art Schlitzohr zu betätigen – wie ich?«

Was konnte, irgendwie, anerkennender sein!

Nunmehr jedoch war 1947. In jenem Jahr trafen sich jetzt bereits schon sogenannte Ministerpräsidenten, aus ost- und westdeutschen Ländern, in München. Um alsbald wieder auseinanderzustreben. Denn es war ihnen nicht gegeben, oder eben nicht erlaubt, sich über eine mögliche deutsche Zentralregierung zu einigen.

Doch eben damit entstanden nun, scheinbar wie unvermeidlich, zwangsläufig, zwei Sorten, Arten, oder eben Abarten von diesem Deutschland. Womit man sich abzufinden hatte – das dann auch tat. Wenn auch gelegentlich wie zähneknirschend, so doch ohne sonderliche Empörungsversuche.

Noch immer war so gut wie allen das Hemd näher als der Rock. Brauchbare, garantierte Ernährung schien sich als ungleich wesentlicher, derzeit wohl auch wichtiger zu erweisen – als möglicherweise nationale Traumtanzversuchungen danach. Wofür Verständnis zu entwickeln war; entwickelt werden mußte, irgendwie.

In jenem Jahr wurde der Literatur-Nobelpreis an Gide, Frankreich, verliehen – was nicht geringe Betroffenheit verursachte; bei sogenannten »Normalen«, in sittlichen Bereichen – bei dem handelte es sich um einen »Homo«. In Deutschland veröffentlichte einer der wenigen übriggebliebenen ehrenwertesten jener »anderen« Deutschen, Kasimir Edschmidt: »Das gute Recht«. Zugleich erschien eines der beeindruckendsten Bücher jener Jahre: »Die Stadt hinter dem Strom«, von Kasack. Die Huch, Ricarda, starb; Fallada auch; der Bildhauer Kolbe gleichfalls.

Noch immer konnte in diesem Deutschland kaum die Rede sein – von auch nur halbwegs geregelten Zuständen. So etwa waren auf den Schwarzmärkten in Berlin für zwanzig amerikanische Zigaretten Reichsmark, RM, 150 hinzublättern; für ein Kilogramm Kaffee wurde, sobald man da noch Glück hatte, RM 1100 – in Worten: eintausendeinhundert gefordert; ein einziges Ei kostete zwölf RM, falls so was überhaupt auf jenen »Märkten« angeboten wurde. Und sehr oft kam es vor, daß von Stadtbewohnern ausgedehnte »Ausflüge« auf das Land unternommen wurden – nur um ein paar Tüten Grundnahrungsmittel zu »erwerben«.

Mit so was mußte gerechnet werden. Doch irgendwie berechenbar schien ansonsten immer noch, nach wie vor, so gut wie nichts zu sein! Mußte man sich, selbst damit noch, abfinden? Mußte man. Na, was denn sonst?

Damals jedenfalls, im Bereich dieser Münchner Tageszeitung, schien ein Walter Kiaulehn dominieren zu wollen. Zumindest erwies der sich weiteren Feuilletonschreibversuchen dieses Neulings gegenüber als höchst kritisch. Und wenn dabei auch eine Art kennerische Zustimmung durchzuschimmern schien – so erfolgte diese jedoch kaum jemals ohne beharrlich angebrachte Zweifel. Und die pflegte er.

»Dieses Kerlchen«, sollte er dann eines Tages feststellen, fast ohne sonderliches Widerstreben, »kann einiges!« So was gesagt, dem ihm offenbar höchst aufmerksam zuhörenden Hohenemser gegenüber. Wobei, neben dem, wie völlig unbeteiligt, Anneliese Lehmann saß. »Doch was, frage ich mich, und Sie – kann der tatsächlich?«

Doch eben wohl genau das, war hier der vermutbar alles entscheidende Punkt! Dessen Bedeutung vermochte dieser Feuilleton-Redakteur durchaus zu erkennen. Doch ihm war es, noch darüber hinaus, durchaus gegeben, seine ganze speziellen Folgerungen daraus zu ziehen. »Falls ich Sie da richtig verstanden habe, Herr Kiaulehn, sind Sie durchaus bereit dazu, ihm behilflich zu sein.«

»Dem auf die Sprünge zu helfen – höchstens das!« Er demonstrierte heftigste Abwehr, einer derartigen Zumutung gegenüber. Denn wer, bitte, war er hier? Wahrlich kein feuilletonistischer Arschpauker; schon gar nicht so was wie ein journalistisches Kindermädchen! Er war ein Klärer, ein Aufklärer!

Und wohl in dieser bereitwillig übernommenen Eigenschaft sagte er dann: »Neugierig allerdings bin ich; und zwar darauf, wie sich nun dieses kleine, herumschnüffelnde Zeitungswildschwein weiter entwickelt. Der könnte sich da womöglich in einen literarischen Schafsbock verwandeln – oder in einen lauernden Luchs. Was denn nicht, ist dem zuzutrauen? Durchaus vorstellbar, daß der sich fleißig hochschreibt – oder wieder in seiner Gemeindekanzlei landet; dann wie endgültig. Was dabei wirklich zum Vorschein kommt, weiß keiner! Der schon gar nicht.«

3.

Ein Alltagsschreiber

Nunmehr durfte sich dieser zum Schreiben wie völlig untrübbar entschlossene Dorfbewohner nahezu als aufgenommen betrachten – bei dieser Zeitung, bei deren Feuilletonredaktion.

So was allerdings wahrlich nicht ohne erspürbare Vorbehalte. Vielmehr prall erkennbar, daß der sich vorkommen mußte, wie höchst aufmerksam und scharf überwacht. Und zwar von einem Walter Kiaulehn. Denn der schien nun bedrohlich dazu bereit zu sein, dem gegenüber so was wie Wohlwollen zu verströmen. Also ihn sozusagen »unter seine Fittiche« zu nehmen.

Dabei durfte dessen Vorgehen als reichlich rücksichtslos, doch zugleich auch als ungemein beharrlich und einfallsreich bezeichnet werden. Was dieser Kiaulehn da offenbar herausfinden, ergründen wollte, waren die möglichen, die wirklichen Fähigkeiten dieser willigen, schnell instinktsicher heranwachsenden journalistischen Junghyäne.

Woraus sich dann ein intensives, vielbelauertes, oft auch verwundert bestauntes Bemühen ergeben sollte; nur um dessen eventuellen Begabungen gewissermaßen zu testen. Als sei es unbedingt notwendig, den mit hohen Druck zu belasten, um endlich herauszufinden, wozu der fähig, fähig zu machen war; was der wirklich konnte. Versuche, die sich dann jahrelang ausdehnten.

Dabei ließ ihn Kiaulehn, geschickt dirigierend, zumeist wie abgesprochen mit Hohenemser, an weitere Theaterkritiken heran. Und deren Ergebnisse erwiesen sich dann, in den prüfenden Laueraugen eines Kiaulehn, als gar nicht sonderlich schlecht, wenn auch wohl kaum viel mehr als mittelmäßig. Sodann durfte der literarische Neuerscheinungen besprechen – was gar nicht uneinfühlsam geschah, doch gleichfalls wohl kaum als sonderlich glanzvoll bezeichnet werden konnte. Dann aber kam Kiaulehn sogar auf den Einfall, diesen Schreiber der Lokalredaktion zuzuschieben; mit der Weisung: diese möge den als Prozeßberichterstatter einsetzen. Woraus sich dann gar nicht unbrauchbare Arbeiten ergaben. Doch immerhin – etwas irgendwie »Zeitungsweltbewegendes« kam immer noch nicht zum Vorschein.

Doch dabei immer deutlicher erkennbar, daß jene vorsichtig geäußerte Vermutung von Dr. Hohenemser ziemlich zuzutreffen schien: Walter Kiaulehn witterte da offenbar, eben in diesem entschlossenen Schreiber, eine Art Schüler; wenn nicht gar so was wie einen Musterschüler. Den aber wollte er haben! Und dazu drohte er den zwingen zu wollen – mit zunehmend beharrlicher werdenden Forderungen.

Wobei dann nach geraumer Zeit, zumindest in einem Fall, dennoch etwas zum Vorschein kam, das wohl als nicht ganz unbemerkenswert bezeichnet werden konnte. Das geschah bei einer Prozeßberichterstattung; bei der dritten gelieferten Folge einer dieser Gerichtsreportagen. Wohl wollten seine bisherigen Beschreibungen dieser Vorgänge als gar nicht unbrauchbar anmuten; sie besaßen sogar einige, nahezu als nicht unglänzend zu bezeichnende Details; zumindest aber lasen die sich recht gut. Was allerdings in diesem Metier an sich noch nichts Ungewöhnliches war, kaum mehr als selbstverständliche Routine. Doch eben bei derartigen Versuchen kamen dann auch einige Einzelheiten zum Vorschein, die einem Kiaulehn nicht entgingen.

Bei diesem Prozeß handelte es sich sozusagen um ein ganz heißes Eisen, bei dem sich selbst erfahrene Gerichtsberichterstatter sehr leicht die Finger verbrennen konnten – was die wußten. Denn eben dieser Prozeß wurde hier einem Nachkriegsgewinnler, angeblichen, gemacht. Noch dazu einem Juden; einem von »jüdischen Wesen«, war der allgemeine Sprachgebrauch dafür.

Doch eben ein solcher Umstand hob diesen Prozeß weit hinaus – aus dem Bereich des bisher üblichen: Ein Jude, »jüdischer Mensch«, als Angeklagter! Vermutbar noch dazu einer, der seine hohe Funktion nicht zuletzt gewissermaßen sozusagen seiner »Rassenzugehörigkeit« zu verdanken gehabt hatte. Und so einer nun vor deutschen Richtern und Staatsanwälten! Das war eine Sensation; eine höchst delikate dazu. Und für gar nicht wenige ein sicheres Zeichen, daß langsam wieder »Normalität«, eine gewisse, zurückkehrte.

Dabei dominierten Begriffe wie Unterschlagungen, Veruntreuungen, Betrugsversuche. Sie wurden von diesem Berichterstatter bemüht sachlich beschrieben – das sogar, noch dazu, mit wohltuend gebändigter Fantasie. Mithin entsprechend den Zeitungsmaximen seines Großmeisters, von eigenen Gnaden; wozu etwa auch dieser Leitspruch gehörte: Schaue, denke, berichte – vermeide Gefühlsanwandlungen!

Verpflichtende Erkenntnisse! Die aber dann hier allerdings jedoch, nicht gleich, nicht unbedingt, nicht in der zu erwartenden notwendigen Präzision zum Vorschein kamen. Das etwa dann nicht, als dieser Berichterstatter eine intensive Beschreibung des Angeklagten versuchte – eingefangen in zwölf Zeilen; unter siebzig anderen. In denen jedoch hatte er sich bemüht, einen Menschen zu beschreiben, den er vor sich gesehen hatte – zwei Staatsanwälten und drei Richtern gegenüber, zwei Rechtsanwälte hinter ihm; scharf belauert auch von einem stattlichen Presserudel.

Und er hatte geschrieben: Ein zusammengesunkenes,

wie in sich hineingefallenes Wesen. Und wenn auch wie unentwegt starrend auf seinen verfettet anmutenden Bauch; vollfleischig, schwammig, quallenhaft, so doch dabei in diesem dunklen Raum wie magisch umglänzt von hineinflutenden Sonnenstrahlen. Ein Mensch in unendlicher Vereinsamung, ein dennoch wie strahlender!

Als Kiaulehn so was las, lesen mußte – und ohne »seinen Segen«, wünschte er, sollte möglichst keine Zeile seines Zuchtobjektes in die Setzerei gehen – war er ehrlich entsetzt. »Was, aber was denn, mein Bester, haben Sie sich denn diesmal geleistet! Feuilletonistische Anwandlungen, ausgerechnet bei einer Prozeßberichterstattung! Das geht noch nicht zusammen. Erkennen Sie denn nicht, immer noch, was das ist: ein Journalist? Das ist einer der sieht, registriert, berichtet. Und das gefälligst ohne jede gefühlvolle oder gar gemütsinnige Abschweifung. Ersparen Sie sich das – und mir.«

Was dann diesen »Berichterstatter« nicht davon abhielt, sich dann in der Folge fünf seiner wie unentwegten journalistischen Übungen, abermals eine weitere Abschweifung zu leisten. Und zwar als er schrieb: »Da wurde ausgerufen: Aufstehen, das Hohe Gericht kommt! Das aber kann wohl nur als eine obrigkeitsbewußte, rücksichtslose Formulierung bezeichnet werden; geradezu eine von vorgestern! Sollte es da nicht angebrachter sein, einfach zu verkünden: Die Anwesenden werden gebeten, sich zu erheben – das Gericht kommt!«

Das allerdings erwies sich als eine Anregung, die keinesfalls wie ansonsten bei etlichen Hunderttausende von Zeitungszeilen üblich, völlig im Leeren verpuffte. Diese wurde aufgegriffen – vom Justizminister dieses Landes; dann auch, wie angeordnet, befolgt von seinen Beamten. Womit es diesem Schreiber, erstmals, gelungen war, so etwas wie eine

Art Forderung durchzusetzen. Einige weitere sollten, später, noch hinzukommen. Dabei allerdings dann auch einige nahezu verheerende, vernichtungsbereite Bumerangvorgänge. Was jedoch könnte selbstverständlicher sein?

Walter Kiaulehn pflegte jedenfalls, auf derartige und ähnliche journalistische Einmaligkeiten, durchaus mit einigem Wohlgefallen zu reagieren. Sobald die erkennbar im Rahmen einer Zeitung, seiner Zeitung, einigermaßen sinnvoll und machbar waren, hatte er nicht sonderlich viel dagegen – nicht bei seiner erklärt absegnungsbereiten Protektion. Wenn er auch zugleich lächelnde Überlegenheit demonstrierte, so war selbst das keinesfalls unberechtigt. Bei ihm nicht.

Denn wer er war, was er tatsächlich darstellte, darzustellen wünschte, auch gewiß zu bedeuten hatte, wurde gelegentlich zwingend deutlich. Etwa dann, wenn er sich dazu herabließ, etwa nach tagtäglichen Redaktionsschlachten, einiges von seinen Anfängen zu berichten. Erzählungen, die vermutbar nicht zuletzt bestimmt waren für diesen von ihm »unter seine Fittiche« genommenen Anfänger. Und denen lauschte der dann auch, wie begierig, schlang die in sich hinein. Wie unstillbar heimgesucht von journalistischer Freßbegierde; und sein Verdauungsvermögen, in dieser Hinsicht, war groß.

Zu derartigen Vorgängen gehörte dann auch eine besonders schön-schaurige Story. Denn Kiaulehn – alsbald, wenn auch mehr heimlich von diesem Schreiber als »mein Kiaulehn« bezeichnet – hatte sich, einstmals, Ende der zwanziger Jahre, in Berlin betätigt; bei einer Ullstein-Zeitung; und dort auch als Polizeireporter. Wobei es ihm gelungen war – »Unter anderem, mein Lieber, unter etlichen anderen Vorgängen« – gar nicht unerheblichen Einfluß zu nehmen; so zum Beispiel, auf die Klärung, Aufklärung, des sogenannten

»Kinokassierermörders«. Was wohl als ein Kriminalspektakel sondergleichen zu bezeichnen war.

Dabei war der damals wohl genialste Mordspezialist des Berliner Polizeipräsidiums in vollste Aktion getreten: Ein leicht rundlicher Mann; mit Adleraugen, Schnaufstimme und Genußlippen. Der wurde aber auch, sozusagen intern, als »der große Kuchenfresser« bezeichnet. Und diesmal hatte da nun dieser Greifer aller Greifer, vor sich eine Leiche, plus ausgeraubter Kinokasse. Auch dazu bereits einen möglichen Hauptverdächtigen. Diesem jedoch war »so gut wie nichts« zu beweisen.

Denn der schien ein Alibi zu besitzen; und zwar ein so gut wie unerschütterliches. Denn der war, mehrfach bezeugt, eine halbe Stunde vor der Tatzeit gesichtet worden; und zwar etliche Kilometer vom Ort dieses Raubüberfalls entfernt.

Und des mürrisch gewordenen Kuchenfressers Erkenntnis dabei: »Der konnte das in so einer Zeitspanne nicht schaffen! Nicht bis zum Opfer hin. Und so was schon gar nicht mitten im abendlichen Hochverkehr. Nicht einmal mit einem Motorrad. Einfach nichts, was ich dabei nicht nachgeprüft habe.«

So was muß, gewiß, mit höchster Unwilligkeit gesagt worden sein, mit wuchtigem Bedauern auch. »Dieses Schwein ist einfach nicht zu fassen!« Das jedoch immerhin eingestanden, ebenso vertraulich wie auch vertrauensvoll – einem Walter Kiaulehn gegenüber.

Worauf der dann meinte: »Vielleicht sollten Sie das noch einmal überprüfen, Herr Kommissar – gemeinsam mit mir. Wobei ich Ihnen dann beweisen könnte, daß Sie sich geirrt haben.«

Eine Art kompaktes Ansinnen vermutlich; einem Kiaulehn bereits damals gegeben. Auf das sich jedoch dieser feiste Kuchenbergmensch einließ. Vermutbar deshalb, weil er ein klug kalkulieren könnender Mördergreifer war.

Worauf er dann, genau eine halbe Stunde vor der festgesetzten Tatzeit, doch nunmehr zwei Tage danach, zwei Polizisten auf Motorrädern lossausen ließ – vom angeblichen Alibiort des möglichen Täters aus. Er selbst stürzte sich denen in seinem Dienstwagen hinterher; mit Blaulicht und Sirenen. Um jedoch erst vierzig Minuten danach, also um zehn Minuten zu spät, am Tatort anzukommen.

Um dort dann einen Kiaulehn vorzufinden. Ungemein lässig dastehend; durfte angenommen werden. Und der sagte: »Hier befinde ich mich bereits seit einer Viertelstunde.«

»Und wie, Menschenskind, haben Sie das geschafft?«

»Indem ich die U-Bahn benutzt habe; ganz einfach.«

Womit dann dieser Fall, der hohes Aufsehen erregt hatte, im wesentlichen als geklärt bezeichnet werden konnte. Wobei dann allerdings dieser hochbegabte journalistische Aufspürer, eben Kiaulehn, auch noch mit einem weiteren Ergebnis seiner Polizeireporter-Recherchen dienen konnte: Da hatte er nämlich herausgefunden, bei seinen U-Bahn-Befahrungen, wo möglicherweise die Beseitigung, das Wegwerfen der Mordwaffe, erfolgt sein könnte. Denn bei der Rückkehr des Mörders, von seinem Tatort, bis hin zu seinem Ausgangspunkt, hatte der eine Spreebrücke überquert. Dabei dürfte sich ihm angeboten haben, das dabei benützte Tatwerkzeug, also eine Pistole, dort hinunterzuwerfen. Was nachgeprüft wurde und sich gleichfalls als zutreffend erwies.

Doch eben damit besaß Kiaulehn, seine Zeitung durch ihn, ein einzigartiges sogenanntes Exklusivmaterial. Was der dann unverzüglich auszuwerten wohl kaum gezögert haben dürfte. Gekonnt wirksam, versteht sich von selbst.

Nunmehr jedoch, nahezu dreißig Jahre danach, wurde er bei derartigen Erzählungen, vermutbar Teile seiner Version von Dichtung und Wahrheit, bewundernd angestaunt – von jenem Anfänger, der hier betreut werden sollte, gewiß in Besonderheit. Eine Reaktion allerdings, die dann jedoch Walter Kiaulehn sofort zu dämpfen, wenn nicht gar zu ersticken versuchte. Wohl deshalb, weil er da wohl begehrte, sich einen halbwegs seriösen Zeitungsmann heranzuzüchten – keinesfalls einen journalistischen Abenteurer.

Seine sodann diesbezüglich zum Vorschein kommende Lektion sah diesmal so aus: Jene zwanziger Jahre seien, zumal in jenem Berlin, ein Tummelplatz für freudig enthemmte Einzelgänger gewesen – was leicht zur Scharlatanerie verführen konnte. Danach jedoch, in den dreißiger Jahren, sei eine erbarmunslos zielstrebig vorangetriebene Zwangsjackenzeit für Journalisten erfolgt – der sich zu entziehen, einigermaßen, mußte versucht werden; habe sich jedoch niemals als ganz ungefährlich erwiesen.

Habe mithin so was wie raffinierte Geschicklichkeit erfordert, eine gehörige Portion ausgekochter Schlauheit gewißlich noch dazu. Was ihm gegeben war, sollte das wohl heißen. Wahrlich nicht ganz unzutreffend.

Inzwischen jedenfalls hatte er da so seine überreichen Erfahrungen gesammelt. Mithin wollte er sich als nahezu weise geworden vorkommen; hoffte das vermutlich sogar zu sein. Jedenfalls versäumte er fortan kaum jemals, seinen einstigen, wenn auch gerne ausgebreiteten Erkenntnissen nahezu fordernd hinzuzufügen: »Es bleibt zu hoffen, daß uns endlich extreme Pendelausschläge erspart bleiben – nach der einen oder anderen Seite. Denn die vermögen nichts wie Unsicherheit und Angst, Hemmungslosigkeit und Hysterie zu erzeugen. Unser Bedarf, oder eben unser Verlangen danach, sollte inzwischen voll gedeckt sein.«

»Und wenn auch«, er dann weiter, »ein so schön ausgeglichenes Mittelmaß, wie sich das jetzt anzubahnen scheint, manchmal zum Kotzen langweilig zu sein scheint – doch leben läßt sich damit; sogar einigermaßen brauchbar. Jedenfalls, meine ich, daß wir diese nun möglicherweise erreichte Gelassenheit nicht leichtfertig verspielen sollten.«

Derartige Ermahnungen, Einwände und Belehrungen dieses erklärten Großlöwen des Journalismus verstummten auch nicht nach dem achten Prozeßbericht dieses emsigen Neulings, seiner zwölften Theaterkritik, so an die vier Dutzend Literaturbesprechungen. Wobei dann noch einige feuilletonistischen Betrachtungen hinzukamen; solche in »Klassischer Manier« – wie etwa: »Kinder spielen mit einem Hund in der Sonne«. Oder: »Ein alter Mann liest im Park ein neues Buch«. Auch: »Ein Baum darf nicht sterben – Menschen wollen das nicht«. Und wenn auch bei derartigen Aus- und Abschweifungen in »zeitungsfremde Gefilde« prompt ein ablehnendes Gebrüll von Kiaulehn ertönte – so jedoch kaum noch jemals vor versammelter Zeitungsmannschaft.

Dann allerdings geschah, so nach ein, zwei Jahren emsiger, doch nicht ganz ungenossener Sklavenarbeit, etwas wahrlich recht Seltsames. Dieser schreibgewaltige Elefant, der jetzt aber alle möglichen politisch getönten Porzellanläden wie die Pest zu meiden schien, sprach eine Einladung aus. Diesen seinen wohl noch sehr schmalen Schattenmenschen gegenüber. Er möge ihn mal besuchen – und zwar ganz privat.

Damals bewohnte Walter Kiaulehn eine durchaus gemütlich anmutende Zweizimmerwohnung; in Nähe des Maximilianplatzes.

Im dortigen Hauptraum befanden sich schwere, ungemein strapaziert wirkende Plüschsessel; Zeitungsmassen, so schien es, bedeckten den Fußboden; Bücher, Broschüren und Zeitschriften waren in Regale hineingestapelt worden. Dann jedoch – jedoch dann!

Mitten auf dem Mitteltisch stand, wie einladend, eine Flasche Weinbrand der besseren Sorte. Und es sollte sich herausstellen, daß »der Meister« nicht nur diese eine Flasche besaß, vielmehr eine ganze Kiste davon. Wahrhaftig – eine ganze Kiste! Möglicherweise verfügte der vielleicht sogar noch über einige mehr solcher ungemein raren Exemplare; hinter Büchern verborgen.

Und so was in dieser Zeit, kurz vor der Währungsreform, welche als die fleischarme, zigarettendürre, nahezu alkoholfreie zu bezeichnen war. Ein frappierender Anblick mithin, einer von großem Seltenheitswert – wenn auch nicht in den Bereichen eines Walter Kiaulehn. Warum so was möglich war, bei ihm, das ein wenig näher zu erklären, ließ er sich dann herab – beim zweiten, abermals großzügig eingeschenkten Glas. Vermutlich gedachte er erneut, zumal bei dieser besonders schönen Gelegenheit, eine seiner Lehren zu erteilen.

»Mein lieber Junge, wer unser Metier einigermaßen überzeugend betreiben will, sollte sich dabei niemals auf gefällige Leichtfertigkeiten einlassen. Bei einer solchen Beschäftigung muß man sich fühlen, wie an der Quelle seiner wahren Möglichkeiten angekommen – denn anders wird das, was dann zu bewältigen ist, wohl kaum glaubhaft zu schaffen sein. Dabei allerdings, mein Guter, darf man sich niemals einer einzigen solcher Institutionen ausliefern, wie ausschließlich; sozusagen mit Haut und Haaren. Denn die dort an unseren Quellen hockenden cleveren Geschäftskerle merken so was verdammt schnell und nutzen es aus. Reichlich schamlos. Ergo: Um Sicherheit zu erreichen, muß man sich absichern.«

»Mir ist bekannt, daß Sie nicht nur für eine Zeitung

schreiben, Sie verfassen auch Artikel für Zeitschriften; und dann noch Bücher.«

»Nun ja, auch das gehört mit zu derartigen angebrachten, wenn nicht gar notwendigen Absicherungen. Wenn man gewissen Leuten möglichst klarmachen will, daß man wahrlich nicht ausschließlich auf ihren gütigen Großmut angewiesen ist, dann allerdings muß man Einfälle haben – und zwar solche, die sich auch auszahlen.«

Und die hatte dieser Kiaulehn wohl schon immer gehabt. Schließlich war er ein glänzender Formulierer – allein schon die Überschriften seiner Artikel glichen plakativen Signalen. Doch eben dadurch war es ihm sogar gelungen, Kaufleuten aufgefallen; und das wollte nicht nur einiges heißen, hatte auch erhebliches zu bedeuten. Nun ja, er war ein anerkannt exzellenter Zeitungsmann, wünschte dabei jedoch möglichst fest auf dem Boden finanzieller Tatsachen zu stehen. Mithin hatte er nicht verschmäht, auf Anregungen gewisser Branchen einzugehen. Er war da nämlich, wie so ganz nebenbei, in die Werbung eingestiegen, und zwar bereits vor etlichen Jahren; zu einer Zeit also, als sich noch keinerlei diesbezügliche Institute marktbeherrschend breitmachten.

Dabei waren ihm einige weitzeugend wirksame Formulierungen gelungen. Wie etwa: »Rauche – staune – gute Laune!« Doch bereits schon vorher war ihm jener kunstvoll vereinfachte, noch Jahrzehnte danach gebräuchliche Slogan eingefallen, der da anlockend besagte: »Im Asbach Uralt ist der Geist des Weins.«.

Deshalb also die nunmehr bei ihm lagernden enormen Weinbrandbestände. An diesen wünschte er dann seine möglichen Freunde Anteil nehmen zu lassen. Das waren nur sehr wenige; auch in dieser Hinsicht durfte er als erklärt anspruchsvoll bezeichnet werden. Einige sagten aber auch: Wer kann denn schon mit dem auskommen!

Jedenfalls durfte seine Bereitschaft dazu, stets »da«, also sozusagen »am Ball« sein zu wollen, als bestaunenswert beachtet werden. Seine diesbezüglich beständige »Präsenz« zeugte jedoch nicht nur von seinen oft verblüffend vielfachen Fähigkeiten, sie bezeugte vielmehr sein Verlangen danach, sich auf eine ihm angemessen erscheinende Weise behaupten, sich durchsetzen zu wollen. Dazu gehörte gewiß auch seine gelegentliche lapidare, sarkastische Bemerkung: »Kleinvieh muß schließlich auch sein – das macht Mist!« Also – »Mäuse«. Mithin: Honorare. Bei deren Anweisungen schien sein Blick ganz besonders scharf prüfend zu werden.

Denn schließlich begehrte er, verlangte es ihm danach, sich gediegen und sorgfältig zu kleiden, möglichst gut und erlesen zu speisen, edle Getränke zu sich zu nehmen. Er war nun mal ein Mann, der »leben« wollte; möglicherweise wünschte er sogar als das in Erscheinung zu treten, was man einen »Lebemann« hätte nennen können. Jedoch einer der ganz noblen Sorte, von leicht britisch angetönten Gentleman-Zuschnitt. Sich derartige Freiheiten zu erscheffeln, war er nicht nur mit seinen frappierenden, journalistischen Fähigkeiten bereit – er hatte eben da auch sonst noch »einige Eisen im Feuer«.

So etwas handelte es sich bei Walter Kiaulehn nicht nur um einen ungemein komödiantisch veranlagten Menschen im Zeitungsmetier; vielmehr durfte der auch, tatsächlich, als durchaus nicht unüberzeugender Schauspieler gelten. Er konnte in den Filmateliers von Geiselgasteig ebenso vorgefunden werden, wie dann auch sogar auf der Bühne der Münchner »Kammerspiele«; und selbst diese drohten ihren erheblichen Ruf durch seine Mitwirkung keinesfalls zu verlieren. Seine augenzwinkernde Bemerkung zu solchen Vielfachbeschäftigungen: damit erweitere er seine Fachkenntnisse – jene des Theaters.

Doch selbst das war noch nicht alles. Darüber hinaus besaß er auch eine enorme rednerische Begabung. Als etwa bei einer Art Jubiläumsfeier des berühmt gewordenen »Simpl«, einem Künstlerlokal, freudigst anerkennende Worte geschwungen wurden – ließ dann auch er sich, wie aus dem Publikum heraus, auf die kleine Bühne bitten.

Worauf er dann, ohne die geringste Vorbereitung, Formulierungen zu finden vermochte, die ebenso heftigste Begeisterung, wie aber auch mächtig fließende Tränen der Rührung auslösten. Für Journalisten war er »der« Journalist schlechthin, für Schauspieler auch ein Schauspieler; sogar Kabarettisten hielten ihn für einen der ihren.

Mein Gott, was der auch machte, er machte es gut. Was er auch immer unternahm, das hatte Hand und Fuß. Als er, zum Beispiel, dafür ausersehen worden war – für ein ihm angemessenes Honorar, versteht sich von selbst – im Goldmann-Verlag einen Vortrag zu halten, über das Thema »Der Kriminalroman«, absolvierte er das ebenso glänzend wie gründlich. Und Wesentlicheres, als damals von ihm, war wohl zuvor noch niemals zu diesem Fantasie-Komplex gesagt worden. Und unmittelbar danach, nach ihm, war so was schon gar nicht möglich.

Doch unmittelbar danach hatte der Großmeister »seinen Schüler«, also diesen Autor, dafür vorgesehen, seine Ausführungen zu ergänzen. Das gleichfalls, na klar, recht stattlich honoriert; ohne damit, selbstverständlich, nicht gleich an die diesbezügliche Größenordnung eines Kiaulehn heranzugelangen. Der jedoch begab sich zum Rednerpult und erklärte, mußte das wohl:

»In meinem Manuskript – das die Damen und Herren von der Presse vervielfältigt erhalten werden – steht so gut wie nichts zu diesem Thema, was nicht bereits schon vor mir von Herrn Kiaulehn gesagt worden ist. Damit aber dürfte die

Verlesung meiner Ausführungen überflüssig geworden sein.«

Diesmal jedenfalls, erstmals in seinen privatesten Räumen, beschäftigte sich Walter Kiaulehn, wohl noch ein wenig ratlos, mit dem nun mal auf ihn zugekommenen Menschen vom fernen Lande. Dem trank er zu, den betrachtete er anhaltend nachdenklich; wahrlich nicht frei von wohlwollender Besorgnis. Dabei schien er sich zu fragen:

Sollte diese kleine, vielleicht bereits schon mittelgroße Zeitungshyäne, tatsächlich das Zeug dazu besitzen, sich zu einem Löwen des Journalismus zu entwickeln? Mithin also – die Fähigkeit erreichen, einstmals in seine Fußstapfen zu treten? Seine von ihm oftmals verleugnete Vaterfigur schien sich dennoch, wenn auch darüber gerne grollend, einen ihm einigermaßen ebenbürtigen Erben zu wünschen.

Mithin sagte der nun, nach wie vor betont distanziert: »Sie können tatsächlich einiges, mein Lieber. Ihnen gelingen brauchbare Formulierungen; Sie vermögen sich auf das Wesentlichste zu konzentrieren. Ihre Berichte sind ziemlich exakt – und vor allen Dingen recht lesbar. Doch wo, frage ich mich immer wieder, könnte Ihre ganz besondere Begabung zu vermuten sein – falls die überhaupt vorhanden ist.«

Das aber wußten beide nicht. Noch nicht. Doch das schien dann – wie gesagt: schien – alsbald zum Vorschein zu kommen.

Das aber, 1948, war, zumindest für deutsche Menschen, die immer noch wie allein auf sich selbst fixiert sein mußten, zunächst, zuallererst einmal, jenes Jahr der sogenannten »Berliner Blockade«. Erkennbar ausgehend von den

Sowjets, dann zu bewältigen versucht von den Amerikanern; ziemlich überzeugend.

So war's jedoch immerhin auch mit dem dabei wohl miteinkalkulierten Effekt: Das möge die daran beteiligten Deutschen hoffen lassen! Worauf denn wohl? Daß dennoch nicht alles verloren und vergebens gewesen war?

In jenem Jahr war es Eliot, der Brite, dem der Literatur-Nobelpreis zugeteilt wurde – wie nahezu immer, vielfach nachsichtig angenommen, nach einem wohlgefälligen Gießkannenprinzip. Damals starben, gingen also für dieses Deutschland endgültig verloren, zumindest für dessen Sprachraum: Kerr, Kisch und Ludwig. Alsbald viel gelobt, oft zitiert, doch keinesfalls umfassend veröffentlicht. Was einen Max Tau, den vielfach verfolgten Juden, nicht davon abhielt, in seinem neuesten Buch geradezu beschwörend zu verkünden: »Glaube an den Menschen«. Womit der sogar auch den »deutschen Menschen« meinte.

Dabei war dann auch der sogenannte »Rekordtag« jener Berlin-Luftbrücke zu registrieren. Und zwar: 896 – in Worten achthundertsechsundneunzig – Flugzeuge an einem Tag. Mit einem Inhalt von, sage und schreibe, siebentausend Tonnen Lebensmittel, Bekleidung, Kohle. Sieger mithin, die sich da auf ganz erhebliche, wenn nicht höchst verwunderliche Anstrengungen eingelassen hatten – einer möglichen Befriedung wegen, wenn nicht gar Befreiung. Oder – was?

Frappierende Vorgänge jedenfalls, welche dann auch – nahezu noch weit darüber hinaus – zu jener sogenannten »Währungsreform« führen sollten. Diese erfolgend, wie exakt geplant, in einem Umtauschverhältnis 10 zu 1. Also: Zehn jener einstigen Reichsmark vergütet mit jeweils einer der nun neu zum Vorschein kommenden DM, der Deutschen Mark. Wozu vermutlich auch etliches an hineingepumpter Dollarwährung gehörte – die wohl wichtigste Bluterfrischung dieses restlichen Deutschland. Das nun aber wohl eindeutig zu einem westlichen Deutschland geworden war.

Ereignisse immerhin, die da jetzt wahrlich ein geradezu länderweites Aufatmen zur Folge hatten – eine Befreiung darstellend, von niedersten Besorgnissen. Nun schienen sich diese Menschen aufzurichten, sogar endlich wieder bereit dazu zu sein, über ihre Grenzen, Begrenzungen, hinauszublicken. Wäre ihnen das allerdings bereits damals gelungen, hätten ihnen zumindest zwei Ereignisse jenes Jahres in Besonderheit auffallen müssen: In Indien wurde Gandhi ermordet – im Nahen Osten ein Staat namens Israel gegründet.

Die Welt um sie war in Bewegung geraten. Der Weltkrieg, jener mit der Nummer zwei, zeugte fort, erzeugte neue ungeahnte Konstellationen. In Deutschland jedoch, und was konnte für diese Deutschen wichtiger sein, hatte der große Hunger aufgehört, immer noch vorhandene Trümmer begannen beseitigt zu werden – so als habe es die niemals gegeben. Was sich da nun anbahnte, und wenn auch wie auf engstem Raum, waren allererste Anzeichen von dem, was sodann als »das Wirtschaftswunder« bezeichnet werden sollte.

Allererste Anzeichen – mehr noch nicht.

Immerhin hatte nun bereits dieser wohl willigste aller Schreiber, kommend aus dem fernen Dorfe, eine fast feste Beschäftigung. Und das bei einer vergleichsweise angesehenen Zeitung, die offenbar Wert auf ihn legte – auf seine Mitwirkung. Und so was nun sogar, na hoffentlich, einschließlich einem Kiaulehn.

Beschäftigungen allerdings, für welche, einige Jahre lang, in jedem einzelnen Fall, erhebliche Stunden verbraucht werden mußten; fast genau zwei Tage, zuvor und danach.

Bestehend aus stundenlanger Anfahrt, der eine sich gleichfalls mühsam dahinschleppende Rückfahrt folgte. Dumpfträge Übernachtungen dazwischen. Wobei sich das dann zum Vorschein kommende Zeitungsprodukt, von zumeist vierzig bis höchstens achtzig Druckzeilen, nahezu wie nebenbei erledigen ließ, in einem Bruchteil der dafür insgesamt aufzubringenden Zeit.

Dabei jedoch keinerlei Klage dieses Schreibers, kein Zeichen irgendeiner Unwilligkeit; auch nicht der Ansatz zu einer Beschwerde. Der machte das – ganz einfach alles, was ihm aufgetragen und damit auch zugetragen worden war. Wie durch nichts davon abzuhalten. Der kam, sah und schrieb! Ohne sich dabei irgendwie als eine Art »Sieger« zu fühlen. So was war ihm nicht gegeben; auch später nicht. So gut wie niemals.

Eine mithin wie endlos anmutende ungemein anstrengende, als extrem zu bezeichnende Situation – für ihn. Ob die von irgend jemanden erkannt wurde? Vielleicht von Anneliese Lehmann. Möglicherweise aber auch von Hohenemser und Kiaulehn.

Nur eben wohl, daß es diesen beiden Zeitungsmatadoren in allererster Linie um das ging, was da in ihrem Organ, ihrem Blatt, zum Vorschein kam. Mögliche, doch gewiß als rein äußerlich zu bezeichnende Voraussetzungen dafür hatten da wohl – na was, bitte, denn sonst? – als absolut zweitrangig zu gelten. So was gehörte nun mal mit dazu – zum journalistischen Alltag, dem derzeitigen.

Zumal schließlich auch diese beiden ihre ganz speziellen Probleme mit jener sogenannten »Vergangenheit« zu haben schienen, die immer noch herruhten von jenem, unentwegt dunkle Schatten werfenden »tausendjährigen Reich«.

Denn damals hatten sich da wohl, beide, mit höchst schwierigen und auch gefährlichen Daseinsrealitäten abfinden müssen. Wenn auch vermutbar auf recht unterschiedliche Weise.

Denn der eine, Kiaulehn, schien erhebliche Mühen gehabt zu haben, seinen klugen Kopf zahlreichen, ihm nachgeworfenen Schlingen zu entziehen. Und der andere, Hohenemser, gehörte offenbar zu jenen, die sich im heimlichen, unheimlichen Untergrund betätigt hatten; den Scholl-Geschwistern sehr nahe. Doch eben verglichen damit, oder gar gemessen daran, mußten für sie mögliche lästig nebensächlichen, wenn auch unbequemen Konstellationen eines an- und abreisenden Neulings als reichlich unwesentlich gelten. Wahrlich nicht ganz unberechtigt – von ihrer Sicht aus.

Was jedoch keinesfalls ausschloß, daß sich beide, dieses Menschen wegen, einige, vielleicht sogar erhebliche Gedanken leisteten – eben in ihrer Eigenschaft als erklärte Zeitungsmacher. Für den jedenfalls schienen sie sich, mehr oder weniger, irgendwie verantwortlich zu fühlen. Den hatten sie bei sich aufgenommen – und der war nun da!

Wobei sie dann versuchten, beide nahezu bereitwillig gemeinsam, diesen Zeilenschreiber zu bestimmen, zu erklären, sogar zu analysieren. Das mit Erkenntnissen, die mitgehört wurden – von der ungemein aufmerksamen Anneliese Lehmann. Die sie dann auch mitteilte, so weit sie das für notwendig hielt, für angebracht – genau dem, der so was zu vernehmen begehrte.

»Daß der als Journalist«, meinte dabei Kiaulehn, »gar nicht unbegabt ist, dürfte nun wohl einigermaßen feststehen. Dabei dominiert der Eindruck, daß der ein ganz stark ausgeprägtes Gefühl für Aktionen zu entwickeln vermag, für eindeutig angelegte Affektszenen, für schnell wechselnde Blickpunkte. Der ist, könnte man sagen, ein primär optisch veranlagtes Wesen. Wobei ich nicht gleich annehmen will«, ein Gedanke, bei dem ihn erschauderte – er hätte dann nämlich prompt sein Zuchtobjekt verloren, »daß der sich womöglich zu einem Sportreporter entwickeln könnte.«

Derartigen Erkenntnissen konnte Hohenemser nur zustimmen – denn fast genauso schätzte auch er diesen »Jungjournalisten« ein. Worauf er dann jedoch, ganz praktischer Zeitungsmensch, noch dazu ein erklärter Feuilletonist, keinesfalls die Bereitschaft erkennen ließ, »ihren Mann« einer anderen Redaktion zu überlassen. Mithin kam dann von ihm ein Vorschlag, der sich als eine Art Volltreffer erweisen sollte.

»Ich vermag mir durchaus vorzustellen, daß der sich mit Filmen nicht unwirksam beschäftigen könnte. Zumal dieser Bereich hier, in unserer Redaktion, als ein sehr weites, doch ziemlich unbeackertes Feld bezeichnet werden kann – das bisher nahezu wie nebenbei bearbeitet worden ist. Dabei handelt es sich aber, meiner Ansicht nach, um ein Metier, das sich immer mehr in den Vordergrund zu drängen scheint. Wäre also nur zu begrüßen, wenn wir jemand finden, der diese Sparte in den Griff bekommt. Doch eben das könnte dem zugetraut werden.«

Worauf sich eine gewisse Übereinstimmung ergab. Sie bestellten diesen fleißig-ergebenen Schreiber – der kein schnell erkennbarer Zeilenschinder sein wollte – zu sich. Um dem dann zu eröffnen, was sie nunmehr von ihm zu erwarten hofften. Eine intensive Beschäftigung mit Filmen! »Nun, was halten Sie denn davon? Wären sie bereit, so was zu versuchen?«

Das war der – na, wozu denn wohl nicht bereit. Eine Versuchung mehr? Diesmal – ungleich weit mehr! Doch immerhin schien er lediglich abermals deutlich machen zu müssen: Kein Auftrag, dem er auszuweichen gedachte. Und damals war dem auch so. Derartige Anwandelungen glaubte er sich erst etliche Jahre danach leisten zu können – aber selbst dann, leider, nicht immer.

Diesmal jedenfalls stimmte er diesem auf ihn zugekommenen Vorschlag unverzüglich zu – scheinbar mit jener bei ihm nicht unüblichen schlicht ergebenen Selbstverständlichkeit. Dabei jedoch war er ziemlich intensiv darum bemüht, nicht gleich, etwa gar allzu deutlich, erkennbar werden zu lassen, was da nun mit diesem Vorschlag auf ihn zugekommen war: Nichts geringeres nämlich – ohne sonderliche Übertreibung – als eine Art Wunschtraumgebilde seines Daseins. Denn genau auf eine solche Beschäftigungsmöglichkeit hatte er gewartet, wie seit seinen Jugendtagen. Wenn nicht gar darauf, inzwischen geradezu süchtig danach geworden, gelauert.

Denn einstmals, in seinen Jünglingsjahren, hatten in seiner Heimatstadt Osterode, im ehemaligen, unvergeßbaren Ostpreußen, zwei eng zusammengehörende Filmtheater existiert – die ihn geradezu wie magisch anzuziehen vermochten. Und es war ihm dort alsbald gelungen, bei diesem Unternehmen zu einer gern gesehenen, angenehm emsigen »Hilfskraft« zu werden. Für »seine« Kinos verteilte er, in seiner willig abgezweigten Freizeit, werbende Handzettel, auch trug er Plakate für aushängbereite Geschäfte aus.

Um dann aber auch, nunmehr lächelnd einzugestehen, aus den Ausstellungskästen dieser »Theater«, Plakate, Szenen- und Personenfotos zu entwenden. Die also hatte er, schlicht gesagt, geklaut – einfach gestohlen. Was sich für ihn um so leichter ermöglichen ließ, da es mit zu seinen »Aufgaben« gehört hatte, ausgerechnet auf dieses ihm ungemein gefallende Material ein »wachsames Auge« zu haben. Somit konnte nun gefolgert werden, sei er bereits damals ein kleiner Bock gewesen, der da zum Gärtner gemacht worden war.

»Sein eigentlicher Lohn«, für alle diese seine Tätigkeiten, oder eben Betätigungen, bestand darin, daß er für jeden in jedem der beiden Kinos vorgeführten Filme eine Freikarte erhielt. Eine! Womit er sich jedoch keinesfalls daran hindern ließ, etliche dieser Leinwandwunderwerke gleich mehrmals, so an die drei- bis viermal hintereinander, zu besichtigen. So was ermöglichte er sich dadurch, daß er sich, in den Pausen zwischen zwei Vorführungen, unter den Stühlen verkroch – nahezu kriminell gekonnt, könnte man sagen.

Doch eben damit, auf diese Art und Weise, war es ihm damals gelungen, die entscheidenden Übergänge vom Stummfilm zum Tonfilm, in den Jahren um 1930 herum, mit nahezu besessener Gründlichkeit studieren zu können. Das war »seine Universität« gewesen. Und später sollten dann, und zwar etliche Jahrzehnte lang, Berichte über Filme zu seinen erklärtesten Lieblingsbeschäftigungen gehören. »Dieses Medium«, pflegte er immer wieder zu sagen, »ist die dominierende Kunstgattung unseres Jahrhunderts – für mich stets gewesen.«

Mithin also kein sonderliches Problem, nunmehr für diese Zeitung seine erste sogenannte Filmkritik zu schreiben. Und diese sollte dann, nur nebenbei gesagt, doch nicht ganz frei von feuilletonistischen Stolz, lediglich eine erste von dann mehr als zweitausend anderen werden. Dabei hatte er von Anfang an – wie zwangsläufig bei solchen beharrlichen Lehrmeistern Kiaulehn und Hohenemser – seine von denen auf ihn zugekommenen Lektionen schnell und ziemlich sicher in die journalistische Alltagspraxis eingebracht. Also!

Versuche das Wesentliche herauszufinden! Bemühe dich um übersichtliche Klarheit! Leiste dir keinerlei spekulativ künstlerische Abschweifungen; vermeide es also, den Leser wie mit erhobenem Zeigefinger zu belehren. Denn der will möglichst handfest-sachlich unterrichtet werden; doch ohne sich dabei irgendwie gelangweilt, wenn nicht gar angeödet vorkommen zu müssen.

Sein erstes Objekt dabei war ein perfekt gemachter amerikanischer Tanzfilm – mit Fred Astaire und Ginger Rodgers. Die unverzüglich danach von ihm geforderten Besprechungen betrafen ähnliche exakte Darbietungen – etwa ein brillant entfesselter Komikerspaß sowie ein gefühlsträchtig dahinbrütendes Seelendrama. Wobei das Ausmaß seiner Wertungsversuche, ziemlich genau, den Anregungen seiner journalistischen Ziehväter entsprach.

Und deren Vorstellungen, maßgeblichen, sahen in der Praxis dann etwa so aus: Bei erkennbarem Mittelmaß – nur einige wenige Zeilen; bei vermutbaren Hochleistungen jedoch – jede Menge Raum. Wobei sich jedoch, und darauf habe man stets zu achten, in kluger Beschränkung der wahre Meister zeige. Was allerdings in einem solchen Redaktionsalltag ganz lapidar zu bedeuten hatte: Bemühe dich gefälligst darum, deine Kollegen vom Feuilleton nicht unnötig einzuengen. Schließlich wollen auch die sich noch veröffentlicht sehen.

»Na also«, stellte dann Walter Kiaulehn fest, wenn auch erst nach der fünften oder achten diesbezüglichen Besprechung, möglicherweise als »Kritik« zu bezeichnen. »Da haben wir den nun also – und zwar ziemlich genau dort, wo der vermutlich hingehört.«

Und das war es dann wohl – eine offenbar voll zutreffende Erkenntnis. Doch eben immer noch keine absolut umfassende. Da sollte noch einiges hinzukommen – sogar einiges, was wahrlich nicht als ganz unwichtig zu bezeichnen war. Doch was auch immer – einen recht bedeutsamen, ihn prägenden Teil seiner Welt hatte er gefunden. Und der sollte, durfte ihm erhalten bleiben – wie sein Leben lang.

Selbst noch im hohen Alter, als er bereits aufgehört hatte, sich journalistisch intensiv mit diesem Medium zu betätigen, ermöglichte es ihm das Fernsehen, seiner Lieblingsbeschäftigung nachzugehen, der sozusagen zu frönen. Und zwar war es das ZDF, das ihm erlaubte, gelegentlich, doch immerhin fast drei- bis viermal jährlich, Filme seiner Wahl vorzustellen. Ein Anlaß mehr, sich unentwegt mit dieser magischen Welt zu beschäftigen. Wie lebenslänglich, also nahezu Tag für Tag pflegte er etliche Stunden in Filmtheatern zu verbringen; stets erfüllt von wonniger, niemals nachzulassen drohender Neugierde.

Dieses Medium war und blieb, für ihn, die wohl wesentlichste Kunstgattung seines Jahrhunderts; was zu bekunden er niemals versäumte. Doch eben für diese Filmwelt sollte er dann – wobei er jedoch niemals zu sagen wagte: »Das war mir vergönnt« – einige vielleicht nicht ganz unbemerkenswerte Vorlagen liefern zu können. Denn fünf seiner Romane wurden »verfilmt«; und bei einem davon, die »Fabrik der Offiziere«, wurde das gleich zweimal versucht; drei weitere waren »zwecks Verfilmung« vorgesehen. Doch bevor so was in Erscheinung treten konnte, mußten erst noch Jahrzehnte der Ungeduld, der Ungewißheit, fast einer lauernden Unzufriedenheit, überstanden werden.

In solchen Zeiträumen erlag er wohl kaum jemals – aber wenn gelegentlich, dennoch, so wurde das schnellstens wieder korrigiert – einer sich anschleichenden Versuchung, sich als irgendwie »bedeutsam« vorzukommen. Schließlich kannte und liebte er zahlreiche Bücher, die ihm zu schreiben niemals vergönnt gewesen waren – die waren von Greene, Ambler, Steinbeck, Faulkner und Mann, Heinrich. Und so weiter und so unendlich fort. Sich mit mindestens einem Buch, in jeder Woche, zu beschäftigen, sollte mit zu seinem Lebenspensum gehören.

Zudem hatte er eine Menge, geradezu eine Unmenge, von Filmen betrachten dürfen, die zu bewundern waren – was er dann auch hingebungsvoll getan hatte. Nichts jedoch davon war von ihm; nicht das Geringste unter seinem Einfluß entstanden. Und wenn er auch gar nicht sonderlich bescheiden veranlagt war – seine angesammelten Erkenntnisse machten, zwangen ihn dazu.

Damals jedenfalls begehrte Walter Kiaulehn von diesem Menschen, der da in seinem journalistischen Garten fleißig herumwerkte, zu wissen: »Was ist mit Ihnen los? Da sind Sie nun hier monatelang, nahezu jahrelang, wie kreuz und quer durch unseren Bereich gesaust, haben nach allem gegriffen, was Ihnen irgendwie angeboten wurde. Aber warum denn – Mann Gottes aus Ostpreußen – haben Sie nicht gleich gesagt, daß Sie sich, nahezu wie versessen, für den Film interessieren.«

»Ich wollte nichts wie da sein.« Seine dabei zum Vorschein kommende ergebene Bescheidenheit mutete gar nicht unecht an; nicht diesem Mann gegenüber. »Ich habe lediglich das versucht zu tun, was man von mir verlangt hat – was auch immer. Wobei ich aber niemanden wegdrängen, beiseite drängen wollte – bitte, mir das zu glauben.«

Eine in knallhart angelegten Zeitungsbereichen wohl reichlich seltsam anmutende Behauptung, welche jedoch zutraf. Noch Jahrzehnte später, als dieser notorische Filmebetrachter dazu aufgefordert wurde, etwa von der »Welt«, für sie einige Kritiken zu schreiben, stimmte er bereitwillig zu. Das jedoch mit der für ihn verpflichtend empfundenen Bemerkung: »Wenn ich dadurch niemanden verdränge!«

»Welch ein schöner, wohlgefälliger Seich, mein lieber junger Mann«, sagte damals Kiaulehn in seiner bereitwillig robusten Art. »Doch irgend etwas stimmt dabei nicht. Sie sind doch alles andere als ein scheues Reh. Aber Sie haben uns Ihre mögliche Spezialbegabung verschwiegen. Warum?«

Wobei jetzt seine hellblauen Augen wächterhaft aufmerksam blickten – sie suggerierten zwingend: mir entgeht nichts! »Da scheint, ganz offenbar, eine Art Sperre zu existieren – mit einem ganz besonderen Grund dafür. Denn von nichts kommt nichts! Also – da steckt irgendwo ein Pferdefuß, Mensch? Wo?«

Dabei vermochte der kluge Kiaulehn zu erkennen, war es nun wohl angebracht, ein Glas Weinbrand zu spendieren, ein möglichst gut gefülltes. Zu weiteren willig bereit – da er irgend etwas, für ihn Hörenswertes, zu wittern begonnen hatte.

Worauf dann – nach dem einen zweiten auch noch ein dritter Weinbrand gefolgt war – eine wahrlich nicht ganz gewöhnliche Geschichte zum Vorschein kam. Kiaulehn begehrte Aufklärung – und dem mußte entsprochen werden.

»Da habe ich nun wohl einzugestehen, daß so etwas bereits schon einmal, etwa 1938, veröffentlicht worden ist. Das war sozusagen meine allererste Filmkritik – aber die sollte auch, habe ich mir damals nahezu geschworen, meine allerletzte sein. Denn durch eine solche Veröffentlichung ergaben sich, soweit mir das noch irgendwie bekannt wurde, reichlich fürchterliche Folgen. Wenn auch keine ganz direkten, für mich.«

Nun war es wohl Walter Kiaulehn, der da anhaltend zu staunen begann, was er dann sogar auch deutlich zeigte. »Da höre ich doch wohl nicht ganz richtig? Soweit ich informiert bin, sind Sie, zwischen 1933 und 1945, Berufssoldat gewesen – vermutlich nun zu Ihrem Glück genau jene heiklen zwölf Jahre lang. Damals haben Sie lediglich mitgeholfen, Kasernen zu bevölkern und Kriege zu führen, was ja an sich nicht strafbar ist.«

»So ungefähr – ja.«

»Jedenfalls haben Sie, falls und soweit meine Informationen zutreffen, in jener Zeit nichts Erkennbares veröffentlicht – weder in einem gerade noch halbprivaten oder einem bereits reichseigenen Verlag; auch bei keiner Zeitung oder eben amtlichen Propagandablättchen. Und als Kriegsberichterstatter haben Sie sich auch nicht betätigt.«

»Stimmt soweit – ja.« Fast hätte er »jawohl« gesagt. Ein Zeitungsmann in der Rolle eines Kommandeurs blickte ihn an.

»Aber da kommt jetzt eine Art Kuriosum zum Vorschein – und zwar ausgerechnet so was wie eine Filmkritik! Da habe ich nun geglaubt, so gut wie alle damaligen Spielmöglichkeiten durchschauen zu können. Oder etwa doch – nicht? Also, dann klären Sie mich mal auf.«

Das wurde dann auch versucht. Möglichst eindeutig, klar, übersichtlich – also ziemlich exakt dem entsprechend, als was ein Walter Kiaulehn unter Berichterstattungen, einer journalistisch geprägten, in Erscheinung zu treten sehen wünschte. Absatz nach Absatz. Frei von Anwandlungen vorsichtiger Verschleierungen, ohne nach irgendwelchen absichernden Rettungsankern greifen zu wollen. Worauf es Kiaulehn allein ankam, waren Fakten.

Somit Absatz eins: Die Voraussetzung.

Damals – Anfang 1938 bis Mitte 1939 – hatte sich dieser nunmehr hochemsig bemühte Zeitungsschreiber als Hauptwachtmeister betätigt, bei einer Flakbatterie in Königsberg. Und eben in einer solchen Eigenschaft war es ihm gegeben, endlich sich selbst seine Freizeit zuteilen zu können – und die einigermaßen großzügig zu bemessen, zögerte er kaum. Womit es ihm gelang, zahlreiche Abendstunden in der Oper, im Schauspielhaus und bei Konzerten zu verbringen – und immer wieder in Filmtheatern. In jenen Jahren war er vermutlich vergleichbar mit einem riesigen Schwamm, der einfach alles in sich hineinsog, was da auch immer an möglichen künstlerischen Darbietungen zu erreichen war. Und nahezu gleichgültig, in welchen Bereichen.

In jener Zeit landeten auch in seiner Flakbatterie, die vermutbar in so gut wie jeder Hinsicht für vorbildlich gehalten wurde, eine Anzahl sogenannter »Reservisten«, Unteroffiziere und Offiziere. Die hatten dort eine ihrer »Übungen« abzuleisten. Und zu denen gehörten auch ein paar recht bemerkenswerte Exemplare.

So etwa der Wirtschaftsbeauftragte der Gauleitung Ostpreußen, Königsberg. Ein ungemein spendabler Mensch; nicht nur in Kasinogefilden, auch in Kantinenbereichen. Der wußte, wie man sich beliebt, wohl erhofft »angesehen« machen konnte. Durch ihn geriet dann dieses Musensöhnchen von einem Hauptwachtmeister sogar, einmal, in die sogenannte Königsloge des Opernhauses, welche damals jene des Gauleiters gewesen war; in dessen Abwesenheit machte er sich dort breit.

Ein ganz besonderes Prachtexemplar jener zu betreuenden Reservisten war Wachtmeister Leberecht, ein Kreisleiter der Partei – ein Wesen von der ganz gemüthaft-kameradschaftlichen Sorte, reichlich robust noch dazu: eine Art munterer »Saubär«. Der jedoch, was gewiß einigermaßen bemerkenswert war, wies kaum jemals auf seine Rechte oder gar Vorrechte hin, schon gar nicht hatte er versucht, auf die zu »pochen«.

Dann geisterte dort auch noch der Gauleiter von Danzig

durch die Gegend. Einige Wochen lang. Er schwang aufklärerische Reden und versäumte kaum jemals darauf hinzuweisen, wer oder was er war. Er wurde dann zumeist gleich in Kommandeurs- und Kasinobereichen betreut – was sehr gerne gesehen wurde.

Eines Tages jedoch hatte sich dann auch bei diesem gepflegten, oft vergnüglich anmutenden Reservezirkus ein Unteroffizier zu melden. Ein gewisser Erwin Roth. Schnell erkennbar als ein mehr geruhsamer, zurückhaltender Mensch; gewichtig und gutmütig wie ein Bernhardiner.

Doch der besaß, eben für diesen »künstlerisch angeleckten« Hauptwachtmeister, eine ganz ungewöhnliche, den ungemein interessierende Besonderheit: Er war Journalist! Der gehörte sogar zu einer Feuilletonredaktion; und zwar jener der damals noch existierenden »Königsberger Allgemeinen«. Und bei der handelte es sich vergleichsweise um ein recht angesehenes, nahezu, selbst damals noch, als gepflegt zu bezeichnendes Presseorgan – wie im krassen Gegensatz zu jenem prall-deutlichen zweiten Publikationsunternehmen in jenem Bereich, der »Preußischen Zeitung«. Doch mit diesem nun hier auf ihn zugekommenen Erwin Roth versuchte er sich anzufreunden.

Nunmehr Absatz zwei: Das Wagnis.

Sich mit einem Erwin Roth anzufreunden, fiel nicht sonderlich schwer – beiden nicht. Sie verstanden sich, wie man so sagt, und hierbei wohl auch sagen darf: einfach glänzend! Mit bereitwilligstem gegenseitigem Entgegenkommen. Allerdings mit einem, das dann alsbald reichlich, überreichlich weit gehen sollte.

Jedenfalls tranken sie so manches Bier miteinander, unternahmen gemeinsame Theaterbesuche, verbrachten längere Stunden, sogar lange Nachtstunden, in gewiß künstlerisch gedachten Gesprächen. Wobei dann wohl unvermeidbar war, daß Erwin Roth erkennen mußte, was eigentlich denn da so diesen reichlich seltsamen Berufssoldaten, einen Hauptwachtmeister, beherrschte, wenn auch mehr heimlich. Jedenfalls bekannte der dann: Auch er wäre gerne Journalist geworden. Und so was bereits damals schon; 1938 etwa.

Über diese von ihm völlig unerwartete Eröffnung durfte Erwin Roth vermutbar erstaunt gewesen sein; und nicht nur leicht. Er reagierte dennoch bernhardinerhaft gelassen; mit mitternächtlicher Großzügigkeit wohl noch dazu. »Aber das, mein Bester, ist doch an sich gar nichts Besonderes! Du siehst dir da was an, und dann schreibst du darüber. Und das ist schon alles.«

»So was würde ich auch ganz gerne mal tun.« Wie hineingesagt in ein anlockendes Leuchten. Ein noch sehr fernes; ein für ihn jedoch deutlich erkennbares.

»Ach, mein Lieber, wenn du so was unbedingt willst, dann könnte ich dir das ermöglichen. Was hältst du davon, wenn ich dir eine meiner nächsten Filmkritiken überlasse? Und das sogar sehr gerne – weil du einiges davon zu verstehen scheinst.«

Wobei es sich um eine weit nachmitternächtliche Anregung gehandelt hatte. Diese jedoch wurde dann, gleich am nächsten hellen Tag, als verbindlicher Vorschlag angenommen. Das ganz entschlossen; so war nun mal dieser Schreibenwollende veranlagt. Bereits schon damals. Mithin begab sich dann »dieser Hauptwachtmeister«, anstelle von Erwin Roth, in ein Filmtheater. Um dann dort eine amerikanische Produktion zu besichtigen, mit dem Titel: »Testpilot« – mit Spencer Tracy und Clark Gable in den Hauptrollen.

Und darüber schrieb er dann, erspürbar stark beeindruckt, eine sogenannte »Kritik«; eben seine allererste. Diese ging an die »Königsberger Allgemeine«, um dort prompt veröffentlicht zu werden. Und zwar, wie vereinbart, mit dem vollen Namen des Reservekameraden. Und der meinte dann, als er das las, mit munterem Augenzwinkern: »Offenbar werde ich immer besser!«

Jetzt Absatz drei dieses Berichtes: Die Folgen.

Diese damals derartig dubios zustandegekommene »Kritik«, unterzeichnet mit Erwin Roth, war von dem im voraus besichtigt, auch von ihm mit geringfügigen Korrekturen versehen worden. Das so zustandegekommene Ergebnis jedenfalls mutete durchaus brauchbar an, informativ und lesbar zugleich! Der sich dabei bereitwillig zweckentfremdet habende Hauptwachtmeister vermochte dieses gedruckte Produkt nicht ohne einen sehr persönlichen wohlgefälligen Genuß zu erblicken. So was hatte er geschrieben – doch es gehörte ihm nicht. Aber immerhin: es gefiel ihm.

Alsbald jedoch, innerhalb weniger Stunden, sollte er dann sozusagen aus allen rosarot erscheinenden Wolken fallen – und sein Erwin Roth mit ihm; der in allererster Linie. Denn was nunmehr, und zwar hochamtlich, festgestellt wurde, war schlichtweg dies: »Ein fatales, unverantwortliches Fehlverhalten.« Welches, stark bedrohlich verkündet, »seine Folgen« haben mußte. Und zwar, ganz selbstverständlich, für den Unterzeichner, mithin Alleinverantwortlichen »dieses Elaborates«. Auch unverzüglich zu einem »verantwortungslosen Presseseich« erklärt. Und zwar von dem örtlichen zuständigen Büro des Propagandaministeriums.

Denn was dabei der Verfasser dieser »Kritik« gar nicht wissen konnte, und der Unterzeichner derselben, als vielbeschäftigter Reserveunteroffizier, zur Kenntnis zu nehmen offensichtlich versäumt hatte, war eine diesbezüglich erfolgte amtlich-verbindliche Feststellung. Mit dem Weisungstenor, und zwar gleich einem des Reichspropagandaministeriums, welcher besagte: Bei diesem Film – Titel »Testpilot« – handelte es sich um ein höchst fragwürdiges, amerikanisches Machwerk; registriert auf einer »Negativ-Liste«.

Was zu bedeuten hatte: So eine infiltrierende Zelluloidscheiße sollte möglichst erst gar nicht besprochen werden; doch wenn, dann eindeutig ablehnend.

»Na – wie schön – scheußlich!« stellte nunmehr Kiaulehn kenntnisreich fest – jetzt nach einigen, wie versunken erscheinenden Jahren. »Da haben Sie also offenbar nicht nur geltende großdeutsche Richtlinien übersehen – sondern vielleicht sogar, ganz bewußt, gegen diese angeschrieben! Das aber, Mann, grenzt ja geradezu an Widerstand! Habe ich nun etwa anzunehmen, daß Sie darauf hinaus wollten?«

»Nichts dergleichen, Herr Kiaulehn. Auch jetzt noch kann ich dazu nur dies sagen: dieser Film war glänzend! So habe ich den gesehen und ihn dementsprechend beschrieben. Dabei registrierend: Eine sicher zupackende Regie, höchst überzeugende Hauptdarsteller, Tracy und Gable, eine exakt angelegte und durchgeführte Geschichte – Story würde man nun dazu sagen. Und so habe ich damals lediglich das niedergeschrieben, was ich für meine Überzeugung hielt. Doch eben das – war schlimm.«

»Mein lieber, guter Junge! In jenen erbarmungslos rücksichtslosen Zeiten lauerten lebensgefährlich werden könnende Dummheiten wie an allen Straßenecken. Um jedoch nicht gleich in solche kompakten Haufen von Scheiße zu treten, mußte man entweder ein bedenkenlos anpassungsfähiger Sauhund gewesen sein oder eben eine große Portion schlitzohrige Geschicklichkeit besessen haben. Wie etwa ich! In meinen zehn turbulenten Zeitungsjahren davor hatte ich mich in eine nicht ungeschickt herumstreunende Kreatur verwandelt – doch zu einem Aasfresser bin ich niemals geworden. Was bei mir vielleicht nicht gleich als eine dominierende Charakterveranlagung zu bezeichnen ist – wohl aber, ein wenig mehr, als eine Geschmacksfrage.«

»Mir jedenfalls war es nicht gegeben, irgend etwas davon zu erkennen. Doch immerhin habe ich jenen Vorgang als ungemein bedrückend empfunden. Und nie mehr vergessen können.«

»Na, und andere Sorgen haben Sie nicht?« Kiaulehn lächelte souverän. »Sie sind damals entweder maßlos naiv oder uneingeschränkt, also beschränkt gutgläubig gewesen; nehme ich an.« Worauf er dann wissen wollte: »Oder – sollten sich etwa durch diese sogenannte ›Kritik‹, Ihrer ersten, besondere ungewöhnliche Folgen ergeben haben?«

»Ob dem so war, weiß ich nicht, Herr Kiaulehn. Doch mich hat die Vorstellung beherrscht, so was zwingend annehmen zu müssen. Nach mir jedenfalls hat damals kein noch so abgerichteter Vernichtungskampfhahn gekräht – eigentlich niemals. Zu registrieren war lediglich: Erwin Roth nahm jede mögliche Schuld auf sich; das Angebot, meinen Anteil daran zu bekennen, wies er zurück. Er verließ uns dann sehr bald, vermutbar vorzeitig. Jedenfalls habe ich niemals wieder irgend etwas von ihm gehört.«

»Reden Sie sich da nur nichts ein!« forderte Walter Kiaulehn nahezu streng. »So was war damals schäbigster Alltag – mit Schuld oder Mitschuld hat das gar nichts zu tun. Wer da in jenen großen, verdreckenden Platzregen hineingeriet, hineingestoßen wurde, sich hineinstoßen ließ, der wurde dann eben naß und verdreckt; drohte weggespült zu werden. In eine gigantische Kloake hinein.«

»Was raten Sie mir da nun – soll ich das alles vergessen, nicht mehr daran denken, die Schnauze halten?«

»Nichts dergleichen werden Sie tun, mein Lieber, falls ich Sie da richtig einschätze. Verdrängen können Sie derartige

Empfindungen nicht. Nun gut – dann sollten Sie zumindest versuchen, die zu ordnen, zu analysieren, einzuordnen.«

»Darum bemühe ich mich. Weil ich nun glaube, eine Art unvermeidbare Verantwortung empfinden zu müssen – für meine Mitmenschen. Für jene, die damals völlig ausgeliefert waren; wie ich. Und die sich jetzt noch absolut hilflos vorkommen müssen. Diese mithin bemüht hilfreich aufzuklären ...«

»Mein Gott, Menschenskind, kommen Sie doch nicht gleich mit so was! Nicht mir! Was Sie da von sich gegeben haben, waren fatal große Worte! Großen Worten aber, zumal den ganz großen, muß man mißtrauen. Die sind verdächtig.«

Formulierungen, welche dann, fast genau zehn Jahre nach jener einstündigen Unterredung, dieser wie unendlich lange herumirrende Anfänger wieder aufgreifen wollte. Inzwischen war er zu einem als populär zu bezeichnenden Literaturobjekt geworden; und wohl als solches von der Universität Oslo dazu aufgefordert worden, vor Studenten einen Vortrag zu halten. Eine Aufforderung, die er als ungemein ehrend empfand; was gewiß auch zutraf. Für das aber, was er dabei sagen zu haben glaubte, wählte er das Motto: Mißtraut den großen Worten!

Das jedoch war gleichsam, was allerdings kaum jemand wissen konnte, eine Art Salut gewesen, für seinen Walter Kiaulehn. Bemühungen allerdings, die leider nicht ganz ausschlossen, daß selbst dabei noch etliche große Worte zum Vorschein kamen. Nun ja – und wenn, dann doch immerhin wohl nur noch sehr wenige.

Damals jedoch wünschte er begierig nichts wie dies: aufgeklärt zu werden – in möglichst vielschichtiger Hinsicht! Doch wo anfangen? »Da bin ich nun in diesem Metier gelandet – dennoch weiß ich, immer noch nicht, worauf ich dabei zu achten habe. Aber Sie – wissen das!« Na – wer denn sonst?

Diesbezügliche Erklärungen, abermals geradezu »goldene Regeln«, gab nun Walter Kiaulchn von sich. Mit großer Geste. Da war er in seinem ureigenen Element.

»Zunächst einmal, mein Junge, müssen Sie, immer wieder, auf sich selbst achten, auf das, was Sie schreiben, wie tagtäglich von sich zu geben haben. Wobei sich dann eine Art Zwang einstellt: Jede Arbeit hat immer besser zu sein, als jede vorangegangene. So was zu erreichen müssen Sie wollen. Das nicht zuletzt in der Erkenntnis: diverse Ablöser, Übernehmer, Nachfolger stehen jederzeit bereit – geradezu in massiven, bedrängenden Mengen. Und diese wissen, die spekulieren darauf, daß keiner, nicht einer, unersetzbar ist.« Selbst er nahm sich offenbar davon nicht aus.

Worauf er dann, wie abschließend, feststellte: »So ein Journalist muß stets, wie Tag und Nacht, entschlossen dazu sein, sich behaupten zu wollen. Der will und muß das aber auch können: schreiben, schreiben und schreiben! Bis er aufhört zu atmen. Fangen Sie endlich, möglichst ernsthaft, damit an!«

Was sich damals jedoch, zunächst, in den Vordergrund drängte, bewältigt oder eben »verkraftet« werden mußte, war das, was gemeinhin als »Währungsreform« bezeichnet wurde. Ein lange erwartetes Ereignis; gleichsam ersehnt, wie auch gefürchtet. Diese »Maßnahme« wurde am 18. Juni 1948 verkündet und trat am 20., einem Sonntag, in Kraft. Und plötzlich, wie über Nacht, schienen alle restgroßdeutschen Ladenkassen wesentlich anders zu klingeln.

Was dabei zum Vorschein kam, war eine heutzutage nur noch mühsam vorstellbare radikale Regelung fast aller geldlichen Gegebenheiten. Zwang zur Vernunft – ein wahrlich angebrachter. Denn nun konnte ein wohl endlich möglicher, als absolut gedachter Schlußstrich gezogen werden – unter alle bisher fleißig frisierten Bilanzen, den dunklen Schatten der Schwarzmärkte, den bemühten Betrügereien der unentwegt Betrogenen.

Damals erhielt jeder westliche Bundesbürger – in den Besatzungszonen der Amerikaner, Briten und Franzosen – ein sogenanntes »Kopfgeld«, welches exakt vierzig Deutsche Mark betrug.

Das »Startkapital«! Eine Zuteilung, bei der niemand gleich zu verhungern brauchte. Aus der jedoch konnte man aber auch Millionen machen. Und so was sollte dann durchaus einigen gelingen; in Besonderheit jenen, die da bereits an den richtigen Quellen saßen.

Später entstand dann, in der stets wie streng abgeschlossenen Werkstatt dieses Schreibers, ein kleines, keinesfalls sonderlich bedeutsames Produkt – über diese Währungsreform. Mit dem Titel »Geld – Geld – Geld«. Nichts wie ein völlig unscheinbares »Nebenwerk«, wenn nicht gar eine Art »Abfallprodukt«. Dieses besaß dennoch, in einem solchen Zusammenhang, eine wohl nicht ganz unbedeutende Eigenart.

Denn dabei handelte es sich um eine stark ausgeprägte Mischung, Vermischung, von Journalismus und Romanschriftstellerei; ein nahezu heftiges Einherschwanken zwischen diesen beiden Möglichkeiten. Das Endergebnis jedenfalls war gewissermaßen weder als Fisch noch als Fleisch erkennbar. Mithin wohl nichts wie ein Zeugnis mehr für das zeitweilig gelegentliche Unvermögen dieses Autors, sich klar entscheiden zu können; weder für das eine oder andere.

Sehr oft war er nichts wie ein Suchender – einer von vielen anderen.

Plötzlich jedenfalls, wie über Nacht, waren diese sonst so heftig frequentierten, maßlos überfüllten, von Menschentrauben behangenen Eisenbahnzüge nahezu gähnend leer. Zugleich begannen sich in den Schaufenstern die seltsamsten, nahezu unbekannt gewordenen, ungemein verlockend anzusehenden Warenmengen zu stauen: Socken, Unterwäsche, Oberhemden, Seifen und Rasierklingen. Aber dann kamen dort auch, in diesem Fall geradezu mit Freuden erblickt, Papier und Schreibgeräte zum Vorschein; auch sie sozusagen in Hülle und Fülle.

Nun jedenfalls waren die Bäcker bereit dazu, jeden Morgen frische Brötchen zu backen; auch boten sie Kuchen an. Und die Fleischer offerierten Schweineschnitzel-Fleisch, Schweineschmalz und Schweinswurstberge. Wahrhaftig paradiesartigste Zustände schienen da nun »wie über Nacht« – was vermutlich die zutreffendste Formulierung dafür war – hervorgebrochen zu sein. Jedoch – wer konnte so was bezahlen?

Dabei jedenfalls, immerhin, durfte dieser entschlossene Schreiber vom Lande das Gefühl haben, zumindest in dieser Hinsicht: das Glück wäre ihm hold! Denn diese Zeitung, zu der er nun wohl gehören durfte, erwies sich als eine geradezu sprudelnde Geldquelle. Die zahlte jetzt nämlich – sie »honorierte«, pflegte man da zu sagen, weil sich das geradezu ehrend anhörte – nunmehr die Artikel ihrer Mitarbeiter in der neuen, gewichtig anmutenden Währung aus; einer endlich als stabil zu bezeichnenden. Deutsche Mark – DM!

Womit dann nun auch dieser fleißig anreisende Mansardenmensch, konsequent auf das Medium Film eingesetzt, zu kassieren begann. Alsbald sollten dann sogar seine unentwegt erschriebenen Honorare, und zwar monatlich, einige hundert jener gesegnet sein sollenden neuen Deutschen Mark betragen.

Wobei dann eine seiner ersten großen »Anschaffungen« darin bestand, daß er sich gleich drei Schreibblöcke kaufte, im DIN-A4-Format – bestimmt zu seinem persönlichen Gebrauch. Und jeweils mindestens ein Dutzend von dieser Sorte kann, auch heute noch, so an die dreißig Jahre danach, bei ihm vorgefunden werden; in nächster Schreibtischnähe. Der pflegte da so, im Verlaufe der Zeit, seine ganz besonderen Gewohnheiten zu entwickeln. Welche dann gar nicht selten auszuarten drohten – in ein geradezu pedantisches Ordnungsbewußtsein.

Was aber täuschte. Wohl hatte der wohl so seine Prinzipien entwickelt – doch niemals sehr starre. Keinesfalls so was wie »eiserne«. Ausnahmen durften, mußten sein. So etwa hatte er sich, wesentlich später, geschworen: kein Alkohol, solange noch die Sonne scheint! Was jedoch nicht zu gelten hatte, wenn ihn Freunde besuchten – immerhin also nur selten vorkam.

Eine damals weitere, ihm sehr wichtig erscheinende »Anschaffung« – gleichfalls mit seinem allerersten Nach-Währungsreform-Honorar erkauft – waren sechs Schulschreibhefte; umgeben von Glanzleinwanddeckeln. Diese packte er ein, in seidig-weißblaues Papier; hinzu legte er eine große Tafel Schokolade. Um so was dann der sonnengoldrötlichen Mädchenfrau Christine zu überreichen. Kleines, bescheidenes Zeichen seiner Dankbarkeit – für ihm einstmals zur Verfügung gestelltes Manuskriptpapier.

In jener Zeit erlag er dann auch, nicht nur gelegentlich, einem sich ihm wie zwanghaft aufdrängenden Verlangen – einem damals ziemlich weit verbreiteten. So was hätte man eigentlich nur noch als unaufhaltsam ausgebrochene »Freßsucht« bezeichnen können – welche dann sogar manchmal

»orgiastische Ausmaße« anzunehmen drohte. Etwa dann, wenn dieser Filmbetrachter von einem Theater zu einem anderen wechselte – wobei dann vorkommen konnte, gelegentlich, was aber sehr gerne absolviert wurde: zwei- bis dreimal an einem Tag. Wobei er sich zu stärken begehrte. Zu diesem Zweck ließ er sich dann in Bahnhofsnähe, zugleich Zeitungsnähe und Karlsplatz, genannt »Stachus«, wo das Zentrum der Kinos war, »belegte Brötchen« zubereiten – in einem dortigen Fleisch- und Wurstwarengeschäft.

Dabei erstand dieser sich mächtig ausgehungert Fühlende, dort alsbald »Stammkunde«, zumeist gleich drei kleinfingerdick ausgestattete Fressalien – fachlich kurz bezeichnet als: schwarz, rot und grau. Was bedeutete: zu belegen mit Blut-, mit Jagd-, mit Leberwurst. Und mit solchen massiven Köstlichkeiten in einem Beutel begab er sich dann nicht selten an sein Werk – also dorthin, wo Filme vorgeführt wurden. Wodurch jedoch seine Kritiken kaum zu beeinflussen waren – auch noch vor sich hinmampfend begehrte er sich als scharfer, auch scharf zupacken könnender Beobachter zu erweisen.

So was genoß er – ein »Genießer« jedoch war er nicht. Denn im Grunde seines Wesens handelte es sich bei ihm um so was wie einen bäuerlich-soliden Menschen. Dazu wie vorgeprägt von seiner Mutter in Besonderheit, die hatte vermocht, ihm Leitsätze wie diese beizubringen: Lebe bescheiden. Mache niemals Schulden, um niemanden irgend etwas schuldig zu sein. Bemühe dich stets um geregelte Verhältnisse!

Mithin war es ihm gegeben, seine Mittel und Möglichkeiten zu berechnen, diese aufzurechnen. Was also hieß: er bemühte sich, ganz praktisch, »ordentlich« zu denken. Wobei er dann diesmal herausgefunden zu haben glaubte:

Nun war es wohl angebracht, wenn nicht gar ratsam,

jenen Geldquellen, von ihm für großzügig gehaltenen, möglichst nahe zu sein. Doch ohne dabei auch zugleich den dazugehörenden Geldgebern, wie aufdringlich, allzu nahe zu kommen – davon hatte ihm ein Kiaulehn intensiv abgeraten. Mithin kam es nun wohl darauf an, sich nach einer neuen, seinen Mitteln angemessenen Unterkunft umzusehen. Und die fand er dann auch – ohne sonderliche Schwierigkeiten.

Womit es dann also notwendig, unvermeidlich geworden war, sein fernes oberbayerisches Dorf zu verlassen. Was ihm wahrlich nicht leicht fiel. Noch ein letzter Abend mit der ganzen Ganzfleisch-Familie, verstärkt durch den Geistlichen – und der Abschied war da! Kein endgültiger, versprachen sie einander. Ein Versprechen, das eingehalten wurde.

Jedenfalls bezog nunmehr dieser Wanderer nicht ohne Fantasie, und zwar in Berg beim Starnberger See, zwei ihm wahrlich nicht unstattlich vorkommende Räume. Wobei das hintere Zimmer mit fließendem Wasser ausgestattet war, sogar ein Waschbecken besaß; ein noch dazu funktionierendes. Doch immerhin: das dazugehörende WC, mit Handspülbetrieb, befand sich im Korridor daneben, mußte also mit weiteren Anwohnern geteilt werden.

Dort jedenfalls, in unmittelbarer Nähe, befand sich ein See! Und solche bannende Wassergebilde hatten ihn stets anzuziehen vermocht, nahezu wie ansaugend. Das bereits in seiner Kindheit, in seinem unvergeßlichen, auch niemals vergessenen Ostpreußen. Seiner Heimat.

Doch darüber hinaus sollte er dann später, sogar sehr bereitwillig, zu diesem Starnberger-See-Komplex einiges feststellen, was er für lächelnde Mehrdeutigkeit hielt.

»Gemeinhin pflegten sich alsbald diverse Mitmenschen, sobald sie sich einigermaßen prominent fühlten, in dieser Landschaft anzusiedeln. Ich jedoch habe mich dort bereits aufgehalten, noch lange bevor ich so was war, dazu gemacht wurde.«

Eine Tatsache, auf die er fortan nicht unstolz zu sein schien – auch wenn die kaum irgendeine daseinspraktische Bedeutung besaß. Wohl hatte er sich, schließlich sogar etliche Jahrzehnte lang, darum bemüht, im Bereich des Starnberger Sees ein zurückhaltend unauffälliger Mitbürger zu bleiben – bescheiden im Hintergrund. Wobei er auch gelegentlich, ohne sein Zutun, in Zeitungsartikeln und auch Büchern registriert wurde, welche über diese Eldorado-Landschaft berichteten. Na – wie schön!

Jedoch – was war das schon? Er hatte »Nachbarn«. Und allein ein eigensinniges, undankbar verfolgungssüchtiges Exemplar von dieser Sorte reichte völlig aus, ihm etwas ganz Wesentliches klarzumachen: Hier war er, selbst noch nach drei Jahrzehnten, kaum viel mehr, als ein aufdringlich-eingedrungener Fremdling.

Warum so was Banales, dennoch Bedrückendes, überhaupt registriert wird? Nun, vielleicht nur, um ein wenig deutlich zu machen, daß derartige Erwartungen keinerlei Realität besitzen: Es gibt keine vollkommene, noch so sehr ersehnte Abgeschlossenheit, in erhoffter Arbeitsruhe! So etwa dürfte Erich Kästner, ganz gewiß als einer der leisesten, bescheidensten, fast stillesten Mitmenschen bezeichnet werden, die es jemals gegeben hat. Dennoch sorgte ein sich durch ihn belästigt fühlender Nachbar dafür, daß Kästners geliebte Katzen krepierten: durch Gift. Fünf.

Damals jedenfalls, in jenem Dorf Berg, wurde dieser nichts wie möglichst angenehm, also ungestört arbeiten wollende Mensch prompt aufgesucht; und zwar von seiner Schwester Barbara. Die suchte ihn heim, könnte man sagen – völlig ungetrübt, fürsorgend-beherrschungsbereit noch dazu.

Diese kam an, sah sich um, und sagte dann: »Das, was ich da nun erblicken kann, ist ja an sich ganz nett, mein lieber kleiner Bruder. Doch sonderlich überzeugend kommt mir das nicht vor.«

»Was du auch immer darunter zu verstehen magst, meine liebe Schwester, wenn du Überzeugung sagst. Das jedoch, nehme das bitte zur Kenntnis, was hier nun zum Vorschein gekommen ist – genügt mir.«

»Mir jedoch nicht – nicht für dich.«

»Das aber, Barbara, was ich hier nun zu versuchen habe, ist mein Leben.«

»Jedenfalls hättest du«, klärte sie ihn suggestiv auf, »bei mir, bei meinem John, wesentlich komfortabler leben können. Was du immer noch kannst, wenn du nur willst. Warum strampelst du dich hier unentwegt ab – so was hast du doch gar nicht nötig!«

»Ich lebe hier auf meine Weise, Barbara – und die gefällt mir. Ganz abgesehen davon, daß ich dabei gar nicht schlecht lebe.«

»Diesbezügliche Einzelheiten sind mir bekannt.« Diese hatte sie sich nicht entgehen lassen. »Soweit ich darüber aufgeklärt worden bin, verdienst du mit deinen Schreibereien monatlich so an die vierhundert Mark.«

»Fünfhundert, Barbara. Gelegentlich sogar noch etwas mehr.«

»Nun ja – mein lieber Kleiner! Aber was ist das schon? Ich könnte dir das Dreifache davon anbieten – biete ich dir auch an! Im Einvernehmen mit John. Da brauchst du nur noch zuzustimmen.«

»Und wie geht es denn da so«, wollte er wissen, gar nicht ungekonnt ablenkend, »unseren lieben Eltern?«

»Nicht allzu schlecht! Aber warum fragst du danach? Schließlich hast du inzwischen unsere Eltern bereits zweimal besucht – in Unna, bei Dortmund; wo sie in einer baufälligen Hütte in der Grabengasse hausen, doch immerhin noch wie mitten in dieser Stadt. Doch denen könnte ich nunmehr eine Wohnung zur Verfügung stellen, in der Nähe von Rosenheim; eine mittelgroße, ziemlich neuwertige. In der würden sie sich wohlfühlen – von uns betreut.«

»Na, dann mache das doch, wenn du das kannst!«

»Wobei ich jedoch wohl kaum anzunehmen habe, daß du dich zu beteiligen beabsichtigst, an den dabei anfallenden Kosten.«

»Weil dafür, Barbara, und das weißt du, meine derzeitigen Möglichkeiten einfach nicht ausreichen. Noch nicht.«

»Nun gut, mein lieber Kleiner, dann werde ich so was eben alleine finanzieren müssen, was mir auch nicht sonderlich schwerfällt. Dabei würde ich jedoch, und zwar gerne, Wert darauf legen, unseren Eltern gegenüber behaupten zu können, daß auch du dich daran beteiligt hast.«

»So was, bitte, nicht!« Eine Entscheidung, die mit überraschender Bestimmtheit erfolgte – auch von ihr so empfunden wurde. »Eine derartige Behauptung könnte Vater, vielleicht, gerade noch so, hinnehmen; ohne nach Einzelheiten zu fragen. Um solchen niederen Abschweifungen zu erliegen, fühlte der sich viel zu souverän veranlagt; immer noch.« Ähnlich wie du, hätte dieser Bruder nun beinahe gesagt; sagte es jedoch nicht; so was würde sie möglicherweise als schmeichelhafte Feststellung gerne hingenommen haben.

»Diesbezügliche Fragen jedoch«, dieser kleine Bruder weiter, »könnte Mutter an mich stellen – das ist sogar mit ziemlicher Sicherheit zu erwarten. Aber was, bitte, dann? Sollte ich dann etwa versuchen, sie zu belügen? Könnte ich nicht.«

»Sei doch nicht gleich immer so gespreizt kompliziert, mein Kleiner! Mußt du denn so was unbedingt als belügen bezeichnen? Vermagst du denn nicht einzusehen, daß es sich dabei auch um ein wohltuendes Verschweigen handeln könnte, das dann zu einem allerseits als angenehm empfundenen Effekt zu führen vermag? Laß doch unsere liebe Mutter in dem guten Glauben, daß wir beide gemeinsam, wie sich das ja auch so gehört, für sie sorgen.«

»Meine liebe Barbara, was ich bestaune, und zwar erneut, ist deine so permanent vollkommenartige Betreuungsbereitschaft. Inzwischen hast du offenbar gelernt, ganz praktisch denken zu können; auch ziemlich gut zu rechnen. Während ich da wohl, nach wie vor, gerne herumträume. Dabei sogar davon, daß es mir gegeben sein möge, einstmals Mutter und Vater ein eigenes Haus zur Verfügung stellen zu können.«

»Phantasie hast du!« Ganz sarkastisch gesagt. »Ob man damit leben kann, weiß ich nicht. Aber ob man sogar davon leben kann, wird von mir bezweifelt.«

»Aber wäre es denn nicht wunderschön, für unsere Eltern – ein eigenes Haus zu besitzen! Das war ihnen noch niemals gegeben; doch eben das aber hatten sie sich stets ersehnt. Dort können sie dann leben – behaglich, geruhsam, durch nichts gestört.« Um dann endlich ungemein trübe Jahre vergessen zu können – hätte er gerne noch gesagt.

Barbara jedoch schüttelte, keinesfalls irgendwie nachsichtig gestimmt, ihren gewiß klugen, aber auch mit ungemein klaren Konturen ausgestatteten ostpreußischen Kopf. »Du übernimmst dich«, warnte sie ihn. »Und das nicht zum ersten Mal. Willst du wissen, wie mir deine Gedankengänge, gar nicht selten, vorkommen?«

Wollte er nicht wissen; doch genau das sagte sie ihm. »Das sind Gedankengänge, wie jene von Zirkusakrobaten – welche auf dreifache Saltos aus sind. Du jedoch hast inzwischen kaum mehr als Bauch- und Bruchlandungen veranstaltet. Bist du damit immer noch nicht ausreichend bedient?«

Doch eben das, was hier so lächelnd unnachsichtig angezweifelt wurde, sollte ihm tatsächlich gelingen – nur knapp ein Jahrzehnt danach. Nämlich dies: ein Haus für seine Eltern zu erbauen! Das vermochte ihm dann große, anhaltende Freude zu bereiten; und so was wahrlich nicht nur, weil es ihm damit gelang, seine »große« Schwester an Fürsorgefähigkeit sozusagen »haushoch« zu übertreffen.

Was den vielmehr bei derartigen Bemühungen wahrhaft bewegte, war eine Art weiterer Wunschtraumantrieb in seinem Leben mehr. Denn nichts so sehr wünschte er wie dies zu erreichen: ein Familienmensch sein, ein Mensch mit Familie! Mittelpunkt möglichst vieler, ihm wie entgegenquellender Mitglieder.

So etwas hatte er einstmals erleben dürfen – bei seinem von ihm ungemein verehrten Großvater Adolf Goldack in Osterode in Ostpreußen. Dem war es gelungen, gleichsam als eine beständig sanft strahlende Sonne seines Hauses in Erscheinung zu treten. Dabei liebevoll betreut von seiner vollmondhaften Frau Emma, umgeben von zahlreichen Kindern; das müssen so an die sechs bis acht gewesen sein. Alsbald hinzu kamen dann auch etliche Schwiegersöhne und Schwiegertöchter, sodann herumwimmelnde Enkel, liebe Verwandte und gute Freunde. Doch eben dabei er – der alte, würdige Mann: die gelassene, geruhsame Zentralgestalt; lächelnd bereit, solche Möglichkeiten zu genießen.

Dieses einzigartige Großvaterwesen war eigentlich ein mehr kleiner, fast als zierlich und sogar graziös zu bezeichnender Mensch gewesen. Ausgestattet mit blaßblauen Schäferaugen, die nicht nur prüfend klug um sich blicken konnten, gelegentlich auch ungemein listig anmuten wollten. Der war, sollte dann dieser sein ihn bewundernder Enkel feststellen, eine Art höchst gelungene Vermischung aus Salomon und Odysseus. Und so, oder wenigstens doch so was ähnliches, wäre gewiß auch er sehr gerne geworden.

Großvater Goldack war eine uneingeschränkt respektierte Persönlichkeit. Was er sagte – zumeist sehr leise, doch stets recht deutlich – hatte Gewicht, auch Hand und Fuß und Kopf. Er betätigte sich als Lokomotivführer bei der Reichsbahn. Und derartige Ungetüme vermochte er nicht nur sicher zu dirigieren; die konnte er auch in allen Einzelheiten auseinandernehmen und wieder zusammensetzen. Auch in jenem Bereich: keine Panne, kein Fehlgriff – so was wie ein Unfall schon gar nicht.

Doch so gut wie nichts von solcher einzigartigen, großväterlichen Souveränität sollte jemals diesem Enkel vergönnt werden. Denn der war da wohl – von wem und wodurch auch immer – auf nicht ganz gewöhnliche Gleisanlagen dieses Daseins geschoben worden; und die schienen alle in Richtung auf irgendeinen Schreibtisch zu verlaufen. Das war wie seine beständige Endstation! Wobei er sich gerne einredete, oft auch überzeugt davon war: die hatte er sich ausgesucht – nur die!

Diesmal jedenfalls sagte seine Schwester Barbara, die Große: »Was, mein Lieber, versuchst du denn da? Nach irgendwelchen Sternen zu greifen? Dabei kannst du aus allen deinen hochgespannten Himmeln fallen; wirst du vermutlich auch, mit ziemlicher Sicherheit. Aber selbst dann brauchst du nicht gleich irgendwo liegen zu bleiben – ob nun mit zerbrochenem Kreuz oder nur mit verstauchtem Hintern! Dann kommst du ganz einfach zu mir – du weißt ja, daß ich stets für dich da bin.«

Das dabei jedoch wohl bemerkenswerteste: Barbara hatte ihn, bei dieser Unterredung, nur noch höchst selten, wohl kaum mehr als zwei-, höchstens dreimal, »mein Kleiner« genannt. Eine Tatsache, die vielleicht auch als taktvolles, wohlüberlegtes Mitgefühl bezeichnet werden könnte. Was ihn nicht daran hinderte, so was als gar nicht unerfreulich zu registrieren – war wohl ein Fortschritt mehr.

Die Monate danach wollten diesem Schreiber, der noch lange nicht genau wußte, ob er sich nun als Journalist oder als Schriftsteller zu bezeichnen hatte, ungemein vielversprechend anmuten; sie waren jedoch auch, was er zu erkennen glaubte, nicht frei von ungefährlichen Verlockungen.

Immerhin schien nun auch er zu dieser Stadt München zu gehören; zumindest zu jener dort immer verschwenderischer aufblühenden Kulturszene. Dabei wie abgesegnet von Herbert Hohenemser, bei erkennbarer Zustimmung von Anneliese Lehmann – jedoch von einem Walter Kiaulehn beharrlich beobachtet; nahezu scharfschützenähnlich.

Dem entging nichts, wahrlich nichts; zumindest nichts von dem, was er sich nicht entgehen lassen wollte. Der konnte jederzeit in der Redaktion auftauchen – mal souverän und gnädig gestimmt wie ein Sonnenkönig; um sich dann aber auch, völlig übergangslos, zu einem Schrecken in den Vormittagsstunden der alltäglichen Konferenzen entwickeln zu können. Seine Kritik an den Kritiken – ausschließlich an jenen der anderen – vermochten gelegentlich vernichtende Ausmaße anzunehmen.

Doch nicht nur so was funkte bei derartigen Darbietungen irrlichthaft auf – manchmal hatte er sogar Freude daran, Vorgänge zu wittern, die ihm mißfielen; und die prangerte er dann an, mit der ihm eigenen Wonne. Das etwa geschah, als ein höflich bescheidener Mitarbeiter auf den Einfall kam, in diesen Redaktionsräumen einige seiner gediegen naturalistischen Tierbilder auszuhängen, welche ausschließlich Pferde darstellten.

Diese gepflegt realistischen Produkte betrachtete Kiaulehn mit langanhaltendem Kopfschütteln. Um dann hohnvoll zu fragen: »Na, wo befinde ich mich denn hier – wo bin ich denn da gelandet – in einer Feuilletonredaktion oder in einem Pferdestall?«

Irgendwelche »Entschuldigungen«, die ihm fragwürdig vorkamen, ließ er nicht gelten – zumindest dann nicht, sobald es sich um vorzuweisende journalistische Ergebnisse handelte; welche für ihn stets verbindliche Endergebnisse zu sein hatten. Als er etwa bei einem sogenannten »freien« Mitarbeiter eine Fehlleistung »sondergleichen« prompt herausgefunden hatte – und zwar die Verwechslung von zwei Namen – gab er vor, rotzusehen. Als dann noch der so Überführte einen solchen »Irrtum« mit der Behauptung zu erklären versuchte: da habe er wohl an einer Grippeinfektion leiden müssen – reagierte Kiaulehn mit nahezu freudiger Erbarmungslosigkeit: »Dann hätten Sie eben ein Krankenhaus aufsuchen sollen – nicht aber unsere Redaktion.«

Und in diesem lauernd vernichtungsbereiten Sinne sagte er denn auch, eines wahrlich nicht gerade sonderlich schönen Tages, zu diesem sich als seinen Schützling wähnenden Fachmann für Filme: »In welch einer Sprache glauben Sie denn zu schreiben, mein Verehrtester? Sollten Sie etwa das, was Sie da neuerdings so manchmal von sich geben, für ein gutes, klares, einwandfreies Deutsch halten – wie das hier immer noch angebracht ist? Oder versuchen Sie sich bereits, so ganz langsam, einer vereinfachten britischen, wenn nicht gar amerikanischen Grammatik anzupassen? Bei solchen Versuchungen scheinen Ihnen gewisse, immer noch verbindliche Unterscheidungen, abhanden gekommen zu sein. Denn da habe ich bei Ihnen etliche Wörter erblickt, erblicken müssen, bei denen Sie sich offensichtlich gar nicht darüber im klaren gewesen sind, ob die nun groß oder klein zu schreiben sind.«

Worauf dann er sich, ein Kiaulehn, zu seiner wahrlich nicht nur leicht staunenden Verwunderung, prompt diese Antwort anhören mußte: »Falls so was bei mir tatsächlich nachzuweisen sein sollte, dann kann es sich eigentlich nur um Druckfehler handeln.«

Der schwieg nun, etliche Sekunden lang; vermutlich nicht ganz unbeeindruckt von soviel Frechheit – ihm gegenüber. Doch eben so was, war bekannt, vermochte ihm sogar zu gefallen – gelegentlich, in Grenzen. Hände leckende Hundewesen um sich wollte er nicht haben. Aber unsorgfältig arbeitende Journalisten schon gar nicht.

Mithin zögerte er nicht, seinem eigenwilligen, wenn nicht gar eigensinnigen Musterschüler anzudrohen: »Wenn Sie hier halbe Sachen machen, sich auf sprachliche Spielereien einlassen, werde ich das nicht hinnehmen. Arbeiten Sie gefälligst fortan sorgfältiger – oder eben gar nicht mehr.«

Worauf dann die Sorgfalt dieses Schreibers bei seinen Zeitungsarbeiten ganz erheblich zunahm. Alsbald begann er Nachschlagwerke, Fachunterlagen und Wörterbücher zu benutzen. Das geschah allerdings – wie mit den Zähnen knirschend! Denn das, was da, bei ihm, möglichst ungehemmt sprudeln wollte, war pure Phantasie; und die allein wohl durfte bei ihm als ungemein ausgeprägt gelten. Eine bemühte, ihm dringlich angeratene Bereitschaft jedoch, zu einer exakten, nahezu dokumentarisch untermauerten Gestaltung, war ihm ganz offensichtlich gar nicht gegeben.

Damals jedenfalls schrieb er, zumindest in dieser Feuilletonredaktion ohne jede Konkurrenz – und vielleicht sollte man da nun »leider« sagen – regelmäßig seine Filmkritiken; an manchen Tagen sogar, mit anhaltender Wonne, zwei bis drei von dieser Sorte. Aber aus denen sollten dann alsbald etliche seiner Formulierungen zitiert werden – von Kinobesitzern, in den von ihnen aufgegebenen Annoncen.

Ein Vorgang, welcher dann zu der lapidaren Folge führte, daß damit dieser »Kritiker«, in dieser Öffentlichkeit, oftmals in Erscheinung trat – wenn auch mit grob vereinfachten Aussagen, so doch immerhin vielfach vervielfältigt. Auf Plakaten und auch in anderen Zeitungen. Vorgänge, welche dann sogar der Werbeabteilung seines Publikationsorganes nicht entgingen. Und die drohte zu applaudieren.

Das jedenfalls waren Redaktionsprodukte, die rein »werbemäßig« als praktisch recht verwertbar anmuten wollten. Die sogenannte Branche, zumal auch eine groß annoncierende, begann auf diesen Filmbetrachtungsmenschen zu achten. Denn bei dem, glaubten da wohl diese tüchtig geschäftigen Leute zu erkennen, handelte es sich weder um einen sonderlich elitär veranlagten Erklärer, und schon gar nicht um einen sich irgendwie in den Vordergrund drängen wollenden Filmkunsttraumatiker. Der konnte zupacken, ganz direkt; der erklärte und klärte auf, ohne die geringsten gesuchten Spitzfindigkeiten. Der war offenbar beharrlich bestrebt, möglichst viele Leser an seinen freudig vorangetriebenen Leinwandentdeckungen Anteil nehmen zu lassen. Na – bravo!

Doch die erklärte Nummer eins der damaligen deutschen Filmkritik, nicht nur jener in München, war er nicht; leider nicht! Das war vielmehr, mußte da wohl eingestanden werden, ein gewisser Dr. Gunter Groll, der zur »Süddeutschen Zeitung« gehörte. Und dem war es gegeben, seine Filmbesprechungen in pure Literatur verwandeln zu können. Dem gelangen glänzende Formulierungen, die aber noch dazu als fachlich völlig fundierte zu bezeichnen waren; ganz abgesehen von seiner brillanten Deutungsfähigkeit, welche strahlende Überzeugungskraft besaß.

Der – abgekürzt bezeichnet als G.G. – wurde hier dann auch, nahezu bedingungslos, anerkannt.

Zu einer solchen Anerkennung war dann auch, und zwar so gut wie ohne jede Einschränkung, dieser fleißige, wie rastlos tätige Zeitungsschreiber bereit. Auch wenn der damit seine rangniedrigere Produktion eingestehen mußte. Eine Bereitschaft, die sich, wahrlich nicht nur wenig, verblüffend ungläubig anhören mag. Denn schließlich, nicht wahr, glaubt man zu wissen: sich zwangsläufig anbietende, schnell ausgelöste Konkurrenzkämpfe, müssen sich, gemeinhin, in lawinenartig entfesselte Vernichtungsversuche verwandeln.

Hier jedoch – nichts davon! Warum dem nicht so war, ließ sich vermuten, basierte in allererster Linie auf der gelassenen, nachsichtig-ausgleichsbewußten Persönlichkeit eines Gunter Groll.

Doch so was keinesfalls gleich deshalb, weil der bereits von einer schweren, als unheilbar erklärten Krankheit gezeichnet war. So was wußte hier noch niemand – er selbst wohl auch noch nicht.

Doch mit dieser wuchernden, ihn dann wie auf ein wie ewiges Krankenbett zwingenden Heimsuchung, sollte dann dieser G.G. noch Jahrzehnte leben müssen. Unter Qualen, die er lächelnd ertrug, wie völlig ungetrübt. Seine unendlich große, gelassene Ergebenheit war wie vorgeprägt.

Auch wenn er sich, damals noch, als ein mehr heiterer, fast gemütvoller, nahezu unbeschreibbar gütiger Mensch erwies. Oder sollte man das als »gutmütig« bezeichnen? Wohl kaum – dafür war der zu intelligent. Jedenfalls zögerte er nicht, diesen Schreiber an sich zu ziehen. Nach gemeinsam verbrachten Filmpremieren plauderten sie dann noch ein wenig, um ihre Ansichten auszutauschen. Sie wanderten durch die Nacht; alsbald nahezu wie Hand in Hand.

Um sich danach an ihre Schreibtische zu begeben. Dort verbrachte dann der eine, G.G., die ganze nächste Nacht. Während der andere, wie kurz entschlossen, seiner Sache sehr sicher, sein Pensum in nur wenigen Viertelstunden absolvierte. Das dann zum Vorschein kommende Ergebnis allerdings besaß oft verblüffende Übereinstimmungen im Urteil – nicht gleich auch in der Formulierungskraft.

Doch immerhin: in sein erstes Buch, »Magie des Films«, schrieb dann G.G. hinein: »Dem Freund und Kollegen, dem Gefährten im Kampf, Kummer und kritischen Freuden – sozusagen von Vorposten zu Vorposten.« Eine Widmung, welche den Empfänger ungemein zu rühren vermochte – den auch mit Stolz erfüllte.

Beide waren gleichaltrig – 1914 geboren. Der eine, Groll also, in Schlesien; der andere in Ostpreußen. Beide »Heimatvertriebene«, die hier nun aufeinandertrafen. So als hätten sie nacheinander gesucht – und sich nun endlich gefunden.

Doch außer diesen beiden, genauer wohl: zugleich mit

ihnen, existierten damals in diesem München noch etliche andere, die zu diesem bemerkenswerten, nahezu als seltsam zu bezeichnenden Jahrgang 1914 gehörten. Und aus solchen gleich alten Zeitgenossen schien hier, ein wenig genauer gesehen, geradezu der Großteil der Feuilletonszene dieser Stadt zu bestehen.

Dabei zunächst einmal zu registrieren: Der überzeugend philosophisch veranlagte Herbert Hohenemser; einstmals Feuilletonredakteur; später dann einflußreicher Kulturreferent der Landeshauptstadt München. Gleichfalls dazu gehörte: Der weltoffene, oft verblüffend tolerant in Erscheinung treten könnende Josef Mundt, hier alsbald Verlagsmensch; genannt »Verlagsleiter« – doch eben als solcher mit einer der großen Wegbereiter dieses Autors. Zu denen sollte dann auch der hochbegabte Armin Eichholz gehören, der ähnliche Qualitäten zu entwickeln vermochte, wie sie einem Walter Kiaulehn gegeben waren; zum Glück nur rein journalistische. Und noch etliche andere dazu, wie etwa der höchst einfühlsame Martin Sperr, dem es gegeben war, damals Zeitungsähnliches in einer Kulturzeitschrift einzufangen, als handele es sich um verbindlich Gültiges. Dann aber Siegfried Sommer, der fabelhafte Erzähler, der unvergleichliche Kenner seiner Stadt und dessen Menschen. Sie alle hatten zumindest eins gemeinsam: ihren Jahrgang. 1914.

Womit sie dann, jedoch nicht allein deshalb, irgendwie, zu diesem Autor gehörten – und er gehörte zu ihnen. Wollte das auch. Ob sie das wußten, ob er das wußte, so was war zunächst keinesfalls erkennbar. Das sollte sich dann auch erst, so nach und nach, herausstellen – wie nach unvermeidlichen Durchwanderungen dichter Nebelfelder.

Doch bereits damals waren sie da; wie von Anfang an. Hohenemser war sein erster Feuilletonchef; Eichholz sollte sein letzter werden. Wobei der, von diesem Autor, fröhlich scherzend, gelegentlich, als »mein lieber junger Freund« angeredet wurde. Schließlich war der, genau, zehn Tage jünger.

Mundt jedenfalls sollte dann, in seiner Eigenschaft als maßgebliches Verlagswesen, diesen später nicht unerfolgreichen Buchautor begleiten, den geleiten – sogar etliche Jahrzehnte lang. Und das überaus aufmerksam und weitzeugend hilfreich. Gleichsam wie ein Bruder, der sich um einen Bruder beharrlich Gedanken machte.

Einem Gunter Groll jedoch, ihm in Besonderheit, sollte es gegeben sein, das mit zu erzeugen, was dann schließlich sogar, um nun einen fleißig benutzten Gemeinplatz anzuwenden, zu dem führen sollte, das dann als eine Art »weltweite Anerkennung« dieses einstigen Mansardenschreibers bezeichnet wurde. Das vorläufige Endergebnis dabei mutete lapidar-frappierend erfolgreich an: Etliche der Bücher dieses Autors sollten dann in achtundzwanzig Sprachen übersetzt werden. – So was jedoch, nur wohl, weil dabei ein Gunter Groll gekonnt mitzumischen begann.

In Deutschland, West, existierte 1949 nunmehr eine genannte »Bundesrepublik«, bestehend aus elf Ländern. Dort hatte Konrad Adenauer eine erste Regierung gebildet – gemeinsam mit den Parteien CDU/CSU, FDP, DP. Oppositionsführer war Schumacher. Hauptstadt, eine als provisorisch erklärte; war Bonn. Bundespräsident, gleichfalls erster: Theodor Heuss – eine überzeugend anmutende Wahl.

In der UdSSR existierte noch Molotow – der dann sogar bekannte, Bücher dieses Autors, zumindest eins davon, gelesen zu haben. Doch der gab alsbald seinen Posten aus Außenminister ab. Unverzüglich nachgefolgt von Gromyko, dem es dann gegeben sein sollte, sich noch jahrzehntelang in diesem gefährlichen Geschäft behaupten zu können. In Indien wurde Nehru Ministerpräsident. Und ein Mao Tse-Tung schien das ganze, große, irgendwie unheimliche China umfassend zu beherrschen.

Der Literatur-Nobelpreis jenes Jahres wurde Faulkner, USA, zugesprochen – eine Wahl, die dann nahezu wie uneingeschränkt die Bezeichnung erhielt, eine recht seltene: voll verdient. In Deutschland meldeten sich Autoren der verschiedenartigsten Farbgebung wieder zu Wort; wie etwa Benn, Brecht und Jünger. Thomas Mann reiste herbei und hielt, vielbestaunt, einige Male, einen glänzend formulierten und sprachlich gekonnt zelebrierten Vortrag – über »Goethe und die Demokratie«. Schließlich war das abermals so was wie ein »Goethe-Jahr« – 1789 war der geboren worden.

Dann erschien, in diesem Restdeutschland, ein Buch, das zum Vorläufer ganzer Legionen ähnlicher Literatur werden sollte. »Götter, Gräber und Gelehrte.« Deren Verfasser nannte sich Ceram, schien aber wohl Marek geheißen zu haben. Wie ja auch von Remarque behauptet wurde: sein eigentlicher Name wäre Kramer gewesen.

Später sollte dann der ungemein parodistisch veranlagte Robert Neumann, sichtlich gut gelaunt, feststellen: Vermutlich verberge sich auch hinter »Kirst« eine geschickt getarnte Wortverdrehung. Denn eigentlich heiße der »Tsrik«, wäre ein eingeschleustes tschechisches Unterwandererwesen – noch dazu ein hinterhältig weibliches.

In jenem Jahr starb Richard Strauß, dann Hans Pfitzner. Orff komponierte immer noch – diesmal seine »Antigonea«. Doch sie alle sollten, sagte man, wenn auch nicht allzu laut, »Nazis« gewesen sein. Zumindest hätten sie mit denen, dann auch von denen, gelebt. Wie, bitte, sollte man sich da zurechtfinden?

4.

Wie ein Hase im Kleefeld

Nun jedenfalls schien sich dieser bereitwillig entfesselte Manuskriptersteller, zunächst einmal, zu einer Art »Macher« entwickeln zu wollen. Mitmacher muß man da wohl nicht gleich sagen. Doch immerhin gedachte der da offenbar, sich möglichst nichts von dem entgehen zu lassen, was sich ihm irgendwie an Neuigkeiten anbot. Der luchste erlebnisfreudig in der Gegend herum.

Gar nicht gering verwertbare Möglichkeiten ergaben sich daraus, die sich ihm dann jedoch ungleich weit stärker aufzudrängen drohten, als er sich ihnen willig entgegendrängte. So etwa bildeten sich damals »Filmclubs«, allererste; mit intensiven Bestrebungen, eine Fülle von Leinwandwerken, internationalen, der Vergangenheit zu präsentieren. Dort jedoch er – alsbald vorführungstüchtig im Vordergrund. Dann wünschten sich »Filmjournalisten«, von denen es in jener fernsehfernen Zeit viele gab, möglichst wirksam zu vereinigen – wobei sie ihn zu ihrem »Vorsitzenden« wählten. Auch schlossen sich »Filmschaffende« zusammen, nicht zuletzt auf seine Initiative hin – auch die betreute er; bereitwillig, wohl nicht ganz ungekonnt; doch immer, verstand sich damals von selbst, sozusagen »ehrenamtlich«.

Diese Gruppen und Gruppierungen vereinigten sich sodann, von ihm angeregt, »unter einem Dach«. Sozusagen unter dem seinen. Worauf er sich als »Präsident« bezeichnen durfte; was er dann auch gelegentlich tat, nicht ganz ungerne. Na wie schön!

Derartig muntere Betriebsamkeiten erwiesen sich jedoch als lediglich kurz aufflackernde Strohfeuererlebnisse. Sie sollten sich dann sogar zu Warnleuchtsignalen entwickeln, wie eigens für ihn produziert, vergleichbar abgeknallten Feuerwerkskörpern, denen es gegeben war, die unrealen Leerlaufmechanismen solcher Verbandspielereien zu beleuchten. So was allerdings zu erkennen, war ihm nicht gleich gegeben – einem Walter Kiaulehn jedoch durchaus.

»Da machen Sie nun neuerdings, mein Lieber, eine ziemliche Menge Wind – noch dazu einen reichlich feuchtwarmen; soweit ich das beurteilen kann. Dabei vergessen Sie offenbar, und das nicht nur gelegentlich, warum Sie eigentlich hier sind. Menschenskind – was möchten Sie denn da gerne so sein: ein Zeitungsmann oder ein Vereinsmeier? Wenn Sie aber ein Zeitungsmann sein wollen, dann haben Sie alle Hände voll zu tun, um tagtäglich Ihre frischen Brötchen zu backen – möglichst solche von brauchbarer Qualität.«

»Das mache ich«, wurde versichert; von einem, der sich dabei wohl kaum als »Präsident« fühlte. »Aber darüber hinaus finde ich immer noch Zeit, mich auf ein paar sich anbietende Nebensachen einzulassen.«

Der reagierte knallhart sachlich. »Was bringt Ihnen das ein?«

»Nun – einiges an Ansehen, denke ich. Vielleicht auch – die eine oder andere Verbindung.«

Kiaulehn brüllte auf. »Ansehen als was – als eine Art Filmfunktionär? Verbindungen zu wem – zu anderen Interessenvertretern? Ausschließlich an einer Sorte von Ansehen haben Sie interessiert zu sein – ein Journalist zu werden, von dem man mit Anerkennung spricht! Doch soweit, Mensch, sind Sie noch lange nicht.«

»Ich denke ...«

»Tatsächlich – Sie denken? Sollten Sie auch – aber richtig! Sie haben sich da auf Verpflichtungen eingelassen – und von wegen, wie nebensächlich! – die im Handumdrehen ausarten können, und zwar in beständige funktionärsartige Vereinnahmungen. Sie überschätzen sich, bereits jetzt, und das noch dazu reichlich leichtfertig – so was kann verflucht schnell und dann schiefgehen. Aber nun mal im Ernst, mein Lieber: Was oder wer glauben Sie denn hier zu sein?«

»Der oder eben das, wozu Sie mich gemacht haben. Was ich hier bin, sein darf, verdanke ich in allererster Linie Ihnen.« Das war eine indirekt provozierende Feststellung, wenn auch nicht ohne ermunternde Ergebenheit vorgebracht. Fast hatte es den Anschein, als versuche der nun sogar einen Kiaulehn für sich verantwortlich zu machen – wohl mit der sicheren Hoffnung, sich keinen besseren dafür vorstellen zu können.

Der jedoch lachte nun auf, nur kurz, ganz trocken, nahezu bedrohlich abweisend. »Sie haben sich hier bei uns in München verblüffend schnell in den Vordergrund gedrängt; das gar nicht einmal ungekonnt. Worauf Sie sich nun vermutlich bereits als eine Art präsentes, wenn nicht gar repräsentatives Wesen vorkommen! Aber nun versuchen Sie sich mal vorzustellen, was Sie etwa im nahen Nürnberg bedeuten, in Passau oder Rosenheim? Nichts! Allerhöchstens eine Erscheinung wie am äußersten Rande. Na, und was glauben Sie in Frankfurt, Hamburg oder Berlin zu sein? Ein Null-Komma-Null-Wesen!«

»Was sich ändern kann, Herr Kiaulehn. Denn etwa Sie sind doch nunmehr ein geradezu international anerkannter Mann.«

Das war der! Er wurde in britischen und französischen Zeitungen »zitiert«; neuerdings sogar in der »New-York Times«, was zu den hohen journalistischen Weihen gehörte.

Und wenn ausländische Reporter über München oder Westrestdeutschland zu schreiben begehrten, holten sie gerne seine Ratschläge ein – die er ihnen bereitwillig und nicht ungnädig erteilte.

Die diesbezügliche Bemerkung seines »Schülers« jedoch vermochte ihn zu empören – sollte der da etwa bereits versuchen, sich mit ihm zu vergleichen? »Was ich bin, ist mir doch nicht über Nacht in den Schoß gefallen! Dem ist eine nahezu dreißigjährige tagtägliche Arbeit vorausgegangen. Und das machen Sie mir erst mal nach – Sie Vierundzwanzig-Monats-Anfänger!«

Etliche Zeit danach wurde er dazu aufgefordert, die Feuilletonredaktion einer neu zu gründenden Wochenzeitung zu übernehmen. Das aber war ein Angebot, das selbst diesen entschlossenen Betriebsamen in aufregender Weise zu überraschen vermochte. In Besonderheit wohl deshalb, weil ihm dabei ein Monatshonorar angeboten wurde, das für damalige Verhältnisse, zumal den seinen, geradezu als gigantisch zu bezeichnen war: nahezu an die eintausend Mark! Genauer: garantierte achthundert Mark; jedoch plus Spesen, angeblich großzügig bemessenen.

Eine Verlockung jedenfalls von ganz erheblicher Größenordnung. Der er jedoch nicht gleich erlag, diese blind akzeptierte – nicht ohne seinen unvermeidbaren Walter Kiaulehn um dessen Ansicht gebeten zu haben. Der hörte sich das an, ziemlich geduldig; um dann zunächst einmal, ohne sonderlich nachdenken zu müssen, wissen zu wollen: »Wer finanziert denn so was? Wer ist der Herausgeber dieses geplanten Wochenblattes?«

Worauf der so diskret direkt Befragte bekennen mußte: das wisse er nicht. »Ist das denn wichtig?«

»Das, mein Lieber, ist geradezu entscheidend!« wurde er prompt belehrt. »Sie müssen stets wissen, für wen Sie schreiben, wer das also ist, der Sie bezahlt – und mit welchen Honorarhöhen auch immer. Diese jedoch müssen zunächst einmal genau festgelegt und garantiert werden; machen Sie keinen Handschlag ohne exakten Vertrag. Denken Sie stets daran, daß wir uns niemals verkaufen, verbraten, zweckentfremden lassen dürfen – wie Stallhasen für irgendein Eintopfgericht. Ausbeuter wimmeln zu allen Zeiten herum – und derzeit existieren ganz horrende Mengen von dieser Sorte.«

»Mithin also – raten Sie mir, ein solches Angebot abzulehnen? Nun, wenn Sie dieser Ansicht sind – dann ist das auch die meine.«

»Diesen Teufel, Mensch, werde ich für Sie nicht spielen! Unterlassen Sie es gefälligst, mir Ihre Entscheidungen zuzuschieben. Ich bin schließlich kein wachsamer großer Bruder für Sie – und eine Art sich verantwortlich fühlender Vater schon gar nicht.«

»Dann also meinen Sie, Herr Kiaulehn – ich könnte dieses Angebot annehmen? Sozusagen mit Ihrem Segen.«

»Aber doch keinesfalls gleich so was, mein Junge! Das ist ausschließlich Ihre Entscheidung. Doch falls Sie unbedingt auf einem Ratschlag von mir bestehen, dann sieht der so aus: Tun Sie, was Sie offensichtlich gar nicht lassen wollen – nehmen Sie also diesen Job an! Das jedoch lediglich zusätzlich – was ganz praktisch heißt: Sie werfen Ihre derzeitige Beschäftigung bei unserer Tageszeitung nicht einfach gleich über Bord; zumal die Ihnen, sogar langfristig, ziemlich sicher ist. Machen Sie also beides! Zeit, Energie und Ausdauer genug dafür scheinen Sie ja zu besitzen.«

Gute, praktische Worte; geradezu kraftvoll sichere Faustregeln für dieses klippenreiche Metier. Und sie wurden dann auch, diesmal, unverzüglich erkannt, anerkannt, bestätigt. Erkenntnisse jedoch, die dann von diesem dahingetriebenen Nur-Schreiber, im Verlauf der Jahre, immer wieder vergessen werden sollten; was zu erheblichen Schwierigkeiten führen mußte. Denn nur in jener Zeitspanne seines Daseins war es ihm gegeben, einen vielerfahrenen, ihm zugeneigten Walter Kiaulehn befragen zu dürfen. Später gab es seinesgleichen für ihn nicht – niemals mehr.

Diesmal sagte der dann noch: »Wochenzeitungen und Monatsschriften wird es bei uns alsbald wie Sand am Meer geben – wie unvermeidlich herbeigeschwemmt. Bei denen kann man getrost mitarbeiten, sobald dort die Kasse stimmt. Doch eine ständig fließende Hauptquelle, für garantierte existenznotwendige Einnahmen, sind solche Kunstgebilde keinesfalls. Ist Ihnen denn wenigstens bekannt, wer bei diesem Unternehmen Chefredakteur werden soll? Das nämlich dürfte das dabei wohl Wichtigste sein – für Sie.«

»Das allerdings hat man mir gesagt, Herr Kiaulehn. Dafür ist ein gewisser Hans Habe verpflichtet worden.«

Nun aber, bei der Nennung dieses Namens, horchte Kiaulehn sichtlich auf. Worauf er zu lächeln begann, mit geradezu freudig nußknackerhafter Grimmigkeit. Dann rieb er sich sogar die Hände.

»Kennen Sie Hans Habe? Nein? Nun, dann werden Sie ihn kennenlernen! Was ich Ihnen nicht nur gönne, vielmehr sogar wünsche; von ganzem Rabenherzen. Denn der, genau der, hat Ihnen vermutlich gerade noch gefehlt.«

Womit hierzu ein wohl abschließendes Wort gesprochen worden war. Welches Gewicht das jedoch besaß, ließ sich, zunächst noch, keinesfalls eindeutig erkennen. Doch immerhin glaubte nun dieser angehende Feuilletonredakteur annehmen zu dürfen: Walter Kiaulehn habe tatsächlich diesem Unternehmen seinen Segen erteilt. Nun ja, so was war nicht gleich erfolgt – doch um so etwas Ähnliches dabei handelte es sich durchaus.

Doch dann kam Hans Habe, ganz direkt, auf ihn zu – auf diesen sich immer noch als Anfänger zu fühlen habenden Feuilletonisten. Und damit begegnete der nun einer wie ungemein vielfältig in buntesten Grellfarben schillernden Person – von ihm alsbald als Persönlichkeit anerkannt. Von ihm durchaus. Während gar nicht wenige andere behaupten: bei diesem Hans Habe handele es sich um einen ebenso blendenden, wie auch verblendeten Menschen. Um einen hochbegabten leider noch dazu.

Dieser Hans Habe schien wie dazu ausersehen gewesen zu sein, vielleicht auch verurteilt, in diesem Rest-West-Deutschland als eine »höchstumstrittene Person« in Erscheinung zu treten; einer der es gegeben war, unverzüglich heftigste, kontroverseste Ansichten auszulösen. Was ihm jedoch niemand anzusehen vermochte – auch nicht gleich zuzutrauen bereit war. Nicht nach nur ein wenig näherer Bekanntschaft.

Denn dieser Hans Habe erwies sich als ein Wesen von ungemeiner Höflichkeit; er war lässig-weltmännisch veranlagt, herzlichsten Freundschaftsgebarden durchaus fähig. Er vermochte einen hochgradigen, britisch unterkühlten Gentleman ebenso darzustellen, wie auch ein französisch getöntes Salonwesen von großer Brillanz. Rollenspiele, welche jenen eines Kiaulehn gar nicht unähnlich waren; die verwirren mußten – vielleicht auch daraufhin angelegt waren.

Worauf dann über diesen stets dominierungsbereiten Menschen sehr frühzeitige und wohl auch vorzeitige Behauptungen kursierten, bei denen mächtige Warnungsbrocken dominierten: »Dessen Freund kann man wohl kaum sein – dafür ist der zu eigenwillig. Doch man hüte sich davor, zu seinem Feind zu werden – oder eben, in seinen Augen, als ein solcher in Erscheinung zu treten. Denn so was vermag, bei dem, geradezu garantiert, zu vernichtungsbereiten Folgen zu führen.«

Befürchtungen jedoch, welche sich bei dieser Konstellation nicht ergaben; um gleich das wohl Wichtigste dabei vorwegzunehmen. Denn jener Mansardenmensch und dieser Weltmann schienen sich, geradezu problemlos, zu verstehen, sich miteinander verständigen zu können; von Anfang an. Eine gewisse behutsame Harmonie zwischen ihnen bahnte sich an – und zwar eine, die dann sogar einige Jahrzehnte vorhalten sollte.

Diese beiden waren da wohl, im Grunde ihres Wesens, viel zu verschiedenartig vorgeprägt, um sich jemals als notorische Gegner entwickeln zu können; wie so was ansonsten, in dieser – zumeist gegeneinander anschreibenden Haifisch-Branche – oftmals unvermeidlich zu sein schien. Vielmehr hatte es den zwingenden Anschein, als vermögen sie einander zu ergänzen; da sie eben zwei wenn auch weltenferne, dennoch irgendwie zusammenhängende Pole darstellten; niemals jedoch konkurrierende Elemente. Was nicht ausschloß, daß dieser erklärte Weltmann und der bäuerliche Mensch vom Lande gelegentlich in Versuchung gerieten, übereinander zu lächeln. Doch wenn, dann vermutbar mit bereitwilliger Nachsicht.

Als sich einstmals noch dieser kleine Anfangsschreiber in seinen unvermeidbar großdeutschen Gefilden nahezu ahnungslos herumgetrieben hatte, herumgetrieben worden war, war es Hans Habe bereits gegeben, auf ein ganz erhebliches literarisches Werk hinweisen zu können – ein allerdings oft mißtrauisch, mißgünstig betrachtetes. Er war einst in Ungarn geboren, dann früh nach Österreich gebracht worden. Womit er dann jedoch in einem Sprachraum gelandet war, der ihn, den er, alsbald intensiv beherrschen sollte. Das dann sogar bis hin zu jenem sehr persönlichen, ungemein verhalten geäußerten Bekenntnis: »In meinen Träumen denke und spreche ich deutsch.«

Dieser Hans Habe war der Sohn eines, wohl nicht ganz unberechtigt, als fragwürdig in Erscheinung getretenen Vaters – namens Bekessy, dominierend in Wien. Und von dem hatte ein Karl Kraus – der Träger »der Fackel« – wütigvernichtungsentschlossen einiges behauptet, was hier nun, ganz lapidar vereinfacht, nachzuformulieren versucht wird; gleichsam lediglich Tropfen darstellend, gefiltert aus einem der sprachgewaltigsten Wortwasserfälle aller Zeiten: »Der schreibt nur, um Geld zu verdienen. Doch am meisten verdient er dadurch, daß er nichts von dem veröffentlicht, was ihm bekannt geworden ist.«

Mögliche schwere väterliche Sünden, könnte man sagen. Um dann jedoch unverzüglich feststellen zu müssen: einem Sohn durften sie nicht angelastet werden! So was jedoch geschah, speziell in diesem Fall – wieder und immer wieder. Auf scheußlich verletzende Weise.

Dieser Sohn jedenfalls, von schwersten Vaterlasten heimgesucht, legte sich einen eigenen Namen zu. Aus Hans Bekessy, abgekürzt: HB, wurde Hans Habe. HH – gleichsam ein neues Markenzeichen.

In den Dreißiger Jahren gelang es ihm, den Nazis zu entkommen. Dazu befähigten ihn nicht nur seine Sprachkenntnisse, die von enormer, verblüffender Vielfältigkeit waren – sie wurden noch eindeutig verstärkt durch seine große journalistische Begabung, welche ihn, sehr frühzeitig, als einen internationalen Korrespondenten von hohem Rang auszuweisen vermochte. Damals geriet er in französische Bereiche hinein – um sich dann dort, als die ersten »großdeutschen Siegesfeldzüge« begannen, jener Armee als Freiwilliger zur Verfügung zu stellen. In deren Reihen kämpfte er mit – gegen sein Deutschland. Sein Deutschland?

Das dabei sichtbarste, jene Zeit weit überleben sollende Ergebnis, erfolgte wie unmittelbar danach: Ein Buch; na was denn sonst wohl? Doch eben dabei handelte es sich um den ersten großen, bewegenden Bericht über den Zweiten Weltkrieg – mit dem Titel: »Ob Tausende fallen«.

Ein Buch, das dann, durchaus berechtigt, nicht nur erhebliches Aufsehen zu erregen vermochte; es sollte auch vielfache Anerkennung zum Vorschein bringen, sogar gepflegt literarische – darunter die völlig uneingeschränkte eines Thomas Mann. Keinesfalls gefällig-zufällig. Denn so lange dieser Großmeister der deutschen Sprache zu leben hatte – niemals sollte er die Person und den Schriftsteller Hans Habe irgendwie in Frage stellen. Er nicht.

Was da wohl mit diesem HH zum Vorschein gekommen war, durfte als eine verblüffend gelungene Doppelbegabung bezeichnet werden; eine für Realjournalismus und Romangestaltung zugleich; doch kaum jemals miteinander vermischt. Wohl niemand, der einen HH in dieser Hinsicht, zu übertreffen vermochte. Der gelangte dann nach Amerika, um dort hochgepriesen, gefeiert und verwöhnt zu werden. Wenn er dabei sogar in die dortige sogenannte »allerbeste Gesellschaft« hineingeriet, so müssen das Zustände gewesen sein, die er bereitwillig und ziemlich uneingeschränkt genossen haben dürfte.

Auch darüber zu schreiben, zögerte er nicht – nachzulesen in seinem biographischen Bericht »Ich stelle mich«. Ein Titel, der dann prompt von einem hochwitzigen Parodisten wie Robert Neumann umgewandelt werden sollte – in »Ich stelle mich aus«. Jedenfalls sollte von ihm oftmals behauptet werden, er wäre eitel wie ein »Pfau« gewesen. Doch eben das stimmte nicht. Was da wohl vielmehr so gar nicht wenige zu irritieren vermochte, war vermutlich sein enorm entwikkeltes Selbstbewußtsein. Das er dann auch noch, wie beharrlich, zu demonstrieren pflegte, sobald er das für angebracht hielt – also gar nicht selten.

Nach derartig glänzenden, glitzernden, gesellschaftsträchtigen Auftritten stellte sich Hans Habe der US-Army zur Verfügung. Wobei er jedoch, von ihm mehrfach und auch glaubhaft versichert, niemals als ein militant zweckentfremdeter Kasernenhofkretin in Erscheinung treten mußte. Gemeinsam mit diesen Siegern – ein Wort, das in diesem Zusammenhang nicht in Anführungs- und Ausführungsstrichen zu schreiben ist – erschien er dann wieder in »seinem« Deutschland; den kläglichen Resten davon. Doch damit war er in München gelandet.

Hier wurde er dann, unmittelbar nach offiziellem Kriegsschluß, als Chefredakteur jener nunmehr bereits legendären »Neuen Zeitung« eingesetzt. Dabei handelte es sich um ein von den Amerikanern geschickt organisiertes und auch großzügig finanziertes Publikationsorgan. Und das sollte sich dann, unter seiner Leitung, sehr bald zu einem hochangesehenen, lesenswerten, ungemein informationsreichen Tagesprodukt entwickeln.

Diese nunmehr bereits nahezu zu einer Sage gewordene »Neue Zeitung« besaß völlig ungewöhnliche Qualitäten. Die schien nicht nur, war wohl auch, ziemlich frei von möglich gewesenen, wild wuchernden Vergangenheitsvorbehalten. Deren Veröffentlichungen basierten, ganz offensichtlich, auf verständnisbereiter Toleranz; wobei auch glaubhafte Bemühungen erkennbar wurden, ein ausgeprägt großzügiges Demokratiebewußtsein zu pflegen. An einem solchen Unternehmen beteiligte sich auch Erich Kästner, den Hans Habe aufgespürt hatte – der wurde dort Feuilleton-Redakteur. Wunderbar ermunternde Neuanfänge ergaben sich so.

Doch dann hatte da wohl, wieder einmal mehr, »ein Mohr« – eigentlich gleich mehrere von dieser Sorte, darunter auch dieser ungemein prächtige – seine sogenannte Pflicht sowie Schuldigkeit getan. Mithin konnten sie gehen – jedoch wohin?

Nach jener vielfach beklagten Auflösung dieser »Neuen Zeitung« gerieten dann, in München, zwei weitere Tagespublikationsorgane unverzüglich in den Vordergrund. Das war einmal die »Süddeutsche Zeitung«, in der alsbald der hochbegabte Werner Friedmann zu dominieren begann. Und hinzu kam jener »Münchner Mittag«, der sich später in »Münchner Merkur« umbenannte.

Dort trat Felix Buttersack in Erscheinung. Ein Mann von umarmungsbereiter Herzlichkeit – was damals jedenfalls durchaus nicht unberechtigt angenommen werden durfte. Der begehrte nunmal zu jenen Bruder-Mensch-Wesen zu gehören, welche lieben und geliebt werden wollten. Ein Verlangen allerdings, das in diesem Metier wohl kaum mehr als ein schöner Wunschtraum sein konnte. Was dann auch der gute Felix einsehen mußte. Wenn auch betrübt, so doch wie notgedrungen ergeben.

Hans Habe jedenfalls hatte sich, nach seinem ersten neudeutschen Zeitungswunder, nach weiteren Beschäftigungen umgesehen – ihm angemessenen, versteht sich von selbst. Bei derartigen schnellen, auch zumeist recht schwungvollen Gastspielunternehmungen, hatte er sich auch als Chefredakteur einer Illustrierten betätigt; der »Münchner Illustrierten«.

Und dieses gefällige Gebilde bemühte er dann zu verändern, mit der ihm eigenen unstillbaren Betätigungsentschlossenheit, also reichlich radikal. Diese Illustrierte versuchte der geradezu umzupolen, sogar noch Anstalten zu machen, so ein Produkt zu politisieren. Man bedenke: ein wohl gefälliges, angenehm sein wollendes illustriertes Wochenblättchen – das jedoch nun von einem streitbaren Superjournalisten hineinzuziehen versucht wurde, in die Tagespolitik!

Ein wahrlich reichlich kühnes, wenn nicht gar verwegenes Unterfangen – damals durchaus; in jener beginnenden freß- und verdauungsbereiten, aber auch vereinnahmungsbereiten Wirtschaftswunderwelt. Und wenn auch bei derartigen Versuchen, oder eben Versuchungen, dieser HH gar nicht ungeschickt vorging – doch im Endeffekt vergeblich. Zumal so was sogar ohne jede Rücksicht auf ruinöse Verluste erfolgte. Vermutlich waren da wohl seine Ideen, um Jahre, wenn nicht gar um Jahrzehnte zu früh entwickelt worden.

Wohl kaum jemals war es einem anderen Schriftsteller oder eben Journalisten wie ihm gelungen, maßgeblich Einfluß zu nehmen. Auf Zeitungen und deren Menschen – dann sogar, als Besatzungsoffizier, auf wesentliche Vorgänge der unmittelbaren Nachkriegszeit. Und eben nicht nur allein in deutschen und amerikanischen Bereichen.

Als sich dann dieser Autor, kurz davor, siebzig Jahre alt zu werden, auf eine stundenlang ausgedehnte Befragung im Sender Luxemburg einließ – dort im Sektor Television – wurde er auch mit einem Foto konfrontiert, das ihn mit Hans Habe darstellte.

Was er begrüßte. Um dann dahingehend aufgeklärt zu werden: »War es Ihnen bekannt, daß dieser Sender seine Existenz Hans Habe verdankt?« Wußte er nicht. Auch das nicht. Was wußte er denn überhaupt?

Damals jedenfalls hatte Hans Habe, als Chefredakteur, dieses »Echo der Woche« übernommen. Und ausgerechnet an den geriet nun dieser immer noch als Anfangsschreiber zu bezeichnende Journalist – als nunmehr sogenannter »Feuilleton-Redakteur«. Wobei er sich alsbald erneut vorkommen sollte wie ein Krokodil, das sich durch Schlammassen hindurchkämpfen mußte – in einen anderen, neuartigen, doch gleichfalls ziemlich tiefen Sumpf.

Was er dabei allerdings zunächst gar nicht wußte, war eine »Kleinigkeit«. Denn Hans Habe hatte ihn für diese, also seine Zeitung, nicht einfach »übernommen«. Den hatte er sich ausgesucht.

In jenen Zeiten dominierte in dieser Bundesrepublik Deutschland Konrad Adenauer, ein Regierungschef von erheblichen Graden, gerne auch »Staatsmann« genannt. Ein klar denken könnender Realist. Ein großer Vereinfacher, Bereiniger, aber auch ein Einebner – für politische Gegner ein ganz harter, niemals zu verdauender Brocken.

Doch wie unmittelbar neben ihm, in ungemein gefällig anmutender Ergänzung, existierte Theodor Heuss als erster Bundespräsident; auch »Papa Heuss« genannt. Und der konnte durchaus als würdiger, ehrenwerter, gemütvoller Mann bezeichnet werden. Ein eingestimmter Idealist – oder eben ein sich wohlwollend behutsam betätigender Humanist; wie man will.

Ein wahrlich recht bemerkenswertes »Doppelgestirn«; wenn auch, nicht nur gelegentlich, vermutet als januskopfartige Erscheinung dieser neuesten deutschen Republik. Doch immerhin: ein bewußter Vollblutpolitiker und ein erklärter Gemeinschaftsmensch – das waren Voraussetzungen, mit denen sich gewiß eine ganze Menge anfangen ließ. Allein schon damit.

Zunächst jedoch wollte die hervorgequollene Landschaft der Parteien von grellschillernder Vielfältigkeit anmuten; nicht nur in München und Umgebung. Schaurig zu nennende Konkurrenzkämpfe drohten ausgetragen zu werden – etwa zwischen immer noch Nationalbewußten, den Heimatliebenden und jenen Heimatvertriebenen. Da schien eine jener zahlreichen, bis zahllosen Parteien nichts wie »ihr« Bayern, und sonst nichts, sehen zu wollen; während andere in Franken, der Pfalz, in Baden, auch immer noch in Schlesien oder dem Sudetenland, den Nabel ihrer Welt zu erblikken begehrten.

Wobei dann, wie völlig unvermeidlich, diverse Heckenschützenveranstaltungen stattfanden. Auch als wirtshausähnliche Vorgänge zu bezeichnen, mitten auf den Märkten ausgetragen, die dann sogar in interne Familienbandenskandale auswucherten. Nicht völlig frei von Belustigungseffekten, das alles – doch eben wahrlich alles andere, als ein irgendwie erhebendes Schauspiel.

Allmählich jedoch lichteten sich dann derartige parteipolitische Treibsände und Nebelbänke. Alsbald sollten in diesem Rest-West-Deutschland allein drei Parteien dominieren; fortan so gut wie ungestört – etliche Jahrzehnte lang. Wobei eine dieser Parteien, beklagenswert frühzeitig, ihr dunkel strahlendes Leitbild verlor: Der schwerkranke, ungemein beeindruckende Kurt Schumacher starb. Ein wie unvermeidbares Nachopfer mehr. Daß es sich bei diesem jedoch um eines von vielen anderen jener fürchterlichen KZ-Zeit gehandelt hat, davon wurde gar nicht gerne gesprochen. So was mußte ja schließlich nicht gleich immer wieder breitgetreten werden.

Denn da, nicht wahr, gab es doch ganz andere Themen – wesentlich wichtigere, sogar recht erfreulichere! Mein lieber Gott, du gnädiger, deutscher, was hatte man denn so inzwischen nicht alles hinter sich gebracht? Die Schäden des Krieges, rein äußerliche, waren beseitigt, die Währungsreform überstanden; auch das nicht ungefährliche, sich zuvor ergeben habende Berliner Luftbrückenschauspiel durfte als gewesen bezeichnet werden. Was sich nun da inzwischen angebahnt hatte, nun wie greifbar in Sichtweite geraten war: ganz erhebliche wirtschaftliche Möglichkeiten! Jenes wahrhaft einzigartige deutsche Wirtschaftswunder!

Was dabei in Erscheinung trat – und da sollte man gefälligst nicht besserwisserisch herumnörgeln – war doch gar nicht der angeblich großzügigen Hilfsbereitschaft dieser Amerikaner zu verdanken. Was da vielmehr registriert werden mußte, war ein ungemein fleißiges, hochbegabtes, sich endlich wieder einmal bewähren wollendes und auch könnendes Volk. Da hatte man vorwärts zu schauen! Jawohl.

Immer vorwärtsschauen – höheren Zielen entgegen. Jedoch nicht etwa gleich hin zu vollen Fleischtöpfen oder gar prallen Geldsäcken! Welch eine schäbige Verdächtigung – so was geschah aus purem Idealismus.

Und was war mit der sogenannten Vergangenheit? Na, was denn wohl sonst, als genau das, was dieses Wort besagte – sie war vergangen.

Erhoffte Erkenntnisse, welche gar nicht wenigen erhebliches Wohlgefallen bereitet haben durften. Doch eben so was sollte diesen wackeren Vorwärtsdenkern nicht ermöglicht werden; keinesfalls völlig ungetrübt. Denn was sich da nun in den Vordergrund zu wagen drohte – das waren sogenannte »Mahner«, die sich selbst dazu ernannt hatten; angeblich solche mit »Gewissen«.

Diese aber drängten sich hier nun auf; reichlich unverschämt; oder eben wie völlig schamlos. Das aber waren, vielfach zwingend vermutet, im Grunde ihres Wesens nichts wie sattsam bekannte Aufweicher, Anzweifler, Abseitige –

eben Literaten! Und da die nun mal als hemmungslos intrigant veranlagt zu bezeichnen waren, versuchten sie dann auch prompt, ihre speziellen Sudsuppen zu kochen.

Die also schleimten sich hier aus – und das gar nicht selten auf schamlos undeutsche Weise. Die machten sich in Zeitungen und Zeitschriften breit, tönten in den Rundfunksendern, veröffentlichten dann sogar höchst peinlich anmutende Bücher. Wie etwa Plivier, Andersch, Richter. Aber nicht nur sie – etliche andere von dieser Sorte sollten da noch hinzustoßen; wie zu allem Überfluß. Böll, Lenz und Grass etwa. Doch eben, zum Teufel, nicht nur sie!

Dann aber, was höchst bemerkenswert war: zu diesen bereitwillig Unbequemen wollte dann auch, unzweifelbar, ein Hans Habe gehören. Offenbar hätte er da wohl, und das sogar sehr gerne, eine Art Anführer jener neuen, vorwärtsdrängenden, doch zugleich vergangenheitsbewußten deutschen literarischen Generation dargestellt; dazu sogar befähigt gewesen. Mehrmals bot der sich dafür an – doch »von denen« wurde er abgelehnt; reichlich kraß sogar.

Was ein Hans Habe als Anmaßungen, wenn nicht gar als Kränkungen, empfinden mußte. Seine Reaktion darauf dürfte ihm vermutbar gar nicht leicht gefallen sein; war aber wohl, für ihn, eine völlig unvermeidliche. Da hatten nun »diese Leute« seine mehrmals weit ausgestreckte Hand verschmäht, sich mithin ihm gegenüber als unfreundliche Wesen herausgestellt. Waren also – Feinde!

Und so lapidar, tatsächlich, kann das beginnen, was dann zu verheerenden Literaturschlachten zu führen vermag; wenn nicht zu blutigen Abschlachtungsversuchen.

Damals jedoch, als Hans Habe die Chefredaktion des »Echo der Woche« übernahm, schien nun selbst diese seine Welt einigermaßen in Ordnung gebracht worden zu sein.

Schon lange, lange vorbei jene Zeit, in der im nächstgelegenen Rundfunk, »Radio München« genannt, mit schöner Regelmäßigkeit eine Sendung ausgestrahlt wurde, welche den Titel besaß: »Nie wieder Krieg«. Wobei dann – damals! – allerbeste, zumindest geschickt agieren könnende Leute bemüht waren, derartig schwurhaft tönende Demonstrationen mitzugestalten. Ohne dabei sonderlich zu zögern, sicherlich der guten, gerechten Sache wegen, sich gegenseitig auf interne Verdrängungskämpfe einzulassen.

Dabei hatte sich auch dieser Filmbeschreiber versucht gefühlt, mitzumischen, da schließlich diesbezüglich als erfahrungsreich zu bezeichnen. Völlig vergebliche Bemühungen – da kam er nicht heran! Dieses einander wegdrängende »Nie-wieder-Krieg«-Verlangen sollte dann übrigens, bei nahezu allen daran beteiligt Gewesenen, sehr schnell wieder verlöschen. Alsbald schien es hier kaum noch jemand zu geben, der dazu bekennen wünschte, sich an solchen wohl umerzieherisch gedachten, amerikanisch gesteuerten Bestrebungen, beteiligt zu haben. Anwandlungen, die wohl so was wie eine Kinderkrankheit gewesen waren – wie etwa Masern.

Dieses »Radio München« hatte ihn anzuziehen vermocht; stellte vermutbar etwas Magisches mehr in seinem Dasein dar. Auch so was wie eine Art »Rundfunk-Reporter«, meinte er, wäre er eigentlich auch ganz gerne geworden – zumal das wohl auch als eine Art Journalismus zu bezeichnen war. Solchen Stimmen hatte er in seiner Jugend gerne gelauscht, die erst aus Kopfhörern, dann aus Lautsprechern auf ihn zugedrungen waren.

Wobei er dann auch, als Fünfzehnjähriger, so was wie

eine »Schallplatten-Zwischenplauderei« verfaßt hatte. Ein infantiles Gebräu, das er dann sogar der Radiostation »Königsberg« zukommen ließ. Und dort wurden dann auch einige seiner Texte gesendet – ohne daß er dabei als deren Verfasser genannt worden war. Ein sogenannter »Dampfradioplauderer« hatte sich seine leicht abgewandelten Reimereien sozusagen unter den Nagel gerissen. Das war einstmals.

Damals jedoch, dort bei diesem amerikanisch verwalteten »Radio München«, existierten gewiß etliche hochnoble Leute. Und mit einigen von denen durfte er sich dann sogar, ein wenig, befreundet fühlen. Dazu gehörte auch Hans Stein – bezeichnet als der »erklärte Liebling« des dortigen amerikanischen Chefs.

Warum dem so war, wie der zu dieser wohl nicht unverdächtig erscheinenden Wertung und Würdigung gekommen war, ließ sich auf frappierend lapidare Weise erklären: In den Anfangszeiten dieses Senders waren den dort Gewaltigen gar nicht so sehr die dabei zum Vorschein kommenden Darbietungen wichtig; worauf es dabei vielmehr, sozusagen primär, ankam, war dies: die jeweils dafür vorgesehenen Sendezeiten waren möglichst exakt einzuhalten. Wenn dann etwa Hans Stein Goethe rezitierte, dafür 29 Minuten einberaumt bekommen hatte, dann hielt er sich auch daran; mit imponierender Präzision, nahezu auf die Sekunde genau. Zur hellen Freude der ihm vorgesetzten Rundfunkamerikaner.

Bei diesem Hans Stein handelte es sich, abgesehen von seinen sprecherischen Fähigkeiten, auch noch um einen ganz exzellenten Kenner von Pferden und deren Möglichkeiten – ihn als »Pferdenarr« zu bezeichnen, war wohl kaum verfehlt. Doch darüber hinaus besaß »Hannes« die seltsamsten, ihm kaum jemals zuzutrauenden Freunde – zu denen gehörte auch Jürgen Fehling; jener berühmt eigenwillige Staatstheaterregisseur.

Doch eben daraus sollte sich der wohl faszinierendsten Silvesterabende für diesen herumirrenden Schreiber ergeben. Denn Fehling klebte sich ein Bärtchen an und wünschte in dieser Nacht Balzac darzustellen. Und das war er dann auch! So kam es, daß dieses kleine Schreibtier das bannende Gefühl hatte, einem Balzac persönlich begegnen zu dürfen.

Zu jenen Rundfunkmenschen, die diesen fleißigen Herumstreuner mit einiger Großzügigkeit bei sich aufnahmen, gehörte auch Friedrich Sauer. Ein Fachmann dieses Mediums, das er so gut wie vollkommen beherrschte; alsbald wie nahtlos bis hin zum Fernsehen. Doch wer dabei dieser möglichst nichts auslassen wollende Betrachter in Besonderheit anzuziehen vermochte, war dessen Frau Käthe. Die liebte Tiere; lebte mit ihnen. Sie war der erste Mensch, der ihm beibrachte, was Katzen sein können.

Dann aber dort auch: Fritz Benscher! Klein, stets wie geduckt dastehend, dabei ungemein zierlich; wobei er sich jedoch stets bewußt zu sein schien, daß er verurteilt dazu war, unentwegt schwere Lasten tragen zu müssen. Ein Jude! Einer, dem es wohl gerade noch gelungen war, seinem ihm sicher gewesenen Tod entkommen zu können – was er wohl niemals zu vergessen vermochte. Seine schlichte Herzlichkeit, dennoch, mutete erwürgend an. Er wurde geliebt.

Unvergeßlich dabei, der gemeinsame Besuch einer Faschingsveranstaltung im »Haus der Deutschen Kunst«. Derartig erhofften Vergnüglichkeiten drängten sie sich freudig entgegen: Benscher mit Frau, Freunde mit Freundinnen. Dabei schob sich jedoch, wie darauf getrimmt, eine Art anführungsentschlossene Machergestalt in den Vordergrund – ein Wesen, das sich wohl gleichfalls für journalistisch eingefärbt, getönt hielt; welches allerdings, völlig ungetrübt, ausgestattet war mit unentwegt vorhandenen Offiziersallüren. Und dieser Mensch, wohl nichts wie ein unentwegter Kerl, rief aus: »Mir nach – ich gehe voran! Folgt mir!«

Worauf Fritz Benscher erbleichte. Denn das waren wohl Töne, mitten in einem Faschingsfest, die ihn an seine KZ-Zeit erinnern mußten. Worauf er sich dann in irgendeine Ecke hinein flüchtete, um sich dort zu übergeben – er kotzte vor sich hin, umrauscht von heranflatternder Tanzmusik. Dabei in den Armen gehalten von diesem sich unsagbar armselig vorkommenden Schreibmenschen, der ein Zeitzeuge sein wollte. Was ihm manchmal sehr schwerfiel.

Inzwischen jedoch war in diesem München Berthold Brecht eingetroffen. Und der suchte hier nun die legendären »Kammerspiele« in der Maximilianstraße auf, die so gut wie alle Kriegsverwüstungen überstanden hatten, einigermaßen. Dort gedachte er seine »Mutter Courage« zu erarbeiten – gemeinsam mit Erich Engel. Was sich dabei anbahnte, schien eine Art verbindliches Modell zu werden; von gewiß großer Gültigkeit.

Ein Vorgang, bei dem sich die Bezeichnung »theatergeschichtlich« aufdrängte. Doch eben dieser damaligen, wahrlich als »elitär« anmutenden Bemühung, durfte dann dieser Feuilletonschreiber beiwohnen; sogar etliche Male, oftmals stundenlang. Was gewißlich als ein Privileg sondersgleichen zu bezeichnen war. Und die Frage stellte sich da nun wohl: wie kam er, ausgerechnet er, dazu? Die Erklärung dafür – wie gar nicht selten bei derartigen »Glückszufällen« – konnte als eine von frappierender Einfachheit bezeichnet werden.

Denn da hatte er, in den letzten Kriegsjahren, einen seiner ganz wenigen Freunde kennenlernen dürfen – eben Wolf-Dieter Bahr, den »Faust«-Menschen. Und dem war es vergönnt gewesen, einstmals, etliche Jahre in einer jener humanistisch getönten, nahezu reichsfreien Landhochschulen in Bayern verbringen zu dürfen – und zwar gemeinsam mit den zwei Söhnen von Erich Engel.

Somit genügte hier nun eine einzige Anregung, von einem dieser Söhne ihrem Vater gegenüber – und der erlaubte es diesem lernbemühten, neugierigen Journalisten, sich in seinem innersten Bereich aufzuhalten. Und da saß der nun! Betont zurückhaltend, wie sich das ja wohl auch gehörte, in einer der hinteren Bankreihen in den Kammerspielen.

Von dort aus betrachtete der dann, einmal, einen zumeist sehr leisen, gelegentlich aber auch ungemein temperamentvoll reagieren könnenden Berthold Brecht. Dem entging offenbar nichts, nicht das kleinste Detail von dem, was er sich nicht entgehen lassen wollte. Und neben ihm saß, mit lässiger Aufmerksamkeit, Erich Engel. Gleichfalls ungemein leise zumeist; nahezu wie bemüht darum, seine hohe Intelligenz zu verbergen, seine ungemein sarkastisch werden könnenden Bemerkungen, diesmal, möglichst sparsam anzubringen.

Beide muteten dennoch, etwa wenn sie heftig flüsternd die Köpfe zusammensteckten, wie ungemein streitbare, sich zusammenraufen wollende Brüder an. Doch eben solche im gleichen Geist. Ohne daß dabei, jemals, auch nur ein einziges lautes Wort gefallen wäre – nicht zwischen ihnen.

Und schon gar nicht geschah das ihren Hauptdarstellern gegenüber; etwa der herrlichen Therese Giehse. Sobald diese beiden Großmeister das Theater mit ihren gegenseitigen Einflüsterungen begannen, hockte sie sich hin. Schien ihnen zu lauschen; mit leicht zur Seite geneigtem Kopf. Wenn es das gab – eine urmütterliche Geduld in Person zu sein – dann war das ihr gegeben.

Kiaulehn jedenfalls versäumte es nicht, an diesen Begegnungen Anteil zu nehmen; schließlich waren das jene seines von ihm mit geschärftem Wohlwollen betrachteten Schützlings. Den befragte er intensiv nach dessen diesbezüglichen Erkenntnissen, um dabei auf eine Reaktion zu stoßen, die er von seinem fleißigen und oft reichlich unbekümmerten Schüler wohl kaum erwartet hatte – worüber der selbst gar nicht gering verwundert zu sein schien.

»Eine derartige methodische Gründlichkeit habe ich noch niemals vorher erlebt, mir das auch nicht vorstellen können. Ich sitze da, höre zu, denke nach – ich lerne! Erst jetzt wohl beginnt mir klar zu werden, was das sein kann – Theater. Künstlerische Präzision vermischt mit voll beherrschtem Handwerk. Wie ja auch wohl in unserem Metier.«

Worauf Kiaulehn prompt wissen wollte: »Haben Sie darüber Aufzeichnungen gemacht?«

»Selbstverständlich. Unmittelbar nach jeder Probe, der ich beiwohnen durfte.«

»Die will ich sehen!«

Diese Aufzeichnungen wurden ihm ausgehändigt – etwa zwei Dutzend Blätter voller Notizen. Die sah er ziemlich gründlich durch, um dann nahezu anerkennend zu nicken. »So muß es sein. Wie beim alten Menzel.«

Der Bitte um Aufklärung darüber, was diese Bemerkung »wie beim alten Menzel« zu bedeuten habe, wurde entsprochen.

Dabei trat der große Berlinkenner Kiaulehn in Erscheinung, der alsbald das fundamentalste und farbigste Werk über die Stadt schreiben sollte – mit dem universalen Titel: »Berlin«. Womit dann ein historisches Standardwerk in allerbester Kiaulehn-Manier zu registrieren war: fachlich fundiert, glänzend formuliert. Mithin nicht nur lesenswert, auch noch lesbar dazu.

In diesem speziellen Fall handelte es sich um eine Anekdote, die einem Kiaulehn ganz gewiß ungemein gefallen haben mußte: Als sich einer der Schüler des Malers Menzel verspätet und dabei die Entschuldigung vorbrachte, er wäre durch einen Unfall aufgehalten worden, wollte der Meister lediglich lakonisch wissen: »Wo sind die dazugehörenden Skizzen?«

Jedenfalls erwies sich dieses München der ersten, sogar der zehn ersten Nachkriegsjahre, als ein Tummel- aber auch Schauplatz bewegenster Ereignisse; in künstlerischer Hinsicht durchaus. Als damals Thomas Mann seinen Vortrag über »Goethe« hielt, tat er das derart glanzvoll und überlegen – »souverän« wäre da wohl noch richtiger gesagt – daß wohl etliche anwesende Literaten in Versuchung geführt wurden, wenn auch nur vorübergehend, ihren Beruf zu wechseln.

Auch Flaherty, der große alte Mann des Dokumentarfilms, fand sich ein und führte seine Werke vor – mit sich anschließenden ungemein herzlichen und ermunternden Gesprächen. Dann aber, aber dann, tauchte hier auch Fritz Kortner auf – und eigentlich müßte man dazu wohl sagen: er erschien!

Fritz Kortner aber kam nicht nur – er blieb! Und damit sollte diese Münchner Szene, die bereits damals schon erheblich schillerte und funkelte, einen ganz besonderen Glanz erhalten; allerdings gleich einen, dem es gegeben war, ebenso leuchtend erhellende, wie auch scharfblendende Leuchtfeuersignale zu produzieren.

Doch zunächst einmal hatte hier selbst er mit den sogenannten Schatten einer gewissen Vergangenheit zu kämpfen. Mit seiner! Er wurde nicht nur hochgejubelt, auch hinterhältig umflüstert.

Denn wer, bitte, fragte »man« sich, war denn dieser Fritz Kortner? Nun, doch wohl kaum mehr als ein einstmals sogenannter »umstrittener«, »von Skandalen umwitterter« Schauspieler; bereits in den zwanziger Jahren in Berlin. Angeblich ein Halbgott, doch vermutbar ein Scharlatan zugleich; zu sogenannten »zerstörerischen« Aussagen nicht nur fähig, auch wie stets bereit dazu gewesen. Nun ja, jetzt sagte »man« nicht mehr: Eben – ein Jude! Doch dieser Begriff schien ihn wie beständig zu umwittern. Daß der so was, wie er selbst gelegentlich behauptete, grimmig zu genießen bereit war, darf bezweifelt werden.

Fritz Kortner hatte seine unvermeidbare Emigration hinter sich gebracht – eine vermutbar sehr deutsche, gewiß auch ungemein qualvolle; da aus seinem wesentlichsten Lebenselement geworfen, der ihm angeborenen Sprache. Doch was dann nun hier in München zum Vorschein kam, war nicht nur ein ungemein beeindruckender Schauspieler, dem seltsam eindringliche Menschendarstellungen gegeben waren. Wie ungleich noch weit darüber hinaus erwies er sich zugleich als Regisseur von höchstem Rang, von bewegend entlarvender, beunruhigender Hintergründigkeit.

Sein »Vater« etwa, nach Strindberg, unter seiner Regie, mit ihm in der Hauptrolle, war ein atemlos machendes, auch quälendes, sodann endlich entwaffnend-überwältigendes Erlebnis – das bei dessen Betrachtern, auch bei diesem, noch Jahrzehnte später nachglühen sollte. Und was bei dessen »Minna von Barnhelm« erblickt werden konnte, glaubte niemand noch niemals vorher gesehen zu haben, nicht in dieser mitreißenden, frappierend überzeugenden Gültigkeit. Und so weiter und so fort! Jede seiner Inszenierungen, einfach jede davon, war – zumindest – ein Ereignis.

Über die eine oder andere dieser Kortner-Inszenierungen durfte dann auch dieser Schreiber berichten; selbstverständlich nur mit der gütigen Erlaubnis eines Walter Kiaulehn. Wobei ihm dann jedoch auch eine Aufführung von »Was ihr wollt« unvergeßlich blieb. Diese hatte nichts mit einer Premiere zu tun, welche wohl niemals ganz frei von hektischer Unruhe sind, diesmal handelte es sich um eine Art »Seriendarbietung«; um sogenannte tagtägliche Theaterroutine mithin.

Bei einer solchen, nun wohl als ausgereift zu bezeichnenden Präsentation, saß Kiaulehns Schülerschützling in einer der ersten Reihen. Wobei sich dann, in seiner unmittelbaren Nähe, ein Betrachter aufhielt, der gewiß sicher war, erhebliche Theatererfahrungen zu besitzen. Langjährige. Doch eben der sprang bereits im ersten Akt auf, schwenkte bedrohlich seine flatternden Arme, um in wahrhaft lodernder Empörung auszurufen: »Eine Schande – was der mit Shakespeare macht!«

Worauf er dann verstummte, eine erhebliche Zeit lang; wie dumpf vor sich hingrollend dahockte. Um dann aufzuhorchen, hinzuhorchen, mit immer verzückter werdenden Gesichtszügen. Um schließlich in erheblichen Applaus auszubrechen. Er klatschte heftig in die Hände beim zweiten Akt; beim dritten stampfte er mit den Füßen und schrie: »Bravo, Kortner!«

Welch eine Zeit kühner künstlerischer Herausforderungen, möglicher Abrechnungen, freudig entschlossener Bereinigungsversuche! Und da strömten Interessenten in Mengen herbei – wollten sich sehen und hören lassen; begehrten dazuzugehören. Wobei dann ein Hans Habe vermutbar das Verlangen verspürt haben durfte, auch noch deren Anführer sein zu wollen. Um so was zu erreichen, etliches dafür zu tun, ließ er alle seine Möglichkeiten spielen.

Auch sein »Echo der Woche« könnte sich, schien der zu kalkulieren, als eine Art Plattform für derartige Bestrebungen erweisen. Was dann auch zutreffen sollte – einigermaßen.

Denn immerhin – so verbindlich einfühlsam, betont tolerant, fast herzlich entgegenkommend, sich dieser Hans Habe auch zu erweisen wünschte – in ganz bestimmten Punkten vermochte er als völlig unbeirrbar-unnachsichtig in Erscheinung treten. Das etwa dann, und zwar jederzeit, wenn es sich dabei um »seinen« Kortner handelte; oder eben um den nicht.

Letzteres bedeutete eine Vernachlässigung sondersgleichen – in seinen Augen. Sobald aber etwa dieser von ihm ungemein geschätzte Freundmensch angezweifelt, oder etwa gar als fragwürdig bezeichnet werden sollte – eine diesbezügliche, auch nur leichte Andeutung reichte völlig aus – und Hans Habe bestieg seine Barrikaden.

Und diese Barrikadengebilde erwiesen sich dann sehr oft als verblüffend stattlich. Bei nahezu lapidarsten, doch voll massiv in Erscheinung tretenden Voraussetzungen: Wer zu ihm gehörte, gehören wollte, den verteidigte er dann auch. Wobei in diesem Fall noch hinzukam: einen Fritz Kortner liebte und verehrte er; der war für ihn »der absolut Größte« in diesem Metier. Für einen Kiaulehn übrigens auch.

Unter solchen, eigentlich gar nicht unvielversprechenden Konstellationen, begegneten sie nun einander: Der strahlende, ungemein selbstsichere, sich als vielfach erfahren bezeichnen dürfende Hans Habe – und dieser immer noch herumsuchende, herumschnüffelnde, sich unbedingt beweisen wollende Feuilletonschreiber. Eine Konfrontation, konnte es den Anschein haben, die etwa so zu registrieren war: Instinktsicherer Zeitungsjagdhund begegnete einem journalistischen Feldhasen. Noch immer nicht erkennbar, ob dieses Wesen begabt dazu sein könnte, sein Hasendasein in einen Wildkatzenumtrieb zu verwandeln.

Jedenfalls schien das eine ziemlich problemlos anmutende Begegnung gewesen zu sein. Wohl nicht zuletzt deshalb, weil dieser neugebackene »Feuilleton-Redakteur«, den sich Hans Habe ausgesucht hatte, einigermaßen klug und wohl auch geschickt genug war, die besonderen Fähigkeiten seines Zeitungschefs zu begreifen. Denn bei dem handelte es sich, mühelos erkennbar, um einen Zeitungsmacher von versessener Beharrlichkeit – wie dazu geboren. Wenn er, er allein, den sogenannten »Umbruch« machte, also die Ein- und Anordnung aller Artikel vornahm, Seite für Seite – dann war es, als wäre ein Magier am Werk.

Wobei vielleicht noch, einer gewissen Vollständigkeit wegen, zu bemerken wäre: Dieses schreibwütige Wesen durfte eine solche, ihn gewiß ehrende Bezeichnung, »Redakteur«, hier zum ersten Mal in seinem Leben registrieren – aber auch zum einzigen, mithin zugleich zum letzten Mal in seinem Dasein. Zumal eine solche Formulierung, auch hier bereits in der Praxis klar erkennbar, kaum mehr als ein schmückendes Beiwerk war. Nun ja, nun wohl – im Impressum des »Echo der Woche« war es verzeichnet worden; ohne jedoch einen entsprechenden Vertrag erhalten zu haben. Im Grunde war und blieb er auch dort ein »freier« Mitarbeiter; um später dann auch noch als ein »freier« Schriftsteller bezeichnet zu werden. Und was derartiger nichtssagender »Feinheiten« mehr sein mögen.

Diesem Hans Habe allerdings sollte es gegeben sein, ihn mehrfach in Erstaunen zu versetzen. Das einmal durch seine sichere, souveräne Art, eine Zeitung gestalten zu können. Hinzu kamen dann aber noch dessen einzigartige Beziehungen, Verbindungen; eben jenes Gewußt-wer-wo-wann. Der schien jeden möglichen schreibenden Gott, oder eben Halbgott, dieser Zunft zu kennen. Doch eben noch weit darüber hinaus besaß er auch die geschickt manipulieren könnende Kunst, derartiges Großwild zu veranlassen, für ihn zu werken.

»Sie werden kaum zu ahnen vermögen, wer nun bereit ist, für uns zu schreiben«, eröffnete er dann eines gewiß sehr schönen Tages seinem »Feuilleton-Redakteur«; mit gekonnt schlichtem Stolz. »Dabei handelt es sich um keinen Geringeren, als um Polgar. Ich nehme an, Sie wissen – wer das ist?«

Na, und ob er, selbst er, das wußte! Ein Alfred Polgar – mein Gott, gab es den noch; wohl ein Wunder mehr in dieser zertrümmerten Zeit – mußte als einer der bedeutsamsten Feuilletonisten dieses Jahrhunderts bezeichnet werden; wenn nicht gar als der bedeutsamste überhaupt. Und noch dazu, in den zwanziger, bis Anfang der dreißiger Jahre, hatte sich Alfred Polgar als ein Theaterkritiker von einsamen Hochrang erwiesen. Was der schrieb, geschrieben hatte, war mit begeistert-ergebener Bewunderung aufgenommen und als »Filigranit« bezeichnet worden.

»Und der ist tatsächlich bereit dazu, für uns zu arbeiten? Nicht nur gelegentlich – vielleicht sogar regelmäßig?« Nahezu ungläubig gefragt, auch nicht frei von freudigem Erschrecken. Denn eben das hatte, ganz praktisch, zu bedeuten: Wenn ein Alfred Polgar sich bereit dazu zeigte, für dieses »Echo der Woche« zu schreiben – dann für die dortige Feuilletonredaktion. Die ihm anvertraut war.

Das bestätigte Hans Habe – ganz lässig überlegen. So was, machte er deutlich, hatte nunmal zu seinem Job als Chefredakteur zu gehören. Eine erstklassig sein wollende Zeitung – und die seine hatte das zu sein – muß auch über erstklassige Mitarbeiter verfügen können. Die zu besorgen, darauf legte er Wert.

»Auch weitere ähnliche Möglichkeiten habe ich bereits

vorgeklärt; was Sie gewiß akzeptieren werden. So etwa ist auch ein Kiaulehn bereit dazu, uns wöchentlich eine feuilletonistische Betrachtung zur Verfügung zu stellen. Irgendwelche Einwände?«

»Ich werde mich hüten, so was auch nur in Erwägung zu ziehen!« Nun war dieser »Redakteur« aus seinem sanften Erschrecken in erhebliche Verwirrung gestürzt worden. »Für mich, muß ich da wohl feststellen, ist Walter Kiaulehn eine persona grata. Und die Vorstellung, daß ich jemals, ausgerechnet für diesen Mann, ein maßgeblicher Redakteur sein könnte, ist ganz einfach absurd. Aber dann auch noch ein Polgar! Das kann nicht gutgehen!« Solchen Mammutwesen, sollte das wohl heißen, war er nicht gewachsen.

»Keine Sorge, mein Lieber – das wird in Ordnung gehen; da bin ich sicher. Das erledigen wir schon – gemeinsam.«

Wobei der große journalistische Edelmann ermunternd seinen feuilletonistischen Kleinbauern anlächelte. Von dessen brav-verläßlichen Beackerungsfleiß war er überzeugt. Was er, gewiß, wohl auch sein durfte.

Dieses »Echo der Woche« sollte sich dann tatsächlich und zwar verblüffend schnell, zu einem vielbeachteten Publikationsorgan entwickeln. Kaum voraussehbar, doch eben durch einen Hans Habe intensiv beharrlich vorangetrieben. Wobei dann auch erheblich Unbequemes veröffentlicht wurde, noch dazu bewußt Provozierendes – oftmals hoch tönend, doch niemals hohl schallend. Was da beharrlich versucht wurde, waren eindeutig deutliche neudemokratische Weichenstellungen – doch eben nur zu benutzen mit seinen Fahrplänen.

Dazu gehörten ausgesuchte, geradezu allerbeste internationale Mitarbeiter – eine sich diesem Chefredakteur verbunden fühlende Elite. Bestehend aus amerikanischen Korrespondenten, versprengte Emigranten von Rang; und dazu das irgendwie erreichbar Beste aus diesem Restdeutschland. Simon Wiesenthal lieferte allerbeste Materialien ab; Remarque hatte sich seitenweise gewürdigt erblicken können; auch Wilder und Rangähnliche wurden zu Autoren dieses Wochenecho gemacht.

Das alles war gewiß ungemein großartig gedacht; konnte aber auf die Dauer einfach nicht gutgehen. Denn diese ganze, große Sache besaß da eine Art Pferdefuß; einen klumpigen, unvermeidbaren, ganz stark hinkenden. Nämlich das, was da so als »Finanzierung« zu bezeichnen war. Denn Habes Geldgeber vermochten sich die Großzügigkeiten ihres erklärten Edelmannes einfach nicht zu leisten; weder jene, die er sich selbst gönnte, noch jene, die er aber auch seinen Mitarbeitern zukommen ließ. So was war nicht zu machen; nicht auf die Dauer. Was ein Kiaulehn hatte kommen sehen: »Unser Freund Hans Habe ist, ganz schlicht gesagt, völlig unbezahlbar.«

Doch bevor dann dieses »Echo der Woche« zusammenkrachte, das wohl mußte, erreichte es, in bestaunenswert kurzer Zeit, einen gewissen Rang. Nun ja – zumindest entwickelte sich dieses Publikationsorgan zu einem ziemlich großen Ärgernis. Hans Habe's Herausforderungsversuche liefen auf vollen Touren. Der ließ nichts aus, nichts unter seinen Schreibtisch fallen. Der jonglierte dabei, wurde von ihm gesagt, gleichsam wie mit einem Hammer; einem vergoldeten.

So scheute der etwa keinesfalls davor zurück, uneingeschränkt deutliche Hinweise auf einen Staatssekretär im Kanzleramt vorzubringen, der sich einstmals, ungemein fleißig, mit »Judengesetzgebungen« beschäftigt hatte; wozu dann auch dessen erwürgend sachlichen Kommentare gehört hatten. Weitere gepflegt ausgekochte »Enthüllungen« von Habe's »Echo« beschäftigten sich mit Spionageorganisationen, Ost – aber auch West. Noch dazu war es ihm gegeben, frappierend frühzeitig, jene Möglichkeiten zu erkennen, die von monopolbeherrschenden Ölproduzenten und deren internationalen Hintergeschäftsmännern ausgehen könnten.

So was wurde in der Hammerschmiede, vergoldeten, dieses H. H. nicht nur plakativ produziert, vielmehr zugleich auch intensiv zu untermauern versucht. Klar, wurde alsbald behauptet: der ist ein ganz bewußter Provokateur, noch dazu enthemmt bis hemmungslos freudig am Werk. Der »mistet« aus, »saute« an, und zwar »maßlos«, sagten von ihm seine Feinde, zahlreichen; der veranstaltete, sagten andere, nicht gleich als Freunde zu bezeichnen, reichlich radikale Rundherumkahlschläge – wenn auch immerhin gekonnt und einfallsreich. Der scheint genau zu wissen, wo er hinhaut. Hoffentlich.

Verglichen mit derartigen prall prassenden außen- und innenpolitischen Feuerwerken mutete die Welt dieses Feuilletons ungemein geruhsamer, ungleich gelassener an. Zumal dessen Redakteur noch dazu, wie vorsorglich, mehrfach zu verkünden pflegte: In diesem Bereich wünsche er lediglich ein Koordinator zu sein. Wenn aber dabei auch er gelegentlich mal mitschreibe, dann jedoch in der sicheren Annahme: alle anderen wären um Klassen besser wie er. Eine Art von Bescheidenheit, welche jedoch als dringend angebracht zu bezeichnen war. Denn schließlich, nicht wahr, existierten hier in seinem Bereich auch sogar ein Polgar – und ein Kiaulehn noch dazu.

Wobei es dann zu einem Vorgang kam, der da wohl als recht seltsam zu bezeichnen war, vielleicht aber auch als ungemein eigenwillig, oder eben als reichlich leichtfertig veranlaßt. Denn dieser »Redakteur« leistete es sich – wohl guten Glaubens, annehmen zu können, daß dabei sicherlich ein Schreibfehler vorliegen müsse – ein auf ihn zugekommenes Alfred-Polgar-Manuskript zu verändern. Er erlaubte es sich, dort ein Komma zu versetzen. Ein Komma – nichts weiter sonst.

Worauf dann dieses feuilletonistische Großgenie reagierte, auf seine sehr eigene Weise: ungemein sanft, Nachsichtigkeit nicht ausschließen lassend, dennoch ganz »filigranit«. Der schrieb an Hans Habe einen langen Brief – wohl über Jehova, ihre gemeinsame Welt; über sonstige mögliche Götter daneben. Abgeschlossen wurde dann jedoch dieses Schreiben mit einem PS, einem post skriptum. Und das besagte:

»Richten Sie diesem Herrn aus«, also diesem Feuilletonredakteur; und dessen vollen Namen schrieb er hin, »ich lasse ihn diesmal nicht grüßen.«

Ein wenig später sollte es dann – von Hans Habe fürsorglich, vielleicht auch vorsorglich arrangiert – zu einer direkten Begegnung kommen; zwischen diesem »Redakteur« und Alfred Polgar. Dabei war dann in der Halle eines Münchner Hotels zu erblicken: ein dasitzender kleiner, trotz einer gewissen Gedrungenheit nahezu knabenhaft graziös anmutender Mensch; mit klarem Lächeln und leiser Stimme.

Daraus ergab sich ein langes, intensives Gespräch; von Polgar mit großzügigem Entgegenkommen gewahrt. Dabei verschmähte der es, die peinliche Panne mit dem Komma auch auch nur zu erwähnen. Vermutbar war es diesem Großmeister ihres Metiers gegeben zu erkennen, daß ihm hier ein höchst anteilnehmendes, wißbegieriges Jungtier dieser Branche begegnet war. Vor ihm, einem alten, weisen Raben, hockte ein hellwach neugieriger Spatz.

Was Polgar zu gefallen schien; vielleicht auch nur zu amüsieren vermochte. Doch immerhin – da hörte er nun zu; er beantwortete Fragen, begann dann sogar zu erzählen.

Und es war eine ganze Menge, was dieser immer noch recht langsam heranreifende Altjüngling zu wissen begehrte – von dem großen alten Meister der deutschen Sprache.

Etwa – wo und wie lebe er? Dic lächelnde Antwort darauf: »Zumeist halte ich mich in mittelmäßigen Hotelzimmern auf; mit selten mehr als einem Koffer. Dazu kommen dann noch einige Bücher, die jedoch nicht die meinen sind; was ich einstmals besessen habe, ist mir abhanden gekommen. Wobei ich mich jedoch kaum irgendwie unglücklich fühle. Das, bitte, sollten Sie nicht gleich vermuten – so komme ich mir kaum jemals vor. Denn schließlich weiß ich – um noch ganz andere Existenzen.«

Dann – wie arbeite er? »Stets recht mühsam; doch mit zunehmenden Alter immer geruhsamer. Einstmals habe ich, etwa für eine Theaterkritik, eine ganze Nacht verbraucht; und gelegentlich sogar zusätzlich noch einige Vormittagsstunden.« Mein Gott – genauso wie Groll! »Nunmehr leiste ich es mir, für einen einzigen Artikel zwei bis drei Tage zu benötigen – manchmal auch noch ein paar mehr.«

Worauf dann dieser »Redakteur« zu einer Frage kam, die ihm, ganz instinktiv, als ungemein wichtig erscheinen wollte. »Sie haben damals, gegen Ende der zwanziger Jahre, glaube ich, Ihr Wien verlassen, um ein Angebot aus Berlin anzunehmen – aus welchen Beweggründen auch immer.« Möglicherweise könnte der in jener Zeit an einen nicht nur »Komma-vernichtenden«, sogar an einen »wortabtötenden« Redakteur herangeraten sein.

»Damals jedenfalls, Herr Polgar, waren Sie bereits ein weithin bekannter, hochberühmter Kritiker; geradezu eine Symbolfigur für Ihre Zeitungsleser. Mithin werden die zutiefst betroffen gewesen sein, als sie erkennen mußten, Sie möglicherweise zu verlieren. Betroffen und empört!«

»Nun – wie man das nimmt.« Alfred Polgars leise Heiterkeit blieb ihm erhalten, verlieh ihm weise Würde. Und jetzt schien er sich, tatsächlich, wenn auch verhalten, zu amüsieren. »Dabei sind, wie Sie bereitwillig vermuten, höchst empörte, besorgte und auch anklagende Zuschriften zum Vorschein gekommen – gerichtet an meine einstmalige Zeitung. Und zwar gab es deren zwei. Sie haben sich da nicht verhört: zwei. Nicht mehr.«

Eine Auskunft, der es gelang, diesen Anfangsfeuilletonisten für längere Zeit zum Verstummen zu bringen; lähmende Ungläubigkeit drohte ihn überfallen zu haben. Dann drängten sich ihm Wortgebilde auf, wie: Unglaublich ... unvorstellbar ... darf doch einfach nicht wahr sein! Doch nichts davon sprach er aus; er hätte das auch nicht dürfen.

Denn nun sagte Alfred Polgar: »Was haben wir denn, mein lieber junger Freund, von unserem, dem von uns gewählten literarischen Dasein zu erwarten? Etwa eine beständig bereitwillige Auf-, An- und Abrechnung unserer so gut gedachter Schreibtischbemühungen? Einen würdigenden Dank irgendwelcher Institutionen, etwa gleich jener eines möglichen Vaterlandes, oder nur den einer Zeitung? Erwarten Sie nichts derartiges – geraten Sie niemals in Versuchung, danach zu gieren. Wenn Sie Glück haben, werden Sie, vielleicht, einige wenige Leser finden, die als treu zu bezeichnen sind – so was soll es geben; habe ich mir sagen lassen.«

Und genau das hätte sich der so Aufgeklärte hellhörig registrieren müssen, sich darauf einrichten sollen – sein weiteres Leben lang. Das jedoch tat er nicht; vermutbar ahnungslos gutgläubig veranlagt wie er war. Man könnte da vielleicht auch sagen: der hoffte, tatsächlich, noch darauf, daß sich seine oft bemühte Aufrichtigkeit verwandeln könnte – in herzliche Anerkennung. Was jedoch nichts wie billiges Blendwerk war.

Doch Polgar's damalige, sanft-eindringlich vorgebrachte Warnungen – wahren Weissagungen nicht unähnlich – hätte er beachten sollen; müssen. Wenn diesem nichts wie schreiben wollenden Menschen massierte Vorurteile anfallen sollten wie Bienenschwärme – obgleich er es da doch nur gut gemeint hatte, glaubte er, so war das nichts Besonderes. Auch wenn ihn derartige Verletzungen scharf zu treffen vermochten – wie ein Schlag in das Gesicht; richtiger wohl: wie ein Fußtritt in den Hintern.

Woran er wahrlich nicht ganz unschuldig war. Denn genau besehen hatte er, und zwar oftmals, nicht nur sich getäuscht; vielmehr, wie zugleich damit, auch andere. Denn alsbald, rein äußerlich gesehen, schien er den Eindruck erweckt zu haben, ein freudig munterer, reißbereiter Leitwolf sein zu wollen, mit einem dichten Rudel hinter sich; wenn auch ein Wolfswesen mit nicht unguten Manieren. Um dann jedoch erkennen zu müssen, daß so was, für ihn, gar nicht zutraf. Vielmehr drohte ihm klar zu werden, daß er gar nicht selten recht benutzbar war; mithin gleichsam nichts wie ein Schaf, das sich leicht scheren ließ und prima Wolle gab. Doch als er das dann herausfand, war es zu spät.

So etwa hatte er, und zwar zweiundzwanzig Jahre lang, für eine, »seine« Zeitung gearbeitet. Dabei dann gewünscht, in diesem Bereich gut und gerne runde fünfundzwanzig Jahre verbringen zu dürfen. Das nicht ohne Stolz; eben weil so was einen brauchbar abgeschlossenen, überzeugend bewältigten Lebensabschnitt bedeutet haben würde. Doch bevor ihm das noch gelang, wurde er dort zu einem Opfer sogenannter »Rationalisierungsmaßnahmen«; unvermeidlicher.

Mithin also hatte der dort auszuscheiden, wie allein von einer Buchhaltung veranlaßt. Wobei er kein Wort vernehmen durfte, nicht ein einziges, das seine mehr als zwanzigjährige Tätigkeit für diese Zeitung irgendwie zu würdigen versuchte. Von irgendsonsteiner stets billig zu habender »Dankbarkeit« erst gar nicht zu reden!

Weiter aber dann – im Rahmen dieser Täuschungen und Enttäuschungen, wie lebenslänglichen: Nach einer nahezu fünfundzwanzigjährigen, vorurteilslosen, vertrauender Zusammenarbeit mit einem Verleger, begann der, reichlich schamlos, seine Abrechnungen umzupolen, verlagern oder verlegen zu lassen, hinter Geschäftsschleiern zu verbergen – eindeutig zu Ungunsten seiner Autoren. Zu denen auch dieser Schreiber gehörte; diesmal einer von Romanen.

Worauf der dann sogar, nunmehr bereits ein Achtundsechzigjähriger, von diesem literarischen Existenzvernichter vor ein Gericht gezerrt wurde. Vermutlich in der Absicht, damit dubioseste Bestätigungen zu erreichen. Und zwar solche, mit der sich möglicherweise, nachträglich, noch einiges mehr einkassieren ließ.

Diese gerichtlich herbeizitierte Begegnung war von erwürgender Traurigkeit – ein einsamer Höhepunkt an menschlichen Scheußlichkeiten. Und so was ereignete sich, nachdem dieser Autor, im Verlaufe von fünfundzwanzig Jahren, diesem »Verleger« so an die fünfundzwanzig Bücher übergeben hatte; »zu treuen Händen«. Nunmehr jedoch waren sie in einem Gerichtssaal gelandet, wo sie sich zunächst völlig zu übersehen versuchten. Doch dann zischten, fauchten sie sich an; begannen dann sogar aufeinander einzubrüllen.

Es war beschämend! Dem Erbrechen nahe entfernte sich dann der Autor aus diesem Gerichtssaal – dem entfloh er. Und das war der einzige gewesen, den er jemals in seinem Leben als Zeuge in eigener Sache hatte betreten müssen.

Doch das war noch nicht alles an Fürchterlichkeiten in seinem Dasein, von denen er heimgesucht werden sollte.

Na, vonwegen: ein in »Erfolgen« strahlendes Leben – ein »ruhmreiches« Dasein! Immerhin jedoch eins wie eingebettet in »internationale« Anerkennung. Und das war es, was ihm oftmals eine gewisse Gelassenheit verlieh.

Doch von dem wie eigens für ihn aufgestellten Schlachtbänken der alltäglich zu erzeugenden literarischen Fleischfabrikationen verschont blieb er kaum jemals. Aber – wem gelingt das schon?

Die fleißigen Einzementierungsbemühungen jener zwei Sorten von Deutschland schienen 1950/51 nun ganz erhebliche Fortschritte zu nehmen. Auf der einen, östlich orientierten Seite, lehnte Grotewohl gesamtdeutsche Wahlen ab; er entschloß sich da wohl zu einer Art eigenen voll durchgeplanten Wirtschaft. Während im westlichen Teil Deutschlands der dafür zuständige Minister Erhard eine weitgehende »freie Marktwirtschaft« konzipierte. Doch eben damit begann diese totale Teilung immer perfekter zu werden. Zumal dann noch hinzukam, daß die sogenannte »Oder-Neiße-Linie«, im Osten, und dort nahezu feierlich, zur »Friedensgrenze« erklärt wurde.

»Frieden« also, wurde getönt – schon wieder einmal mehr? Wobei dann aber auch, wenn auch zunächst recht behutsam, mit angebrachter Vorsicht, eine Remilitarisierung Deutschlands angepeilt wurde – des westlichen zuerst; das andere mußte dann nahezu wie automatisch folgen. Und so was bereits zu einer Zeit, in der schließlich immer noch so an die 1,5 Millionen deutsche »Kriegsopfer« als »vermißt« bezeichnet wurden.

Doch nunmehr begann sogar ein Churchill zu meinen,

daß es da nun mal Entwicklungen gäbe – aufgezwungene, na welche denn wohl sonst! – denen man jetzt ins Auge zu sehen habe. Wußte der, wovon er redete? Vermutlich ziemlich genau!

Den Nobelpreis für Literatur erhielt der Brite Russell – was gar nicht wenige als eine Entgleisung sondersgleichen zu registrieren glaubten. Denn damit war ein notorischer Anzweifler, ein beharrlicher Außenseiter, geehrt worden. In Deutschland starb Hedwig Courths-Mahler, die Vielgelesenste von allen; so an die 190 Romane hatte sie hervorgebracht; in vielfachen Millionenauflagen! Dann starb auch – mit ihr keinesfalls irgendwie vergleichbar – Heinrich Mann; ein deutscher, sozialistisch getönter, doch zutiefst human veranlagter Dichter. Auch schlicht als Autor zu bezeichnen – einer jener ganz seltenen, die mit prägendem politischen Verstand ausgezeichnet waren.

Die damalige Weltbevölkerung wurde auf etwa 2,33 Milliarden geschätzt. Wobei sich eine alsbaldige Vervielfachung androhte – so an die 8 Milliarden Erdenbewohner schienen in Sicht zu sein. Lediglich ein Bruchteil davon, ein ganz geringer, lebte damals in diesen beiden Teilen Deutschlands. Wie?

Nun, sie wollten leben, wie sie das für sich angemessen hielten – jetzt also: nicht mehr gerade noch so, sondern möglichst gut. Denn schließlich, nicht wahr, war und ist in dieser Welt jeder sich selbst der Nächste! Doch immerhin: da »man« sich nun ziemlich satt und einigermaßen behaglich fühlte – warum sollten denn nicht auch Brocken abfallen? Sogar gerne gegönnte. Wem – gegönnt?

Anfang 1950 hatte dieser unentwegte, nun wohl kaum noch durch nichts und niemand mehr zu verhindernde Schreiber, ein erstes Buch verfaßt. Das wie scheinbar ganz nebenbei; zwischen Hunderten von Filmkritiken, etlichen sonstigen zumeist feuilletonistischen Bestrebungen, sowie Vereins-, Club- und diversen Verbandsverpflichtungen. Es erhielt den Titel: »Wir nannten ihn Galgenstrick«.

Dabei handelte es sich, gleichsam wie von Anfang an, mithin wie dann in den meisten seiner anderen Bücher auch, um romanhafte Vermischungen – von eigenen Erfahrungen und den Erlebnissen anderer. Seinen von ihm dann allerdings dramaturgisch stark verfremdeten Personen, war er irgendwann einmal begegnet; um sie dann so zu sehen, wie er sie sehen wollte. Dabei hatte er niemals das Verlangen empfunden, sich selbst in den Mittelpunkt seiner literarischen Bemühungen zu stellen – dafür hielt er sich für zu unbedeutend.

Dieses sein erstes Roman-Manuskript jedenfalls, schickte er nun jedoch nicht etwa an den ersten besten Verleger, sondern vielmehr gleich – so unverschämt selbstsicher war er langsam geworden, als Autor durchaus – an jenen, der damals als der allererste und auch allerbeste dieser Branche bezeichnet, zumindest dafür gehalten wurde. Und dort wurde dann »sein Werk« aufgenommen; völlig komplikationslos. Sein Roman, wurde ihm nach nur wenigen Tagen mitgeteilt, ganz einfach, geradezu lapidar, werde veröffentlicht.

Wobei jedoch, außer diesem sich gerne jupiterhaft gebende Verleger, unverzüglich zwei weitere Personen in Erscheinung treten sollten, denen es gegeben sein sollte, ganz erheblichen Einfluß auf sein literarisches Leben zu nehmen. Zwei wie zugleich. Das war zunächst einmal Dr. Hans-Josef Mundt – damals bereits Verlagsleiter. Doch eben der entwickelte sich dann, sehr schnell, zu einer hochwichtigen Bezugs- und Verbindungsperson für diesen Autor; dessen volles Vertrauen gelang es ihm zu erreichen; einfühlsam und einfallsreich. Gleichfalls fünfundzwanzig Jahre lang vermochte dann dieser HSM jeden noch so heiklen und unbequemen Einwand gegen die Produkte dieses Autors, von dem stets aufmerksam angehört, vorbringen zu können. Weil eben seine »Ratschläge« stets wohlüberlegt anmuteten, überzeugend formuliert waren, wiederum untermauert von seinen eigenen, umfangreich fundierten zeitkritischen Erkenntnissen.

Als ungemein überraschend jedoch, geradezu als verblüffend, durfte bezeichnet werden, daß dabei auch Dr. Gunter Groll in Erscheinung trat; mithin also jener bereits respektierte, gerade als Autorität anerkannte Filmkritiker der »Süddeutschen Zeitung«. Und der sagte, als sie nach einer von ihnen gemeinsam besuchten Premiere noch ein wenig dahinschlenderten, ganz einfach: »Da habe ich nun dein Buch gelesen – mit Anteilnahme. Es ist wirklich bemerkenswert.«

Daß Groll auch ein Verlagslektor war, und das nicht nur wie nebenbei, davon hatte der Autor, bisher, nichts gewußt.

Doch damit war er nun an eine weitere Person – abermals eine Persönlichkeit – herangeraten, die dann sein sogenanntes literarisches Werk ganz erheblich mitbestimmen sollte; auch er so an die fünfundzwanzig Jahre lang. Denn die »Manuskripte« dieses Autors – die der tatsächlich, sein Leben lang, »mit der Hand« geschrieben hatte – wollten fast immer, im ersten Entwurf, wie aufgetürmte, unbehauene Steinplastiken anmuten; hoch, breit und mächtig ausladend. Doch diese zu glätten, zu verfeinern, in allen Einzelheiten sichtbar zu machen, mußte sodann versucht werden. Was einem Gunter Groll gegeben war – bis hin zur formvollendeten präsentesten Klarheit.

Gunter Groll durfte, mußte wohl auch, als »der« Lektor schlechthin bezeichnet werden – für große Teile der deutschen Nachkriegsliteratur. Der wohl instinktsicherste von allen in diesem Gewerbe. Auf jeden Fall der gewiß allerbeste, den sich dieser Autor vorzustellen vermochte.

Was für so ein literarisches Dasein eine ganze Menge ist; jedoch immer noch nicht völlig ausreicht, um einen Autor in den stets erhofften Himmel letzter Anerkennungen zu bringen. Denn nicht minder mitentscheidend wichtig, sobald der Versuch gewagt wird, in den internationelen Literaturdschungel einzudringen, sind die Übersetzer. Wenn dabei Stümper am Werk sind, dann machen die dazu auch jeden von ihnen »bearbeiteten« Autoren. Aber auch hierbei: weitere Glücksfälle!

So etwa kam, für den hochwichtigen französischen Sprachraum, ein ungemein munterer Greis zum Zuge. Und der war offenbar mit ähnlicher freudiger Erlebnisentschlossenheit ausgestattet, wie dieser Schreiber. »Das sieht man mir wahrscheinlich nicht an«, krähte er bei ihrer ersten Begegnung munter hervor, »doch in meiner Jugend war ich ein ganz flotter Hecht!« Und eben dieser »flotte Hecht« ließ dann die Bücher dieses Autors, und so was sogar im anspruchsvollen Frankreich, als durchaus lesenswert in Erscheinung treten.

Der jedoch in dieser Hinsicht wohl wichtigste und einfühlsamste Sprachentransporteur war ein Brite, Maxwell Brownjohn. Nicht nur in nahezu gleichem Alter wie dieser Autor, auch mit ähnlichen mitteleuropäischen Erfahrungen ausgestattet – aber eben dann noch dazu: ein souveräner Kenner deutscher Verhältnisse und ein exzellenter Beherrscher seiner Sprache. Er sollte dann, gleichfalls glücklicherweise jahrzehntelang, die Grundlagen für die dann maßgeblichsten Auslandausgaben erarbeiten – den englischen und amerikanischen.

So schien dann alles gut, wenn nicht nahezu glänzend anzulaufen. Sein Erstlingsbuch, der »Galgenstrick«, wurde alsbald in sieben Sprachen übersetzt – später dann in achtzehn. Und so was, empfand dieser Autor dankbar, verschaffte ihm ganz erhebliche Freiräume – sogar finanzielle. Denn daraus ergab sich ein geradezu stattliches Zubrot – und zwar gleich garantierte dreihundert Mark monatlich. Und die wurden ihm dann auch regelmäßig an jedem Ersten ausgezahlt – in bar. Jahrelang.

Mehr nicht? Mein Gott, das war doch damals gar nicht wenig! Erster »Ruhm« schien sich in eine recht brauchbar anmutende Existenzsicherheit zu verwandeln. Nun ja, und wenn das auch eine zwar kleine, vergleichsweise bescheidene war – doch immerhin: als guter Anfang zu bezeichnen. Oder – etwa nicht?

Dieses sein allererstes Buch, der »Galgenstrick«, war in seiner deutschen Ausgabe mit einem wunderschön-freundlichen, geradezu als idyllisch zu bezeichnenden Umschlag versehen worden. Was dessen Autor keinesfalls davon abhielt, dieses Produkt mit großer Rührung zu betrachten. Diesen seinen Erstling trug er wochenlang mit sich herum, so als habe er ein geliebtes Kleinkind zu betreuen; in Filmtheatern, zu Redaktionskonferenzen, anläßlich freundschaftlich gedachter Begegnungen.

Dieser sein Stolz, ein betont schlicht zur Schau getragener, nahm noch ein wenig zu, als er dann nachlesen durfte, was da so einige seiner Kollegenkritiker darüber geschrieben hatten. Vermutbar hatten die nicht gleich herausgefunden, daß er lediglich einer von ihnen war.

Doch immerhin – immerhin: Damals noch rieselte sogar

in deutschen Worten registrierbares Wohlwollen auf ihn herab. Dabei glaubte sogar festgestellt werden zu können: »Ein Zeitzeuge von Überzeugungskraft.« Dann: »Ein Architekt des Romans.« Auch: »Eine sarkastische, ironische Begabung, was hierzulande ganz erheblichen Seltenheitswert besitzt.« Und so weiter und so fort, in dieser höchst angenehm ermunternden Anerkennungsbereitschaft. Nicht allzulange andauernd.

Dann aber wagte es sogar eine Illustrierte, die »Neue« in Köln, einen Nachdruck dieses Romans zu veröffentlichen. Das allerdings mit dem reichlich klobigen Anreißertitel: »Holzauge sei wachsam.« Was zumindest weitere erfreuliche Summen einbrachte – vermutbar für den Verleger. Doch als irgendwie schädlich schien sich diese ausschweifende Abschweifung für niemanden zu erweisen; weder für den Autor, noch für die Illustrierte.

Doch eben damit, 1950/51, hatte sich, was wahrlich niemand vorauszusehen vermochte, eine Verbindung angebahnt; welche dann, nur vier Jahre später, zu einem angeblichen Ereignis sondergleichen führen sollte. Einem ungemein spektakulären, da instinktiv sicher erkannten – nicht vom Autor. Ein überaus gekonnt hochgespielter, wenn nicht gar hochgepeitschter Vorgang, über den noch zu berichten sein wird.

Doch zunächst einmal war die Reaktion eines Walter Kiaulehn auf dieses Buch zu registrieren, die als wahrlich nicht unwichtig angesehen wurde. »Nun ja – da haben Sie jetzt also ein gar nicht unstattliches Ei ausgebrütet – was gewiß nur ein Anfang ist. Gedenken Sie so weiterzumachen? Hoffentlich! Dabei aber sollten Sie ganz scharf aufpassen. Denn da beginnen Sie offenbar herumzutrampeln – und zwar in gepflegten deutschen Seelengärten. Wobei höchste Vorsicht angebracht ist.«

Dieses Buch las dann auch Hans Habe. Mit dem hatte er sich während einer Flugreise von München nach New York beschäftigt; vermutbar auf Kosten des »Echo der Woche«, mithin also, grundsätzlich, in der ersten Klasse. Doch seine Einstellung zu diesem »Galgenstrick« besaß keinesfalls jene bohrende, gerne ironisch getönte Bedächtigkeit eines Kiaulehn. Die erwies sich vielmehr als ungemein ermunternd positiv.

»Da haben Sie nun möglicherweise einen der wichtigsten zeitgeschichtlichen Romane geschrieben. Nun, sagen wir: nach Remarque und mir; ohne uns jedoch gleich zu übertreffen. Aber das werden Sie vermutlich noch versuchen, nehme ich an. Na, dann versuchen Sie das mal!«

Nahezu fünfundzwanzig Jahre später fühlte sich dann dieser Autor dazu veranlaßt, anläßlich einer Neuausgabe zu einem »runden« Geburtstag, diesen seinen Erstling »Galgenstrick« noch einmal in seiner Schreibtischwerkstatt zu bearbeiten. Ansonsten pflegte er seine Bücher, sobald sie gedruckt waren, nur noch gelegentlich zu betrachten; ohne das geringste Verlangen zu verspüren, die noch einmal lesen zu wollen. Denn die Prozedur davor war nahezu quälend mühsam gewesen: Das Schreiben mit der Hand, die große Korrektur des abgeschriebenen Manuskriptes, die intensive Durchsicht der Druckfahnen – so was reichte ihm; völlig.

Auch hatte er, niemals in seinem Leben, aus seinen sogenannten »Werken« vorgelesen; weder im kleinen Kreis und offiziell schon gar nicht. Das mit der beständigen, von ihm für richtig gehaltenen Behauptung: »Bücher werden geschrieben, damit man sie liest. Ein Roman ist keine Rezitationsvorlage; ein Autor kein Vortragskünstler.«

Waren derartige Einladungen dennoch als unvermeidbar anzunehmen, etwa wenn sie aus London, Paris oder einige Male aus Oslo kamen, dann erschien dort dieser Autor auch durchaus, scheinbar wie bereitwillig. Um dann jedoch wohlvorbereitete Vorträge zu halten; deren Vorarbeiten sich als ungemein umständlich erwiesen hatten. Mithin nichts wie Zeitvergeudungen wieder – was er, möglicherweise, zu sagen habe, stand in seinen Büchern.

Nunmehr jedoch fühlte dieser sich inzwischen sehr gereift vorkommende Autor dazu versucht, dieses sein »Erstlingswerk« in eine neue, wie endgültige Fassung zu bringen. So was, dachte er, würde sich ohne weiteres ermöglichen lassen – eben aufgrund seiner in Jahrzehnten gewonnenen Erfahrungen, erworbenen Fähigkeiten, gewachsenen Erkenntnisse. Um dann allerdings, und das sogar sehr schnell, zu seiner Verblüffung noch dazu, erkennen zu müssen: so was war ein völlig vergebliches Bemühen; wenn nicht gar ein reichlich sinnloses.

Denn dort, bei seinem Erstling, stimmte ganz einfach alles – jede Formulierung, jeder Satz, jede Szene! Dieser sein »Galgenstrick« besaß, mußte er einsehen, eine ziemliche Vollkommenheit. Dieses Buch mutete, im Rahmen seiner Möglichkeiten, wie gültig vorgeprägt an – für die wesentlichsten seiner weiteren Arbeiten. Mithin also vermochte er nun nichts, nicht das geringste, dabei zu verändern; kein Komma, keinen Bindestrich, kein Ausrufezeichen.

Damals jedoch, eben 1950, fast unmittelbar nach dem Erscheinen seines ersten Buches, begannen sich besorgt gebende Kollegen, auf etwas ihnen sehr wichtig Erscheinendes hinzuweisen. Und zwar darauf. Nun müsse er sich wohl entscheiden, was er denn da eigentlich sein wollte – Feuilletonist oder Romanautor. Seine Antwort darauf war jedoch bereits, eben von einem Kiaulehn, eindeutig vorgeprägt worden; und die lautete lapidar: beides!

Zugleich jedoch vermochte dieser Autor, wenn auch zumeist enorm mit sich selbst beschäftigt, dennoch zu erkennen: Wenn es da auch so einem Buch durchaus gelang, einige Beachtung zu finden, so handelte es sich dabei jedoch, zumeist, um nichts weiter sonst als einen Einjahresfalter. Der sich dann irgendwohin verflatterte, um dann schließlich irgendwo in staubigen Regalen zu landen.

Von Büchern allein also, lapidare Erkenntnis, konnte man, normalerweise, nicht existieren. Da mußte wohl noch einiges hinzukommen. Fleißig produzierter Journalismus etwa schien da schon, weit sicherer, einen guten Broterwerb zu garantieren. Aber dazu noch, eben zusätzlich, Arbeiten für Zeitschriften, Rundfunk, später Fernsehen. Dann erst wohl konnten diese frisch gebackenen Brötchen verspeist werden; noch dazu mit Butter und Honig. Und zu solchen angenehm fließenden Quellen gehörte auch das »Echo der Woche« – zunächst noch.

Doch hier wie dort, wo also auch immer diese von Kiaulehn proklamierten »Standbeine« ihren sicheren Halt begehrten – etliche abenteuerlich zu nennende Vorgänge mußten überstanden oder durften genossen werden; wie man das nimmt. Komische, fragwürdige, seltsame, groteske, tragische!

Keine Katastrophe jedenfalls, auch nicht die makaberste, die völlig frei ist von Gelächter.

Dieses »Echo der Woche« sollte dann, mußte wohl, nach etlichen prächtig provozierenden Monaten verschwinden; gleichsam wie in einer Versenkgrube. Das jedoch geschah nicht, ohne daß es dort noch zu weiteren freudigen, herausfordernden, alsbald abenteuerlich anmutenden Versuchen und Versuchungen gekommen wäre.

Warum dieses an sich recht lesbare, munter informierende, glänzend chefredigierte »Echo der Woche« verschwinden mußte, fast wie über Nacht, nahezu sang- und klanglos, dafür wurden mehrere Gründe genannt, sogenannte Begründungen aufgeführt. Dazu gehörten auch ganz handfeste Beschuldigungen. Wie wohl immer, wenn da so ein Unternehmen in die Binsen geht, wollte es dann niemand gewesen sein, der sich dafür verantwortlich zu fühlen hatte – so was auch gar nicht fühlte.

In diesem Fall dominierten zwei Anschauungsmöglichkeiten. Einmal diese: Das finanzielle Polster dieses Unternehmens hatte sich als nicht ausreichend erwiesen; dessen sogenannter »Vertrieb« durfte als mangelhaft bezeichnet werden; von einer Präsenz in der Öffentlichkeit konnte kaum die Rede sein. Dann aber auch, zweitens, für Herausgeber und Verlag allerdings erstens: Dabei unmöglich zu verkraften geworden seien jene unbeirrt mächtigen bis maßlosen Forderungen und Anforderungen eines Hans Habe. Der hatte nicht den geringsten Sinn für einen geregelten Geschäftsbetrieb zu entwickelen vermocht, sich vielmehr rücksichtslos dazu entschlossen erwiesen, dieses »sein« Münchner Wochenblatt, unbedingt, koste es was es wolle, in eine Zeitung von Weltrang zu verwandeln.

Diese permanente Großzügigkeit eines Hans Habe, wahrlich nicht nur sich selbst gegenüber, war bekannt, hätte also auch erkannt werden müssen. Ein Kiaulehn hatte so was kommen sehen, den schlicht als »unbezahlbar« bezeichnet. Einfach nichts, was der sich nicht leisten würde – sich dann auch geleistet zu haben schien.

Dazu hatte wohl auch eine von dessen Anordnung gehört, welche dann hier mit zu einem der größeren Steine des Anstoßes werden sollte: Dieser »sein« Redakteur, also jener »seines« Feuilletons, ordnete er an, habe sich nach

Düsseldorf zu begeben! Dabei, für ihn wie selbstverständlich, in einem Zugabteil der ersten Klasse; um dann dort, zu allem Überfluß, in einem gleichermaßen erstklassigen Hotelzimmer zu landen. Im Bereich eines Hans Habe hatte nun mal nichts Zweitklassiges zu existieren; dem seiner Mitarbeiter inbegriffen.

So was geschah anläßlich einer theatralischen Demonstration, welche von Chefredakteur Habe, ganz souverän, für ungemein bemerkenswert erklärt wurde, sogar für weitzeugend; was die wohl auch war. Denn dort, in Düsseldorf, hatte sich ein Fritz Kortner, »sein« Kortner, in die Gefilde eines Gustav Gründgens begeben. Und die beabsichtigten nun, möglichst gemeinsan, Raymonds »Alpenkönig und Menschenfeind« zu gestalten. Ein gewiß absolut ungewöhnliches Ereignis, deren Ergebnis den Lesern dieses Wochenblattes keinesfalls vorenthalten werden durfte.

»Berichten Sie darüber – mit möglichster Ausführlichkeit.« Was prakrisch zu bedeuten hatte: jede gewünschte Menge Raum wird zur Verfügung gestellt. Wohl bis hin zu einer ganzen Seite – was sich kein Journalist entgehen läßt.

Habes Absicht dabei durfte gewiß als recht eindeutig erkennbar bezeichnet werden: Er wollte »seinen« Kortner gewürdigt sehen! Ein Verlangen, dem nachzukommen, diesem »Redakteur« nicht im Geringsten schwerfiel – auch er verehrte diesen mächtigen Mimen. Dementsprechend fiel dann seine nahezu halbseitige »Kritik« aus. Als Überschrift dafür wählte er, wobei er gewissermaßen den Titel umpolte: »Alpenfeind und Menschenkönig«. Mit dem ersten Teil einer solchen Formulierung zielte er auf Gründgens, mit dem zweiten gedachte er Kortners Leistung anzuerkennen.

Über eine derartige Würdigung seines erklärten Lieblingsmimen zeigte sich dann auch Hans Habe ungemein erfreut. Die ließ er auf Seite eins verkünden – unübersehbar groß. Wobei jedoch der Herausgeber dieses »Echo der Woche« wesentlich anderer Ansicht war. Mein Gott, wie hatte denn da dieser sogenannte »Zeitungszar« eigentlich geheißen, wie ausgesehen, was bedeutet? Nur wenige Jahre danach – und dann wußte das niemand mehr.

Der jedoch reagierte damals, so weit noch irgendwie erinnerlich, reichlich empört, wohl auch nicht ganz unberechtigt. Zumal er herausgefunden hatte: Dieser von ihm bezahlte »Redakteur« schien es gewagt zu haben, nicht nur eine Kritik über jenes Düsseldorfer Theaterereignis zu schreiben – vielmehr deren gleich zwei. Und zwar eine weitere für seine Tageszeitung, den »Münchner Merkur«; für den dieser Schreibmensch, nach wie vor, fleißig präsent werkte; also wohl keinesfalls wie nebenbei.

Was jedoch diesem Herausgeber, und vermutlich nicht nur erstmals, maßlos mißfallen mußte. Mithin bestellte er diesen in seinen Augen »Entgleisten« zu sich, um dann streng verweisend auszurufen: »Wie kommen Sie denn dazu, sich so was zu leisten – noch dazu auf unsere Kosten! Da muß ich doch sehr bitten!«

Worauf dann dieser »Redakteur« reichlich ungeniert reagierte; wie wohl von einem Kiaulehn eingelernt. »Was, bitte, sollte denn dabei irgendwie ungewöhnlich sein? Das sind doch zwei Paar völlig verschiedene Stiefel! Denn jede dieser Arbeiten ist gesondert geschrieben worden. Sie gleichen einander nicht, auch wenn sie sich mit demselben Thema beschäftigen. Wobei dann noch eine dritte diesbezügliche Erarbeitung hinzukommen dürfte; etwa für ein literarisches Monatsmagazin.«

Doch selbst damit nicht genug des voreilig Unguten. Hinzugefügt wurde dann noch, vermutbar ganz kühn klärend gedacht, eine Äußerung, welche möglicherweise eine Art Mut vor Königsthronen darstellen sollte. »Schließlich,

Herr, darf ich doch wohl kaum annehmen«, und Herr hieß Herausgeber! »daß Sie mich als Ihr Eigentum betrachten.«

Eine Formulierung, die dann Walter Kiaulehn vernahm. Doch nachdem der, mit nicht nur gelinder Ironie, applaudiert hatte, brachte er unverzüglich eine seiner weisen Rabenwarnungen vor. »Mit derartigen Hochstapelungen sollten Sie verdammt vorsichtig sein, mein lieber junger Freund. Nun ja, so was kann und darf man sich immer wieder denken – aber doch nicht gleich knallend deutlich verkünden. Derartige Anwandlungen sollte man sich erst dann leisten, wenn ein unvermeidbarer Bruch als absolut feststellbar ist. Erst dann jedoch – voll hinein!«

Ratschläge, die bares Geld wert waren, an sich auch gute, sichere Honorare bedeuteten; sie fielen jedoch auf noch nicht ausreichend genug beackerten Boden. Das etwa auch dann nicht, als dieser nach wie vor, und wie für immer, unentwegter Filmkritiker – ein Leinwandprodukt ausgerechnet jener Firma sozusagen in Grund und Boden zu stampfen bemüht war, welche erst neulich einen seiner Romane verfilmt hatte. Die dortige Inhaberin zeigte sich hell empört, zitierte ihn ans Telefon und meinte, geradezu scharf anklagend: »Aber so was können Sie doch nicht machen!«

Seine Antwort hierauf: »Das kann ich nicht nur, das muß ich sogar. Vergessen Sie, bitte, nicht, daß Sie da lediglich einen meiner Romane zwecks Verfilmung aufgekauft haben – aber damit doch nicht zugleich auch mich, als Filmkritiker.«

Woraus sich dann allerdings auch eine jener Erkenntnisse ergab, auf die ein Kiaulehn ganz erheblichen Wert legte. »Wir sind stets dazu angehalten, uns einer möglichen Objektivität zu befleißigen – was wir ja auch machen; na, was denn sonst? Doch was drängt sich dabei, und gar nicht einmal selten, in den Vordergrund? Eine ganz pralle, penetrante Subjektivität! Der sind wir, hat es oft den Anschein, wie unvermeidbar ausgeliefert. Doch wehe uns, mein Junge, wenn wir derartige Ab- und Ausschweifungen ganz bewußt und womöglich sogar mit Wonne veranstalten! Dann muten, damit verglichen, wühlende Wildschweine nahezu wie niedliche Nagetiere an.«

»Aufmerksame Leser sollten solche Tatsachen kennen, diese wissen müssen. Jene jedoch, die für sie schreiben, haben stets darauf zu achten, bei der Wahrheit zu bleiben – auch wenn das nur ihre Wahrheit ist. Was allerdings gar nicht ganz einfach ist, auch niemals sonderlich leicht fällt.«

Verglichen jedenfalls mit derartigen bohrenden Zweifeln, gelegentlich aber auch vernichtungsbereiten Bezweifelungen, schien die Welt eines Hans Habe absolut, nahezu wie untrübbar, intakt gewesen zu sein. Na, und wenn er auch ein Jude war – irgendwie zu belasten vermochte ihn das niemals. Er war ein Zeitungsmann – ein Zeitungsmacher! Einer der anerkannt allerbesten.

Doch eben als solcher ließ der so gut wie nichts aus; gelegentliche Abenteuer mit eingeschlossen. Das geschah auch damals, als in den USA das neueste Buch von Erich Maria Remarque erschien – eine erwürgend intensive KZ-Beschreibung; mit dem Titel: »Funke Leben«. Dabei waren sich der Chef und sein Feuilletonredakteur unverzüglich darüber einig, daß dafür einiges, wenn nicht ganz Erhebliches, geschehen müsse – ebenso ausführlich wie wirksam.

»Eine umfangreiche Besprechung«, wurde ihm von seinem Mitarbeiter angeraten. »Aber dazu möglichst noch Auszüge aus diesem Roman – welche jedoch einfühlsam übersetzt werden müßten. Doch wer kann das; wirklich überzeugend?«

Das konnte Hans Habe, der vielsprachig Hochbegabte. Und der machte das dann auch; absolut überzeugend. Da er nun einmal begehrte, dieser von ihm beherrschten und gekonnt redigierten Zeitung, stets das Neueste, das Allerneueste, zuzuführen, fühlte er sich auch dazu berechtigt. Ohne dabei allerdings gleich an die sogenannten »Rechte« zu denken. Und auch seinem Feuilleton-Redakteur waren derartige Überlegungen noch keinesfalls vertraut. Sie wollten nichts wie ihre Zeitung machen, Remarque würdigen, ihre Ansichten verbreiten – na, was denn sonst?

Somit sollte es dann zu einem journalistischen Kunststück sondergleichen kommen, das wahrhaft hoch artistisch genannt werden konnte – wie darstellend eine Art dreifacher literarischer Salto; noch dazu einer ohne Netz. Denn Remarque hatte dieses Buch in seiner Sprache geschrieben, also der deutschen. Und dessen Ursprungsmanuskript war dann, für die Erstausgabe, ganz sicherlich von einem erstklassigen Mann, in das »Amerikanische« übertragen worden. Doch eben dieses Produkt wurde hier nun wieder ins »Deutsche« zurückübersetzt; von einem Hans Habe. Derartig phantastisch können solche Romanbeackerungen sein; gar nicht einmal so selten – es darf angeregt werden, auch darauf zu achten.

Wer da jedoch auf einen derartigen Vorgang unverzüglich achtete, und zwar ganz scharf, war das amerikanische Verlagshaus von Remarque. Und die dort Gewaltigen zeigten sich keinesfalls bereit dazu, solche »piraterischen« Unternehmungen zu dulden – und mit ihnen zugleich auch nicht diverse Agenten, die sich schnell einschalteten. Hinzu kamen, gleichfalls mit verblüffender Schnelligkeit, weitere emsige Zwischenträger, Rechtsberater, Ver- und Auswerter von auch finanzieller Möglichkeiten in dieser Branche. Offenbar schien es sich da, bei dieser Literatur, um durchaus profitable Unternehmungen zu handeln.

Und sie alle, wie vereint, behaupteten sodann massiv,

unverkennbar bedrohlich: eine derartige Veröffentlichung stelle einen nahezu kriminellen Vorgriff dar, im Hinblick auf bestehende Rechte; was sich gerichtlich verfolgen ließe. Eine fatale Fehlleistung mithin, welche sich jedoch, vielleicht, eventuell gerade noch so, bereinigen lassen könnte – die mithin also zu bezahlen war. In Dollarwährung; verstand sich wie von selbst.

Hinzu kam dann aber auch noch eine ungemein schwerwiegend anmutende Behauptung, welche noch dazu nicht ohne betrübte Klage vorgebracht wurde: »Der Autor«, also Remarque, »ist über deratige Manipulationen betrübt und entsetzt. Einer solchen Zumutung hätte man ihn, ausgerechnet ihn, noch dazu in Deutschland, niemals ausliefern dürfen.«

Worauf dann wohl dem damit ungemein heimgesuchten »Echo der Woche« gar keine andere Wahl blieb, als für diese peinliche Panne zu »blechen«; also die dabei geforderte, eine vermutlich vierstellige Dollarsumme, »hinzublättern«. Was dann auch geschah; doch ganz sicherlich diesem gepflegten Herausgeber weitere graue Haare gekostet haben dürfte; zusätzliche Magengeschwüre wohl auch. In jenen Tagen und Wochen, seinen hier letzten, trabte der durch die Redaktionen wie ein schwer mißhandeltes Pferd – dennoch bereit, Vernichtungsfeuer von sich zu schnaufen.

Klage und Anklage zugleich! Denn dieser sonnenkönigartige Chefredakteur, der von diesem Herausgeber honorierte, drohte sich, gleich einem entfesselten Wasserfall, zu einer kaum noch ertragbaren Belastung für dieses Unternehmen auszuwachsen; ein wohl mehr kleinsolide gedachtes. Doch das war deren Sorge – keinesfalls jene eines Hans Habe. Den vermochten derartige Kleinigkeiten, ober eben Kleinlichkeiten, nicht im geringsten zu bekümmern.

Einige, nur ganz wenige Jahre danach, durfte dann dieser

ehemalige »Feuilletonredakteur«, nunmehr auch er ein Buchautor, Erich Maria Remarque in München begegnen. Was dabei erblickt werden konnte, schien, zunächst einmal, eine Persönlichkeit zu sein, welche einem Hans Habe wahrlich nicht ganz unähnlich war. Vielleicht jedoch: unendlich gelassener wirkend, ein geruhsam auf seinen Lorbeeren gebetteter Mensch, auf keinerlei fragwürdige Konfrontationen mehr aus. Ein Weltmann – mitten in seiner ureigenen Welt.

Es war ihnen gegeben, einander recht gut zu verstehen – dieser Anfänger und der Weltautor. Der eine hatte »alles«, einfach alles, von Remarque gelesen; der andere sogar den »Galgenstrick« zur Kenntnis genommen. Wobei dann Remarque keinesfalls zu erwähnen vergaß, daß es ihm nicht entgangen wäre, daß er sich in diesem Buch mehrmals, auf angenehme Weise, »zitiert« erblickt habe – und zwar mit seinem Roman »Im Westen nichts Neues«.

Dieses »Im Westen nichts Neues«, wurde ihm von diesem Nachwuchsautor versichert, gehöre nun mal für ihn zu einer der wesentlichsten Begegnungen in seinem Leben. Einige weitere dieser Art sollten noch hinzukommen; etwa »Henri IV« von Heinrich Mann; »Die letzten Tage der Menschheit« von Karl Kraus; Steinbecks »Jenseits von Eden«. Bücher, die dann wie stets griffbereit auf seinem Schreibtisch lagen – sie gehörten auch zu seinem Gepäck, sobald er sich auf Reisen begab; sie und Goethes »Faust«. Doch erst in seinem Alter gelang es ihm, sich intensiver mit Shakespeare zu beschäftigen. Wohl hatte er den, in seiner Jugend, geradezu verschlungen, doch kaum jemals richtig begriffen. Dann jedoch lagen dessen »Königsdramen«, griffbereit in allen Nächten, neben seiner Schlafstelle.

Damals jedenfalls, bei dieser ersten Begegnung mit Remarque, fühlte sich dieser Anfangsautor versucht, auch auf jene Vorgänge beim »Echo der Woche« hinzuweisen. Wobei er versicherte: »Wir haben uns sehr um Ihr Buch bemüht. Wobei wir niemals verstehen konnten, warum Sie, derartig entschieden, dagegen gewesen sind.«

»Aber das«, sagte nun Remarque, nicht nur leicht verwundert, »war ich doch gar nicht. Wie kommen Sie denn darauf? Ich habe Ihre damalige Veröffentlichung gesehen, gerne zur Kenntnis genommen, mich nicht ungeschmeichelt gefühlt. Denn immerhin: eine ganze Seite in einem deutschen, großformatigen Publikationsorgan – das war doch was! Dabei eine nicht nur wohlwollende, sogar verständnisvolle Besprechung; wenn nicht gar Würdigung – von Ihnen vermutlich. Aber eben dann noch dazu diese exzellente Übersetzung eines Hans Habe! Das hat mich – nahezu gerührt.«

»Dabei haben jedoch sogenannte von Ihnen bevollmächtigte Vertreter, also in Ihrem Namen, ganz hohe Schadensersatzforderungen hervorgebracht; einschließlich Prozeßandrohung. Und eben dieser Vorgang dürfte wohl mit dazu geführt haben, daß Hans Habe auch dieses Zeitungsabenteuer nicht ungetrübt zu überstehen vermochte.«

»So was vernehme ich zum ersten Mal«, versicherte Remarque, mit erspürbar ernstem Ton. »Diesbezüglich hätte er mich verständigen sollen.«

Hätte – sollen! Aber! Hätte denn nicht auch Remarque, zumal ihm diese Sonderseite so ausnehmend gut zu gefallen vermochte, ein paar freundliche Zeilen an Habe schreiben können? Dann aber wäre vermutlich einiges anders gelaufen.

Selbstverständlich sah dieser Großmeister des politischen Zeitromans nicht die geringste Veranlassung, sich in dieser Hinsicht irgendwie verteidigen zu müssen. Doch auch er zögerte nun nicht, diesen Anfänger aufzuklären. »Lassen Sie sich niemals irgend etwas aufschwätzen oder einflüstern. Verlangen Sie, selbst bei noch so intensiv vorgebrachten Behauptungen, eindeutige Beweise, einwandfreie Unterlagen. In diesem Metier müssen Sie permanent mißtrauisch sein. Wenn nicht, werden diverse Geschäftemacher glatt versuchen, Ihnen die Haut vom Kopf zu ziehen; mitsamt den Haaren.«

Sodann wurde Remarque gebeten, einige Worte in sein Buch »Drei Kameraden« hineinzuschreiben. Ein Wunsch, dem gerne entsprochen wurde, und dann zu einer Widmung von schöner Herzlichkeit führte. Was dabei jedoch den so gewürdigten in Besonderheit zu beglücken vermochte, waren nicht nur Remarques ungemein freundliche Worte, vielmehr dies: Der verzeichnete seinen zweiten Vornamen, der eine eigenwillige, sehr oft übersehene Abweichung von der normalen Schreibweise aufwies, absolut richtig. Auf diese Begegnung schien er sich vorbereitet zu haben.

Wie sich dann erst später herausstellen sollte, waren damals noch Hans Habe und Erich Maria Remarque lediglich als miteinander bekannt zu bezeichnen gewesen; sogar als nur flüchtig. Als dann beide jedoch, etliche Jahre später, nur wenige Kilometer voneinander entfernt im Tessin wohnten, begannen sie einander zu besuchen, sich sogar zu befreunden. Woran dann auch dieser Autor, gelegentlich, Anteil nehmen durfte.

So etwa erlaubte es ihm Remarque, ihn in eine Bar in Ascona zu begleiten. Woraus sich lange Nachtstunden ergaben, die dann schnell vergingen, bei munteren Plaudereien. Denn ähnlich wie Habe und Kiaulehn war auch Remarque ein brillanter Geschichtenerzähler; das in Besonderheit nach etlichen Getränken. Das dabei jedoch wohl bemerkenswerteste – sie sprachen so gut wie niemals von der Literatur oder

der Politik. Sie redeten, bevorzugt, von weiblichen Wesen.

Von – weiblichen Wesen! Von denen – mithin also nicht: über sie! Und dabei redeten sie schon gar nicht von sehr persönlichen Erlebnissen. Vielmehr konnte sogar registriert werden, mit steigend bewunderter Anerkennung: Remarque vermied, eben im Zusammenhang mit »weiblichen Wesen«, jedes gewöhnliche, geschweige denn irgendwie ordinäre Wortgebilde. Von Frauen sprach er stets mit großer Höflichkeit, liebevoller Zuneigung – so als wären sie, ausnahmslos für ihn, große, beglückende Geschenke seines Daseins gewesen.

Davon zeugten auch seine Bücher. Alle. Er war ein Meister in dem Metier, selbst krasseste Zeiterscheinungen zugleich als bitter-süße Liebesgeschichten erzählen zu können – ausgestattet mit großer Zärtlichkeit. Dann allerdings tauchte, nach seinem Tode, ein sogenannter »nachgelassener Roman« auf. Und wenn der auch, sehr weitgehend, seine Handschrift bezeugte, so kamen dort jedoch ein paar Szenen zum Vorschein, die wohl kaum von ihm gewesen sein konnten – nicht in dieser entblößenden Direktheit. Da muß offenbar ein zeitgemäß scharfgemachter Lektor seine flotten, fettig gewordenen Finger hineingesteckt haben.

Wobei nun wohl auch endlich, eben einer gewissen Vollständigkeit wegen, eingestanden werden muß: Dieser hier Bericht zu erstatten bemühte Autor wußte mit Frauen gar nicht sonderlich viel anzufangen. Nicht in literarischer Hinsicht. Denn seine Welt war und blieb, ist also auch jetzt noch, jene der Männer, die er in Hunderten von Einzelausgaben kennengelernt hatte; ziemlich genau. Einem Remarque jedoch war es gegeben, diese beiden Welten miteinander verbinden zu können – diese der weiblichen mit jener der männlichen Wesen.

Aber auch in noch einer ganz anderen Hinsicht reichte er

an diesen Großmeister nicht heran. Und zwar im Hinblick auf geleerte Cognacflaschen. Auch dabei war dessen Überlegenheit gewaltig – auf geradezu maßlose Weise.

In München kam es damals – nach Abschluß jener »Echo-der-Woche«-Zeit – zu der sogenannten »Friedmann-Affäre«. Dabei handelte es sich um einen entschlossenen, zielstrebigen, intriganten Ansauungsversuch – und zwar um einen von bestaunenswerter Direktheit und Primitivität. Doch eben deshalb, ein fatal wirksamer.

Noch immer hatte sich die politische Dschungel-Landschaft, und nicht nur in Bayern, in ein gut zu beackerndes Feld zu verwandeln gemocht. Dort dominierte noch lange nicht eine einzige, eben eine christlich-soziale Partei. Vielmehr drängten sich nahezu ein Dutzend jener Sorten möglichst guten Weideplätzen und vollen Futterkrippen entgegen. Woraus sich dann im Verlauf jener turbulenten Jahre einige, etliche ziemlich heftige, hinterhältige Kleinfutterkrippenkriege ergaben.

So etwa wurde ein Vertriebenen-Minister fragwürdigster Kreuz- und Querverbindungen beschuldigt – erfolgreich; mithin erledigt. Ein anderes heranstrebendes Parteiwesen wurde zügig in den Verdacht gebracht, einen Meineid, wenn nicht gleich mehrere, geleistet zu haben; und zwar in dem dubiosen Bereich von Spielbanken.

Erledigt damit auch er; sein Anhang dazu, vorläufig. Ein weiteres solcher Wesen, eines von der Konkurrenz, schien sich gleichfalls gut erledigen lassen, konnte als meineidig erklärt werden. Hatte jedoch, alsbald bezeugt, bei einem solchem feierlichen Schwurvorgang – »bei Gott« – unter starken Gesundheitsstörungen gelitten. Und was der sonstigen ähnlichen Feinheiten mehr waren. Wie zu registrieren unter dem Motto: keine zu gewinnende Schlacht ohne notwendige Abschlachtungen!

Doch in einem so brauchbar schön-schaurigen Übergangspolitdschungel existierte auch Werner Friedmann, Chefredakteur der »Süddeutschen Zeitung«. Und eben der drohte sich nun hier, in diesem vielfältig eigenwilligen, sich für urban haltendem Lande, zu einer permanenten Herausforderung ausgewachsen zu haben.

Denn der veröffentlichte, ließ veröffentlichen, und zwar ziemlich genau das, was seiner Überzeugung entsprach – der hatte tatsächlich eine! So was jedoch ohne die gepflegt prallen Deutlichkeiten eines Habe, vielmehr ungleich verhaltener, aber auch genauer. Das war ganz direkt gezielt; was allein schon reichlich skandalös anmutete. Denn schließlich begehrten die ihn umgebenden Menschen, sich nach wie vor an der Devise zu erfreuen: Leben und leben lassen!

Doch dann schien sich eine äußerst günstige Gelegenheit anzubieten, diesem permanent Unbequemen »das Hemd zu lupfen«, den »fertigzumachen«, wenn nicht gar auszuschalten; möglichst für alle Zeiten. Zuträger für derartige Bemühungen hatten sich finden lassen. Und mit deren Hilfe drohten dann auch alsbald höchst peinlich anmutende Vorgänge aufgespürt zu werden. So was vermutbar mit dem Ziel: Das, was da so gemeinhin Volksseele genannt wird, konnte sich nun wohl zum Kochen bringen lassen. Von wegen der Sittlichkeit!

Was »man«, diesbezüglich, glaubte herausgefunden zu haben, mit freudig geheucheltem Entsetzen, mit realer Schadenfreude auch, sah in etwa so aus: Ausgerechnet Werner Friedmann, dieser angeblich beständig bereite und auch ungemein geschickte Verkünder eines neuen Demokratiebewußtseins, schien da einige höchst heikle »Unmöglichkeiten« veranstaltet zu haben. Mein Gott, hatte der dann so was nötig!

Was da nun zum Vorschein kam, vermochte vorgeblich sittenbewußte Gemüter heftig zu erregen, zumindest freudige Intimverdächtigungen zu zeugen. Denn – der hatte sich mit vermutbar attraktiven, doch eben blutjungen weiblichen Wesen eingelassen; nun, zumindest mit einem. Sich so was zu leisten, hatte der sich nicht gescheut, oder eben nicht geschämt.

Aber dabei – hört, hört! – war nicht nur eine »Verführung Minderjähriger« als möglich anzunehmen, auch noch dazu so was wie »Unzucht mit Abhängigen«. Na – das war doch was! Aber damit des Unguten noch nicht genug. Da existierten auch noch andere brauchbare, schön-scheußliche Vermutungsmöglichkeiten. Denn der hatte, bei solchen bockshaften Eskapaden, eine Wohnung benutzt, die ihm gar nicht gehörte – vielmehr einem seiner Mitarbeiter. Eine Art Zurverfügungstellung somit, die sich fast schon wie Zuhälterei anhörte; nun, zumindest jedoch konnte so was als »Kuppelei« ausgelegt werden.

Damit ließ sich gewiß eine ganze Menge anfangen, wurde dann auch prompt verfolgungsfleißig versucht. Das stank doch wohl – nicht wahr? – geradezu gen Himmel! Und gleichgültig, um wessen Himmel es sich dabei gehandelt haben könnte – allein schon eine solche Möglichkeit gebot betendes Erschaudern. Waren da Säue am Werk?

So was an sittlich gedachten Vernichtungsbereitschaften gab es damals – damals noch durchaus! Inzwischen jedoch scheinen sich derartig verwertbare Sexualmöglichkeiten – ob nun auf Stadt-, Länder- oder Bundesebene – in eine Art Tabu verwandelt zu haben. Basierend vermutbar auf der errungenen Erkenntnis, oder eben Einsicht: eine gewisse Großzügigkeit sollte stets angebracht sein; beruhend auf erhoffter Gegenseitigkeit.

Fortan also schien in solchen Bereichen eine Art stillschweigende Harmonie in Aktion zu treten. Etwa nach dem Motto: Eine Krähe hackt einer anderen kein Auge aus. Oder eben: Löwen aus dem gleichen Rudel fallen nicht einander an. Somit erfolgte also – danach – kaum noch ein bewußt gezielt entblößender Eingriff mehr in das Privatleben von Personen der Öffentlichkeit. Es sei denn, so ein entgleister Saukerl war dumm oder leichtfertig genug, sich selbst dem stets erwartungsvoll gewetzten »Gesellschaftspressemesser« auszuliefern.

Damals jedenfalls – so was gehörte da wohl mit zu den Geburtswehen einer neuen Demokratie – wurde reichlich unbekümmert zugepackt; so gut wie alles in den Würgegriff genommen, was sich irgendwie als brauchbar dafür anbot. Mithin auch dieser »Fall«. Denn wohl kaum anders war dieser reichlich unbequem gewordene Friedmann wirksam aufs Kreuz zu legen. Doch so – ging es; schien es zu gehen.

Versuche, gekonnte, Versuchungen, mächtige, denen es dann jedoch prompt gelang, einen Hans Habe zu alarmieren, den zur vollsten Aktion zu bringen. Und wenn der auch wahrlich alles andere als ein strenger Moralist war, vielmehr wie gesegnet mit einem fröhlich-heiteren Privatleben, so stellte er sich nun jedoch unverzüglich – einige sagten: wohl nicht ganz zutreffend: eben deshalb! – ganz eindeutig entschlossen vor Werner Friedmann. Und zugleich vor dessen Frau. Denn die gehörten zusammen! Unverkennbar.

Habe jedenfalls versammelte unverzüglich etliche Gesinnungsfreunde um sich – zu denen auch sein ehemaliger »Feuilleton-Redakteur« gehörte. Was denen dann, nahezu mit kortnerischem Pathos, vorgelesen wurde, war ein von ihm konzipierter Artikel – prächtigstes, blendendes, grell ausleuchtendes Feuerwerk! Weitere derartige Veranstaltungen wurden von ihm geplant, skizziert, verkündet – und gefordert.

Doch zunächst einmal hielt er es für dringend angebracht, diese beiden Friedmanns, die völlig untrennbar zueinander gehörten, das auch wollten, aus diesem nunmehr für sie wie hektisch anmutenden München hinauszuschleusen. Gemeinsam mit ihnen begab er sich nach Rom – als wäre bereits damit schon eine gewisse Abklärung erfolgt.

Was gewiß zutraf. Denn dieses Rom wollte tatsächlich anmuten wie eine »ewige« Stadt, der es gegeben war, so gut wie alles an Alltäglichkeiten vereinnahmen, aufsaugen, abklären zu können. Das sollte dann auch dieser Autor, wesentlich später, erkennen. Als der – zum ersten und dann auch letzten Mal in seinem Leben – die Frankfurter Buchmesse besuchte, besuchen mußte – floh er alsbald von dort; wie in Panik versetzt. Denn jene wie in Fabrikhallen gestapelten vieltausendfachen Buchveröffentlichungen hatten vermocht, ihn wie sturzbachartig erstickend zu überwältigen. In solchen Fluten mußte ein vereinzelter Autor ersaufen.

Er bestieg dann, wobei er sich unentwegt von derartig erwürgenden Büchergebirgen bedrängend verfolgt fühlte, das nächste Flugzeug nach München. Dort hockte er dann ungemein erschöpft da. Um dann jedoch eine Stimme zu vernehmen, die aus Lautsprechern kam und verkündete, wie allein für ihn: »Passagiere für München werden ersucht, sich zum Ausgang A zu begeben. Transitreisende, in Richtung Rom, werden gebeten, den Ausgang B zu benutzen.«

Letzteres zu tun begehrte er nun spontan. Nicht die geringste Schwierigkeit dabei – sein mitgeführter Paß war gültig, die zu erweiternde Flugkarte konnte er bezahlen.

Somit landete er also, erstmals, in Rom. Dort quartierte er sich in einem ziemlich schäbigen, doch wahrlich nicht ungemütlichen Hotel ein; in Nähe des Hauptbahnhofs, der »Stazione Termine«. Und von dort aus begann er sich, zunächst noch sehr zögernd, in diese Stadt hineinzubegeben.

Dabei überwältigte ihn, ebenso schnell wie überzeugend, eine Erkenntnis: Diesen römischen Menschen schien es gegeben zu sein, eine wundersame Zeitlosigkeit zu signalisieren. Und »Römer«, ewige, sie alle, die hier in Scharen herumschwärmten, die Straßen bevölkerten, Brunnen entgegenwanderten, sich in Restaurants hineinbegaben – bereits tagsüber wie in großer Zahl, doch mitternächtlich gleichsam in Massen geballt. Es war, als hätten die sich, über zweitausend Jahre hinweg, nicht im geringsten verändert. Sterblich jeder von ihnen – sie jedoch als Ganzes wie unsterblich; alles und jedes und jeden überdauernd. Mutmaßungen, sehr zwingend erscheinende, denen es gegeben war, bei ihrem Betrachter ein ungemein gelassenes Gleichgewicht zu erzeugen.

So ähnlich durften auch, möglicherweise, jene »Romerlebnisse« empfunden worden sein, als sich damals die vielfach gepeinigten Friedmanns in dieser Stadt aufhielten – zumal sie von Hans Habe, dem erklärten Weltmann, aufmerksam ablenkend betreut wurden. So was jedoch, darf vermutet werden, doch wohl kaum in einem Bahnhofshotel der unteren mittleren Preisklasse, vielmehr, in einer höchst komfortablen Nobelherberge. Etwa im elitären »Hassler«, über der Spanischen Treppe.

Diesem »ewigen« Rom war es gegeben, so gut wie alles an menschlichen Unzulänglichkeiten aufsaugen, wie unter seine Erde bringen zu können; für die es wohl nichts gab, das sie in sich nicht zu bergen vermochte – verbergen auch. Dieser ablenkungsträchtige Aufenthalt, wenn auch nur einer von wenigen Tagen, muß auch diesen feinen, feinsinnig veranlagten Friedmanns, sehr gutgetan haben. Doch unbedingt notwendig war das nicht.

Denn dieser »fatale Fall Friedmann« löste sich alsbald auf, wie sich Eisschollen unter einer warmen Sonne in Wasser verwandeln. Nach etlichen Wochen und nur wenigen Monaten war es dann, als habe ein derartiger Vorgang kaum jemals existiert. Alsbald so gut wie kein Wort mehr, von wegen »Verführung einer Abhängigen« oder gar »Minderjährigen« – dabei habe es sich offenbar um ein gefühlvolles, auf gegenseitiger Zuneigung beruhendes Liebesintermezzo gehandelt; wie es schließlich immer wieder vorkommt, vorkommen kann. Mithin also auch nichts mehr in zu vermutender Strafverfolgung, wie etwa »Zuhälter« oder »Kuppelei« – so was, mußte da wohl zugestanden werden, konnte auch als selbstloser Freundschaftsdienst bezeichnet werden. Na also!

Worauf dann, wie absolut selbstverständlich, Werner Friedmann erneut als Chefredakteur zu fungieren begann; offenbar nicht im geringsten irgendwie gebrochen oder nur angeknackst. Zumal er zu jenen gehörte, auch gehören wollte, welche nicht gleich begehrten, ihre stattlich gewordenen Vermögensmöglichkeiten allein in die eigene Tasche zu stecken. Vielmehr wünschte er, daran auch die Öffentlichkeit teilnehmen zu lassen – so veranlagt war der tatsächlich.

Er hatte, bereits 1949 oder 1950 – das »Werner-Friedmann-Institut« begründet – eine Art hohe Schule für journalistischen Nachwuchs. Und daraus sollte dann auch ein Informationsorgan entstehen, das für deutsche Verhältnisse ungemein neuartig anmutete – später »Abendzeitung« genannt.

Eine gut gelungene, überaus lesbare Synthese – aus

politischer Information, interner Gesellschaftsberichterstattung und gezielter örtlicher Zeitkritik.

Für diese »Abendzeitung« sollte dann auch, etliche Jahrzehnte später, dieser Autor schreiben – als es einen Werner Friedmann nicht mehr gab. Dazu hatte ihn »die Redaktion« aufgefordert, »aus eigenem Entschluß«; mithin also ohne irgendeinen Hinweis oder gar eine Anweisung aus der Herausgeber-Etage erhalten zu haben. Das zu verzeichnen wird für nicht ganz unwichtig gehalten.

Denn damit ist festzustellen, daß eine solche Aufforderung nicht das geringste damit zu tun hatte, daß sich dieser Autor inzwischen mit der Friedmann-Familie, mit der ganzen, auf sehr herzliche Weise befreundet fühlen durfte. Werner Friedmann selbst hatte ihn, einen Beginnenden, in seinem innersten Kreis aufgenommen – und dort war es ihm vergönnt gewesen, jahrzehntelang, Gast dieses großzügigen Hauses sein zu dürfen – und zu bleiben. Was er als eines der schönsten Geschenke seines Daseins zu registrieren niemals zögerte.

In jener »Abendzeitung« – die dann, nach Werner Friedmann, von seiner Frau Anneliese herausgegeben wurde – schrieb dann dieser Autor längere Zeit feuilletonistisch – kritische Betrachtungen zu der sich gerade anbietenden Kulturszene; unter dem Sammeltitel »Von Fall zu Fall«. Dabei wurde es ihm ermöglicht, nahezu souverän uneingeschränkt vorzugehen – wie das einst ein Walter Kiaulehn vermocht hatte. Mithin also konnte er schreiben, worüber er wollte; auch was er wollte. Jede erdenkliche Freiheit war ihm vergönnt, wurde auch mit Wonne genossen.

Doch so was kann nunmal kein Dauerzustand sein. Auch dieses schöne Gastspiel fand sein Ende. Und nur ein paar Jahre danach kam es dann zu einem Vorgang, der selbst ihn, vorübergehend, sprachlos zu machen drohte. Denn genau von dieser Zeitung wurde er angegriffen, und das mit geradezu vernichtungsbereiter Heftigkeit; »angesaut« also, um den dazugehörenden Jargon zu benutzen. Ein dort tätiges, sich für gehobene Literatur zuständig fühlendes Wesen – dessen Name ist unwichtig – hatte sich, zerreißbereit, auf einen Roman dieses Autors gestürzt.

Was übrigens, offen eingestanden, wahrlich nicht ganz unberechtigt geschehen war. Denn diesen Roman »Ende '45«, hatte ein »Lektor« reichlich eigenwillig bearbeitet – und der Autor hatte da nicht scharf genug aufgepaßt. Seine Schuld! Die dann jedoch über dieses Produkt zum Vorschein kommende »Kritik« mußte als völlig erbarmungslos übersteigert, wenn nicht gar als maßlos gehässig bezeichnet werden. Sie war ohne jede noble, auch nur in Ansätzen vorhandene Bereitschaft, einfühlsames Verständnis zu bekunden.

Doch was soll's! So was gab es nun mal in dieser Branche – immer wieder; wenn auch wohl niemals im direkten Bereich eines Werner Friedmann. Aber was heißt denn das schon: Ein einstmaliger bemühter Weggefährte? Was hat das schon zu bedeuten, wenn da einer behauptet, nichts wie ein Kollege unter Kollegen sein zu wollen? Ein möglicher »Freund« von gestern kann jederzeit, und wer mag wissen, weshalb, zu einem brauchbaren »Feind-Objekt« von morgen werden. Sich daran endlich gewöhnen zu müssen, sollte selbst dieser Autor inzwischen begriffen haben. Nun ja, hatte er ja auch. Mithin war er über einen solchen zerstörungsbereiten Angriff gar nicht sonderlich überrascht – ziemlich betrübt jedoch dennoch; durchaus.

An jenem Tag, zu jener Stunde, als er diesen Artikel las, lesen mußte, befand er sich in der S-Bahn, von München nach Starnberg. Dabei beherrschte ihn ein reichlich verworrener, nahezu verstörter Zustand – doch eben wahrlich nicht dieses Artikels wegen. Vielmehr hatte er da nun seinem verehrten Freund und Weggefährten, seinem langjährigen Lektor, Dr. Gunter Groll, das letzte Geleit zu geben. Wobei es jedoch diesem Artikel gelang, ihn zu befreien, von der ihn überfallen habenden Lähmung; in gar nicht geringem Maß. Denn seine dabei aufgekommene weiterwuchernde Empörung, vermochte ihn davor zu bewahren, am offenen Grab des geliebten Freundes in ungehemmte Tränenfluten ausbrechen zu müssen. Selbst also noch einer solchen Scheußlichkeit war es gegeben, sich in eine Art Lebenshilfe verwandeln zu können.

Von diesem Begräbnis kehrte er mühsam heim. Wobei er jene Zeitung, einst auch seine Zeitung, doch nun mit »dieser« Kritik, einfach in der S-Bahn liegengelassen hatte. Aber eben nicht zuletzt deshalb – wurde ihm der Verlust seines einzigartigen Lektors, dessen besondere Bedeutung für ihn, nun erst ganz tief bewußt; nahezu betäubend deutlich.

In jener dunklen Nacht lag auf seinem Schreibtisch ein am Tag zuvor fertiggestelltes Manuskript: »Die seltsamen Menschen von Maulen« – die Chronik eines ostpreußischen Dorfes seiner Jugendzeit. Und dort hinein schrieb er nun, was er ansonsten bei seinen literarischen Arbeiten noch niemals zuvor getan hatte, eine Widmung: »Für G. G.« Ein paar Worte dazu; und dann ein Hinweis auf diesen Monat, seitdem es ihn nicht mehr gab.

Mögliche Freundschaften, zumal in derartig empfindlichen, übersensiblen, höchst verletzbaren Bereichen, vermögen auf den seltsamsten, doch niemals ganz deutlich erkennbar werdenden Wegen verlaufen. Sie können ebenso in erstickendes Gestrüpp hineingeraten, wie aber auch in voll erblühten Gefilden in Erscheinung treten. Wie dem wohl ziemlich entsprechend, scheint dann auch niemals völlig erklärbar zu sein, was da eigentlich so alles zwischen Hans

Habe und Werner Friedmann geschehen sein mochte. Das selbst nicht erkennbar für jene, die sich als dicht danebenstehend wähnten.

Jedenfalls war es dann, als wären diese beiden, wahrlich ungemein selbstbewußten Persönlichkeiten, geradezu beharrlich darum bemüht, Distanz voneinander zu gewinnen. Wobei sein kann, daß sich ein Hans Habe, eben in seiner von ihm selbst erwählten Eigenschaft als stets erstrebte Leitfigur, bei seinen diesbezüglichen Bemühungen nicht voll gewürdigt genug vorgekommen sein könnte. Nicht auszuschließen aber auch, daß Werner Friedmann, möglicherweise, einigen Anlaß zu haben glaubte, diesen seinen zeitweiligen Weggefährten zu durchschauen zu können. Wenn der auch, offenbar bereitwillig, sehr gerne Wege zu ebnen schien, dann vermutbar bevorzugt solche, die zu seinen Zielen führten.

Wobei es dann zu einem Ausspruch kommen sollte, der Werner Friedmann zugeschrieben wurde; dem auch zuzutrauen war. Dieser jedenfalls mutete recht bezeichnend an; für beide. »Der«, also Hans Habe, »will hier schreiben wie Karl von Ossietzky, dabei aber leben wie Oscar Wilde – so was aber geht nicht bei uns.«

Nicht in diesem Deutschland. Vollkommen richtig erkannt. Wobei sich dann aber wohl, nach etlichen Jahren, eine Korrektur anzubieten schien: Habe war weder ein Ossietzky noch ein Wilde – er war ein ganz anderer.

In einem jener unruhigen Jahre, und zwar 1951, schrieb und veröffentlichte dieser Autor sein zweites Buch: »Sagten Sie Gerechtigkeit, Captain?« Darin war eine behutsam warnende Mahnung enthalten; keinesfalls vordergründig, mehr unterschwellig. Bestimmt für diese Amerikaner; soweit sie hier zur Besatzungsmacht gehörten. So sehr er die auch mochte – so was wollte er ihnen sagen.

Denn deren einstmals eindeutig als »umerzieherisch« erkennbare Absichten und Methoden, begannen sich spürbar zu ändern – und so was schien nun sogar jenen, doch wohl erst neulich, für »militant« erklärten Deutschen gegenüber zu geschehen. Das mit einem alsbald deutlich erkennbaren, frappierend ungeniert anvisierten Ziel: Die Herbeiführung einer Wiederbewaffnung. Und so was nach all dem, was da einstmals an Fürchterlichkeiten geschehen war. Wie lange war das her, wann war das gewesen? Vor knapp zehn Jahren, Menschenskind!

Doch derartige zweiflerisch mitschwingende Überlegungen waren, in diesem Roman, und nicht nur in diesem, lediglich eine Farbe im Hintergrund. Denn was auch immer dieser Autor zu schreiben versuchte: es sollte, in möglichst dominierender Weise, eine packende, zupackende Erzählung werden – eine auf sehr menschliche Vorgängen basierende. Politisierende Leitartikel oder psychologisch angelegte Vorlesungen hatten darin nicht vorzukommen. Für so was fühlte er sich niemals zuständig.

Auch dieses Buch wurde durchaus beachtet, nicht unwürdigend kritisiert, gleichfalls in mehrere Sprachen übersetzt; zunächst in fünf bis sieben. Ein Achtungserfolg – durchaus! Doch nun mal ganz lapidar praktisch betrachtet: das dabei wohl wichtigste Echo fehlte. Denn Leser für dieses Buch ließen sich nicht sonderlich viele finden; nicht in diesem Deutschland. Ein Erzeugnis mithin, welches rein verlegerisch gesehen, nicht »ankam«, also nahezu wie wertlos war – es zahlte sich nicht aus, lohnte sich nicht.

Der Kommentar eines Walter Kiaulehn hierzu, von ihm

vorgetragen mit leichter Nachsichtigkeit, traf dann auch wohl so gut wie mitten ins Schwarze. »Na, was haben Sie denn da so erwartet? Ein ganz großes Beifallsgetöse? Ausgerechnet in diesem Deutschland? Mein lieber Mann – wer will denn da schon lesen, wie mies und schäbig er ist.«

So ähnlich erging es dann auch seinem dritten Buch, »Aufruhr in einer kleinen Stadt«. Ein Titel übrigens, der ganz bewußt an einen Roman seines verehrten Heinrich Mann angelehnt worden war. Derartige Anlehnungsversuche sollten dann noch mindestens zweimal geschehen. Seine »Kameraden« erinnerten an jene eines »Remarque«; seine »Wölfe« waren wie ein Salut an Fallada. Aber er dachte auch an Thomas Mann, an dessen »Herr und Hund«, als er für eine seiner Tiererzählungen, dem wohl persönlichsten seiner Bücher, den Titel wählte: »Hund mit Mann«.

Bemerkenswerterweise war es jenes dritte Buch, dieser kleine »Aufruhr«, das den ansonsten so ungemein betont zurückhaltenden Feuilleton-Chef, Dr. Herbert Hohenemser, nahezu zu entzücken schien. Eben diesen, nach Ansicht von Kiaulehn, »stark philosophisch angehauchte Kulturgeneralvertreter«. Der reagierte nahezu spontan und meinte: Das sei höchst zeitgemäße, notwendig zeitkritische Literatur. Und der bescheinigte dann sogar: »Treffende Charakterisierung; eine starke Ironie, wenn vielleicht auch wohl zu stark aufgetragene. Doch eine niemals böswillig verletzende.«

Wobei, vielleicht, gar nicht ganz uninteressant war, zumindest nicht für diesen Autor, daß dabei eine Szene in seinem dritten Buch, und zwar sogar von wohlwollenden Kritikern, mehrfach beanstandet wurde; ziemlich heftig, sogar leicht hohnvoll. »Da hat er offenbar nicht gezögert, sich dazu hinreißen zu lassen, seine Hinneigung zum Grotesken maßlos zu übersteigern.«

Wobei es sich um die Darstellung eines Rittmeister a.D.,

gehandelt hatte, welcher allmorgendlich seine Hunde in den Garten zu kommandieren pflegte, um dann dort mit denen kasernenhofähnliche Spiele zu veranstalten. Aber ausgerechnet diese Szene jedoch war, wie man da so sagt, ganz direkt »dem Leben abgelauscht« worden; in allen Einzelheiten ziemlich exakt beschrieben. Denn ein solches Schauspiel hatte ihm sein einstiger Hausherr, in Berg am Starnberger See, tatsächlich geboten – tagtäglich. Ein ehemaliger Rittmeister!

Doch erneut, also auch nach seinem dritten Buch, hatte sich dieser Autor zu fragen: Was nun – wie soll das weitergehen? War denn das, was er da zu erzeugen versucht hatte, nichts wie bemühtes literarisches Geschrei; ohne Echo, hineingetönt in eine wie ausgetrocknete, ausgestorbene Leserwüste?

Wobei ihm dann noch eine fatal anmutende Äußerung zugeflüstert wurde, welche eine der zwei Töchter seines Verlegers von sich gegeben haben sollte. Die habe eines seiner Bücher, und zwar dieses sein drittes, nachsichtig lächelnd, wie abwägend, vor sich hingehalten, um dann festzustellen: »Seide läßt sich damit nicht spinnen!« Vielleicht hätte sie, was gewiß noch zutreffender gewesen wäre, »Wolle« sagen sollen.

Na, was denn wohl, konnte deutlicher sein? War denn eine derartige Bewertung als völlig unberechtigt zu bezeichnen? Hatte die nicht zu bedeuten, daß er als erledigt betrachtet wurde – als Romanschriftsteller? Vermutlich – ja. Denn was zählten da schon literarischer Morgenglanz und kritisches Gloria – gemessen an den errechenbaren, erbarmungslosen Realitäten verlegerischer Bilanzen?

Mithin bot sich ihm, als seine eigentliche Zukunft, erneut wie zwingend, der Journalismus an. Denn im Bereich von Tageszeitungen, sinnierte er, könnte es ihm gelingen, möglicherweise schon in nächster Zeit, irgendwo festangestellter Feuilletonredakteur zu werden, nach Jahren dann, keinesfalls auszuschließen, Chefredakteur. So was mußte ja nicht unbedingt gleich in München sein; vielleicht jedoch in Nürnberg, Ulm oder Offenbach. Was immerhin, nicht wahr, wahrlich nicht wenig war?

Doch dann tauchte hier, in diesem München, aus Oslo kommend, ein gewisser Max Tau auf. Ein ungemein beweglicher Mensch, der trotz einer gewissen rundlichen Gedrungenheit, nahezu wie rastlos aufmerksam prüfend anmutete. Er war mit quellwasserklaren hellwachen Augen ausgestattet, die niemals ganz frei waren von ganz direkt fragender Schärfe; die aber dennoch vielwissend gütig blicken konnten. Gutmütig niemals. Bei diesem Max Tau jedoch handelte es sich nicht nur um einen Juden – der war sogar so was wie ein »Großjude«. Ein sich dennoch irritierend sanftmütig gebendes Prachtexemplar seiner Gattung.

Einen jener ungemein seltsam magischen Menschen hatte dieser Autor bereits kennenlernen dürfen, oder eben müssen: Alfred Polgar. Einem weiteren von dieser einzigartigen Sorte sollte er noch begegnen; diesmal dürfen! Wladimir Horowitz. Jenen begnadeten Pianisten, den ein Joachim Kaiser – Ostpreuße wie dieser Autor, ein Kritiker von hohem Rang wie Kiaulehn, mit beiden nicht unbefreundet – bezeichnet hatte als: »Gott am Klavier«.

Dieser begnadete Kaiser sollte sich dann auch, wohl ihm selbst niemals bewußt, zu einem der ganz großen, mächtigen Anreger für diesen Autor erweisen. Dem brachte er bei, was »Klaviermusik« sein kann – durch ein einziges Buch, das für den zu einer Art Bibel werden sollte: dessen »Pianisten«-Analyse war für ihn ein einsam hochragendes Standardwerk seines Jahrhunderts.

Jedenfalls sollten diese drei, Polgar, Tau und Horowitz,

für ihn, gleichsam durch einen unergründlichen Zauber miteinander verwoben, wie väterliche Brüder sein. Seine weisen Magier! Sie hörten alles, sie sahen alles – doch alles, was sie wußten, sagten sie nicht.

Zunächst jedoch war es Max Tau, der auf diesen Autor zukam, mit dem Verlangen, den kennenzulernen. Ein Begehren allerdings, das wohl kaum reine Freude auszulösen vermochte. Denn nun war hier wohl, wie allein für ihn, ein Besucher erschienen, welcher den tönenden Ruf besaß, nicht nur ein intensiver Kenner der Literaturszene im allgemeinen zu sein – der war noch dazu mit zahlreichen, international maßgeblichen Literaten befreundet, als deren gesuchter Ratgeber. Vermutbar darstellend: ein, wenn auch mehr heimliche, so doch einflußreiche Großmacht in diesen seltsam verwinkelten, verzwickten Bereichen, die zu durchschauen der jedoch vermochte. Und Maßstäbe setzen konnte der noch dazu. Ein Kenner – und ein Erkenner!

Sie begaben sich, um möglichst ungestört zu sein, in ein Weinlokal beim Rot-Kreuz-Platz. Wo dann Max Tau, und zwar gleich beim ersten Glas, wie um keinerlei Zeit zu verlieren, zur Sache kam – zu seiner, zu ihrer Sache. Und dabei bewegte er sich, mit verblüffender Sicherheit, genau auf den springenden Punkt jener Möglichkeiten zu, die er offenbar zu durchschauen trachtete.

»Es läßt sich da wohl unschwer erkennen, junger Freund«, – »mein lieber Freund«, sagte er nicht, damals noch nicht gleich, – »daß Sie das sind, was man einen geborenen Schriftsteller zu nennen pflegt; alles weist darauf hin. Aber eben ein solches Verlangen dürfte bei Ihnen doch wohl kaum erst neuerdings, wie über Nacht, ausgebrochen sein – das muß Sie mithin, wesentlich früher, beherrscht haben – also bereits seit Jahren.« Und dieses »seit Jahren« war – die Nazizeit.

Was an sich eine ganz einfache, sich wie zwangsläufig anbietende Rechnung oder eben Aufrechnung war. Denn nunmehr, nach seinen ersten drei Büchern, näherte sich dieser Autor bereits seinem vierzigsten Lebensjahr. Max Tau jedoch wußte: sogenannte »geborene Schriftsteller« müssen und wollen schreiben – wie dazu getrieben. Wer derartig gezeichnet war, der würde dann auch, sobald er denken konnte, von dem Zwang beherrscht werden, sich mitteilen zu wollen – der muß dann, möglichst bald, sein erstes Buch haben! Das war die Regel. Sollte er da nun etwa eine einsame Ausnahme vor sich haben? Wohl kaum.

Was damit an ihn herangetragen worden war, vermochte dieser lächelnd belauerte Befragte, sanft bohrend Ausgefragte, damals nicht einmal zu ahnen. Es war jedoch die gewiß entscheidenste aller Fragen in jener Zeit, von deren Beantwortung seine Existenzberechtigung als Schriftsteller abhing. Ein Max Tau wußte das!

Wobei er sich nicht im geringsten anmerken ließ, daß nunmehr Materialien zusammengetragen wurden, die dann zu einer Beurteilung führen konnten; wenn nicht gar zu einem Urteil, das ebenso vernichtend wie auch erlösend auszufallen vermochte. Max Tau jedenfalls saß abwartend da und lächelte; verlockend gütig. Er forderte keine Aufrichtigkeit, ihm gegenüber; um die bat er, mit herzlicher Höflichkeit.

Und so kam es dann, mit einer solchen Kardinalfrage konfrontiert, zu einer ganz schlichten Bestätigung; welche jedoch nichts mit einem »Geständnis« gemein hatte. »Ihre Ansicht trifft zu, Herr Tau. Wie ganz selbstverständlich habe ich bereits schon damals geschrieben.« Also während dieser Nazizeit! »Etliche Manuskripte.«

So etwa hatte er, bereits als Schüler, eine Art Drama »verbrochen«; ein gewiß reichlich schauerliches, so eins mit

»König, Dame und Henker«. Dann war er auch, als Jüngling, dem Zwang erlegen, mehrere tönende Balladen vom Stapel zu lassen – darunter eine mit sechzig oder achtzig vierzeiligen Versen, über die »Schlacht von Leuthen«. So was gewiß inspiriert von Bürger's sprachgewaltiger »Leonore«, die er auswendig hersagen konnte; was er, in großen Teilen, immer noch vermochte.

»Nur weiter«, ermunterte ihn der hellhörige Max Tau.

Alsbald habe er dann sein erstes Buch konzipiert, in dem versucht worden war, fröhlich unbekümmerte Lausbubenstreiche in einem Dorf seiner Heimat Ostpreußen zu beschreiben: »Fehde gegen Maulen«. Nachdem dann der Krieg alle seine diesbezüglichen Unterlagen vernichtet hatte, begann er, im hohen Alter, diesen seinen wahren, verschollenen Erstling zu rekonstruieren. Worauf dann »Die seltsamen Menschen von Maulen« entstanden.

»War das, damals, schon alles an literarischen Versuchen?« begehrte Max Tau zu wissen. Was sich anhörte wie »Versuchungen« – wohl auch so gemeint war.

Nein, das war noch nicht alles. So etwa hatte er damals noch, unter unwürdigen Umständen, in dichtgefüllten Kasernenställen, ein Lustspiel ausgebrütet – etwas freundlich-ländliches, doch wohl nicht gerade sonderlich Sittliches: »Die Frau des Bauern und ihr Gutsbesitzer«. Dazu ein paar Erzählungen der kauzigen, komischen, wohl auch knalligen Machart. Aber dann, Gedichte, Gedichte, Gedichte – von der Baumblüte, den Freuden des Winters, bis hin zu Moor-, Wasser- und Schnapsleichen.

»Und was davon«, wollte Max Tau, katergleich lauernd wissen, »ist damals veröffentlicht worden?«

»Nichts. Nicht das geringste.«

»Sie – wollten – nicht?«

»Aber ja – ich wollte! Wieder und immer wieder habe ich

mich darum bemüht, meine Arbeiten irgendwo unterzubringen. Das jedoch – völlig vergeblich.«

Nun aber schien dieser erfahrene Literaturkenner und Literaturmacher angeregt aufzuhorchen. Max Tau war ein ungemein unalltäglicher Mensch, mit seltsam vielschichtigen Voraussetzungen dazu geworden. Einstmals vermutbar ein in sich versponnener Schlesier, dann ein schnell hellwach gewordener Berliner, nunmehr ein Norweger von internationaler Gewichtigkeit. Und dabei stets ein Jude. Und wenn er sich auch als ein solcher zu abwägender Klugheit gefordert fühlte – so schloß das, eben bei ihm, keinesfalls spontane Herzensreaktionen aus; sobald ihm angebracht zu sein schien, sogar bis hin zum umarmungsbereiten Freundschaftswillen.

Und diese wohl schönsten mitmenschlichen Fähigkeiten begannen hier nun zu erstrahlen, in sonnenaufgangsartigem Glanz – ohne zu blenden. Nun redete er den vor ihm artigerwartungsvoll Dasitzenden mit »mein lieber junger Freund« an. Das geschah zum ersten Mal; sollte dann aber noch oft zu vernehmen sein; in zahlreichen glücklichen Jahren einer ungetrübten, untrübbaren, freundschaftlichen Zuneigung. Max Tau war ein Mensch, der geliebt sein, aber auch lieben wollte – das Herzstück seiner alsbald umfangreichen, von ihm nahezu gärtnerisch gepflegten literarischen Welt.

»Vermögen Sie zu erkennen, mein lieber junger Freund«, fragte er nun jedenfalls, »was das tatsächlich zu bedeuten hat – eine solche permanente Ablehnung Ihrer damaligen Arbeiten? Etwas an sich ganz Einfaches, was sich nun jedoch als eine Bestätigung von enormer Wichtigkeit erweist. Denn jene Leute«, also diese Nazis, »haben alles abgelehnt, was Sie damals geschrieben hatten – Sie damit zugleich auch. Die wollten Sie nicht haben!«

»So allerdings, Herr Tau, vermochte ich das nicht zu sehen.« »Leider«, wollte er wohl noch sagen; sagte es nicht.

»Dem ist aber so gewesen! Doch eben diese Ablehnungen erweisen sich jetzt, für Sie, als ein Glücksfall sondersgleichen; muten ja geradezu an wie eine gut abgeschlossene literarische Lebensversicherung. Denn das heißt doch, ganz simpel: Sie waren keiner von denen! Woraus sich die Folgerung ergibt: Eben deshalb können Sie nun einer der unseren sein.«

»Ich – einer der Ihren?« Absolut ungläubig gesagt. »Bei meiner Vergangenheit – einer wie unauflösbar deutschen?«

»Als literarisches Wesen, mein lieber Freund, haben Sie doch gar keine sogenannte Vergangenheit – aber eben damit eine Zukunft. Und deshalb gehören Sie zu uns.«

»Und so was zu sein, Herr Tau – könnte mir gelingen?«

»Wer Sie wirklich sind, wie Sie denken, worauf Sie hinaus wollen, das haben Sie doch bereits mit Ihren ersten Büchern einigermaßen deutlich gemacht. Und dabei sollten Sie bleiben – sich darum bemühen, diese Ihre gewonnenen Ansichten noch weit eindringlicher zu verdeutlichen. Es gibt da nun einige, und zu denen gehöre auch ich, die ganz begierig darauf sind, weitere diesbezügliche Ergebnisse zu erblicken – möglichst bald.«

»Heißt das, Herr Tau: Sie raten mir dazu, noch weitere Bücher zu schreiben?«

»Welch eine völlig überflüssige Frage, lieber Freund! Sie haben doch derartig ermunternde Ratschläge gar nicht nötig. Sie sind wie versessen darauf, Bücher schreiben zu wollen! Machen Sie das!«

Einige Jahre danach sollte dann dieser Autor, in einer der lesenswerten bekenntnishaften Selbstdarstellungen des ehrlich bemühten Literatur-Maklers Max Tau, eine Art Beschreibung dieser ihrer ersten Begegnung erblicken. Sie bestand eigentlich nur aus einem einzigen Satz, dem es jedoch gegeben war, eine ungemein beglückende, nahezu vorbehaltlose Herzlichkeit zu signalisieren. Und der lautete, in etwa, so:

»Wir setzen uns zusammen, er sagte mir alles; und fortan waren wir Freunde.«

In jenen denk- oder eben merkwürdigen Jahren, Anfang jener fünfziger, schien nun wohl dieses Deutschland wieder was zu sein und noch mehr zu werden. Und wenn das auch immer noch ein restlich-westliches war – das könnte sich ändern. Adenauer reiste nach Paris – willkommen. Er suchte Italien auf – herzlichst begrüßt. So gut wie nichts mehr dabei von wegen einstiger »Erbfeindschaft« oder ehemaliger »Achsenbildung«. Gestalten wie Hitler, Mussolini, Petain, sowie auch noch sonstige Schlagschatten der Weltgeschichte, schienen bereitwillig vergessen zu sein.

Europa, wurde verkündet, gehöre den Europäern! Woran dann auch gar nicht wenige, schnell erglühend, zu glauben bereit waren. Mithin also: Nichts wie weg – mit den sogenannten Grenzmarkierungen, diesen Schlagbäumen zwischen den Völkern. Völlig freie Fahrt; aufeinander zu! Solche Forderungen, Vorstellungen gab es – damals.

Aber es existierten auch einige gar nicht unvielversprechende Ansätze dazu. Zumindest einer: Die Bildung der »westeuropäischen Montanunion« – und aus der sollte dann eine Art »Vereinigtes Europa« entstehen. Sollte! Was diesbezüglich dann jedoch zum Vorschein kam, und zwar über etliche Jahrzehnte hinweg: Eine Menge warmer Wind, sich endlos ausdehnende Versprechungen; beständige Bestätigungsgeräusche, alsbald immer fragwürdiger anmutende. Ein riesig gedachtes Fahrzeug drohte in den Treibsandbänken einer Bürokratie, nunmehr sogar einer europäischen, zu stranden; dort zu versinken.

In jenen Anfangsphasen dieses fünften Jahrzehnts jedenfalls mußten sich etliche einstiger weltpolitischer Festspielteilnehmer entfernen – und zwar endgültig. Hugenberg starb, jener einstmals nationalste aller deutschen Nationalisten – nahezu wie bereitwillig unbeachtet. Ein Wilhelm von Preußen behauptete, auf die Thronfolge zu verzichten – was auch immer darunter vorstellbar war. Auch ein Petain, der Marschall Frankreichs, hörte endlich auf, mögliche Gewissen zu beunruhigen. Mitschuldige, irgendwie, waren sie alle – gewesen. Nun, nichts wie Frieden ihrer Asche.

Deutschland jedenfalls, zumindest jener westliche Teil davon, schien strebsam bereit zu sein, sich als ein Hort der Humanität zu erweisen; zumindest einen betont musischen darzustellen. Da türmten sich alsbald Auszeichnungen, purzelten Preisvergaben, wurden Ehrungen, Würdigungen bekundet. Der allererste Friedenspreis der deutschen Buchhändler ging an Max Tau; ein weiterer gelangte an Schweitzer. Einen Georg-Büchner-Preis erhielt Benn. Ein Goethe-Preis, hanseatischer, wurde Buber zugesprochen. Ein Fontane-Preis, Berlin, erfreute Richter. Und alles das mit gewiß viel schönen Reden.

Doch damit sich dann auch andere, ganz andere, in einer solchen Hinsicht nicht sonderlich benachteiligt fühlten, stiftete Bundespräsident Heuss auch noch einen »Verdienstorden«. Der dann etliche tausend Mal verliehen werden sollte – an für höchst achtbar gehaltene Bürger. Daß sich dann darunter auch einige Kriminelle befanden, die sich zu Steuerhinterzieher und finanziell ausgerichtete Volksbetrüger entwickelten – war wohl unvermeidlich. Schwamm darüber!

Doch immerhin – in jenen Jahren erschien dann auch ein Roman; ein zwar an Umfang als gering zu bezeichnender, ein dennoch ungemein schwergewichtig anmutender. Sein Titel: »Tauben im Gras«. Dessen Verfasser: Wolfgang Koeppen.

Der allerdings hatte mit diesem Autor einiges gemeinsam. Und zwar etwas gar nicht Unwesentliches. Denn sie, beide, waren wohl kaum vorstellbar – ohne einen Max Tau.

5.
Herde wittert Wolf

Nach dieser seiner ersten, ihn ungemein beeindruckenden Begegnung mit Max Tau, sollten noch etliche ähnliche freundschaftliche Menschenfängeraktionen nachfolgen. Was jedoch Jahre erforderte, also seine Zeit brauchte. Geduld mithin – Geduld! Doch wer verfügte über so was?

Zunächst jedenfalls schien hier dieser Schreiber, als Autor von Romanen, offensichtlich nicht sonderlich gefragt zu sein – seine Produkte drohten sich als Ladenhüter zu erweisen. Selbst wenn diese auch, jedes dieser drei, in sieben bis neun Sprachen übersetzt worden waren – doch »Seide spinnen«, wie gesagt, oder auch nur »Wolle machen« ließ sich damit wohl nicht. Nun ja – eine Art willkommenes »Zubrot« ergab sich daraus. Doch das war auch schon so gut wie alles – außer gelegentlicher ehrender Anerkennung.

Was dann damals, 1953, zur Folge hatte, daß sich dieser Autor, weitaus unermuntert, außer von Max Tau, kaum noch an sein nächstes, sein viertes Buch heranzuwagen traute. Obgleich das bereits so gut wie geschrieben war; damals, in seinem dörflichen Mansardendasein. Das hatte er beiseite gelegt; doch eben das zog er nun wieder hervor. Ziemlich zaghaft, lange unentschlossen. Daß daraus dann, und zwar verblüffend schnell, das spektakulärste aller seiner Bücher werden sollte – kein blasser Schimmer war erkennbar.

Zumal ein Kiaulehn wie absolut unbeirrbar dafür sorgte, in die an- und dahinflutenden journalistischen Tagesarbeiten dieser immer sicherer werdenden Feuilletonisten seine ureigenen Bekenntnisse einzubringen. Dabei immer wieder dies: »Das Handwerk, mein Junge, das ist es, was man beherrschen muß – alles andere kommt erst danach.«

Dieser ungemein beharrliche journalistische Zuchtmeister Kiaulehn wollte da offenbar eine gute, verläßliche Gilde um sich versammelt sehen; doch keinesfalls ausschließlich Spezialisten. So ein Mann seiner Zunft mußte dazu befähigt sein, so gut wie alles, was da so auf eine Zeitung zukam, beschreiben zu können. Na, was auch immer! Die Hauptsache: gründlich konzipiert, lesbar präsentiert. Dabei zögerte er selbst niemals, mit überzeugend gesetzten Beispielen voranzugehen.

Ein Artikel, etwa über Feuerwehrmänner im Theater – aber ja, warum denn nicht? Oder einen über das Innen- beziehungsweise Außenleben von Garderobieren, Müllmännern, Chortänzerinnen, Fensterputzern, Toilettenfrauen – jederzeit lieferbar! Dann allerdings zögerte er, wenn auch nur ein wenig, als an ihn der »Wunsch« herangetragen, so was ihm zugemutet wurde, über »Tätowierungen« zu schreiben.

Ein »Einfall«, der bei einem internen, sehr munteren Gespräch ausgebrütet worden war; und zwar zwischen Feuilleton-Chef Hohenemser und diesem unstillbar neugierigen »Jung-Journalisten«. Das vermutbar in der ziemlich sicheren Annahme: ein derartig völlig ausgefallenes Thema vermochte niemand überzeugend in den Griff zu bekommen. Nicht einmal ein Kiaulehn.

»So was«, sagte er dann, wobei er sich völlig unbeeindruckt gab, »bedarf da wohl allerdings einiger Vorbereitungen. Lassen Sie mir ein paar Tage Zeit dafür. Etwa drei.«

Doch was dann, und zwar bereits nach zwei Tagen, zum Vorschein kam, war glänzender Journalismus. Einem Kiaulehn war es dabei wie mühelos gelungen, ein solches wahrlich journalistisch höchst schwierig zu erfassendes Thema, eben betreffend Tätowierungen, in eine brillante, ganzseitige Großgeschichte zu verwandeln, die sich las wie eine zeitlose Saga. Beginnend etwa bei Höhlenmalereien; alsbald angesiedelt zwischen endlosen Seemannshorizonten, schließlich hinweisend auf zeitgemäße Zuhälterprotzerei. Aber dann, noch weit darüber hinaus, ergab sich bei dieser glänzenden Demonstration seiner Fähigkeiten, sogar noch als geradezu rührend zu bezeichnende Beschreibungen von hilflos gutgemeinten Liebesbezeugungen.

Mein Gott, was denn konnte der nicht – schreiben und beschreiben! Und das gelang ihm nicht nur, als wäre er dabei gewesen; vielmehr so, als habe er, ganz direkt, daran Anteil genommen. Seine lässige Erklärung dafür:

»Man muß nun mal seine Sprache und deren Möglichkeiten beherrschen; das versteht sich von selbst. Aber – haben muß man auch eine Menge Phantasie; noch dazu eine Fülle Erfahrungen. Und erst wenn das alles zusammenklingt – dann zahlt sich das auch aus. Kapiert – endlich?«

In jenen Jahren, so zwei bis drei nach 1950, erhielt dann der Orgelspieler und Urwalddoktor endlich seinen Friedensnobelpreis. Wenn er den dann in sein Afrikahospital investierte, so wollte das, gar nicht wenigen, als ziemlich sinnlose Vergeudung vorkommen. Daß sich so ein möglicher Dienst am Mitmenschen, ein Leben für ihn, niemals bilanzsicher aufrechnen läßt – wen kümmert das denn schon?

Damals erklärte Bundespräsident Heuss die dritte Strophe des Deutschlandliedes, allein diese, zur Nationalhymne der BRD. Wenn dennoch der erste Vers davon, dieses

»Deutschland, Deutschland über alles«, weiterhin getönt wurde, so war das jedoch kein böser oder guter Wille, lediglich wohl abermals mangelnde Bereitschaft dazu, immer wieder umlernen zu sollen. Und wie prompt reagierte auch hierauf die DDR. Nach Währungsreform hier, dann dort, Regierungsbildung hüben, dann drüben, legte auch »dieses andere Restgebilde« Wert auf eine eigene, völlig neue Nationalhymne.

Langsam einsetzende Abklärungen, die zugleich Bereinigungen waren und wie automatisch zu weiteren Abgrenzungen führen mußten. Während in der einen »Hauptstadt«, Berlin-Ost, weitgehendst »geregelte Verhältnisse« erstrebt und dann auch erreicht wurden, hatte die andere »Hauptstadt«, Rhöndorf-Bonn, gelegentlich unter demokratischen Freiheitsauslegungen zu leiden. So etwa verließ dort Heinemann, Innenminister, das Adenauer-Kabinett – unter starkem, wenn auch nicht gerade lautstarkem Protest; wahrlich nicht zuletzt wegen einer immer möglicher werdenden Wiederaufrüstung. Nach etlichen politischen Irrfahrten sollte dann der gleiche Heinemann, ein ehrenwerter Mensch, bei der SPD landen und Bundespräsident werden – der einzige aus den Reihen dieser Partei.

Dann erhielt auch Mauriac, der Franzose, den Nobelpreis für Literatur – was ihm gegönnt wurde. Waldemar Bonsels, der Fabulierer, hatte endgültig aufgehört zu schreiben; was kaum beachtet wurde – doch immerhin: wenigstens doch seine »Biene Maja« sollte ihn etliche Jahrzehnte überleben.

In jenen Jahren starb dann auch jener Dichter, der vermutbar wie kein anderer sonst, die deutsche Literatur von zwei Generationen entscheidend beeinflußt hatte: der Norweger Knut Hamsun. Einst ein König im Bereich der Bücherschreiber – nunmehr wie dazu verdammt, kläglich verenden zu müssen; dennoch wie vor sich hinlächelnd. Weiter waren dann Tote zu registrieren wie: Neumann, Alfred; auch Schäfer, Speyer und Clara Viebig. Nicht bekannt? Na, wohl weiter kaum verwunderlich. Gar nicht selten landen lebenslängliche Bemühungen in einem Meer der Vergessenen. Ob man sich damit abfinden muß? Man muß.

Inzwischen war, was vorausgesehen werden konnte, dieses »Echo der Woche« verendet. Und vorbei ist gewesen. Eine Trauergemeinde gab es nicht.

Danach allerdings veröffentlichte Alfred Polgar so gut wie nichts mehr. Walter Kiaulehn jedoch zog sich, wie völlig unbeeindruckt, in die wohl endlosen Gefilde seiner unbegrenzten journalistischen Möglichkeiten zurück. Einige der dort versammelten hochrangigen Redakteure wechselten zu anderen Zeitungen, gingen zum Rundfunk. Um dann alsbald, wie der klug abwägen könnende Innenpolitiker Hagen, beim Anfangsfernsehen zu landen.

Auch dieser »Redakteur«, erstmals und auch letztmals so genannt, packte seine sogenannten »sieben Sachen«. Diese allerdings fanden nun nicht mehr, wie noch vor wenigen Jahren, in einer einzigen schäbigen Aktentasche mühelos Platz. Damals – wie in Erwartung einer nächsten großen Katastrophe; einer wohl unvermeidlichen. Diese jedoch schien sich unfaßbar viel Zeit zu lassen; glücklicherweise. Begann deren Möglichkeit vergessen zu werden?

Mithin besaß er nun, außer ein paar Stapel Bücher, bereits zwei Anzüge und vier zumeist bunt gestreifte Oberhemden; aber auch Unterwäsche und Socken, so an die sechs Exemplare von jeder dieser Sorte. Allerdings – immer noch keinen Schlips.

Doch zu jener seiner einen Aktentasche war inzwischen eine zweite hinzugekommen – unter seinem Bett lag ein Koffer und in seinem Schrank hing eine Art Kleidersack bester US-Qualität; geliefert von seiner wachsam besorgten »großen Schwester« und ihrem guten John.

Mit derartig ausgefallenen Problemen dürfte da wohl ein Hans Habe kaum jemals konfrontiert worden sein – dafür war der auch nicht im geringsten veranlagt. Durchaus zu vermuten, daß der bereits mit einer Serie von Koffern, allerbester Machart, in den Krieg gezogen war – um den dann zu absolvieren, ohne jeden Verlust an Gepäck. Er war nun mal ein planen könnender Weltmann.

Überdies – oder eben wohl deshalb – war Hans Habe der bestgekleidete Mann, den dieser Autor jemals erblicken konnte. In dieser Hinsicht übertraf er, fast mühelos, auch einen Kiaulehn. Ein gepflegter Grandseigneur, einfach nicht vorstellbar ohne ein Hotel-Appartement von allererster Klasse, ohne eine Villa mit großem Komfort, mit mindestens zwei Luxus-Fahrzeugen in der Garage. Das war nun mal sein »Lebensstil« – und zwar einer, der ihm durchaus als angemessen bezeichnet werden durfte.

Dieses sein »großes« Leben hatte Hans Habe gewollt – und auch erleben dürfen. Das jedoch wahrlich nicht, ohne »schwer«, sogar »sehr schwer« dafür geackert zu haben. Tagtäglich investierte er nahezu acht intensivste Arbeitsstunden – wo auch immer er sich befand. Dabei durch nichts und von niemandem abzulenken – weder von freudigen Gästen, ihn gerne heimsuchenden Befragern, ihn umwimmelnden angeblich Anteilnehmenden. Er werkte und werkte – unentwegt. Von seiner Frau Licci abgeschirmt; mit charmanter Energie.

Solange er zu leben hatte, legte er Wert darauf, nichts entbehren zu müssen – woran sich gar nicht wenige fleißig beteiligten, das auch durften. Doch als er dann Schluß machen mußte, mit allem, war es, als habe er existiert, wie einst Alexandre Dumas, der Ältere. Welcher dann von sich sagen konnte: »Als ich nach Paris kam, besaß ich einen Franc. Und nun, da ich sterben muß, besitze ich auch nur noch einen Franc. Doch welch ein Leben dazwischen!«

Nach dem damaligen Abenteuer, jenem des »Echo der Woche«, zog sich Hans Habe zunächst einmal zurück – scheinbar nicht sonderlich weit. Er landete am Wolfgangsee und bezog dort ein imponierend stattliches Anwesen – den einstigen Höglmoserhof. Dabei handelte es sich jedoch, was Habe gewiß von Anfang an wußte, um einen geradezu »geschichtsgeschwängerten« Gebäudekomplex, einen sozusagen kaiserlich-österreichischen. Denn dort pflegte einstmals eine gewisse Madam K. Schratt, Wien, ihre Sommerferien zu verbringen – mithin jenes, von Seiner Majestät, dem Kaiser, persönlich bevorzugte Wesen.

Woraus sich dann etliche, geradezu köstlich anmutende »Geschichten« ergaben – von Hans Habe seinen stets zahlreichen Besuchern spürbar gerne gegönnt. Wie hinter Schleiern sich verbergen wollende Vorgänge, die ihm vermutbar vorkamen wie Nachklänge jenes »großen Österreich«, welches da auch in seiner ureigenen Familiengeschichte sehr dunkle, niederdrückende Ereignisse hinterlassen hatte, die zu überleben, zu überwinden waren. Nun – jetzt jedenfalls – gab er sich amüsant und erzählte, selbstverständlich blendend formuliert, von ihm herausgefundene Einzelheiten.

Bei diesem Großbauer Höglmoser, auf dessen Hof er nun saß, pflegte also einst Madame Schratt allsommerlich abzusteigen.

Dabei war Herrn Höglmoser die große, regelmäßige Ehre zuteil geworden, dieser Madame ihren Kaiser zuzuführen, welcher im »Weißen Rößl« zu wohnen pflegte. Den also ruderte nun der Höglmoser fleißig herbei – tagtäglich, Sommer für Sommer; etliche Jahre lang; immer in den Nachmittagsstunden. Um dann von dieser Seiner Majestät nichts wie dies, und vermutlich nur einmal, vernehmen zu dürfen: »Ich danke Ihnen sehr – es hat mich sehr gefreut!«

Madame Schratt jedoch sollte sich als ungleich aufgeschlossener erweisen. Eines Tages lud sie diesen fleißigen Herbeiruderer ihrer Sommernachmittagsfreuden zu sich ein, nach Wien. Worauf dann dort der brav bewährte Höglmoser ungemein beeindruckend bewirtet wurde – wenn auch nicht gleich kaiserlich, so doch geradezu fürstlich.

Als er dann wieder heimkehrte, zurück an seinen Hof beim Wolfgangsee, schien er auf wunderbarste Weise völlig verwandelt zu sein. Auf die Frage, wie es denn da so in Wien gewesen wäre, sollte der von sich gegeben haben, geradezu operettenselig gestimmt: »Wir haben champagnisiert!« Worauf auch er fortan wünschte, so was da zu tun; und zwar nur noch das. So kam es denn dazu, daß dieser prächtige Höglmoserhof sehr bald neue, wesentlich andere Bewohner bekam. Und einer von ihnen war Hans Habe.

Auch Hans Habe dürfte da wohl als ein Champagner-Mensch bezeichnet werden – stets bereit zu gepflegtesten Genüssen, zumindest niemals abgeneigt, sie seinen »Freunden« zu bereiten. Doch er selbst »champagnisierte« nicht – dafür war er ein viel zu disziplinierter Arbeitsmensch. Wenn er sich »berauschte«, dann weit lieber an Worten, denn an alkoholischen Getränken.

Sonderlich lange war es Hans Habe nicht vergönnt gewesen, am Wolfgangsee zu residieren. Doch nicht etwa gleich, daß er dort über seine Verhältnisse gelebt haben würde – die waren schließlich immer glänzend. Nur wohl, daß dann diverse Finanzberater, und vor allem wohl Finanzbeamte, österreichische ebenso wie deutsche, der Ansicht waren – er müsse sich da wohl beständig verrechnet haben.

So zog er dann weiter – bis in die südliche Schweiz; in den Kanton Tessin. Und dort mietete er sich ein Haus bei

Ascona. Nun ja – »Haus« war da wohl nicht die richtige Bezeichnung dafür; eine vielmehr weit untertriebene. Auch das war eine Art Residenz. Seine dann letzte.

Hier nun konnte er, wie stets gewünscht, repräsentieren. Aber auch ziemlich ungestört arbeiten, was er, immer wieder, mußte. Hauptsache wohl: aus seiner Welt war er damit nicht – die hatte sich nach ihm auszurichten.

In jenem Tessin, einer wundersam gelungenen Vermischung von italienischem Lebensgefühl und schweizerischer Solidität, hatte auch, in Montagnola, ein Hermann Hesse gelebt und gearbeitet, sich dort seinen Nobelpreis für Literatur erschrieben. Aber hier lebte auch, und zwar sehr gerne, einer der großen Worte-hervor-Zauberer der deutschen Literatur, Robert Neumann. In dieser hinreißend schönen Landschaft, erfüllt von wundersam sanfter Gelassenheit, hatte Erich Kästner versucht, seine schwer angeschlagene Gesundheit zu überwinden. Und immer wieder hierher kam der rührend bescheidene Walter Mehring, wohl in der Hoffnung, die ihm zugefügten Wunden vergessen zu können.

Und in Ronco, dicht beim großen See, besaß Erich Maria Remarque ein Haus – das bereits seit etlichen Jahrzehnten. Als er dann jedoch dem zweiten Weltkrieg ausweichen mußte, erzählte er diesem Autor bei einem Ascona-Bar-Besuch, mußte er alles das zurücklassen – um es sozusagen vertrauensvoll in die Hände seines Tessiner Verwaltungsehepaares zu legen. Erst nach etlichen, wenn nicht gar vielen Jahren, wohl nahezu zehn, kehrte er dann wieder »heim«, unangemeldet. Um dann zu erblicken: dort saßen diese beiden Menschen in der Küche, blinzelten ihm freundlich zu und sagten: »Na, da sind Sie ja wieder.« Nichts, nicht das geringste in seinem Haus war verändert worden. Ihn überkam »das seltsame Gefühl«, nur einige wenige Tage weggewesen zu sein.

Für einen Hans Habe war vermutlich Erich Maria Remarque kein sonderliches Problem – irgendwie Verständnis füreinander hatten sie wohl schon immer zu entwickeln vermocht. Wenn nun diese beiden sich als Fürsten fühlen dürfende Literaten, auch rein räumlich näher kamen, so geschah das mit höflicher Gelassenheit. Denn inzwischen schienen ihre Bereiche, oder eben Reiche, ziemlich klar abgegrenzt worden zu sein; so gut wie unangefochten. Nunmehr war es, als statteten sie einander Staatsbesuche ab – nicht selten auf betont liebenswürdige, jedoch nahezu zeremonielle Weise.

Doch wie genau zwischen ihnen, fast auf den Kilometer genau, also wie inmitten ihren Residenzen, hockte dieser Robert Neumann. Ein großschildkrötenhaftes Wesen, so schien es; noch dazu ausgestattet mit der Beweglichkeit eines Wiesels. »Sein Verstand«, sagte man von ihm, »kann tanzen.« Ein Schriftsteller allererster internationaler Güteklasse; auch wie beherrschend jene vielseitigen, vielschichtigen Begabung eines Walter Kiaulehn.

Nur eben, daß dabei gewisse Unterschiede existierten, die niemals übersehen werden durften. Denn etwa verglichen mit dem geschickt ausweichen könnenden Kiaulehn, oder gemessen an der kulanten Souveränität eines Habe, leistete es sich Robert Neumann, oft mit frappierender Offenheit, rücksichtslos in Erscheinung zu treten.

Der war erkennbar als ein ungemein streitbarer, auch wohl streitlustig veranlagter Schriftsteller. Noch dazu ein hochintelligenter Jude – und als solcher ein schlicht entschlossener Bekenner. Denn so nachsichtig und tolerant der auch war, sogar wie ausgestattet mit lächelnder Weisheit – in einem einzigen ganz bestimmten Punkt war er das nicht. Denn sobald der Juden zu registrieren glaubte, die ihn nicht davon zu überzeugen vermochten, daß sie das auch waren, sein wollten – dann konnte er geradezu racheengelartig in Erscheinung treten. Ein Hans Habe sollte daran glauben müssen.

Vermutlich nicht in Einzelheiten ergründbar, was zu dieser, alsbald wie stets präsenten »Feindschaft« geführt haben könnte; eine die sich noch dazu beständig auszuweiten drohte. Hans Habe, danach befragt, zog es vor, zu diesem Komplex nahezu beharrlich zu schweigen – wohl vieldeutig-eindeutig gedacht. Doch sobald Robert Neumann mit einer derartigen Frage konfrontiert wurde, reagierte er zumeist mit grimmigem Lächeln.

»Sie brauchen da doch nur zu lesen, möglichst genau, was der da so alles von sich gegeben hat, immer noch gibt – dieser ungarisch-deutsch-amerikanische Pfadfinder. Noch dazu ein Jude! Was jedoch dieser Zwischen-allen-Welten-Wandermensch beharrlich zu verbergen trachtet.«

Ein ganz hartes, wohl auch so gewolltes Urteil, wenn auch kein voll zutreffendes. Nun ja, ganz gewiß: Hans Habe war ein Mensch, mit all seinen Fehlern, Irrtümern, Verirrungen. Doch er war ein Jude. So was betonte er zwar nicht, verleugnete das aber auch niemals. Doch in welch enormen Ausmaß, mit welch überzeugender Kraft, auch er sich als Jude fühlte, war vielfach, in etlichen seiner Bücher zum Vorschein gekommen.

Das bereits bei seiner »Mission«. Ein einzigartig eindringlicher Bericht über das geschwätzige Unvermögen, der lähmenden Unfähigkeit von politisch blind gewordenen Diplomaten – konfrontiert mit der sogenannten »jüdischen

Frage«. Wozu dann noch eine Art endgültiges, und nicht nur literarisches Bekenntnis hinzukommen sollte, etliche Jahre später: Die unvergleichliche realistisch-romanhafte Reportage über seine Reise nach Israel – angelehnt an die »David- und Goliath-Legende«.

Allein schon deshalb hätte Hans Habe in Israel eine Gedenktafel verdient, einen Olivenhain mit seinem Namen, oder eben den international hochangesehenen »Jerusalem-Preis«. Wobei allerdings, abermals wie »zu allem Überfluß«, eben bei seinen doch wahrlich reichlichen Eigenwilligkeiten, dann noch eine Zuneigung erfolgte, die fast schon als Hinneigung zu bezeichnen war; eine geradezu freundschaftliche. Doch genau die wollte dann jenen gar nicht wenigen der Anti-Habe-Frondeuren als höchst verdächtig erscheinen; wenn nicht gar als bezeichnend für ihn – da hatte der sich nun entpuppt!

Denn der hatte es gewagt, geradezu uneingeschränkte Sympathie zu zeigen. Und zwar für einen sozusagen vielfach umstrittenen, auch heftig bis freudig verleumdeten »Presse-Zaren«. Wobei es sich noch dazu um eine Regung handelte, die offensichtlich auf Gegenseitigkeit beruhte. Alsbald bezeichnet als Habe's Axel-Springer-Syndrom.

Denn ausgerechnet diese beiden schienen sich, in diesem wild bewegten Meinungsdschungel, wie stets gesucht und endlich gefunden zu haben. Wobei jedoch ihr wahres Bindeglied vielfach verkannt wurde und zwar wie bereitwillig gerne. Doch eben das war, ganz eindeutig unbezweifelbar – Israel. Ihr Israel.

Robert Neumann jedenfalls war nun mal da, niemals zu übersehen. Mit zunehmender Freude bereit dazu, seine ironisch vernichtenden Urteile zu verabfolgen. Und wahrlich – der war wer! Ihm war es gelungen, als wohl einzigem der deutschen emigrierten Schriftsteller, einfühlsam und wortgewaltig einige seiner Werke in einer wie original anmutenden englischen Sprache schreiben zu können. Wozu dann auch ein vielschichtig schillernder Roman gehört hatte; ein so gut wie zeitlos-gültig anmutender – über einen internationalen Schweinehund von einem Waffenhändler. Den vermochte er in alle Einzelheiten zu zerlegen.

Dieser Robert Neumann wollte geradezu wie ein Musterbeispiel dafür anmuten, daß man sehr wohl als »berühmt« bezeichnet werden konnte, ohne dabei jedoch irgendwie »reich« geworden zu sein. Ihm war es niemals vergönnt gewesen, seine enormen Begabungen in klingende Münze verwandeln zu können. Der schlug sich mit geradezu unbeirrbarer Mutigkeit durch sein literarisches Dasein, das dann ein geradezu gebirgsartig aufgetürmtes Werk vorzuweisen vermochte. Davon leben, gerade noch so, konnte er; sich geruhsam entspannte Zwischenstationen verschaffen wohl kaum. Wohl nicht ganz zufällig pflegte der zu sagen: »Juden kaufen nicht, die mieten nur.« Was leider wohl zutraf – nicht nur für ihn; im Endeffekt sogar für einen Hans Habe.

Diese beiden jedenfalls, Neumann und Habe, mochten sich nicht – konnten einander nicht ausstehen. Was dann schließlich sogar reichlich groteske Formen annahm – bis hin zum Absurden. So etwa, als im Tessin ein Schmähvers sondergleichen auftauchte, der sich dann auch prompt und schnell herumsprach. Wer jedenfalls der Urheber einer solchen Klärgrubenpoesie gewesen sein könnte, schien kaum zweifelhaft – na, wer denn wohl sonst als Robert Neumann! Das wurde zumeist nur flüsternd behauptet – nicht selten mit augenzwinkernder Empörung. Soviel ausgekochte Bosheit verführte dazu, genossen zu werden; mit Abscheu:

»Es stinkt der See, die Luft ist rein –
Hans Habe muß ertrunken sein.«

Doch selbst eine derartig bösartige, giftsprühende Feindbereitschaft, noch dazu auf engstem Raum, schien einen Hans Habe nicht im geringsten zu beeindrucken. Er tat ganz einfach so, als habe er nichts dergleichen jemals vernommen. Ganz im Gegenteil – er war vielmehr raffiniert und klug genug, für Robert Neumann, bei jeder sich ihm bietenden Gelegenheit – also offiziell, öffentlich – gute Worte würdigender Anerkennung zu finden. Schließlich würde diese Welt schon noch merken, wer hier wer war – wer der Giftzwerg, wer der Edelmann.

Bei einem Besuch im Tessin wandelten sie dann, Hans Habe und dieser Autor gemeinsam, wie traulich vereint, über die Ascona-Promenade am See; unter alten, prächtigen Platanen. Da strebten sie nun einer erhofft gemütlichen, von freundlichen Fachgesprächen erfüllten Kaffeestunde entgegen; wobei dann jedoch der Weltmann zu seinem mehr bäuerlichen Besucher sagte, ebenso höflich wie fordernd: »Sehen Sie nun, bitte, nach rechts – denn links sitzt Robert Neumann!«

So war das nun mal! So war er. Doch wer war Robert Neumann wirklich?

War der tatsächlich lediglich das, und nur das, wofür er von etlichen Warnern freudig gehalten wurde: ein erbarmungsloser Verfolger, Zerstörer, Vernichter von ihm andersartig, mithin abwegig erscheinenden literarischen Lebewesen? War der also, möglicherweise, diesem gediegen selbstherrlichen Habe im Grunde seines Wesens gar nicht einmal so unähnlich – nur eben wesentlich robuster, ungleich radikaler, weit schärfer zupacken könnender als der? Zumal sich dann sogar die Vermutung anbot, daß diese beiden, wie dabei voll übereinstimmend, nach dem gleichen Motto zu operieren schienen: Wer zu mir passen will, muß sich mir anpassen!

Wenn dem tatsächlich so gewesen wäre, hätte wohl gerade dieser versuchte Berichterstatter jede Veranlassung gehabt, einen Robert Neumann zu meiden; nahezu wie die Pest. Denn schließlich konnten ihm , wenn man nur wollte, und dann so gut wie mühelos, ein paar Belastungen angedichtet werden, mit denen sich eine ganze Menge anfangen ließ. Was denn, bitte, war da eigentlich nicht an heiklen Mutmaßungen vorstellbar? So zum Beispiel: Bei diesem Schreiber handelte es sich um einen verschweigenden Nazimitmacher, der sich nunmehr nicht scheut, sich als fleißiger Vergangenheitsverschleierer zu betätigen – jetzt wie um jeden Preis. Von einem Habe unterstützt, von einem Remarque geduldet, von einem Kiaulehn geradezu verdächtig intensiv betreut.

So was an Bemistungsbemühungen, in so gut wie jeder erdenklichen Machart, sollte dann auch noch, wie unvermeidbar, diesem Autor zugemutet werden. Nur eben nicht, niemals – von diesem ansonsten doch so zutiefst zu verwundenden vermögenden Robert Neumann. Was aber, bitte, konnte überraschender sein?

Dem sollte dieser Zeitungsartikelverfasser und Buchschreiber mehrmals begegnen dürfen. Was dann stets mit angebrachtem Respekt geschah; nicht nur, weil er dann eine der bedeutsamsten literarischen Gestalten seiner Zeit vor sich hatte. Vielmehr erwies sich Robert Neumann persönlich als ein ungemein stattlich anmutender Mann; wenn ein erklärter David, so doch einer in Riesengestalt. Dabei war er überraschend als gütig, nahezu als gemütvoll zu bezeichnen – gutmütig nie, versteht sich von selbst. Wohl kamen in seinen Büchern blankblitzender Spott, nachtfunkelnde Ironie, treffend gezielter Hohn geradezu verschwenderisch zum Vorschein; bei ihm selbst, bei seinen Gesprächen, so gut wie niemals.

Robert Neumann, RN, stellte gleichsam eine alles überragende Vatergestalt dar. Jedem gegenüber; diesem Autor allemal. Seine Freunde sahen zu ihm auf; und sein Verleger, der sich gerne jupiterhaft gab, sich wohl auch so fühlte – vor ihm schien er zu knien. RN wurde von seiner freundlichen, klugen und stattlichen Frau, einer dritten oder vierten, die auf sogenannte »typische Weise« als überraschend »deutsch« anmutete, liebevoll umsorgt, aber auch kaum jemals frei von Wachsamkeit betrachtet. Ein strahlender Patriarch, nicht nur einer der Literatur; doch ohne jede greisenhaft-weise, versunken-ermüdete Anwandlung von Nachsicht.

Wobei dann allerdings Robert Neumann, was so gut wie allgemein bekannt war, also nicht nur intern Eingeweihten, eine stark ausgeprägte, nahezu unzerstörbare Eigenschaft besaß, welche wohl auch als Leidenschaft zu bezeichnen war. Er machte aus seinem Leben ein Kunstwerk! Was dann allerdings auch, ganz gewichtig und auch weitzeugend, zu bedeuten hatte: was er erlebte, wer ihm begegnete – das oder den pflegte er dann in pure Literatur zu verwandeln. Und davor, offen eingestanden, fürchtete sich dieser Autor. Offenbar stets darauf bedacht, sein privates Dasein abzuschirmen; möglichst nichts davon preiszugeben. Das sollte ihm allein gehören.

Eine ihn beharrlich beherrschende Abweisung, eine beständige Befürchtung, wenn nicht gar Furcht, die wahrlich nicht unberechtigt war; keinesfalls bei einem Robert Neumann. Und der hatte sich dann tatsächlich, sozusagen auch literarisch, mit diesem scheuen Autor beschäftigt – und zwar in seinem vielgepriesenen Buch »Vielleicht das Heitere«. Das war eine Art Daseinsmosaik, gestaltet mit Bausteinen sehr persönlicher Bekenntnisse, von denen gar nicht wenige, wie nun mal bei ihm unvermeidlich, erhebliche

Schärfe, kalten Glanz, kristallklare Deutlichkeit besaßen. Geschrieben hatte er dieses Buch wie in Erwartung eines »letzten Sommers« – es sollten dann für ihn glücklicherweise noch einige weitere folgen dürfen.

Aber eben in diesem Buch sollte sich dann auch dieser Autor als ein wie unter die Lupe genommenes Betrachtungsobjekt erblicken. Eingefangen mit ziemlicher Ausführlichkeit; noch dazu gleich zweimal. Dabei wurde er jedoch, zu seiner maßlos beglückenden Überraschung – positiv gesehen; und das so gut wie uneingeschränkt. Niemals hätte er gewagt, sich so was vorzustellen. Doch er war nicht der einzige, der da erhebliche Verwunderung empfand, über eine derartig großherzig anmutende, völlig unerwartete Robert-Neumann-Geste.

Eine Art anerkennende Würdigung mithin, die jedoch diesen Autor in weitere Zweifel hineinzustürzen vermochte. Denn damals hätte er, liebend gerne, möglichst beide zugleich umarmt – Robert Neumann ebenso wie Hans Habe; einige andere noch dazu. Doch das, mußte er erkennen, ging nicht; ließ sich nicht machen, klang ganz einfach nicht zusammen.

So sehr es ihn auch zeitlebens danach verlangt hatte, von ihm geliebte, ihn liebende, väterliche und brüderliche Weggefährten haben zu wollen – wieder und immer wieder wurde er dabei vor die Frage gestellt: Für wen gedenke er sich da nun zu entscheiden – entweder für den einen oder eben für den anderen! Was er nicht konnte; auch nicht wollte.

Also – zog er sich zurück.

Da blieb ihm wohl gar keine andere Wahl, als fortan sein ureigenes Leben führen zu müssen: Ohne gute Freunde, ohne großzügige Gönner, ohne mehr oder minder getreue Gefährten seiner Wege. Nahezu so was wie eine Vereinsamung ergab sich daraus – für seine nächsten Jahrzehnte; bis an sein Ende vermutlich,

Dennoch war aber die dabei entstehende »Ein-Mann-Literatur« – wie Kasimir Edschmid die Bemühungen dieses Autors treffend bezeichnet hatte – keinesfalls irgendwie als ein Dasein in beklagenswerter Einsamkeit zu bezeichnen; ein derartiger Zustand war vielmehr, von diesem Menschen offen eingestanden, nahezu wie lebenslänglich gesucht worden. Bereits in seiner Kindheit und Jugend vermochte er als erklärter »Einzelgänger« erkannt zu werden. In den zwölf »tausendjährigen« Jahren danach, und noch einige wenige mehr, hatte er mit Massen von Männern leben müssen, Tag und Nacht auf engstem Raum – in Kasernen, im Krieg, in der Internierung. Sein Bedarf an Gemeinschaften, Vereinigungen und Verbindungen war gedeckt – weit mehr als ausreichend.

Mithin nicht die geringste Veranlassung, diesen bemühten Mitmenschenbeschreiber irgendwie zu bedauern – etwa seines sich immer stärker ausprägenden Außenseiterverlangens wegen. So was hatte auch nichts mit »mangelnder Kontaktfreudigkeit« zu tun, wie das gelegentlich behauptet werden sollte. Eins jedoch drohte zu stimmen: Da er sich zu einem beharrlichen Bezweifler, Anzweifler, entwickelt hatte, konnte er damit wohl auch zu einem egoistisch anmutenden Zerstörer geworden sein – aller sich möglicherweise anbahnenden freundschaftlichen Begegnungen.

Als er noch Filmkritiker gewesen war, einstmals wie in erster Linie nur das, durfte er auch, einige Male, Hans Albers begegnen. Und der schien für ihn, wie ganz spontan, erhebliche Sympathie zu empfinden. Der kam immer wieder auf ihn zu, zog ihn an sich, zur Seite, wollte mit ihm reden; sich ihm vielleicht sogar anvertrauen.

Doch sich dagegen zu sträuben, hielt dieser ältere Jungjournalist damals für angebracht. Vermutbar in der zwingenden Erkenntnis: Wer denn war ein Hans Albers – und wer war er? Nun ja, gewiß, sie hatten einige sehr herzliche Gespräche miteinander gehabt. Doch zu mehr kam es nicht.

Jahre später begegneten sie sich dann wieder; auf einer Dorfstraße beim Starnberger See. Inzwischen war auch dieser Autor zu einer Art »Berühmtheit« geworden. Auf den ging nun Hans Albers zu und sagte: »Ich hätte Sie gerne angerufen. Aber ich wußte nicht, ob Ihnen das willkommen gewesen wäre!«

Auch so können Freundschaften vermieden werden. Und dieser Papierbeschreibermensch schien geradezu verdammt dazu, so was, wie getrieben, verhindern zu können. Denn sein Leben lang scheute er nichts so sehr wie dies: Jemals den Eindruck zu erwecken, als versuche er, sich an irgend jemand heranzudrängen, sich ihm aufzudrängen. Niemals wünschte er in den Verdacht zu geraten, eine Art »Anwanzer« zu sein.

Nicht nur möglich, vermutbar sogar ziemlich gewiß, daß ihm dadurch einiges in seinem Dasein entging.

Nahezu komplikationslos jedoch, fast jederzeit, war das Verhältnis zu seiner Familie – seiner damaligen; seiner späteren dann auch. Wobei es sich, in beiden Fällen, leider, um einen beklagenswert kleinen Kreis gehandelt hatte – eben gemessen an ur-ostpreußischen Verhältnissen.

Doch hier wie dort ließ sich alles das, was sich da auch so ereignen mochte, ganz klar und einfach, auf einen Grundnenner bringen: Sie gehörten zu ihm und er war für sie da! Einige wenige »Schwierigkeiten« dabei waren mehr heiterer Natur.

Ein Teil derartiger »Schwierigkeiten«, ein gar nicht geringer, wurde unbestreitbar erzeugt von seiner Schwester Barbara; die »Große«. Doch wenn sie ihn, nach wie vor, beherrschend zu betreuen versuchte, so doch neuerdings mit höchst erfreulichen Fortschritten – so nannte sie ihn kaum noch jemals »kleiner Bruder«. Doch den so zu behandeln, als wäre er das, fühlte sie sich beständig verführt; allein in seinem Interesse, versteht sich.

Betont besorgt suchte ihn Barbara wie permanent auf, nunmehr in seinem Münchner Bereich; sie »inspizierte« ihn, könnte man sagen. Inzwischen war sie, wie gewiß von ihr vorgeplant, Miss Brown geworden; und als solche fühlte sie sich offenbar sehr wohl. Nun noch wesentlich schwungvoll selbstbewußter wie einst, aber noch dazu, wie von ihr frühzeitig erspürt, sozusagen »modebewußt« gekleidet. Und herbeigefahren war sie mit einem dumpfröhrenden Sportwagen. Nicht ihr erster, wahrlich nicht ihr letzter.

Und wieder einmal mehr saß sie dann vor ihm; mit fordernder Ermunterung, mit ihm zulächelnden Entgegenkommen. Mein Gott, hatte sich da jetzt wohl dieser Bruder zu fragen, was ist denn inzwischen aus uns geworden? Als diese Barbara noch ein kleines Kind gewesen war, hatte er sie auf einem Handschlitten hinter sich gezogen; die Wege aufwärts, die Hügel abwärts; und sie hatte gejauchzt, geschrien vor Glück!

Später hatte sie sich in eine einfühlsame, hochgelobte Ärztin verwandelt; eine Art kommende Leuchte ihrer Wissenschaft. Doch was war nun das Ergebnis davon? Vermutbar genau so was, was als ein absolut zeitbedingt geschäftstüchtiges Wesen zu bezeichnen war.

Denn wie ein solches reagierte sie nun. »Da strampelst du dich also unentwegt ab«, stellte sie fest; mit erkennbar wohlüberlegter Verwunderung. »Du arbeitest für irgendeine Tageszeitung und auch für so ein Wochenblatt. Inzwischen hast du sogar drei Bücher geschrieben. Doch was, nun mal ganz aufrichtig, mein lieber Bruder, hast du davon – ganz praktisch gesehen, also finanziell betrachtet?«

»Davon, laß dir das wieder einmal mehr versichern, meine liebe Barbara, kann ich leben. Wenn auch nicht sonderlich prächtig, zugegeben, doch durchaus befriedigend. Eigentlich sogar recht gut.«

»Da habe ich mir wieder einmal erlaubt, ein wenig nachzuforschen, mein lieber Bruder; allein deinetwegen.« Die ließ einfach nicht locker. »Um dabei dann diesmal herauszufinden: Mit deinen Zeitungsarbeiten verdienst du monatlich etwa eintausend Mark. Hinzu kommen dann noch die sogenannten Honorare aus deinen angeblich vielfach übersetzten Bucherfolgen; sogenannten internationalen. Dafür aber sollst du lediglich dreihundert Mark kassieren können; gleichfalls monatlich – auf eine solch schäbige Summe hat dich dein offenbar überaus cleverer Verleger heruntergeschraubt. Mit dem würde ich nun gerne mal ein gewiß angebracht offenes Wörtchen reden – wenn du erlaubst!«

»Das erlaube ich dir nicht! Mische dich da, bitte, nicht ein. Du solltest zur Kenntnis nehmen, daß ich nicht unzufrieden bin.«

»Ein Traumtänzer bist du – das schon immer gewesen!« Das ganz herzlich-verständnisbereit gesagt. »Doch selbst du mußt endlich einmal zur Vernunft kommen; also das sehen, was ist, was sich dir wirklich anbietet. Denn ich kann dir, im Einvernehmen mit meinem John, der dich herzlich grüßen läßt, eine wesentlich größere monatliche Summe garantieren. Sagen wir: zweitausend Mark; für den Anfang.«

Das allerdings war wohl, vermochte dieser Bruder zu erkennen, keinesfalls gleich ein Anflug von purer Großzügigkeit; vermutbar nichts wie eine steuerbegünstigte Abzugsmöglichkeit mehr. Welche dann allerdings, war zu bedenken, der Familie zugute kam. Doch eben das war dann hier, für ihn, gleichsam ein angenehm ablenkendes Stichwort. »Wie geht es denn da so – unseren lieben Eltern?«

Was, an sich, eine völlig überflüssige Frage war. Denn dieser Sohn wußte, und zwar ganz genau, wie es Vater und Mutter ging. Er hatte es niemals versäumt, seine Eltern mit einer gewissen Regelmäßigkeit zu besuchen – mindestens monatlich einmal. Um dann von ihnen beglückend herzlich aufgenommen zu werden – ohne irgendwelche Fragen, außer regelmäßig einer: »Wie geht es dir denn da so, lieber Junge?«

Wobei jedoch Barbara zu erkennen vermochte, begabt mit einfühlsamer Wachheit, worauf diesmal ihr Bruder in Besonderheit hinzielte – und zwar auf seine wohl literarisch gedachte Produktion! Diese, bei seinen fast regelmäßigen Besuchen seiner Eltern, zu einem Gesprächsthema werden zu lassen, hatte er stets zu vermeiden getrachtet – damit gedachte er weder Mutter, noch gar den Vater unnötig zu belasten. Auch das war da wohl, bei ihm, eine Art Komplex – was seine Schwester absolut richtig zu erkennen vermochte.

»Mutter ist selbstverständlich entzückt, zumindest recht stolz – über deine gelegentlich groß genannte Begabung.«

»Und – Vater?«

»Nun«, mit verständnisinnigem Lächeln gesagt, »den kennst du, mein Bruder.«

Den kannte er! Dieser, sein Vater, war die wahrlich präsenteste, alles und alle überragende Person seines Daseins – nicht nur gewesen. Und so was allein schon rein körperlich – ein Eichenbaum von Mannsbild; über einen Kopf größer und fast doppelt so stark gebaut wie sein Sohn, der neben ihm nahezu armselig-kläglich erscheinen wollte. Auf den sah Vater herab – nicht etwa bereitwillig, vielmehr wie notgedrungen; und manchmal, knurrend versichert, höchst ungerne. Nun ja – er war »der Vater«; und doch als solcher verlangte er es gar nicht, stets respektiert zu werden – das hielt der für selbstverständlich.

»Vater«, erklärte nun Barbara, nahezu freudig, »behauptet, niemals ein Buch von dir gelesen zu haben. Offenbar legt der sogar Wert darauf, daß ihm so was auch geglaubt wird. Doch er hat! Aber er weigert sich, irgendeine Bemerkung dazu vorzubringen.«

»Und was, meinst du, könnte das zu bedeuten haben?«

»Wohl ziemlich genau das, was du vermutest. Dein Vater, eben unser Vater, ist bestürzt, wenn nicht gar entsetzt – über das, was du da so alles veröffentlicht hast. Vermutlich ist er der Ansicht, daß du in eine ganz schlechte Gesellschaft hineingeraten bist.«

So war der! Das mußte erkannt, mithin also auch hingenommen werden. Denn Vater war, ganz gewiß, ein stets bemühter, wahrlich ehrenwerter Mann gewesen – ein erklärt deutscher noch dazu. Und was auch immer darunter verstanden werden konnte – ein solcher begehrte er zu sein. Teilnehmer an zwei Weltkriegen; zwischendurch Beamter; stets der Ordnung verschworen, seiner Ordnung. Mithin wohl weiter kein Wunder, daß er es nun vorzog, über derartige Produkte zu schweigen. Seiner für ihn stets maßgeblichen Ansicht nach, hatte er so was doch gewiß wohl kaum verdient: einen derartig eigenwilligen, zerstörerischen, wohl nicht nur kleinen Familienwolf!

Was ihn jedoch nicht davon abhielt, diesem nun mal seinem Sohn, sobald der bei ihm auftauchte, auch jetzt noch seine Rechte weit entgegenzustrecken, um dann kraftvoll zuzudrücken. Umarmt allerdings wurde der nicht; niemals. So was wurde von diesem Vater für unmännlich gehalten.

»Aber noch«, versuchte ihn Barbara zu ermuntern, »könnte sich das alles ziemlich einfach lösen lassen. Du kommst zu uns.« Was wohl hieß: zu mir. »Du nimmst also unser Angebot an. Schließlich können wir dir eine Existenzmöglichkeit bieten, welche deine derzeitige weit übertrifft. Was willst du mehr?«

»Ich«, sagte der, »will schreiben – weiter nichts.«

Später mußte dann auch Walter Kiaulehn sterben; sein verehrter Lehrmeister, inzwischen für ihn nahezu zu einem Freund geworden. Dem jedenfalls gelang es, sein wohl durchaus genossenes Leben so zu beenden: Er trank eine Flasche Rotwein – ein gewiß sehr edles Gewächs, was denn sonst kam für ihn in Frage? Dann legte er sich in sein Bett – um nie wieder aufzuwachen. Kein schönerer Tod in dieser Welt!

Dessen Begräbnis sollte dann, wie vermutbar von der Verlagsleitung investierungsbereit gewünscht, »seiner würdig« werden. Mithin fanden sich Mengen von Menschen ein. Dabei wurden tönende Reden geschwungen; amtliche, geschäftsordnungsgemäße, auch für freundschaftlich gehalteene. Ganz schön hohe Stapel von hervorbrechendem leerem Beileidsgeschwätz. Wobei sich sein ihn liebend verehrenden »junger Kollege« entfernte, sich seitwärts schlich. Und jetzt mutete dieser angebliche kleine Wolf tatsächlich an, als wäre er nichts wie ein verlorenes Schaf. Er weinte, abseits dastehend; gleichsam wie ein Rudel Schloßhunde; könnte man sagen.

Eine ungemein bedrückende letzte Abfertigung sollte ihm dann – wie Phase um Phase erwürgend genau übereinstimmend – noch einmal zugemutet werden. Das dann, als der bedeutende Theatermann Erwin Piscator, in Berlin, beerdigt werden mußte. Mit dem hatte er, kurz zuvor, monatelang intensiv gearbeitet; um eines seiner Bücher, »Aufstand der Soldaten«, in ein Schauspiel umzuarbeiten.

Das allerdings geschah dann, um auch dieses Ergebnis gleich vorwegzunehmen, ohne sonderlich überzeugenden kritischen Erfolg. Wenn dabei auch damals so etwa an die achtzig oder neunzig Vorstellungen stattfanden, in der Berliner »Volksbühne«, so hatte das jedoch nicht sonderlich viel zu bedeuten. So was machen gut funktionierende Theaterbesucherorganisationen möglich; fast mühelos.

Doch als es dann auch zu dieser Grablegung kam, stand Piscators letzter Autor völlig abseits da. Wie abgesondert. Als müsse es ihm verweigert werden, diesem Menschen ein letztes Geleit zu geben.

Denn inzwischen war es zu diversen Presseveröffentlichungen der vielgekauften niederen Machart gekommen, welche besagten: Seine letzte Inszenierung, eben jene dieses Theaterstückes, hätte Erwin Piscator schwerstens belastet, ihn derartig bedrückt, daß er nur mit erheblichen Mühen den Abend der Premiere hatte durchstehen können. Alsbald danach mußte er sich, sichtlich gezeichnet, in das Starnberger Krankenhaus begeben, das von namhaften ehemaligen Berliner Ärzten geleitet wurde.

Dort aber, wurde rücksichtslos berichtet, auflagestark verbreitet, wäre es dann zu einer erbarmungslos brutalen Auseinandersetzung gekommen – eben zwischen dem schwerleidenden Theatermann und dem Autor – diesem reißbereiten Wolf.

Und diese Begegnung, hieß es dann weiter, habe zum Ende des Erwin Piscator geführt. Was eine ungeheuerliche Anschuldigung war.

Das waren radikal rufmordende, mithin höchst gefährliche Verdächtigungen, die unverzüglich bereinigt werden mußten! So was zu erkennen vermochte sogar dieser Autor, der ansonsten öffentlichen Äußerungen gegenüber inzwischen ungemein gleichgültig geworden war. Er ahnte, daß dieses Vernichtungsspiel nicht »im Raum« stehen gelassen werden durfte – hierbei ging es sozusagen geradezu um Kopf und Kragen.

Was dann hierzu festgestellt werden konnte, unvermeidlich schriftlich, also mit da wohl notwendiger dokumentarischer Verwertbarkeit, sah dann allerdings, glücklicherweise, so aus: Eine gewisse freundschaftlich gewordene Beziehung, zwischen Piscator und seinem letzten Autor, war durchaus erhalten geblieben. Noch am Tage vor seinem Tod hatte der Theatermann seinem Theaterstückschreiber einen Besuch abgestattet – in dessen Feldafinger Haus; um dessen Familie kennenzulernen, deren Tiere zu sehen. Und am nächsten Nachmittag suchte dann der Autor »seinen Intendanten« im Krankenhaus auf – mithin an jenem Tag, dessen folgende Nacht Erwin Piscator nicht überleben sollte.

Bei dieser allerletzten Begegnung, der eine vielstundenlange, wochenandauernde gemeinsame Arbeit vorausgegangen war, hatten sie, nachweisbar, ein längeres Gespräch geführt, ein zumeist sogar recht heiteres; dabei auch, unter anderem, über nächste Theaterpläne, die sie gemeinsam zu unternehmen gedachten. Wobei dann ein mit Piscator befreundetes Ehepaar hinzugekommen war, das eine erkennbare Harmonie zwischen ihnen zu bezeugen vermochte.

Und so was wurde nicht nur versichert, auch bestätigt; Einzelheit um Einzelheit konnte diesbezüglich festgelegt werden. Woraus sich dann ergab, sozusagen als rufmordabweisende Rechtsgrundlage, bezeugt auch vom Chefarzt des Krankenhauses: Eine Auseinandersetzung hatte nicht stattgefunden. Vielmehr nun feststehend: Sie hatten sich nahezu fröhlich voneinander verabschiedet – in Anwesenheit von Zeugen; Piscators langjährigen Freunden.

Es war eigentlich gar nicht sonderlich mühsam gewesen, einen solchen niederen, niederziehenden Kulissenklatsch in wuchernden Zeitungsspalten zu widerlegen. Scheußlich quälend war das dennoch. Und ein bitterer Nachgeschmack blieb.

Nun jedoch – noch bevor das alles »geklärt« worden war – stand dieser Autor auf einem Berliner Friedhof herum. Ziemlich abseits; wie er das ansonsten eigentlich sehr gerne tat. Diesmal jedoch hätte er nicht gezögert, ganz direkt, Anteil zu nehmen; was ihm jedoch verwehrt zu sein schien. Dabei tönten auf ihn zu, aus der Aussegnungshalle von Lautsprechern ins Freie übertragen, nahezu genau die gleichen Abschiedsphrasen wie damals bei seinem Kiaulehn. Wobei hier dann aber ein Theaterkritiker Gelegenheit erhielt, diese auch reichlich schamlos ergriff, das ganz große würdigende Wort zu führen. Und das war ausgerechnet jener, der kurz zuvor eben diesen Piscator in Grund und Boden verdammt, den sogar als eine Art abgehalfterten Scharlatan bezeichnet hatte – gekonnt indirekt.

Nunmehr jedoch vermochte dieses mögliche Wollschaf nicht einmal mehr zu weinen. Eine ihm unsagbar verlogen erscheinen wollende »letzte Würdigung«, der es immerhin gegeben war, ihn endlich wieder einmal aus seinen ihn beharrlich umwuchernden Gefühlsträumen herauszureißen; was er notwendig hatte. Diese Veranstaltung, versuchte er dann grimmig in sich hineinzugrollen, war ja nicht einmal eine schäbige Shakespearekopie – wie entblößt von herzbewegend feierlichem Glanz, wie durchwimmelt von lediglich nur mittelmäßigen Schurken.

Heftige, doch in ihm zu erstarren drohende Empörung beherrschte ihn auch dann noch, als er wieder in sein oberbayerisches Landhaus heimgekehrt war. Und dort schrieb er, in der Nacht danach, einige Zeilen. Gerichtet an Dr. Reinhold Kreile, seinen jahrzehntelang verläßlich-vertrauenswürdigen Berater – nicht nur in Fragen des Rechtes, auch in persönlichsten Bereichen. Bei ihm fühlte er sich geborgen – und ihn bat er nun, eine Zusatzbestimmung zu seinem Testament aufzunehmen.

»Wenn ich sterbe« – gewiß erhofft so ähnlich wie Walter Kiaulehn – »wünsche ich in aller Stille beerdigt zu werden; nur meine allernächsten Angehörigen sollen daran Anteil nehmen. Erst danach kann eine Mitteilung für die Öffentlichkeit erfolgen: Er ist tot.«

Später sollte dann noch ein weiterer Zusatz erfolgen: »Falls beabsichtigt wird, was jedoch nicht sein muß, für mich einen Grabstein zu errichten, bitte ich um dies: Darauf zu verzeichnen ist lediglich mein Name, ohne Vornamen. Und dazu zwei Jahreszahlen – das meiner Geburt, 1914; und jenes meines Todes.«

In diesem Jahr – 1954 – wurde – was gar nicht unbemerkenswert erscheinen wollte – abermals kein Friedensnobelpreis verliehen. Sonderlich friedfertig mutete diese Welt wahrlich auch nicht an. Konfrontationen waren erkennbar; sogar solche, die sich in Fronten zu verwandeln vermögen. Da gab es nicht nur eine Weltmacht, vielmehr verlangten nun gleich zwei, so benannt zu werden. War da – eine zuviel?

Jedenfalls schien zunächst einmal die Wiederbewaffnung Deutschlands lediglich wie angedroht geplant gewesen zu sein. Um sich bald jedoch als eine »unvermeidbar« zu beschließende »Notwendigkeit« zu erweisen. Und so was dann auch praktisch durchzuführen, wurde nicht lange »gefackelt«, das also gemacht! Na, und wenn schon, dann auch konsequent; mit Gründlichkeit – einer deutschen.

Ernannt wurde ein diesbezüglicher Minister – selbstverständlich versehen mit dem schön gediegen klingenden Titel: für die Verteidigung. Bereits wie vorsorglich entworfene Uniformen wurden geschneidert. Kasernen konnten auf- oder eben wieder ausgebaut werden. Soldaten wurden einzugsbereit gemacht. Was sich da bildete, war die »Bundeswehr«.

Na – und was war mit der DDR? Ganz klar, die zog sozusagen nach – prompt. Anders war das schließlich nicht zu machen.

Doch genau in jenem Jahr 1954 ließ sich dieser Autor, wie zwischen seinen gerne und auch fleißig produzierten Zeitungsveröffentlichungen, auf sein nächstes Buch ein; sein viertes. Das geschah mit gar nicht unerheblichem Zögern. Wenn er sich auch, als Journalist, noch kaum jemals irgendwie verunsichert fühlte – als Romanschreiber war er das.

Denn in dieser Hinsicht war er von sich und seinem Leistungsvermögen gar nicht sonderlich überzeugt. Er hatte da wohl viel zu viel in seinem Leben gelesen, sobald er lesen konnte; um schließlich erkennen zu müssen: eine unerschütterlich dastehende Felsformation der Literatur darzustellen, war ihm wohl kaum gegeben. Doch ein möglichst stattlicher Bauer zu sein, auf seinen ureigenen Feldern, das glaubte er sein zu können. Wollte er auch.

Materialien jedenfalls, für dieses sein Buch Nummer vier,

hatte er gesammelt, die hatten sich in ihm geradezu aufgestaut.

Sie waren, in wesentlichen Grundzügen, bereits schon damals entworfen worden, als er noch in seiner fernländlichen Mansardenhöhle hausen mußte – oder eben durfte. Dabei noch kein erkennbarer Zwang, irgendeiner Zukunft entgegenbrüten zu müssen – doch bereits wie umstellt von vagen Anfangsträumen; mal mit, mal ohne Zithermusik.

Das entscheidend auslösende Moment für diese seine Materialansammlungen wurde kaum jemals vermutet, ließ sich jedoch ziemlich eindeutig bestimmen: Das Remarque-Buch »Im Westen nichts Neues«. Das hatte er als Jüngling geradezu verschlungen; das hatte auf ihn zu wirken vermocht wie ein Platzregen, der auf ein ausgedörrtes Feld niedergegangen war. Dieses Buch hielt er, völlig unbeirrbar, bereits als älterer Schulknabe, für einzigartig bedeutsam. Was eine Erkenntnis war, die er sich nicht ausreden ließ. Von niemanden – weder mit heftigen Warnungen von seinem besorgten Lehrer; aber auch nicht durch streng abweisend gedachte Mahnungen seines ehrlich empörten Vaters.

Was ihn allerdings bei diesem ihn beeindruckenden romanhaften Remarque-Bericht wie magisch anzuziehen vermocht hatte, in gewiß allererster Linie, waren jene darin enthaltenen fünf oder sieben »Himmelstoß«-Seiten: Schleiferschauspiele im schaudererregenden niedrigsten Kasernenhofformat. Inzwischen keinesfalls festzustellen als vereinzelte Vorkommnisse; vielmehr erkennbar als geradezu systhematisch aufgebaute, fortzeugende »Erziehungsmethoden«.

Derartige Möglichkeiten hatte dann auch er – eine Generation später – erleben müssen; nahezu wie tatengleich. Ohne daran zu ersticken; doch »fürchterlich geschlaucht«, bis an den »Rand der Verzweiflung« getrieben, hatte er sich durchaus gefühlt. Seine wie zwangsläufige Reaktion darauf: so was wollte er sich »merken«.

Aus solchen ihn beherrschenden, ihn wie heimsuchenden Beweggründen waren dann diese seine gesammelten Unterlagen entstanden. Und die brauchte er jetzt nur noch aufzunehmen und zu vervollständigen. Woraus sich dann, in nur wenigen Monaten, eigentlich nur Wochen, ein Buch ergab – eben sein viertes. Dessen Arbeitstitel lautete: »Die Revolte des Gefreiten Asch«. Daß dieser Name möglicherweise »Arsch« zu bedeuten hatte, war eine Suggestion, die kaum beabsichtigt war, dann aber augenzwinkernd hingenommen wurde.

Worauf dann allerdings von diesem Autor behauptet werden sollte, er habe da gewiß versucht, seine Leser mit einer Art gezielten »Fäkalienjargon« zu beeindrucken, wenn die nicht gar damit anlockend zu schockieren. Was eine weitere Mutmaßung mehr war, die nicht zutraf. Denn ganz krasse, brutal-ordinäre Formulierungen waren, einigermaßen genau besehen, in seinen Büchern nur höchst selten anzutreffen; sie sollten dann auch bei ihm, im Verlauf der Jahre, immer seltener zum Vorschein kommen.

Diese ihm »angedichtete« sogenannte »große, dicke, dampfende Scheiße« nämlich, welche da gar nicht wenige in den »Kloakenwerken« dieses Autors erblickt zu haben glaubten, vielleicht auch errochen hatten, kam dort jedoch nur dann vor, wenn so was von ihm für unvermeidbar gehalten wurde, um bestimmte Zustände voll deutlich zu machen. Ansonsten jedoch war das, was der da so von sich gegeben hatte, geradezu als zurückhaltend zu bezeichnen. Etwa im Hinblick auf jene dann, und zwar sehr schnell hervorbrechenden, prall deutlichen, feucht-schamlosen, völlig entblößenden Unterleibsbeschreibungen. Mit so was verglichen, war der nahezu ein Puritaner.

Was damals jedenfalls bei diesem Autor zum Vorschein kam, war ein wahrlich sehr schnelles, nahezu wie mühelos entstandenes Manuskript. Dieses jedoch übergab der nicht gleich seinem Verleger, zumal dieser offenbar an dessen weiteren Produktionen kaum noch sonderlich interessiert zu sein schien. Eben vonwegen: »Seide läßt sich damit nicht spinnen.« Oder eben »Wolle« – in diesem Fall jene von einem Großschaf. Doch immerhin – mögliche Ausschlachtungs- und Abschlachtungsbemühungen sollten sich durchaus als möglich erweisen; erfolgten jedoch erst viel später. Als es dann um das »Fleisch« ging.

Damals jedenfalls war der Autor auf den Einfall gekommen, dieses Manuskript seines vierten Romans, wahrlich nicht unhoffnungsvoll, unmittelbar an die »Neue Illustrierte« in Köln zu schicken. Was keinesfalls irgendwie zufällig geschah – denn schließlich hatten die dort dominierenden Leute bereits schon seinen Erstling, »Galgenstrick« in ein lesereinfangendes »Holzauge sei wachsam« verwandelt. Und jene »Macher«, konfrontiert mit dieser Asch-Niederschrift, griffen zu – und zwar prompt.

So was erfolgte, selbstverständlich, nicht gleich mit enthusiastisch geäußerten Entgegenkommen – denn das hätte glatt den Preis dafür erhöht. Doch immerhin unverkennbar: diese Illustrierten-Macher-Menschen zeigten sich als durchaus veröffnungsbereitwillig. Mit ganz schön gekonnt verwobenen Bemerkungen wie: Na ja, warum denn nicht auch mal so was.

Schlecht liest sich das schließlich nicht. Könnte brauchbar sein; also verwertbar.

Worauf dann jedoch deren Kardinalfrage erfolgte: »Was soll denn so was, bitte, kosten?«

Diesbezüglich begann nun dieser Autor – wahrlich alles andere als ein aufreißender Wolf, ungleich weit eindeutiger ein Schaf, wie man gleich sehen wird – seine sogenannten Vorstellungen zu entwickeln. Und die glaubte er sich gründlich überlegt zu haben. Denn er leistete es sich, keinerlei Honorar zu verlangen, für die Illustrierten-Veröffentlichung dieses seines vierten Buches.

Denn was da nun dieses erbarmungswürdige Herdentier vielmehr vorschlug, war ein ihm angemessen erscheinender Anzeigenraum; um damit für sein drittes Buch, »Aufruhr in einer kleinen Stadt«, Werbung machen zu können. Da dieses Produkt wohl vielfach hochgelobt worden war, sich jedoch nicht zügig genug verkaufen ließ, gedachte er da nun wohl sich schuldig zu sein, und seinem immer desinteressierter gewordenen Verleger auch, nun endlich irgend etwas wirklich Wirksames tun zu müssen. Für ihre gemeinsamen Projekte.

Eine Forderung, die ihm von Köln aus so gut wie problemlos zugestanden wurde; worauf dann von dort, wie schnellstens, vertragliche Festlegungen erfolgten. Somit übernahm dann also die Illustrierte diese »Revolte des Gefreiten Asch« zum Vorabdruck. Und als gewünschte Gegenleistung dafür stellte sie, betont großzügig, und zwar viermal, einen halbseitigen Anzeigenraum zur Verfügung. Eine Werbung mithin wie für Persil; zumindest in äußerlich ähnlichen Ausmaßen, könnte man sagen.

Ein vielverfältigter Großvorgang mithin, der dann zu einem einzigartigen Endergebnis führen sollte. Alsbald gleichermaßen zu bezeichnen als ein Gedenkstein sowie auch Mahnmal; beides in höchst abschreckender Weise – für jede Sorte von Literaturwerbung. Denn nach einer solchen ungemein großspurigen, mithin also einer vierwochenlangen halbseitigen Propaganda, wurden von diesem »Aufruhr«-Buch verkauft – lediglich 178 Exemplare zusätzlich. Sage und schreibe: einhundertachtundsiebzig! Da hatte also ein gigantisches Annoncengebirge gekreißt, doch nichts geboren wie eine kleine, graue, schäbige Literaturmaus.

Doch mit derartigen Vereinbarungen waren dann die entscheidenden Voraussetzungen gegeben – für diesen »Start ins Ungewisse«. Natürlich nicht ohne die als geschäftlich-üblich erkennbaren Versicherungen: man werde da schon das Beste daraus machen! Für sich, hieß das wohl.

Dieses Buch sollte dann, in einigen wenigen gemeinsamen »Besprechungen« schnell ausgebrütet, den Übertitel erhalten: »08/15«. Was sich dann jedoch im Illustriertenjargon, dem hier nun zunächst einmal maßgeblichen, schlicht-scheußlich so las: »Null-acht-fuffzehn«. Eine knallig-folkloristisch abgewandelte Formulierung mithin, welche nicht nur diesen Autor zu überraschen vermochte. Aber eben das war noch lange nicht die einzige der sich dabei ergebenden Überraschungen.

Jedenfalls erst jetzt, nachdem bereits diese verbindliche Zusage aus Köln vorlag, verständigte der Autor seinen Verleger. Der reagierte absolut problemlos, erwies sich als gnädig genug, eine solche Vorentscheidung betont wohlwollend zur Kenntnis zu nehmen. »Nun ja – wenn das diese Illustrierte veröffentlichen will« – ›so was‹ sagte er nicht gleich – »dann werde ich eben daraus ein Buch machen. Na, warum denn nicht?«

So unsagbar lapidar begann das alles.

Also 1954! Abermals war kein Friedensnobelpreis verliehen worden. Was ja auch, nicht nur einigermaßen, als durchaus sinnvoll anmuten wollte. Schließlich war noch immer nicht jener letzte große Krieg als erledigt zu bezeichnen. Mithin also von einem möglichen »Frieden« kaum eine Spur. Vielmehr kamen da nun wieder Waffen, wie allerorten, zum Vorschein; wurden »zum Sprechen« gebracht.

In dieser sich schnell wieder zu verdunkeln drohenden Zeit wurde dann auch der deutsche Sprachraum von einigen seiner bedeutsamsten Autoren verlassen. Einen Polgar, den wohl feinsinnigsten aller Feuilletonisten, gab es nicht mehr. Auch nicht Plivier, den einzigartig beharrlichen, ungemein realistisch sein wollenden Kriegsausdeuter. Aber dann auch – Thomas Mann; einer der wahrhaft Größten der deutschen Literaturszene; wohl aller Zeiten. Nun – gewesen!

Hatten sie Bedeutung gehabt? Etwa gemessen an den sich aufgrollend meldenden Machtgruppierungen? Millionen von Menschen waren verendet – war es erlaubt, nur einige wenige von ihnen für wesentlich zu erklären?

Was sich damals in jener Bundesrepublik Deutschland ereignete – und wozu dann auch, wie zwangsläufig, dieses Buch »08/15« gehören sollte – mutete ziemlich übersichtlich an. Das schien sich dann wohl auch, ohne sonderliche Mühe, beschreiben zu lassen. Sehr vereinfacht gesehen.

Wobei dann eben dieser Autor, gar nicht selten, als »ein großer Vereinfacher« bezeichnet wurde – von höchst kompliziert anmutenden Vorgängen. Was der allerdings als ein Bemühen um Klarheit und Deutlichkeit empfand; mithin also keinesfalls als irgendwie »ehrenanrührig« – so was nicht. Diesmal allerdings hatte er sich alsbald vorzukommen wie ein Schneeball, dem es gegeben war, eine Lawine auszulösen. Ungewollt – worauf es jedoch nicht ankommt.

Denn damals war das restliche Deutschland, womöglich sogar das westliche Europa bereit, sich als gefordert zu fühlen. Alsbald dann auch entschlossen dazu, sich zu entscheiden, wenn nicht gar zu bekennen. Doch eben so was nun nicht mehr mit schöner Care-Paket-Dankbarkeit, den denkbar großzügigsten aller Sieger preisend – was sich vielmehr dabei anbahnte, war wesentlich eindeutiger. Eine möglichst geschlossene Abwehrfront hatte gebildet zu werden – und zwar eine gegen jenen bedrohlichen Bedroher aus dem Osten. So klar und so einfach schien das zu sein.

Und in der Tat – eine gewisse Bereitschaft dazu lag den diesbezüglich Aufgeforderten so gut wie »im Blut«. Was damals dann, wenn auch nicht gleich auflodernd, in Erscheinung trat, war eine Art von Verteidigungswillen – kein gleich als heilig erklärter oder feierlich entschlossen zu nennender. Na, sagen wir mal: aus erklärten Notzuständen ergaben sich neuverpflichtende Tugenden – des Vaterlandes wegen. Weshalb denn wohl sonst? Oder für welches sich anbietendes Gebilde auch immer. Zu bezeichnen etwa auch als Demokratie, Europa, die Freiheit – und so was ähnliches an schönen, gemeinplatzartigen Verschwommenheiten.

Da meldeten sich dann Generäle von gestern, oder eben sogar solche von vorgestern, unverzüglich als erneut tatbereit, zumindest als ratgeberisch an. Unternehmer zeigten sich verantwortungsvoll entschlossen dazu, den guten, braven Soldaten Unterkünfte zu bauen, sie zu bekleiden, auch zu beköstigen. Diverse Industrieunternehmen fühlten sich notgedrungen dazu verpflichtet, Waffen zu fabrizieren, Panzer zu entwerfen, erneut Munitionsberge hochzustapeln. Jede irgendwie erdenklichen, sich herbeidrängende Mengen von Verteidigungsinteressierten muteten alsbald wie absolut unvermeidbar an. Ehrlichkeit, guter Glaube, Verantwortungsgefühl – nicht ausgeschlossen.

Was damit aber hier ins große Spiel gebracht, wenn nicht reichlich massiv »ins Leben« gerufen wurde, war zu registrieren als: »Die Bundeswehr«. Und die wurde, im schnellen Verfahren, gesetzlich verankert, zu einem festen Bestandteil der Bundesrepublik Deutschland erklärt – und »trat« an! Das unter der nicht ungefälligen Devise: Verteidigungswillig abwehrbereit! Und dann sollte es sogar noch heißen: allein der Erhaltung des Friedens wegen – nur dem dienend! Na, das war doch erhebend.

Was sich da allerdings bei derartig schnellen, wie vorschnellenden Anfängen ineinanderzudrängen schien, war wohl ein recht bemerkenswertes Gemisch – das zum Teil auch heute noch existiert. Zusammengebraut aus den verschiedenartigsten, sich eigenwillig für maßgebend haltenden soldatischen und militärischen Strömungen. Alsbald drohte dann dort auch wieder eine willige, wie niemals erloschene Traditionsbereitschaft aufzuflackern. Und so was Bestaunenswertes ausgerechnet in diesem Restdeutschland; nach all dem, was da so inzwischen an Scheußlichkeiten geschehen war. Hatte es da nicht gewisse Lektionen gegeben, aus denen zu lernen war?

Das vermutlich einzig Richtige dabei wäre wohl gewesen: Ein völliger, absoluter Neubeginn, der sich betont entschlossen von allem alten Ballast, einem völlig fragwürdig gewordenem, freigemacht hatte. Diesbezügliche Ansätze waren dann auch tatsächlich zum Vorschein gekommen; die Gelegenheit dazu war, von einigen, als durchaus günstig erkannt worden; wurde auch zu ergreifen versucht. Hätte sich vielleicht auch machen lassen. Denn zunächst noch waren die Uniformen schlicht, die neuen Soldaten übten sich in einer nahezu höflichen Zurückhaltung; von deren Vorgesetzten dazu angehalten. Bürger unter Bürgern sollten sie sein, wollten sie wohl auch – wenn auch solche in Uniform.

Unverkennbar jedoch, daß alsbald ein dringliches Verlangen immer deutlicher wurde – nach Anerkennung, Ausschmückungen und Auszeichnungen. Was waren denn schon gewisse Werte und eine sogenannte Würde, wenn die sich nicht auch sehen lassen konnten? Schließlich war das ein »Staat« – und wie bei jedem anderen da wohl auch, war dabei ohne gepflegte Präsentiereinheit offenbar nicht auszukommen. Glanz, Glimmer und Gloria, klingendes Spiel und getragene Fahnen – doch wohl unvermeidbar! Aber wohin dann »diese Reise« wirklich gehen sollte, war zunächst noch nicht gleich klar.

In diese allererste Auf- und Ausbauphase der Bundeswehr hinein geriet nun dieses »08/15«. Es trat sozusagen in Erscheinung mit der ersten Illustrierten-Veröffentlichung – »Fortsetzung folgt« – ziemlich aufdringlich oder eben eindringlich plakatiert. Ein Vorgang, der einige Beachtung fand; bei nicht unfreundlichem Beifall von der einen Seite; von der anderen mit leicht unwilligem Kopfschütteln registriert. Zunächst jedenfalls muteten Zustimmungen und Ablehnungen nahezu wie ausgewogen an – noch besaß nichts davon irgendwelche Gewichtigkeit.

Doch gleich beim zweiten Teil dieser Veröffentlichung war es dann soweit. Denn nun, könnte man sagen, begannen die Gesinnungskessel zu brodeln. Aber noch war es gar nicht der Text dieses Romans, dem es gegeben war, ein derartiges Aufreizklima zu erzeugen. So was geschah zunächst einmal durch sogenannte »Zuschriften«, »Leserstimmen«, welche von der Illustrierten veröffentlicht wurden; ganz groß aufgemacht.

Nicht bekannt, wer für eine derartige Treibhausatmosphäre zu würdigen oder eben verantwortlich zu machen war. Jedenfalls erwies sich der dafür zuständige Mann als einer, der sein plakatives Metier souverän beherrschte – ein provozierender Aufklärer! Wie weit voraus, an Können und Wirkung, so mancher späteren sich abstrampelnden Gazetten-Suada.

Was dabei an Wetterleuchten, einem allerersten, in Funktion gebracht wurde, besagte ganz lapidar: Die »Volksseele«, eine nunmehr bundesdeutsche, war schnell zum Kochen gebracht worden. So etwa kommentierte ein erklärter Fachmann, eben ein General, einer von gestern und vielleicht auch von morgen, dieses »Elaborat« mit schroffer Empörung: »Eine Zumutung, die nichts wie Verachtung verdient!« Der Inhaber einer Großbaufirma meinte bieder: »Es darf doch wohl nicht angezweifelt werden, daß wir, als deutsche Menschen, stets bereit sind, lediglich unsere Pflicht zu tun.« Was dazu so alles gehören konnte, wurde bei weiteren erlesenen »Leserstimmen« deutlich – da war von »Verdienst« die Rede, wahrlich nicht gleich vom Verdienen. Da klangen Begriffe an von »Zucht und Ordnung und Ehre«, welche merkwürdig bekannt vorkommen wollten.

Zugleich aber meldeten sich etliche »Landser« zu Wort, jene des vergangenen, doch von ihnen noch nicht ganz vergessenen Krieges. »Eine Wahrheit, die einmal gesagt werden mußte.« Dann: »Was da beschrieben wird, ist noch stark untertrieben.« Und immer wieder dieses: »So war es!«

Und so weiter und so fort. Immer geballter anmutende Äußerungen, die sich dann allerdings, gar nicht so langsam, alsbald immer beharrlicher, auf den Autor zu konzentrieren begannen. Reichend von »mieser Kreatur« bis »aufrichtiger Mann«. Dabei schien so gut wie nichts ausgelassen zu werden: weder gemütvolles Schulterklopfen, noch klatschende Dreckschleuderei; aber ein besorgtes Schütteln nicht unkluger Köpfe auch nicht.

Dieses kleine, nicht unamüsant gedachte Buch, drohte sich verblüffend schnell auszuwachsen – zu einer provokativen Herausforderung von erheblichem Ausmaß. Und nicht nur auszuwachsen – sogar auszuarten. Gewitterhafte Vorgänge, die diesem Autor alsbald umbrodelten – und noch Jahrzehnte danach nicht völlig erlöschen sollten.

Der jedenfalls fühlte sich zunächst, sehr schnell vorübergehend, versucht dazu, sich nicht ganz ungeschmeichelt vorzukommen – über diesen »Erdrutsch der Ansichten«, den er da offenbar ausgelöst hatte. Wobei er dann allerdings auch darüber, nicht nur leicht, zu erschrecken vermochte; und zwar gleich so, daß es ihm als dringend ratsam erscheinen wollte, dieses hervorgebrochene, ihn massiv bedrängende Interesse – eben an sich, seiner Person, weniger seiner Arbeit – einzudämmen, abzudrängen. Darum bemühte er sich tatsächlich. Schließlich war er kein Scharfschütze; und schon gar nicht wollte er eine Zielscheibe sein.

Somit befleißigte er sich dann, gar nicht selten, einige versöhnlich gedachte Erklärungen, wenn nicht gar Versicherungen hervorzubringen. Dabei dominierend etwa diese: In seinen Büchern, also auch in diesem, habe er versucht, erhebliche Unterschiede deutlich zu machen; und zwar jene, die allzu leicht verwechselt werden – zwischen Soldaten und Militärs.

Denn die einen, die soldatischen Menschen, konnten als ergebene Staatsdiener betrachtet werden; da vermutbar angenähert einem kargen, bescheidenen pflichtergebenen »Preußisch-deutschen« – oder so was ähnliches erstrebend. Bei den anderen jedoch, den militärischen Wesen, auch als militant zu bezeichnen, handelte es sich um elitäre Karrierehengste, hochrangige Söldner, gewissenlose Zu- und

Abtreiber. Die einen verdienen Achtung, wenn auch eine nunmehr recht mühsam zu erzeugende – den anderen allerdings sollte überzeugende Verachtung gewiß sein.

Doch derartige »feinere Unterschiede« gedachte offenbar niemand mehr zur Kenntnis zu nehmen. Alle Geleise schienen errichtet, die Weichen gestellt, die diesbezüglichen Züge drohten abgefahren zu sein – eine versuchte Konfrontation mit derzeitiger Staatserhaltungsentschlossenheit war da wohl perfekt. Sie schien dazu dann noch einige Merkmale zu besitzen, welche an Eisenbahnanschläge erinnerten: Schienensprengungen, das Legen von Bomben, die Blockierung von Schaltanlagen – aber eben so was bei erheblicher Gefährdung aller Fahrteilnehmer! Und was da sonst noch so an Fragwürdigkeiten mehr gewesen sein mögen – alsbald kaum noch eine, die nicht vorstellbar war.

Doch zunächst einmal kamen dabei scheinbar ungemein glänzende, nahezu wie blendend anmutende Ergebnisse zum Vorschein. Und die waren dann, in ihrer schrill-schreienden Deutlichkeit, keinesfalls zu vergleichen mit einigen anderen, später noch zu verzeichnenden »Erfolgen« dieses Autors. Damals jedenfalls, immerhin, vermochte die Illustrierte in Köln eine gewiß gar nicht unerhebliche Zunahme ihrer Verkaufsziffern zu registrieren. Aber auch im schnell kräftig mitmischen wollenden Verlag begann sich pure Freude breitzumachen.

Zeilnhofer, der dortige »Auslieferer«, ein dem Autor sehr zugetaner Büchermachermensch – der las sogar dessen »Werke« – konnte dann eines Tages mit Stolz verkünden: »Fünftausend!«

Was frappierend banal zu bedeuten hatte: Fünftausend angeforderte, also bestellte Exemplare dieses Buches – und zwar an einem einzigen Tag. Was der aufhorchenden Verlagsbranche signalisierte: da kündigte sich eine Auflage von etwa einhunderttausend Exemplaren an. Eine Art Traumgrenze; für jeden Autor!

Eine erträumte Grenze jedoch, von einem Trauma nicht allzuweit entfernt, die dann noch überschritten werden sollte – und zwar weit hinaus über eine schwindelerregende Millionenauflage; allein in diesem restlichen Deutschland. Die sogenannte »Weltauflage« der Bücher dieses Autors konnte niemals beziffert werden. So etwa rechnete das eine Land nicht exakt ab, ein anderes pflegte Freibeutermethoden, ein weiteres veröffentlichte, ohne dafür »Honorare« aufzuweisen. Na und dann die Buchhaltung seines Verlegers – als heimgesucht von Korrektheit konnte die auch nicht gerade bezeichnet werden.

Doch bis dann so etwa 12 Millionen Bücher weltweit zum Vorschein kommen sollten, mußten erst noch etliche widerliche Umstände, günstige Gelegenheiten, gelegentlich sogar frappierende Zufälle genossen oder eben bewältigt werden. So was aber zeichnete sich bereits damals schon ab – wie exemplarisch, könne man sagen. Na, vielleicht auch nicht – eben bei einem Wesen, das da wie zu einem Spielball geworden zu sein schien.

Doch zu solchen Heimsuchungen, möglicherweise auch als Versuchungen zu bezeichnen, gehörte dann auch ein gewisser Franz Josef Strauß.

Diese beiden kannten sich. Ob so was nun als Zufall oder als Schicksal zu bezeichnen war, oder etwa gar als bemerkenswerte »zeitgeschichtliche Begegnung« – wer will sich denn anmaßen, das zu entscheiden? Jedenfalls – sie waren einander begegnet!

Das erstmals in den allerletzten Wochen des Krieges, in

Schongau, in einer Flakartillerieschule des Heeres; die wie randgefüllt gewesen war, mit versprengten Resttruppenteilen.

An jenen damaligen Franz Josef Strauß konnte sich dieser Autor durchaus noch erinnern – nunmehr fast genau zehn Jahre nach ihrer ersten Begegnung: Ein stämmiger, hellwacher Offizier, kaum zu übersehen – ein offenbar eindeutiger Antinazi, wenn nicht gar ein Widerstandskämpfer. Wobei immerhin gewesen sein könnte, wurde dann diesem Autor versucht zu suggerieren, daß der sich als so was, gerade noch zur rechten Zeit, ausgegeben hatte. Doch was wollen denn schon derartige Mutmaßungen besagen – gelegentlich nur allzu gerne vorgebrachte.

Schließlich war es damals gar nicht ungefährlich gewesen, sogar als lebensgefährlich zu bezeichnen, sich als Nazigegner hervorzuwagen – denn dort wimmelte es immer noch von unentwegten Endsieggläubigen. Und was sich dieser Leutnant Strauß auch immer bei derartigen Darbietungen gedacht haben mag, damit beabsichtigt haben könnte – eine kaum zu übersehende Persönlichkeit war der durchaus; bereits damals schon.

Zwischen diesen beiden, anscheinend frappierend verschiedenartigen Personen, sollte es dann noch, unmittelbar nach diesem Krieg, zu drei weiteren Begegnungen kommen – zwar nur sehr kurzen, so doch wohl nicht unbemerkenswerten. Wobei gesagt werden könnte, daß sich dabei mögliche Zeitgeschichte und sehr menschliche Vorgänge miteinander vermischt hatten. An sich gar nichts Besonderes; doch hier wohl registrierenswert.

Erstens: Strauß begleitete, vermutlich als Dolmetscher, einige Amerikaner, die den späteren Autor, damals nichts wie ein kläglich gestrandeter Offizier, zu befragen wünschten – über dessen mögliche NS-Vergangenheit. Die kassierten ihn dann ein, ohne ihren dolmetschenden Begleiter – der hatte sich zurückgezogen. Doch dieser Vereinnahmung zu entkommen gelang; gleich in der nächsten Nacht – er entsprang einem Transportzug.

Zweitens: Dieser Mansardenmensch, der sich nunmehr bereits als »Schriftsteller« bezeichnete, suchte den Stellvertreter des Landrats von Schongau auf. Auch das war Strauß. Dabei begegnete er einem erstaunlich höflichen und auch hilfsbereiten Mann – zumindest war der, und zwar glaubhaft, darum bemüht, einen solchen Eindruck hervorzurufen.

Dann aber drittens: Dieser Dachbodenschreiber wurde aufgefordert, sich in Schongau einem »Spruchausschuß« zu stellen; zwecks »Entnazifizierung«. Und wer fungierte als dessen Vorsitzender – Strauß! Wobei der sich als durchaus nicht unwohlwollend erwies; der zeigte sich sogar abermals als nahezu einfühlsam verständnisbereit. Worauf dann dieser dort Herbeizitierte als »vom Gesetz nicht betroffen« erklärt werden sollte. Mithin war er also – nunmehr amtlich bestätigt – kein Nazi gewesen.

Damals jedoch, anläßlich jener erbarmungslos heftig hervorbrechenden »08/15-Wunderlichkeiten«, wurden wie kreuz und quer die seltsamsten Fragen gestellt. So etwa wollte ein SPD-Bundestagsabgeordneter ganz inquisitorisch wissen, und zwar vom nunmehrigen Minister Strauß, der sich in jener Zeit mit Atomenergie und Industrie beschäftigte: Wäre er denn nicht, in jenen ersten Nachkriegsjahren, Vorsitzender gewesen – einer mit Entnazifizierung beschäftigten »Spruchkammer«? Eine Frage, welche unverzüglich mit einem klaren »Nein« beantwortet wurde.

Na – was war denn das? Ein raffinierter Täuschungsversuch, eine angebrachte Verleugnung, wenn nicht gar eine kalte Lüge? Nichts dergleichen! Was da nämlich Strauß versichert hatte, traf wie exakt zu – und zwar eben deshalb, weil er, ganz einfach, zu diesem Komplex nicht angebracht deutlich genug befragt worden war. Nun ja, nun wohl – bei einem »Spruchausschuß« betätigt hatte er sich, doch eben nicht bei einer »Spruchkammer« – so umbenannt waren derartige Institutionen erst danach worden. »Feinheiten« dieser Art vorzubringen war ihm jederzeit gegeben; damals schon – für dumm verkaufen ließ der sich nie!

In dieser Bundesrepublik sollte sich Strauß, überzeugend frühzeitig, als einer jener seltenen »Vollblutpolitiker« erweisen, noch dazu als einer der allerersten Klasse. Ein taktisch hochbegabter Könner; nicht nur ausgestattet mit erheblichem Ehrgeiz, auch mit machtpraktischen Fähigkeiten. Ein Hochseilartist von erheblichem Wagemut; und gelegentlich ganz ohne jedes Netz. Mithin gar nicht selten nahe dabei, sich den Hals zu brechen. Und so was über Jahrzehnte hinweg!

Damals jedenfalls, als dieser »08/15-Rummel« erst so richtig begann, wurde Strauß, nicht nur mit Augenzwinkern, als »Adenauers Liebling« bezeichnet. Er beschäftigte sich mit einer neuen, zukunftsschwangeren, viel ausdeutungsfähigen Technologie, der atomaren, deren Grundlagen er sich wie mühelos anzueignen vermochte. Doch befriedigend ausgefüllt fühlte er sich offenbar damit nicht – vielmehr schien er seinen scharfen, zupacken könnenden Blick auf ein anderes Ressort gerichtet zu haben; und zwar auf jenes, das hier als »Verteidigung« bezeichnet wurde. Das, war zu vermuten, wünschte er zu übernehmen. Was ihm dann auch gelingen sollte. Das allerdings, wohl nicht ganz zuletzt, mit der höchst unbereitwilligen Mithilfe durch diesen Autor.

Denn bei jener, damals ziemlich verbreiteten Verwirrung, erzeugt durch dieses Buch, kam dann schnellstens die drängende, nahezu bohrende Frage auf: Wer war denn jener Mensch, der es da gewagt hatte, so was zu veröffentlichen – etwas derartig Hinterhältiges, belästigend Störendes?

Wer oder was also war der? Ein hervorkriechender Linksintellektueller, ein fehlgeleiteter Spätpazifist, oder eben nur ein völlig enthemmter, geltungsgieriger, vor sich hinschmierender Schweinehund? Und so was gehörte da nun mal mit zu jenen neudeutschverteidigungsbewußten, bundesvolksbewegenden Fragen, welche nach klärenden Antworten verlangten. Doch eben die konnte nun einer geben – Franz Josef Strauß. Jener der dann, markenzeichenartig abgekürzt, FJS genannt werden sollte.

Denn der war es, der tatsächlich einiges von diesem Autor wußte: eigentlich gar nicht weniges. Das jedoch spielte er nun aus; ziemlich gekonnt, nahezu perfekt. Er deutete dessen mögliche »Nazivergangenheit« nicht nur an; die vermochte er vielmehr in allen irgendwie erreichbaren Details raffiniert geschickt aufzublättern, was ja ganz gewiß sein gutes Recht war; eben als bewußt aufstiegswillig orientierter Vollblutpolitiker.

So was geschah in Reden vor Veteranenverbänden, bei Interviews in Zeitungen und im Rundfunk; und ausgelassen wurde auch nicht das gerade aufgekommene neueste Medium, das Fernsehen. Zugleich erfolgten recht geschickt zubereitete, gut verstreute halboffizielle Stellungnahmen; wie umrahmt von empörten Leserzuschriften. Dieser FJS wußte offenbar, bereits damals schon, wie sich ein brauchbarer Apparat für Meinungsbildung installieren und wirksam in Funktion bringen ließ. Man mußte da wohl nur die »richtigen« Leute finden – aber die findet man immer, falls man weiß, wo man die zu suchen hat.

Jedenfalls wollte dann jene vielfach lautstark verbreitete Behauptung, dieser Autor wäre ein »erklärter Nazi« gewesen, alsbald gar nicht so ganz unglaubhaft erscheinen. Nun ja, nun wohl – fest stand da allerdings, daß der sich zwölf Jahre lang, von 1933 bis 1945, als Berufssoldat betätigt hatte;

vielleicht aber auch nur als solcher getarnt. Aber dann wäre wohl, bei dem, wie kurz vor Toresschluß, dessen eigentliche Gesinnung dennoch zum Durchbruch gekommen. Denn nachzuweisen war dessen Betätigung als NSFO. Und dieses NSFO bedeutete: »Nationalsozialistischer Führungsoffizier.«

Was sich reichlich fürchterlich anhörte – fast schon so ähnlich klang wie »Politkommissar«; eine Bezeichnung für jene radikalen, mit allen Vollmachten versehene totalen Bereiniger in sowjetischen Bereichen. Doch ganz so entsetzlich war das wohl kaum gewesen, was da nun so verheerend negativ ins »Licht der Öffentlichkeit« transportiert wurde. Nur ein wenig genauer besehen.

Dieser Mensch war, 1944 als Leutnant, in einer Luftkriegsschule gelandet. Dort hatte er sich zunächst als »Ausbildungsoffizier« betätigt, um dann im sogenannten »Stab« eingesetzt zu werden, und zwar als »IC«, was hieß: Ordonnanzoffizier. Und zu dessen Aufgaben hatten gehört: Truppenbetreuung, Verpflegungsüberwachung, Mitarbeit an der Dienstplangestaltung und ähnliches. Aber eben dann auch noch, wie automatisch hinzugekommen: NS-Führung.

Womit dann tatsächlich, nicht unberechtigt, behauptet werden durfte: der hatte sich als »NSFO« betätigt, als Nationalsozialistischer Führungsoffizier. Dabei allerdings ließ sich ein kleiner, doch entscheidender Unterschied nicht übersehen; er war lediglich ein sogenannter »nebenamtlicher«, mithin also kein »hauptamtlicher NSFO« gewesen.

Sein diesbezüglicher »Einsatz« war ohne die geringste Mitwirkung der Partei erfolgt. Ausgesucht hatte ihn sich sein Kommandeur, den in seinem Stab aufgenommen. Und für diesen Posten hätte der auch jeden anderen, ihm irgendwie genehm erscheinenden Offizier auswählen können; wie ganz nach Belieben.

Doch immerhin – dort hatte er sich dann tatsächlich »dementsprechend« betätigt, sogar etliche diesbezügliche Vorträge gehalten. Schließlich gehörte auch er, was er niemals, nahezu wie bekennungswütig, abgestritten hatte, damals noch zu jenen gar nicht wenigen, welche Deutschland mit Hitler verwechselten. Zumindest solange, bis der dann einigermaßen durchschaubar wurde; womit der ihn, nicht gleich alle anderen auch, davon überzeugte, wie entsetzlich dämlich sie gewesen waren.

Doch wahrlich bei solchen Betätigungen als nicht ganz unbemerkenswert, durften da wohl einige damals von ihm inszenierte »kulturelle« Veranstaltungen bezeichnet werden. Denn »Kultur«, eine möglichst deutsche, durfte immer noch sein. Und da schnappte er zu – dieser kleine herumstreunende Steppenwolf.

In jenem letzten Kriegsjahr wurden »im Reich« die Theater, einer Endsiegkonzentration wegen, geschlossen; also gingen auch dort die Lichter aus. Dennoch mußten sich nicht gleich einige der großen, staatlichen Schauspieler in eine Fabrik begeben, sich in einer Kaserne oder irgendeiner Front wiederfinden – sie durften »Truppenbetreuung« machen. Anforderung genügte. Und dieser IC-Offizier zögerte dann auch nicht, derartig verfügbar gewordene Großmimen anzufordern; mit freudiger Bereitschaft. Was dann, auf seine Veranlassung, im Bereich dieser Luftkriegsschule erschien, in Kitzingen am Main, war eine einsam zu nennende Elite.

Den Anfang machte Paul Hartmann. Dabei wurde er gebeten, seine möglicherweise mitgebrachte großdeutsche Durchhaltepoesie beiseite zu lassen, um dann »Faust«-Monologe zu rezitieren. Was der dann auch tat – nicht nur erkennbar gerne, auch wahrhaft glänzend. Zur wahren Wonne dieses »Kulturbeauftragten« – und jener seiner Goethe-Freunde; Bahr und Kellermann.

Als dort dann Bernhard Minetti erschien, erfolgte auch an ihn die Anregung, er möge sich, gleichfalls, mit dem »Faust« beschäftigen; diesmal jedoch aus der Sicht eines Mephisto. Wozu der sich unverzüglich bereit zeigte; mit einer geradezu absolut zu nennenden Selbstverständlichkeit. Woraus sich dann ein weiteres großartiges Erlebnis ergab – zumindest für diesen Mann und seine beiden erklärten »Faust«-Mitmenschen.

Der dritte in diesem erhabenen Bunde war Will Quadflieg. Auch er ließ sich ohne weiteres auf die an ihn herangetragenen Anregungen ein: das ihm vermutbar vom Propagandaministerium mitgegebene Endsiegmaterial könne getrost in seiner Aktentasche verbleiben. Statt dessen las er, mit gleichfalls sprachlos machender Eindringlichkeit, den »Kornett« von Rilke.

Ein weiterer Höhepunkt solcher sich ziemlich ahnungslos geleisteten Bestrebungen war die Vorführung eines ungewöhnlichen Films, der gleichfalls angefordert werden konnte – in Berlin lagerte eine Kopie von John Fords »Früchte des Zorns«, gestaltet nach einem Roman von John Steinbeck. Ein Werk, das dort vermutlich für ein Machwerk sondergleichen gehalten wurde; noch dazu gewiß als ein besonders abstoßendes Beispiel bezeichnet – für jenen skrupellosen amerikanischen Kapitalismus. Doch eben so was geriet hier nun in die Hände eines erklärten Filmliebhabers.

Und dem gelang es, so gut wie ohne jede Mühe, die ganz besonderen Qualitäten dieses Werkes zu erkennen: dessen bannend große Aufrichtigkeit; erzeugt durch suggestive Regie, eine realistisch-schmucklose Kameraführung, intensiv geforderte Darstellungskraft – nicht nur jene des blutjungen Henry Fonda. Dementsprechend fielen dann auch die Kommentare jenes Offiziers aus, der für diese Vorführungen, und zwar gleich drei oder vier, verantwortlich war. Sie erfolgten wahrlich nicht ohne Begeisterung, wenn aber auch, immerhin, nicht ohne einige instinktive Vorsicht.

Nun ja – solche Vorgänge mögen ja an sich ganz schön und auch recht gut gewesen sein; zumindest doch wohl so gemeint. Doch als sonderlich überzeugend erwies sich das kaum. So was reichte, und zwar völlig, aus, den zu einem möglichen Kulturbock jener Nazis zu erklären. Doch im Grunde war das, auch das, nichts, weiter nichts, wie ein weiterer Beweis mehr dafür, daß es sich bei dem um ein beständiges Schaf gehandelt hatte; diesmal drapiert als kultureller Liebhaber. Aber eben so was allerdings, nachweisbar, in NS-Bereichen.

Das aber schien nun, zehn und mehr Jahre nach jenen Vorgängen, voll brauchbar auszureichen, diesen angeblich ahnungslosen Kulturverbreiter zu einem möglichen »Nazi« zu erklären. Denn nun, nicht wahr, hatte der sich entpuppt, seine wahre Flagge gezeigt, sich mithin ganz entschieden zu weit vorgewagt – mit seinem schäbig-ansauenden »08/15«. So was, zumindest so etwas Ähnliches, erkannt zu haben, vermochte suggeriert zu werden; mit geschickter Beharrlichkeit. Nicht ausgeschlossen auch – mit notwendig erscheinender Überzeugung.

Alsbald lieferten sich dann diese beiden, FJS und der Autor – nahezu wie freudig ineinander verbissen – heftige und reichlich ausgedehnte Presseschlachten. Auf jede Behauptung durch den einen, erfolgte unverzüglich eine Gegenbehauptung von dem anderen. Eine versuchte Beweisführung hier, eine prompte Bestreitung dort; nicht minder entschlossen vorgetragen. Und das tagelang, wochenlang – drohte sich auf Monate hinaus auszudehnen.

Vorgänge, bei denen sich dieser Autor tatsächlich, gelegentlich, so vorkam, als wäre er, wie hochgesteigert, von wolfsähnlichem Wesen. Eine Vorstellung jedoch, die ihm gar nicht zu gefallen vermochte – Wölfe vermögen offenbar Jäger wie magisch anzuziehen. Er jedoch wollte nichts wie seine Ruhe haben, um seine Bücher zu schreiben. Was ihn mithin bei derartigen, ihn erwürgend bedrängenden, ihn zu zermürben drohenden Auseinandersetzungen in Besonderheit aufregte war die Erkenntnis, daß es sich dabei um völlig vergeudete, geradezu sinnlos anmutende Betätigungen handelte, die ihm Stunden um Stunden raubten. Und das begann er zu hassen.

Seine somit höchst widerwillig hochgesteigerte Abneigung, derartigen Schreibtischleerläufen gegenüber, sollte dann sogar zu ganz praller Ablehnung führen. Das dafür auslösende Element war ein höchst zurückhaltender Bericht seiner Eltern, seiner Mutter; und die erzählten ihm, daß sie von einigen Befragern, Ausfragern aufgesucht worden waren. Niemals erkennbar, um wen es sich bei diesen auf sie angesetzten Gestalten gehandelt haben könnte. Und schon gar nicht nachweisbar, von wem gesteuert, veranlaßt, vorgeschoben.

Jedenfalls hatten dann diese Typen beharrlich auf seine Eltern eingeredet, die sich dabei wahrlich geplagt gefühlt haben müssen. Denn diese Heimsucher wünschten, auch über so was aufgeklärt zu werden: »Da haben Sie einen Sohn, der jetzt ganz enorme Summen verdient. Sie jedoch leben, wie man sieht, in ziemlich einfachen Verhältnissen.« Was sich angehört habe wie: geradezu schäbigen Verhältnissen. »Offensichtlich vernachlässigt der Sie! Wären Sie bereit, sich darüber zu äußern, uns das zu bestätigen?«

Worauf sich diese Mutter, gewiß empört verächtlich, von diesen fleißigen Befragern abgewendet hatte; völlig wortlos. Wesentlich anders jedoch hatte darauf dieser Vater reagiert; und das noch dazu ziemlich entschlossen. »Ach, Ihr Burschen, wißt Ihr, was Ihr könnt? Sagt Eurem Auftraggeber – er soll mich mal! Und zwar am Arsch lecken!« Bei allen seinen möglichen Abneigungen jenem gegenüber, was da so sein Sohn von sich gegeben hatte – er war und blieb dennoch dessen erklärter Vater.

Dieser Sohn jedenfalls hatte da nun, anhaltend bestürzt, erkennen zu müssen, daß er in einen Sumpf hineingeraten war, in dem er nicht schwimmen konnte. »So kann das hier nicht weitergehen!« stellte er fest. Nichts davon hatte er gewollt. Und dann fragte er sich: »Mein Gott, wie komme ich da wieder heraus?«

Wobei die Auflage seines Buches – nicht zuletzt solcher trommelnden Attacken wegen – stieg und stieg und stieg. Sie ließ alsbald, wie ganz nebenbei, jene angebliche Großgrenze von einhunderttausend Exemplaren hinter sich. Weit. Schien sich dann sogar in schwindelerregender Weise zu verdoppeln, zu verdreifachen, zu verzehnfachen. Na – wenn das kein Erfolg war?

Ein Erfolg allerdings, in einer solchen Größenordnung könnte man sagen, der da wohl kaum denkbar gewesen war – ohne die intensive Mitwirkung eines FJS. Was der nun offenbar zu merken begann. Er reagierte darauf auf seine Weise – und die hatte sein Format.

Alsbald 1955, dann 1956. Und wieder wurde, nun bereits schon zum dritten Mal hintereinander, kein Friedensnobelpreis verliehen. Wohl waren, wie stets, etliche diesbezügliche Vorschläge aufgekommen – doch sie verloren sich schnell wieder; sozusagen wie Spreu im Wind.

Bei einer solchen Gelegenheit sollte es dann auch etwas später zwei Anregungen, und zwar zugleich, gegeben haben. Einmal betreffend einen britisch-australischen Autor namens Morris L. West; dann aber sogar auch einen Deutschen – den Verfasser dieses Buches. Beide hatten, im gleichen Jahr, Visionen über einen möglichen Atomkrieg veröffentlicht – was als bemerkenswert empfunden wurde.

Solche Vorschläge jedoch besagten, an sich, nicht sonderlich viel; sie mußten nicht gleich was zu bedeuten haben. So was kam und ging, flammte auf und verlosch dann wieder. Feuerwerk kann überall sein – jedoch die Dunkelheit, davor und danach, dauert wesentlich länger.

Als wesentlich wichtiger war da gewiß zu registrieren, daß nunmehr zwei Glanzlichter der deutschen Literatur endgültig ausgingen; zwei völlig verschiedenartig anmutende: Benn und Brecht. Doch gerade dieser Verlust machte deutlich, daß sich nun Leere einzustellen drohte. Denn jetzt gab es kaum noch mehr einen gewichtigen Zeitzeugen jener Anfänge der blutenden, dann verbluten müssenden vergangenen Jahre.

Damals jedenfalls, bei diesen turbulenten, ebenso merkwie denkwürdigen »08/15«-Vorgängen, lebte noch sein Walter Kiaulehn – unentwegt sehr gerne, niemals ganz ungut. Nach wie vor pflegte der zu genießen, was da auch immer auf ihn zukam. Dieser »Fall« jedoch vermochte ihn in erster Linie zu erheitern – vermutbar veranlaßt, durch das von ihm erkennbare, reichlich gestörte Verhalten seines jungen Kollegen; seines nun bereits möglichen Freundes.

»Nun, mein Lieber«, sagte er augenzwinkernd, »da sind Sie jetzt plötzlich ganz weit oben gelandet. Doch sonderlich glücklich wollen Sie mir dabei nicht vorkommen. Warum eigentlich nicht? Was wollen Sie denn mehr?«

»Weil ich mich nun wohl fragen muß, Herr Kiaulehn, ob ich auch jetzt noch weiter ein Journalist sein kann?«

»Verstehe«, erkannte der prompt. »Offenbar fragen Sie

sich immer noch, was denn da wohl sicherer wäre – so eine mögliche literarische Eintagsfliege, wenn auch eine vom Format eines Elefanten; oder eben eine wie lebenslänglich garantierte journalistische Bestätigung; eine einigermaßen gut honorierte.«

»So ungefähr, tatsächlich, glaube ich das sehen zu müssen.«

»Offenbar scheinen Sie zu befürchten, daß Sie hier nun, mit Ihrem 08/15, einen Zustand geschaffen haben, den unser liebes, gediegenes, konservativ-liberales Blättchen«, damit meinte er ihren »Merkur«, »kaum noch verkraften kann.«

»Genau so sehe ich das, Herr Kiaulehn. Die werden mich einfach feuern – oder ganz kalt stillegen.« Also ihn auf irgendein totales Abstellgleis schieben.

»Aber eben das werden die garantiert nicht! Weil die sich so was jetzt gar nicht mehr leisten können – ohne dabei völlig ihr Gesicht zu verlieren.«

Abermals kam der große Praktiker ihres Metiers zum Vorschein, ein Zeitungslöwe mit ganz sicherer Witterung.

»Sie dürfen diese Konstellation, die sich nun ergeben hat, getrost so sehen: Völlig gleichgültig, ob Sie nun in den Rahmen, der Richtung, dieser Herausgeberbonzen hineinpassen oder nicht – die können jetzt nur noch darauf hoffen, daß ihnen durch Sie keine weiteren sonderlichen Schwierigkeiten gemacht werden. Denn Ihretwegen brodeln hier bereits einige Zeitungskessel, die sich wohl kaum mehr ohne weiteres auslöschen lassen. Wahrlich nicht zuletzt, weil die ein Werner Friedmann ungemein geschickt angefeuert hat. Oder sollten Ihnen etwa dessen Aktivitäten entgangen sein?«

Die waren ihm nicht entgangen. Ihm war bekannt, daß sich Werner Friedmann, Chefredakteur der bereits schon damals recht angesehenen »Süddeutschen Zeitung«, für ihn eingesetzt hatte. Intensiv. Nicht nur mit einem von ihm persönlich geschriebenen Leitartikel, einem mithin brillanten.

Und dessen Tenor: Wir leben, und wollen das auch, in einer Zeit, in der man sagen dürfen muß, was man denkt!

Wie zugleich, mithin praktisch noch weit darüber hinaus, schien Werner Friedmann auch seiner Redaktion diesbezügliche Anregungen übermittelt zu haben. Dort verfaßte dann Fred Hepp, ein einfallsreicher, exakt recherchieren könnender Journalist, eine klug durchdachte, noch dazu eindeutig positiv gesehene Bestandsaufnahme dieser 08/15-Ereignisse. Woraus sich dann eine wie exemplarisch anmutende Dokumentation ergab, die fortan niemals mehr völlig vom Tisch zu wischen war.

Und wieder einmal mehr war es Walter Kiaulehn, der Einfallsreiche, der dann weitere Weichen stellte, genau in diese Richtung hinein. »Der«, also Werner Friedmann, »ist ein absolut erstklassiger Mann – in so gut wie jeder Hinsicht; auch als Zeitungsmensch.«

Was Äußerungen waren, die bei einem Kiaulehn ganz erheblichen Seltenheitswert besaßen. Denn seine ansonsten freudig betriebenen Rund-herum-Kahlschläge waren, nach wie vor, ebenso berüchtigt wie gefürchtet; wenn auch nicht gleich voll zutreffend. Jedenfalls vermochte der einen Verleger als »Onanistenanreger« zu bezeichnen; auch zögerte er nicht, sogenannte Kollegen willige »Schweinstreiber« zu nennen; noch dazu: »sinnlose Aus- und Anmister«, sich anwanzende »Sautrogausfresser«, »Kulturbanausen«, »Eckenpisser«. Und was er sonst noch von sich zu geben beliebte – an bewußt verletzender »Ironie«, einer von ihm niemals ungenossenen.

Doch nichts dergleichen diesmal – nicht im Hinblick auf Werner Friedmann. »Den sollten Sie aufsuchen – sich dem anvertrauen. Bei dem, glaube ich, kann man sich selbst so was leisten.«

Was dann auch geschah. Dieser sich wahrlich vielfach geplagt fühlende Autor suchte Werner Friedmann auf – in dessen Büro im Zeitungsgebäude an der Sendlinger Straße. Dort wurde er willkommen geheißen; durchaus als herzlich zu bezeichnen. Um dann aber auch sogleich, ungemein abwägend, konfrontiert zu werden – mit den sich hier nun wie zwangsläufig ergeben habenden Möglichkeiten.

»Es ist, an sich, in dieser unserer Münchner Zeitungswelt keinesfalls üblich, auch intern abgesprochen worden, daß hier eine Redaktion von einer anderen Mitarbeiter abzuwerben versucht. Was ich also gar nicht beabsichtigen darf. Doch immerhin – falls Ihre Zeitung Anstalten machen sollte, sich von Ihnen zu trennen – dann allerdings, jedoch erst dann, könnten Sie zu uns kommen; zu mir. Unter solchen Voraussetzungen würden wir Sie aufnehmen; sozusagen mit weit offenen Armen.«

Was sich dann daraus ergeben sollte, war vermutbar ziemlich genau das, was von Friedmann, ebenso wie auch von Kiaulehn, erwartet worden war: Eine höchst gekonnt und wohl auch recht wirksam aufgestellte »Zwickmühle« – in welche dann offenbar niemand hineingeraten wollte. Denn die Zeitung des Autors, deren drei oder vier Herausgeber, mußten da wohl einsehen, daß sie es, zumindest zu diesem Zeitpunkt, wohl kaum riskieren konnten, diesen für sie arbeitenden Feuilletonisten einfach der Konkurrenz auszuliefern, wenn ihr den nicht gar auf spektakuläre Weise zuzutreiben.

Was also – nun? Na, was denn wohl sonst als einige ebnungsbereite Ausgleichsbemühungen – genannt Kompromiß. Wozu dann auch, völlig unvermeidbar, die sogenannte Gegenseite gehörte – mithin als kein geringerer als

Franz Josef Strauß. Der jedoch reagierte, diesmal, auf eine Weise, die bei ihm wohl einigen Seltenheitswert besaß – er zeigte sich lässig entgegenkommend.

Woraufhin eine Art »Vergleich« erfolgte; fast so was wie ein »Waffenstillstand«. Emsig betreut von Zeitungsherausgebern, dem Buchverleger und diversen Rechtsanwälten. Mit der Programmierung: Schluß mit derartigen Auseinandersetzungen, mit diesen gegenseitigen Angriffen – im Grunde nutzlosen, also überflüssigen. Eine Menge vergeudete Zeit, empfand der Autor – endlich vorbei!

Vereinbarungen jedenfalls, die nun nicht nur ausgehandelt, abgesprochen und zugesichert worden waren – die dann sogar aber auch, erstaunlicherweise, exakt eingehalten werden sollten. Dieser sogenannte »Waffenstillstand« überdauerte nicht nur Monate, vielmehr sogar etliche Jahrzehnte. Später bekannte dann FJS, daß er aus diesen Vorgängen eine ganze Menge gelernt habe. Was ganz gewiß auch für den Autor zutraf.

Sie sollten dann einander noch einige Male begegnen, ganz zufällig; etwa bei der einen oder anderen wohl als gemischt zu bezeichnenden gesellschaftlichen Veranstaltung. Und dann war es, als blinzelten sie einander zu; nicht ohne Verständnis für das, womit der eine und der andere inzwischen hatte fertig werden müssen; in gar nicht ähnlicher Weise, wenn auch auf völlig verschiedenartigen Ebenen. Schließlich war es ihnen gegeben gewesen, ihre »gemeinsame streitbare Zeit« zu überstehen; vergleichsweise unbeschadet.

Wobei allerdings eine dieser Begegnungen, im Ansatz, als fatal bedrohlich anmuten wollte. Denn bei einer internen Faschingsveranstaltung, in den Redaktionsräumen im Zeitungsgebäude des »Münchner Merkur«, waren beide anwesend – nicht allzu lange nach diesem »Waffenstillstand«.

Dabei saßen sie da, wie weit voneinander entfernt; scheinbar bemüht, keinerlei Notiz voneinander zu nehmen. Doch möglicherweise allein ihretwegen drohte keine sonderlich fröhliche Stimmung aufzukommen. Aber – keiner von beiden gedachte zu weichen.

Dann jedoch geschah dies: Zu weit fortgeschrittener Stunde löste sich FJS aus dem ihn wie abschirmenden Kreis. Er durchschritt, leicht vorgebeugt, gleichsam mit massigen Seemannsschritten, diesen faschingsverkleideten Raum. Wobei er, erkennbar direkt, diesen »08/15«-Schreiber anvisierte.

Und vor dem baute er sich auf, legte seine pratzigen Hände auf die Tischplatte, um sich noch weiter vorbeugen zu können – dem entgegen. Und den sah er an; etliche Sekunden lang; mit verengt prüfenden Augen.

Bei dieser offenbar gewollt, aber auch gekonnt bedrohlichen Darbietung verstummten alle Gespräche – auch die Lautsprechermusik wurde, was wohl angebracht erschien, prompt abgeschaltet. Wobei dann das eintraf, was gemeinhin als »lähmende Stille« bezeichnet zu werden pflegte.

Dabei hatte sich dieser Autor wohl zu fragen, wahrlich nicht wenig beunruhigt, über eine solche, von ihm völlig unerwartete Entwicklung: Was mache ich da nun, wenn der mich angreift; was der, wie es den Anschein hatte, handgreiflich massiv zu unternehmen drohte. Muß ich dem dann eine »runterhauen«? Oder kann ich mich, verächtlichen Stolz mimend, entfernen; möglichst aufrecht?

Doch nun rief FJS aus, geradezu grimmig schwergewichtig, laut dröhnend, mit freudigem Augenzwinkern dennoch: »Du – Militarist!«

»Du – Pazifist!« wurde ihm entgegnet; für einigermaßen schlagfertig gehalten.

Erlösendes Gelächter kam auf. Die Lautsprecher wurden

voll lärmend eingeschaltet. Dieses Fest war gerettet, durfte sich in Harmonie auflösen.

Damals war eben, wie gesagt, Fasching in München.

Was dann allerdings auch noch in Erscheinung treten sollte, wie um die Ausmaße an Ärgerlichkeiten noch zu verstärken, was sich noch dazu abermals als ungemein auflagefördernd erwies – war der sogenannte »08/15«-Film. Zunächst einmal dessen erster und wohl auch wichtigster Teil. In einigen nicht unwesentlichen Einzelheiten wie zeitlos anmutend – noch nach Jahrzehnten.

Doch die beiden anderen danach folgenden diesbezüglichen Leinwandproduktionen, beschleunigt produziert, wie schnell auf den Markt geworfen, mußten, mehr oder weniger, wohl mehr, als gefallsüchtig orientierte Publikumskonfektionsware bezeichnet werden. Sobald in Filmbereichen die Kassen klingeln, droht dabei jeder Verstand – möglicherweise: Kunstverstand – in die Binsen zu gehen; damals wie heute.

Diesem ersten Teil jedenfalls war es vergönnt gewesen, ohne jede kommerziellen Zu- und Eingriffe entstehen zu können. Das vermutbar mit der fachbedingt gedachten Erkenntnis: Ein solches Projekt fiel, ganz eindeutig, aus dem hier üblich gewordenen Erfolgsfilmrahmen. So was war weder rührend wie »Grün ist die Heide«, noch beschwingt wie »Schwarzwaldmädel«; nicht einmal so was ähnliches wie jene gern gesehene Spielchen um einen lieben »Doktor« namens so und so. Bei derartigen Kasernenhofveranstaltungen ließen sich doch da wohl kaum irgendwelche Kassenergebnisse ausrechnen. Wieder einmal: ein Irrtum mehr.

Jedenfalls wurden hier nun diverse »Filmleute« gewissermaßen lässig von der Leine gelassen und dabei mit einem Etat ausgestattet, der lediglich als ziemlich mittelmäßig bezeichnet werden durfte. Doch immerhin: in dessen Rahmen wurde ihnen ermöglicht, so gut wie alles veranstalten zu können, wozu die auch immer lustig ober eben fähig waren.

Mithin also herrschte zunächst bei diesen »08/15«-Filmmachern tatsächlich so was wie »Narrenfreiheit«. Das ihnen wie großzügig gewährte Versprechen wurde eingehalten: keine einengende Verleihauflagen, keine mitmischen wollende Produzentenvorschriften – mithin so gut wie völlig freie Hand. Zumindest noch bei dem ersten dieser »08/15«-Filmen war das so.

Wobei der Autor es ablehnte, ganz entschieden eindeutig, auf dieses Filmprojekt auch nur den geringsten Einfluß nehmen zu wollen. Sein Buch war sein Buch – was dann daraus möglicherweise entstand, war eine ganz andere Sache. Dabei konnte er lediglich nur hoffen, daß sein Roman in einigermaßen geschickte Hände hineingeriet, vielleicht sogar in glücklich begabte.

Doch auch das, ansonsten ein Vorgang von ganz erheblichem Seltenheitswert, sollte sich dann ereignen. Dabei zunächst einmal festzustellen, daß als Regisseur dieses »08/15« ein gewisser Paul May vorgesehen worden war. Dabei aber handelte es sich um eine Wahl, welche von diesem Buchverfasser, der sich schließlich auch als Filmkenner fühlte, nur begrüßt werden konnte. Denn mit seinem vielgelobten, viel zuwenig gesehenen »Duell mit dem Tod« war diesem Paul May eine der überzeugendsten Widerstandsbeschreibungen gelungen, die jemals in der Nach-Hitler-Zeit auf deutschen Kinoleinwänden erblickt werden konnte. Dessen ernsthafte realistische Schlichtheit hatte den Filmkritiker vor einigen wenigen Jahren sehr zu beeindrucken vermocht – und der als Autor war der gleichen Ansicht.

Wobei dann Regisseur Paul May damit begann, sich seinen Hauptdarsteller auszusuchen jenen, der den Gefreiten Asch zu verkörpern hatte. Der sollte ein so gut wie unbeschriebenes Blatt sein, also keinesfalls so was wie ein »Kino-Star«; der mußte sympathisch wirken, mithin eine angenehme Ausstrahlung besitzen; und – die Kamera mußte ihn mögen. So was vermutlich wie eine Art zu verfilmender Wunderknabe.

Doch genau den gelang es dann Paul May herauszufinden, aus einem Angebot von etlichen Dutzend. Das war Joachim Fuchsberger. Dessen »Probeaufnahmen« wurden sodann dem Autor vom Regisseur vorgeführt; worauf der wissen wollte: »Nun – was halten Sie von dem?« Dessen Zustimmung war da wohl kaum noch entscheidend – May wußte, was er wollte – sie erfolgte jedoch unverzüglich: »Der ist es!« Und der war es dann auch – tatsächlich.

Wobei Regisseur Paul May dann noch erheblich weiterging, in seiner zielstrebig vorangetriebenen Produktionsperfektion. Denn er vermochte zu erkennen: Um Wirkung zu erzielen benötigte er nun noch – nach ihm und Fuchsberger – einen dritten maßgeblichen Mann; einen Drehbuchautor. Und der wurde von May nicht nur verbindlich vorgeschlagen, vielmehr ganz eindeutig von ihm gefordert: Ernst von Salomon. Ausgerechnet! sagten dann prompt gar nicht wenige. Oder etwa: Was dabei denn nicht noch alles – auch noch der!

Dessen alsbald als gewichtig mitentscheidende Arbeit an diesem Film war schnell erkennbar, und fortan niemals mehr zu übergehen. Aber zu übersehen, als Person, war Ernst von Salomon auch nicht. Bei ihrer ersten Begegnung erblickte der Autor einen stämmigen, leicht rundlichen Mann, der herzlich lachen konnte und voll der seltsamsten Geschichten war. Ein ungemein sympathischer, robust-fröhlicher älterer Bursche; wenn auch, merkwürdigerweise, wie ausgestattet mit einem glatten, straffen Stahlfabrikantengesicht.

Mithin also kaum zu glauben, daß es sich bei diesem jovial-saloppen, wie nun beständig auf Urlaub befindlichen Menschen, tatsächlich um jenen Ernst Salomon handeln sollte, der da in den zwanziger Jahren erhebliche Unruhe um sich verbreitet hatte. Doch eben so was nicht nur etlicher scharf provozierend anmutender Bücher wegen – vielmehr sogar mit ganz persönlichem, geradezu vernichtungsbereitem Einsatz. Anfang der zwanziger Jahre, nach strammer Kadettenzeit, frontgeistkämpferischen Bekenntnissen und erklärten Freikorpsfreuden, wurde er dann sogar noch dazu in eine radikale Mordaffäre verwickelt. Als damals ein Minister umgebracht wurde, war er es gewesen, der »die Täter« herbeichauffiert hatte; um dann auch noch bereitzustehen, zu deren Abtransport.

Über diesen Minister sagte dann Salomon, was nach langen Nachtstunden wie ein Bekenntnis anmuten wollte: »Der war da wohl ein ungemein verehrenswerter Mann, von dem ich jedenfalls, damals, so gut wie nichts wußte.« Da es sich aber bei diesem ermordeten Menschen ausgerechnet um einen Juden gehandelt hatte, durfte durchaus angenommen werden, daß die Nazis diesen »Gesinnungsmörder« Salomon mit offenen Armen bei sich aufgenommen haben würden. Doch nichts dergleichen war geschehen – ganz im Gegenteil. In jener großdeutschen Zeit schien der wie völlig weg gewesen zu sein – von dem Fenster der damaligen Öffentlichkeit.

Was nunmehr, wie dreißig Jahre nach seiner »Mörderzeit«, keinesfalls ausschloß, daß er immer noch, nach wie vor, als »fragwürdige«, höchst »dubios« anmutende Person zu gelten hatte. Woraus sich dann lebhaft besorgte Warnungen ergaben, auf den Autor zukamen: Der wird ihr ganzes Anliegen – soweit vorhanden – gründlich in Mißkredit bringen. Diesbezüglich Walter Kiaulehn zu befragen, schien dringend geboten.

Der aber meinte zu diesem Komplex nicht unmunter: »Na, mein Guter – das sind ja mächtige Probleme, die Sie sich da machen! Versuchen Sie doch mal die Konstellationen eines Ernst von Salomon vielleicht so zu sehen: Während Sie im fernen Ostpreußen Ihre wie abgeschirmte Jugend verleben durften, war der bereits ein frühzeitig erwachsen sein müssender Mann; dabei wie hineingeschleudert in einige dunkle Brennpunkte jener ungemein zerquälten, vielfach heimgesuchten deutschen Vordemokratie. Ach, mein Lieber – kann man sich denn aussuchen, wem oder was man in seinem Dasein begegnen will? So sind etwa Sie da vermutlich in Ihrer Jugend an bornierte Uraltkonservative herangeraten – während er, ganz direkt, mitten in einer patriotisch tönenden Mörderbande gelandet ist.«

»Läßt sich das vergessen, Herr Kiaulehn?«

»Nein. Niemals. Aber so was, dürfen Sie annehmen, hat auch ein Salomon nicht vergessen können – doch eben noch darüber hinaus, ist zu vermuten, hat auch der inzwischen eine stattliche Menge hinzugelernt. Wie ja wohl wir alle. Aber was von dem auch immer behauptet werden könnte – eins jedoch steht so gut wie unbezweifelbar fest: er ist ein Schriftsteller mit überzeugenden Fähigkeiten, einer von hohem Rang. Mithin also sollten Sie sich darüber freuen – mehr heimlich von mir aus – daß er es ist, der Ihren Roman in ein Drehbuch verwandelt.«

Und bei Gott – oder bei wem auch immer beschworen – Kiaulehns Einschätzung traf zu. Denn Ernst von Salomon erwies sich, auch hierbei, als exzellenter Schriftsteller – aber dann auch noch dazu als intensiver Kenner filmischer Möglichkeiten; sogar als spezieller Liebhaber dieser Gattung. Und das kam nicht von ungefähr.

Im sogenannten »Dritten Reich« hatte auch er zu jenen gehört, die da versuchen mußten, irgendwie »über die Runden« zu kommen. Dabei war es ihm gelungen, bei der damaligen Filmindustrie unterzukriechen. Natürlich nicht gleich bei der »Ufa«; doch immerhin bei einigen der wenigen anderen Produktionsstätten, welche nicht gleich vom Reichsminister für Propaganda direkt beherrscht wurden – kleinere Freiheiten waren Tobis und Bavaria vergönnt. Für solche wuchern dürfenden Randerscheinungen, in deren Auftrag, durfte er dann etliche Drehbücher schreiben; nicht gleich alle unter seinem Namen; doch immerhin solche für »Kautschuk« und etliche andere. Damals mußte sich auch ein Kästner als Neuner bezeichnen lassen; nur um Filme, wie »Münchhausen«, konzipieren zu dürfen.

»Nun ja, Mensch – was sollte ich denn da machen, um zu überleben? Verhungern wollte ich nicht – verdursten aber erst recht nicht; ein paar Kisten Wein durften getrost selbst dabei noch zum Vorschein kommen.« Äußerungen, die einem Kiaulehn überbracht wurden und dem ungemein zu gefallen vermochten: Wieder einmal mehr kamen da Brüder in ähnlichem Geiste zum Vorschein, die voneinander wußten, sich zu schätzen schienen. Ohne sich jedoch jemals direkt begegnen zu dürfen.

In diesem Zusammenhang muß da nun wohl, um die Möglichkeiten jenes Drehbuchautors von Salomon einigermaßen deutlich zu machen, von einer höchst seltenen, wohl aber auch recht seltsamen Fähigkeit berichtet werden, die ihm gegeben war und die er pflegte. Denn der hatte einen wahrlich nicht geringen Teil seines Daseins in Strafanstalten verbringen müssen, in Erziehungslagern, Untersuchungsgefängnissen und Internierungscamps. Wobei er jedoch sich und seine Mitgefangenen ablenkend zu erfreuen vermochte; er konnte, und das stundenlang, Filmvorgänge nacherzählen: Szene um Szene, Wort für Wort, Einstellung nach Einstellung.

Und der saß nun hier, dicht bei Paul May. Was diese beiden erspürbar intensiv verband, ließ sich nicht völlig ergründen. Dabei vermutlich kaum auszuschließen, daß eine von Salomons Frauen, nunmehr zu jener dieses Regisseurs geworden, einen gar nicht unerheblichen Anteil daran gehabt hatte. So was kann es geben – gibt es wohl auch; immer wieder. Na – warum denn nicht?

Doch sobald dieser Autor bei Salomon erschien, hielt der ihm dessen Buch entgegen, in dem sich Lesezeichen nur so stauten. Um dann zu verkünden: »Ich brauche da nun noch abzuschreiben – Ihr Buch liest sich wie ein Film. Sie können in Bildern denken.«

Was, an sich, vermutbar nicht ganz unzutreffend war. Womit allerdings noch lange nicht alles erkennbar werden sollte, was dann einem Ernst von Salomon gelang. Nämlich dies: dem war es gegeben, auch noch allerletzte Lücken zu schließen, zwischen Literatur und Film. Und das mit verblüffend überzeugenden, ihm sehr eigenen, doch niemals eigenwilligen Einfällen.

Dessen spezielle Fähigkeiten hatte mithin Paul May absolut zutreffend eingeschätzt. Ernst von Salomon gelang es, diese klein- und großkarierte, bornierte, groteske Männerwelt überzeugend zu entwerfen, alle Voraussetzungen für eine wirksame filmische Umsetzung zu schaffen. Denn erst durch dieses »Dreigestirn« – May, Fuchsberger und Salomon – wurde es ermöglicht, diesen ersten Roman der »08/15«-Trilogie in ein derartig frappierendes Bilderbuch umzuwandeln.

Gelegentlich, nur gelegentlich, erschien bei den Dreharbeiten – in Baldham bei München, wo einst ein Arno Brecker großdeutsch gebildhauert hatte – auch der Autor. Das in der geäußerten Absicht, den Mitwirkenden seine Sympathie zu bekunden, ihnen Mut zu machen; was jedoch gar nicht notwendig war; die waren mit spürbarer Freude am Werk. Wobei dann der »Spiegel« einen dieser Besuche mit präziser Ausführlichkeit etwa so beschrieb: Der wäre gekommen, habe sich das alles angesehen; ganz Fachmann, kenntnisreicher, da eben ehemaliger Hauptwachtmeister. Um dann lediglich zu nicken und zu sagen: »Stimmt!«

Dabei »stimmte« auch tatsächlich alles – so gut wie alles.

Das erste Ergebnis dieser »08/15«-Verfilmung – ein vorläufiger Zusammenschnitt – wurde dann gemeinsam begutachtet. Dabei anwesend waren: Regisseur, Drehbuchautor und Buchverfasser. Hinzu kamen aber auch einige Schauspieler; wie selbstverständlich dazu aufgefordert, ihr »Urteil« abzugeben.

Bei diesen Schauspielern, oder eben Darstellern, war nicht nur Joachim Fuchsberger anzutreffen, auch Wilfried Seyfert und Hans Christian Blech von den Münchner »Kammerspielen«. Diese jedoch gehörten nicht zu jenen, die da nur »mimen« wollten – sie begehrten vielmehr über das nachzudenken, was sie darzustellen hatten. Sie hatten inzwischen einige recht intensive Gespräche mit dem Autor geführt und dem dabei versichert: Nicht zuletzt hätten sie sich dazu entschlossen, bei diesem Film mitzuwirken, weil dabei gewisse notwendige Erkenntnisse, wenn nicht gar eine Art Überzeugung, sichtbar gemacht werden könnten.

Doch wohl eben deshalb meldeten sie, nachdem sie diesen ersten Zusammenschnitt erblickt hatten, mit höflicher Entschiedenheit ihre Bedenken an; und das, wie gemeinsam mit dem geistigen Urheber dieses Films. »Was wir nun da so gesehen haben«, ein Urteil, in dem sie voll übereinstimmten, »ist ganz gewiß recht gekonnt gemacht, mutet aber nahezu enthemmt heiter an. Läßt sogar, strekkenweise, an einen Kasernenhofschwank denken.« Was da also von ihnen vermißt wurde, war das Bedrohlich-erschrekkende, das Niederziehend-bedrückende jener damaligen Zustände.

Worauf sodann etwas reichlich Ungewöhnliches geschah; was zumindest im Bereich dieser Filmbranche als eine Art Wunder zu bezeichnen war, ein nicht nur kleines. Denn nun entschloß sich Paul May zu Nachaufnahmen – um damit dieser seiner Arbeit überzeugende Ernsthaftigkeit zu verleihen. Jetzt erst gestaltete er, mit geradezu versessener Intensität, jene »Schleiferszene« in einer Moorlandschaft – welche dann, mit erheblichem Abstand von anderen, als die weitaus eindrucksvollste dieses Films registriert werden sollte.

Was ihm dann, eben von einer Seite, hohe Anerkennung einbrachte; von der anderen jedoch angriffswütige Verachtung. Doch wie immer, wenn da ganz krasse Ansichten, möglichst scharf noch dazu, aufeinander prallen, kann es dabei lachende Dritte geben. Und für die vermag sich so was sogar als gewinnbringend zu erweisen. In diesem Fall für Verleih, Filmtheaterbesitzer und sonstigen Kaufleuten der Branche.

Nicht jedoch für Paul May. Der mußte diese mutige Verwegenheit ziemlich teuer bezahlen – sozusagen dabei »draufzahlen«. Denn schließlich war der »Etat« für diesen Film vertraglich festgelegt worden – auch deren Produktionszeit; die Anzahl der sogenannten Drehtage in allererster Linie. Bedingungen, die dann auch Paul May, bisher, exakt eingehalten hatte. Wobei für ihn persönlich, in diesem schlicht auskalkulierten Zusammenhang, eine Art »Prämie«

vorgesehen war; wohl so an die zwanzigtausend Mark; zusätzlich zu seinem Honorar.

Doch diese Summe setzte er nun aufs Spiel, die »verbutterte« er also, könnte man sagen – nur um jetzt noch jene ihm notwendige, zusätzliche »Moorschleiferszene« gestalten zu können. Offenbar wollte er sich nicht vorwerfen lassen, irgendeine halbe Sache gemacht zu haben. Ihm wurde alsbald wohlgefällig applaudiert – von denen, die sich seine Freunde nannten. Nun ja – schließlich war das nicht ihr Geld, was er dabei investiert hatte. Und andere sagten ganz schlicht: »Der ist doch ein Idiot – wenn der sich auf so was einläßt.«

Doch genau darauf ließ der sich ein! Worauf dann diese ungemein beeindruckende Schilderung einer brutalen Schleiferei nicht nur gewissermaßen zum blutenden Herzstück seines ersten »08/15« werden sollte, sondern vielmehr als eine der großartigsten Szenen der Filmgeschichte überhaupt bezeichnet werden durfte. Diese wurde dann, nicht selten, und wohl auch nicht unberechtigt, verglichen mit der visionären Gestaltung jener zum tödlichen Frontalangriff getriebenen deutschen Frontsoldaten – in Lewis Milestone's klassischer Gestaltung von Remarques »Im Westen nichts Neues«.

Dem war wohl so. Mußte auch so sein. Doch so verblieb das nicht. Denn etliche, eigentlich gar nicht wenige bundesrepublikanische Filmtheaterbesitzer, waren offenbar allein darauf aus, ihren Zuschauern wahre Wonnen, möglichst ungetrübte, zu bereiten. Wobei sie dann auf den Einfall kamen, diese ihnen wohl mächtig übelriechenden, geradezu stinkenden »Moorschleiferszenen« zu entfernen. Die schnitten sie also, ganz einfach, heraus – und somit waren die dann nicht mehr vorhanden.

Was dabei dann allerdings übrigblieb, schien nun tatsächlich von gar nicht wenigen für eine Art »Jubel-Trubel-Heiterkeit« gehalten werden zu können; angesiedelt in leicht komischen, nahezu vergnüglichen, kaum noch als militant zu bezeichnenden Bereichen. Noch dazu ehemaligen, ungemein weit zurückliegenden, halb so wilden; wurde gerne behauptet. Eine solche Betrachtungsweise wurde möglich gemacht, durch eine derartige, wahrlich unheimlich tüchtige »Eigenzensur«.

Die Premiere dieses ersten verfilmten »08/15«, auch als »Welturaufführung« bezeichnet, fand in München statt. Das in jenem damals noch hochpräsentativen »Stachus-Filmpalast«; aus dem dann inzwischen ein Kaufhaus für Spielwaren geworden ist. Dort jedenfalls hing, an der Frontseite dieses Theaters, ein Großplakat. Und das stellte eine Ziegelmauer dar – mit blutroten Farben auf eine grellweiße Fassade gepinselt, dahinter war eine Kaserne vorstellbar. Und darauf stand allein der Titel des Films – nichts weiter sonst. Außer einer sehr klein geschriebenen Kleinigkeit: »Nach dem Roman von . . .«

Dieser prallbesuchten Veranstaltung näherte sich dann der Autor; mit wie einer ihm dringend geboten erscheinenden hohen Vorsicht; voller Mißtrauen, also nahezu frei von optimistischen Hoffnungsgefühlen. Dort, könnte man sagen, schlich er sich heran. Diesen Palast des Films betrat er erst dann, als im Foyer die Lichter ausgingen; womit signalisiert wurde, jetzt geht es los! Er fand einen letzten Platz; in der hintersten Reihe im hintersten rechten Rang. Dort hockte er sich hin, wie geduckt.

Dabei also, wie von sich selbst an den äußersten Rand solcher »Ereignisse« verbannt, durfte er dann vernehmen, erleben müssen: Nach nur ganz wenigen Minuten kam Heiterkeit auf; alsbald dann sogar jener sogenannte wie alles entscheidende »Beifall«, bei offener Szene – ein sich schnell steigernder; möglicherweise sogar als reichlich enthemmt-hochgesteigert zu bezeichnen. Ein »Erfolg« schien unvermeidbar.

Doch nichts von dem, was da nun auf ihn zugeflutet war, vermochte er zu begreifen. Er wußte nicht, ob er da nun beglückt oder beunruhigt zu sein hatte, besorgt oder zufrieden. Mithin also zog er sich nicht nur leicht verwirrt zurück – er flüchtete: nichts wie davon!

Er war da nun wohl wahrlich kein Mann für die Öffentlichkeit – keine Gesellschaftshyäne, kein Nachtlokalbesucher; und schon gar nicht so was wie ein Premierentiger. Als dann etwa, wieder einmal mehr, eine seiner sogenannten »Weltpremieren« erfolgte – diesmal in London, anläßlich der »Nacht der Generale«, mit großer internationaler Besetzung, sogar in Anwesenheit eines Mitgliedes der Königlichen Familie – saß er zur gleichen Zeit an seinem Schreibtisch in Feldafing. Wobei er sich, diesmal, glücklicherweise, erst gar nicht zu entscheiden gehabt hatte – zwischen Verpflichtung und Neigung, Zu- oder Absage. Denn zu dieser Veranstaltung war er gar nicht eingeladen worden. Wozu er sich beglückwünschte.

Um nun jedoch diesen »08/15-Filmkomplex« vorwegnehmend, wenn auch ein wenig vereinfachend abzuschließen: Wie von heute auf morgen stellten sich mächtig klingelnde Erfolge ein. Und diese sollten dann unverzüglich, wie völlig unvermeidbar, zu unerahnbaren »Folgen« führen: Bewußte Geschäftemacher bemächtigten sich dieser Objekte.

Da hatte »man«, also ein Produzent, der zugleich noch Verleiher war, in dieses 08/15, Teil eins, einige Hunderttausende investiert – doch allein der spuckte da sozusagen Millionen aus. Und etliche weitere Summen, dieser stattlichen, hochwillkommenen Größenordnungen, schienen anzurollen; sollten sich dann auch prompt absahnen lassen.

Ein gar nicht geringer Teil davon wurde dann auch wirtschaftswunderbewußt verbaut. Wodurch in München etliche vielstöckige Mietshäuser entstanden, was der Autor jedoch erst später erfuhr. Doch sobald er sich dann an denen vorüberbewegte, fühlte er sich dazu veranlaßt, sie als eine Art »Denkmal der Geschäftstüchtigkeit« zu betrachten und auch zu bezeichnen. Durch ihn ermöglicht.

Derartige Möglichkeiten vermochte auch sein Verleger zu erkennen. Und der fackelte dann nicht lange, schaltete schnell und geschickt; er forderte, für die nächsten Illustriertenveröffentlichungen sowie Filmproduktionen, neue Verträge – mit vergrößertem Grundhonorar und prozentualem Anteil an den Einnahmen. Alles für seinen Autor!

Das dann daraus resultierende, »wahrhaft stolze Ergebnis«, präsentierte dann dieser clevere Großverleger seinem sich immer noch nicht »groß« fühlenden Romanschreiber; in der sicheren Annahme, daß der darüber wohl ungemein beglückt zu sein hatte. Das dann allerdings auch mit der freundlichen Anregung: »Was halten Sie denn davon, wenn wir uns das nun teilen.« Also: untereinander aufteilen.

Was, noch sehr gelinde ausgedrückt, ein reichlich bemerkenswerter Vorschlag war. Denn zwischen ihnen bestand gar kein genereller Vertrag – da lief alles auf einer als normal üblich bezeichneten Basis. Also – zehn Prozent von jedem verkauften Buch – der Ladenpreis für »08/15« betrug damals 9,80 DM. Weiterhin: eine Aufteilung aller sonstigen »Erlöse« im Verhältnis: Ein Drittel für Verlag, zwei Drittel für den Autor. Doch nun wurde Halbe/Halbe angeregt, mit herzlich klingender Suggestion – wie unter Brüdern. Wir beide nun, Mann, gemeinsam durch dick und dünn, miteinander verschworen!

Der Autor erbat höflich ein wenig Bedenkzeit. Um sich dann – bereit zu zeigen, einen gewiß angenehm entgegenkommenden, doch im Grunde reichlich dämlichen Vergleichsvorschlag anzubieten: 40 zu 60 Prozent. Womit er ein mittleres Vermögen verschenkte. Mein Gott, der war ein Schaf – und was für eins! Aber! Hatte das dieser Verleger denn nicht verdient – redete er sich ein, wenn auch ein wenig zögernd. Hatte der ihn denn nicht so ungemein aufmerksam, weitzeugend wirksam betreut? War denn der inzwischen nicht sogar für ihn zu einem väterlichen »Freund« geworden, auf den er sich, ihm oftmals versichert, stets verlassen konnte? Was er auch zu können glaubte.

Doch etliche Jahre danach – in denen dieser Verleger an seinem wahrlich Mengen von Wolle hergeben könnenden Herdenschaf Millionen verdient hatte – kam es dann zu ungemein scheußlichen Vorgängen, die jedes noch so bemühte Vertrauensverhältnis brutal zu zerstören vermochten. Korrekte Abrechnungen bleiben aus, Honorare wurden zurückgehalten, der Verleger versuchte seinen Verlag, mehr oder minder heimlich, zu verkaufen – diesen Autor mit eingeschlossen.

Woraus sich dann ganze Müllhalden an peinlichsten Fragwürdigkeiten ergeben sollten. Denn jene für diesen Autor errechnete mögliche Verlustsumme besaß wahrhaft schwindelerregende Ausmaße – sie reichte an eine Million heran. Mithin mußte dieses Verhältnis enden – vorgeblich basierend auf »Treue und Glauben«. Doch wer vermag denn schon so dumm zu denken, wie es kommen kann?

Er jedenfalls schrieb, wie völlig unbeirrbar, seine Bücher – jedes Jahr eins. Dabei jedoch legte er beharrlich Wert darauf, auch noch als erklärter Filmkenner in Aktion zu treten. Etwa gelegentlich noch in Tageszeitungen, aber dann auch, mit einer gewissen Regelmäßigkeit, im Fernsehen.

Wobei sich dann, wieder einmal mehr, herausstellte: als Autor, aber eben als Filmkritiker, kann man schnell verkümmern – wenn es da nicht irgendwo Menschen gibt, die wache Aufmerksamkeit besitzen, die zu wittern vermögen, was sich da so alles ermöglichen ließ. Und zu denen gehörte die Filmredaktion des ZDF – dort Jürgen Labenski, der dann, mit frappierender Geduld dafür sorgte, daß dieser Filmliebhaber, und zwar Jahr für Jahr, drei bis vier »Ratschläge für Kinogänger« veranstalten durfte. Und so mühsam das manchmal auch war, so beherrschte dabei diesen Fernsehgast eine Art Hintergedanken: »Bei solchen dargebotenen Betrachtungen könnte erkannt werden, daß ich schließlich nicht nur der Autor von »08/15« bin.«

Doch eben in dieser Eigenschaft, als »fachlich gebildeter Film-Kenner«, an die er stets gerne zu erinnern bemüht war, hatte er sich auch wohl leisten können, dem ersten jener »08/15-Filme« anerkennend zuzunicken. Um dann allerdings beim zweiten dieser Sorte auf Distanz zu gehen. Aber dann zögerte er auch nicht, den dritten Teil davon als das zu bezeichnen, was der in seinen Augen war: »Eine Anhäufung von gefällig-fragwürdigem Gefühlsmist«. Urteile, zu denen er glaubte, berechtigt sein zu können; die er sich dann auch leistete, reichlich ungeniert – sozusagen mit gutem Gewissen.

Schließlich hatte er erkannt, und zwar ziemlich genau: Ein Buch ist ein Buch – und ein Film ist ein Film. Wobei er jedoch, gar nicht selten, dringlich dazu aufgefordert wurde, möglichst genauestens auf das zu achten, was da so mit seinen literarischen Arbeiten geschah. »Erkennen Sie denn nicht, daß Ihre Bücher mißbraucht werden? Gedenken Sie, sich darauf einzulassen? Wehren Sie sich – machen Sie was dagegen!«

Nun ja – er war ein Filmkritiker, sogar mit einiger Leidenschaft dazu geworden. Aber – ein Filmemacher war er nicht; zumal der da außerdem noch so gut wie in aller Öffentlichkeit werken mußte. Er besaß nicht das geringste Verlangen, sich auch noch auf derartige zeitraubende Abenteuer einzulassen. Sollte da also aus seinen literarischen Arbeiten entstehen, was auch immer: von jenem »08/15« bis hin zu der »Nacht der Generale«, welche dann als mehrfaches Dollar-Millionen-Unternehmen zum Vorschein kommen sollte. Wobei dann allerdings sein Honorar-Anteil, im Endeffekt, bei dieser gigantischen Produktionssumme, kaum mehr als 0,5 Prozent ausmachte. Tatsächlich, in Worten: Null-Komma-Fünf.

Doch was, bitte, hatte ihn das, im Grunde, irgendwie anzugehen? Bei einem Anblick derartiger Produktionen zog er es vor, dazu zu schweigen. Vermutbar in der Hoffnung, so was werde ihm als »noble Geste« ausgelegt.

Weitgehendste Zurückhaltung schien ihm dringlich geboten. Wenn er da nun mal zu einem permanenten Element der Unruhe geworden war, so vermochte ihn das auch selbst mächtig zu beunruhigen. Eben deshalb, weil er eigentlich nichts anderes hatte sein wollen, als ein Schriftsteller, dem es gelingen würde, geliebt, verehrt, zumindest geschätzt zu werden. Doch was da allerdings nun, ziemlich genau, auf ihn zuzutreffen schien, glich fatal einem sehr trutzigen, deutschen Sprichwort: »Viel Feind – viel Ehr«. Doch eben das gefiel ihm gar nicht – hatte ihm noch niemals gefallen.

Dieses, damals wie mächtig aufglühende, den Autor sogar gelegentlich zu blenden vermögende 08/15-Panorama, erlosch dann auf bundesdeutschen Bildflächen – wenn auch wohl niemals endgültig. Wobei allerdings, muß da nun eingestanden werden, solch ein Wort wie »niemals« reichlich unsinnig anmuten will. Nun, vielleicht ein wenig zutreffender gesagt: ein gewisses Nachglühen hielt an; noch etliche Jahrzehnte lang.

Darüber hinaus jedoch durfte registriert werden: Ein wahrlich nicht ganz gewöhnliches, weit über dieses Restdeutschland hinausgehendes Interesse! Das sogar bis hin zur freundschaftlichen Anteilnahme in Frankreich. Und in Holland sollte er, was ihn ehrte, »Volksschriftsteller« genannt werden; allein dort wurde dann die Auflage seiner Bücher mit einer Million beziffert. Was wohl nicht ganz stimmte, sich jedoch recht gut anhörte. Und in skandinavischen Ländern, wurde behauptet, beglückend glaubhaft, lasen ihn auch »Bauern und Fischer« – wie einst ihren Hamsun. Eine Behauptung allerdings, die ihn dann, wohl berechtigt, leicht verlegen erröten ließ – auch vor Freude.

Nahezu ein Großteil seiner Bücher sollte dann auch in diversen sogenannten Ostblockstaaten einige Aufmerksamkeit finden – in fast so gut wie allen. Wobei er dann für ungemein bewegend jene Anteilnahme empfinden mußte, die aus Polen auf ihn zukam – mithin also aus jenem Land, mit dessen Menschen er, in seiner Kindheit und Jugend, in Ostpreußen, in engere Berührung geraten war. Dieses Polen hatte er dann, 1939, erstmals betreten – als Soldat der Großdeutschen Wehrmacht. Damals war er bis vor Warschau gelangt. Diese Stadt also hatte er gesehen, wie eingehüllt in Rauchschwaden, durchsetzt von Feuerpilzen. Die jedoch betreten hatte er niemals in seinem Leben.

Mithin war er nun gleichermaßen ungläubig verwundert, wie aber auch seltsam beglückt, als er vernahm, daß sein »08/15« sogar in Polen veröffentlicht werden sollte. Worauf von ihm eine ganz spontane Entscheidung erfolgte: Keinerlei Honorare dabei an den Autor – diese hatten den »Kriegswaisen der Stadt Warschau« zu gehören. Was da wohl als eine Art sehr persönlicher »Wiedergutmachung« gedacht war; versucht von einem Deutschen. Andere ähnliche Entscheidungen, unter noch einigen anderen, wollte ihm als nicht minder notwendig erscheinen, wie etwa jene: Was da auch immer jemals von ihm in Israel erscheinen sollte – sein Anteil dabei habe dort im Lande zu verbleiben. Eine Selbstverständlichkeit, für ihn – nichts weiter sonst.

Während dann allerdings die sogenannten Ostblock-Ausgaben seiner Romane nicht nur in Polen gelesen werden konnten, auch in der Tschechoslowakei, Ungarn, Rumänien, Bulgarien und in Jugoslawien, dort fast immer gleich in drei Sprachen – so existierte dabei jedoch eine, eine einzige Ausnahme; eine noch dazu wohl recht bemerkenswerte. Denn in der DDR, also der Deutschen Demokratischen Republik, wurde niemals – niemals! – irgendeines seiner Bücher veröffentlicht. Wobei es dann diesem Autor nicht vergönnt war, und zwar zu keinem Zeitpunkt, einigermaßen genau zu wissen, ob er nun etwa darüber irgendwie befriedigt oder betrübt zu sein hatte.

Eine gewisse, alsbald als sehr anhaltend erkennbare Aufmerksamkeit kam aus England und Amerika auf ihn zu; sie konnten jedoch erst wesentlich später registriert werden, also keinesfalls bereits unmittelbar nach diesem »08/15«. Erst danach wurde dort die »Fabrik der Offiziere«, durchaus wohlwollend, aufgenommen. Dabei jedoch einen sogenannten »Durchbruch« zu erreichen, gelang diesem Autor erst einige wenige Jahre später; und zwar mit »Die Nacht der Generale«. Dann allerdings zeigte sich sogar die bereits legendär anmutende »New York Times« begeistert; und behauptete: Bei diesem Buch handele es sich um eines der »eindrucksvollsten« der letzten Jahre. Doch woher kommend? Aus Deutschland!

Diese USA, deren »Sieger« ihn, dieses Schaf, einstmals geradezu nobel behandelt hatten, sollten dann für ihn zu einer Art literarische Heimat werden. Denn dort war er kein irgendwie umstrittener Autor, dort wurde er als Erzähler von einigem Rang registriert, aufmerksam gelesen und in aller Ausführlichkeit besprochen. Und dort wurde er dann nicht nur bezeichnet als der »Entdecker des grauen Helden«, sogar auch noch als der »Erfinder des politischen Kriminalromans«.

Doch mit welchen hochkarätigen, internationalen Literaturelementen er in den USA verglichen worden war, sollte da wohl lieber verschwiegen werden. Bei derartigen Einstufungen glaubte dieser Autor seinen Augen nicht trauen zu dürfen. Außerdem war er keinesfalls darauf aus, irgendwelche unwillige Unruhe in deutschen poetischen Gefilden hervorzubringen.

Jedenfalls begannen sich damals für ihn, in jenen Vereinigten Staaten, nicht nur große Zeitungen zu interessieren, auch elitäre Universitäten. Worauf dann ganz gewichtige Ehrungen und Auszeichnungen auf ihn zukamen. Allerdings – nur von dort; keine einzige aus Deutschland, »seinem« Deutschland. Dabei nahm ihn auch jene einflußreich-bedeutsame amerikanische Autorenvereinigung »The Autors Guild« bei sich auf; als ersten Deutschen. Womit er sich also, dort zumindest, gewissermaßen als gewerkschaftlich organisiert fühlen durfte.

Bei einem seiner Besuche in Amerika wurde er dann auch aufgefordert, jene ihm sagenhaft-bedeutsam anmutende New York Times zu besuchen. Und zu jenen erlesenen Besuchern, welche sich sodann journalistisch gewürdigt fühlen durften, gehörten in jenem Zeitraum auch: Natalie Serrault, Frankreich; Mario Soldati, Italien; und der Amerikaner King Vidor. Welch eine ungemein erlesene Gesellschaft! Doch eben in die hineinzugeraten, war ihm in den USA ermöglicht worden. So als gehöre er dazu – zumindest dort.

Erfolge jedenfalls, oder eben lediglich Vorgänge, welche nicht das geringste daran zu ändern vermochten, daß dieser Autor, in seiner Bundesrepublik, dort wie permanent, also auch weiterhin, als höchst umstrittene, bis reichlich fragwürdige Person in Erscheinung treten mußte. Nun ja, wenn auch viel gelesen, so doch auch heftig geschmäht. Umworben hier, verachtet dort – und so was wie kreuz und quer durch alle erdenkbaren nicht nur literarisch orientierten Himmelsrichtungen hindurch. Mithin ging der nur auf Distanz, begann alsbald immer mehr zurückzuscheuen; zumindest zeigte er sich niemals mehr bereit dazu, sich irgend jemand anzuschließen.

Was dann soweit ging, daß er es dann fortan beharrlich vermied, irgendwelche »Aufrufe« mit zu unterschreiben; so sinnvoll und notwendig die auch erscheinen mochten. Doch er wollte nun nicht mehr, wie wieder und immer wieder, einer unter etlichen Dutzenden von anderen Manifestatoren sein. So was jedenfalls nicht, ohne die dabei an- und aufgerührten Probleme dann auch möglichst gründlich durchdacht zu haben – mit allem irgendwie vorstellbarem Für und Wider. Doch eben dazu ermangelte es ihm an Zeit – und vorschnelle Urteile zu verschmähen, hatte er inzwischen gelernt; die vermochten Vorurteilen sehr nahe zu kommen.

»Ich bin kein Unterschriftsteller«, erklärte er, wie dazu abschließend. »Und Parteien«, glaubte er dann weiter sagen zu müssen, in einem seiner stets kleinen Kreise – irgendwie größere gab es niemals für ihn – Parteien also, »müssen sein, besitzen ihren Wert und ihre Bedeutung. Doch keine von ihnen will mir, in ihrer umfassenden Präsentation, derartig zwingend-überzeugend erscheinen, daß ich das dringliche Verlangen verspüre, mich ihr anzuschließen.«

Derartige Bindungen scheute er, seit Hitlers Zeiten, wie die Pest. »Was mich allein zu beeindrucken vermag, sind Personen, die Persönlichkeiten sein könnten. Und in welchem Lager die auch immer vorzufinden sein mögen – hier wie dort. Die allein zählen.«

Mit mindestens zwei von denen wäre er gerne befreundet gewesen. Wobei es sich übrigens um außerordentlich verschieden geartete, nahezu konträr anmutende »Großpolitwesen« gehandelt hatte. Zuneigung war erkennbar. Und eine Art Freundschaft mit einem von denen, bahnte sich dann auch an. Gelang ihm. Fast.

Doch sich auf derartig webende Wunschträume einzulassen, sollte man wohl besser vermeiden. Es scheint ratsam, solche Versuchungen abzuschreiben. Möglichst frühzeitig; also rechtzeitig.

Womit nun wohl dieser versucht-bemühte Teilbericht, über ein vermutbar gar nicht ganz undeutsches Dasein – im wesentlichen konzentriert auf zwölf Jahre, 1945 bis 1957 – zu einem einigermaßen übersichtlichen Abschluß gebracht werden muß. Dabei ist jetzt wohl auch, wie unvermeidbar, von einigen weiteren Vorgängen zu berichten; und zwar von sehr persönlichen. Sonderlich interessant mögen die vielleicht gar nicht sein – sie gehören jedoch dazu; wie unabtrennbar.

Zumal sich dann daraus auch das ergeben sollte, was dieser einstige Mansardenschreiber als den eigentlichen, auch vermutbar einzigen »wahren Erfolg« seines Lebens zu bezeichnen pflegte. Auf den war er »stolz« – nun, sagen wir: das war einer jener ganz wenigen, der ihn wirklich zufrieden zu stimmen vermochte.

So was bahnte sich an, als sich abermals seine Schwester

Barbara bei ihm einfand. Sie war herbeigerauscht – diesmal nicht mit einem röhrenden Porsche, vielmehr mit einem fauchenden Jaguar-Sportwagen. Ganz große Unternehmerfrau – doch zugleich erfüllt von unentwegter geschwisterlicher Herzlichkeit.

»Wir alle«, versicherte sie ihm, »sind ungemein erstaunt, sogar beglückt über das, was du da geleistet hast, mein lieber Bruder.« Und tatsächlich nannte sie ihn fortan niemals mehr »kleiner Bruder«; was er als eine Errungenschaft empfand, die ihm ungemein wohlzugefallen vermochte.

»Na, wer ist denn das«, wollte er prompt wissen, »was du da nun mit ›alle‹ zu bezeichnen beliebt hast?«

»Unsere liebe Mutter; sie in erster Linie! Die ist geradezu beglückt über das, was inzwischen mit dir geschehen ist. Das aber bin ich auch! Und mein John ist das erst recht; der ist, eben als Amerikaner, mächtig zufrieden mit seinem deutschen Schwager.«

»Und – Vater?«

»Nun ja – unser Vater! Der hat dazu nichts gesagt – nicht ein einziges Wort. Und in dieser Hinsicht nehme ich an, daß du kaum irgendetwas anderes – aber doch nicht bei dem! – erwartet haben dürftest. Wobei sich mir jedoch der Verdacht aufdrängt: unser höchst eigenwilliger Alter könnte sich womöglich sogar amüsieren, wenn auch wohl mehr heimlich – sogar über das, was du dir da so alles geleistet hast.«

Na, was denn wohl sonst! Doch immerhin, einigermaßen genau besehen, war eine derartige Regung, eben bei diesem knallharten ostpreußischen Dickschädel, wahrlich gar nicht wenig. Der – und amüsiert – noch dazu über so was? Eine Erkenntnis, welche diesem Sohn erhebliche Freude zu bereiten vermochte. Woraufhin der nun nicht mehr länger zögerte, zu seinem wohlvorbereiteten Vorschlag zu kommen.

»Nunmehr beabsichtige ich, meine liebe Schwester, für unsere Eltern ein Haus zu kaufen. Diesbezüglich habe ich mich bereits im Raum Rosenheim umgesehen, dort dann auch ein recht brauchbar erscheinendes Objekt gefunden.« Wozu gehört hatten: Tagelange, freudig betriebene Expeditionen. »In Aising steht ein Haus, für das ich einen Vorvertrag abgeschlossen habe. Und das werden wir nun unseren Eltern anbieten.«

Diese seine, ihre Eltern, hatten ihr bisheriges Leben als Mietermenschen zubringen müssen. Doch dabei sich wohl stets, wie eben jedes ostpreußische Bauernwesen, ein eigenes Haus gewünscht – doch niemals darüber gesprochen. Aber nun war es soweit! Eine jedoch dabei gebotene, gewisse Vorsicht schien dringlich angeraten.

»Dieses Objekt sollte mithin, Barbara, genau wie damals jene Beschaffung der Wohnung für unsere Eltern, ausgegeben werden als ein Ankauf von uns beiden gemeinsam. Denn so ein Angebot, allein von mir bezahlt, würde Vater vermutlich ablehnen – und zwar schroff.«

»Da scheinst du aber unseren guten, mächtigen, herrlich störrischen Alten immer noch nicht ganz genau zu kennen, mein lieber Bruder. Denn der ist doch kaum, und wohl noch lange nicht, als ein gutmütig-nachsichtiger Greis zu bezeichnen, dem da bereits irgendetwas vorgemacht werden kann. Also – um nun mal ganz offen zu werden: Durchaus anzunehmen, daß unser Vater genau so was von dir erwartet! Also ein Haus. Von seinem Sohn, der es soweit gebracht hat.«

Was durchaus zuzutreffen schien. Denn dieses Haus in Aising nahm sein Vater, mit ganz groß gelassener Selbstverständlichkeit, in Besitz. Dort legte er dann, gemeinsam mit Mutter, einen sehenswert dekorativen Garten an. Der Sohn besuchte seine Eltern regelmäßig, jeden Monat etwa einen

Tag lang; und wie selbstverständlich verbrachte er dort, mit seiner Familie, alle »Heiligen Abende«.

An einem jener stets ungemein genossenen, da eben von Mutter auf ostpreußische Ausmaße gebrachten Weihnachtsanfängen, schienen dann auch diesen Vater stimmungsvolle Anwandlungen heimgesucht zu haben. Denn eines solchen Tages sagte er, mit leicht grimmiger Herzlichkeit, doch eben zu seinem Sohn, wie vertraulich allein zu ihm: »Weißt du eigentlich, mein Junge, was du bist – in meinen Augen? Ein Himmelhund! Aber eben – mein Himmelhund! Habe ich dir eigentlich schon mal gesagt, daß du mein lieber Sohn bist?«

Hatte der nicht gesagt. Noch niemals zuvor. Wobei jedoch das beglückendste Erlebnis bei einem solchen Bekenntnis war: dieses mondlichthafte, endlos verständnisinnige Lächeln seiner geliebten Mutter.

In diesem ihrem Haus durften seine Eltern noch zwölf Jahre leben; ganz gewiß genossene. Dann starben sie – wie unmittelbar nacheinander. In ganz kurzer Folge; als könnten sie ohne einander nicht sein. Wobei es dann beiden geglückt war, ein gutes ostpreußisches Alter zu erreichen – sie waren über achtzig geworden.

Doch wie mit ihnen – rein zeitlich gesehen zwischen ihnen – starb dann auch seine geliebte, diese so ungemein eigenwillige Schwester. Gezeichnet von plötzlich auftretenden, sie schnell vernichtenden Krebswucherungen. Doch in ihrem »Nachlaß« konnte dann auch alles das, wohl beklagenswert wenige, vorgefunden werden, was dieser Bruder jemals an sie geschrieben hatte. Sorgfältig umhüllt.

Dieses »Leben«, wie man da so gemeinhin zu sagen pflegt – fatal berechtigt – ging dennoch weiter. Ein Jahr danach lernte er seine Frau Ruth kennen. Zwei Jahre später gehörte dann auch ihre Tochter Beatrix – die sich dann »Beatrice« nannte – zu diesem Leben. Somit hatte er da nun wieder eine Familie – und eine alsbald gar nicht kleine. Denn zu der sollten dann auch diverse Tiere gehören: zwei Hunde, so an die sechs Katzen, vier Enten, zwei Eichhörnchen, mehrere Gastwesen.

Fortan, jedenfalls, war ihm da so eine Art väterliches Dasein gegönnt – ein zumindest weitgehendst geregelt erscheinendes. Was er dann auch genießen durfte.

Wobei es ihm jedoch nicht erspart blieb, sich zwischendurch, vor- und nachher, wieder und immer wieder, mit einer gar nicht kleinen Springflut von Zuschriften konfrontiert zu sehen: ermunternde, ihn erfreuend gedachte, ihn bezweifelnde, ihn schmähende, wie ausspuckende. Doch eben so was vermochte ihn auf höchst quälende Weise zu belasten; nicht nur gelegentlich, nahezu jahrelang.

Wobei dann wohl auch eine sich immer heftiger ausprägende Besonderheit dieses Arbeitsmenschen registrieren ließ: Der begann Telefone zu hassen, als wären das giftsprühende Ungeheuer. Wobei dann noch, wie ausgerechnet, die für ihn zuständige »Rufnummer« anfing mit den Ziffern 0-8-1-5; mithin also 0815; was ein makabrer Zufall mehr war. Worauf er dann sogar versuchte, möglichst ohne derartige Apparaturen zu leben. Die verbannte er – nicht nur aus seinen Arbeitsräumen, auch aus seinen Häusern; möglichst wie hinein in weit abgelagerte Restbereiche. Soweit reichte seine sogenannte Scheuklappenmentalität – die er jedoch stets bereit war auszugeben, als bewußt gewählte Abgeschiedenheit.

Gar nichts Besonderes, oder etwa gar Ungewöhnliches

dabei – er wollte da lediglich mit sich allein sein; um mit sich selbst fertig werden zu können.

Wobei er sich oftmals auch an einen Vorgang erinnern mußte, der ihm als ungemein bezeichnend vorkommen wollte. Denn einstmals hatte sich Fritz Kortner, gemeinsam mit Walter Kiaulehn und diesem Autor, in einer Theaterpause im Foyer der Kammerspiele aufgehalten. Doch während sie dort miteinander plauderten, drängte sich ihnen, wie aus unmittelbarer Nähe kommend, ein schrilles, ungut klingendes Gelächter entgegen. Kortner zuckte zusammen, um dann bestürzt zu fragen: »Reden die etwa über mich?«

Worauf ihn Kiaulehn ganz groß angesehen hatte. »Sollten Sie denn noch immer nicht herausgefunden haben, wo Sie da nun gelandet sind? Denn das hier, lieber Freund, ist vermutbar das wahre, wirklich fruchtbarste Land aller irgendwie erkennbaren geistigen oder ungeistigen Möglichkeiten – geradezu unbegrenzten. Doch eben darauf muß man sich einstellen. Bei uns allemal – wie lebenslänglich.«

Von derartigen, auch ihn oftmals angefallen habenden Beunruhigungen, wurde dann jedoch dieser Autor eines Tages befreit – nicht nur erlösend wirksam, vielmehr nahezu wie endgültig. So was geschah, als bei ihm an einem Tag zugleich zwei Postkarten eintrafen. Auf der einen wurde festgestellt: »Du schäbige Judensau!« Auf der anderen war verzeichnet: »Du elendiges Nazischwein!«

Was immerhin Äußerungen waren, welche selbst ihn vermochten aus seiner vielfach verbohrten Lethargie herauszureißen. Was also war er wirklich, mußte er sich da wohl fragen? Denn weder die eine, noch die andere Bezeichnung schien, drohte womöglich sogar, auf ihn zuzutreffen. Sollte er etwa da möglicherweise zu einem jener vielzitierten »Wanderer« geworden sein, zwischen zwei Welten – zwischen mindestens zwei? Noch dazu deutschen.

Wollte er nicht sein. Gegen eine solche, wenn auch an sich gar nicht ungefällige Vermischung, versuchte er sich zu wehren; beharrlich. Bis hin zu seinem

Ende.

GOLDMANN
VERLAG

Will Berthold

Solang wir leben
Roman. (6837)

Vollstreckt
Johann Reichhart, der letzte deutsche Henker.
(6765)

Die 42 Attentate auf Adolf Hitler
(6666)

Heißes Geld
Roman. (6540)

Operation Führerhauptquartier
Roman. (6515)

Heldensabbat
Roman. (6507)

Geld wie Heu
Roman. (6420)

Inferno I: Die ersten Blitzsiege
(6414)

Inferno II: Siege und Niederlagen
(6415)

Inferno III: Finale
(6416)

Etappe Paris
Roman. (3903)

Fünf vor zwölf – und kein Erbarmen
Roman. (3702)

Prinz-Albrecht-Straße
Roman. (3673)

Feldpostnummer unbekannt
Roman. (3539)

Brigade Dirlewanger
Roman. (3518)

Manfred Bieler

„Auf reizvoll verschlungenen Wegen nähert sich der Roman seinem inneren Mittelpunkt, der Frage nach der Verwirklichung von Liebe und Treue in einer staatlich geplanten Welt, wo der ‚Untermieter Angst' nie ganz zum Schweigen kommt ... Ein eindrücklicher, farbiger Bilderbogen des ostdeutschen Alltags."

Neue Zürcher Zeitung

(6530)

Begrenzt in ihrer Einsicht, allein mit ihren Gedanken und Gefühlen und doch bereit zum Neuanfang: die Menschen dieses dramatischen Romans einer Ehe.
(3998)

GOLDMANN